미술치료사 11인의 정신장애별 미술치료

Mental Disorders and Art Therapy Written by 11 Art Therapists

주리애 · 김소연 · 김재훈 · 김지연 · 김태은 · 김현진
박윤미 · 오미영 · 이윤희 · 임정혁 · 정경림 공저

학지사

이 책에 소개된 모든 사례와 그림은
내담자와 환자에게 사용 허락을 받은 것들입니다.
그리고 모든 내담자와 환자 정보는 가명으로 소개되었습니다.

자료를 사용할 수 있도록 동의해 주신 분들께 다시 한번 감사드립니다.

머리말

미술치료는 그림과 조형이라는 창의적인 작업의 틀 안에서 사람의 마음에 이르는 새로운 길을 제시합니다. 생각과 사고, 추론, 합리적 결정이 주된 패러다임으로 자리 잡은 시대에 직관과 감각, 느낌과 감성의 중요성을 심리치료 분야에서 부각시킨 것은 다름 아닌 미술치료입니다. 미술치료는 때로 치료 효과를 설명할 수 없더라도 확실하게 그것을 경험할 수 있고, 치료 과정을 증명하기 어렵지만 그 결과를 보여주는 많은 증인이 있습니다. 아마도 미술치료사는 자신들 역시 그 증인들 중 1명이며, 수많은 증인 옆에서 모든 과정을 함께 경험했던 목격자일 것입니다. 이 책을 기획하게 된 의도도 그러한 목격자이자 증인으로서 우리의 발자취를 남기기 위함입니다.

미술치료는 이 분야가 시작되던 20세기 중반부터 정신장애 환자들을 치료하는 것으로 출발했습니다. 그 당시에는 Freud의 정신분석과 Jung의 분석심리학이 주된 심리치료 이론이었습니다. 이후 심리치료 이론도 다양해졌고, 뇌과학과 의학은 눈부시게 발전했습니다. 그리고 정신장애 환자의 치료에서는 약물치료 그리고 근거기반 연구로 입증된 심리치료가 주축이 되었습니다.

정신장애 환자의 치료에 있어서 미술치료의 위치는 어디쯤일까요? 놀랍게도 미술치료 역시 최전선에 있습니다. 다른 심리치료 분야와 마찬가지로 말입니다. 이것은 미술치료가 실시되는 현장의 목소리 혹은 학문적 성과로 보고되는 학계의 결과물로 확인할 수 있습니다.

미술치료사들이 정신장애 환자의 치료에서 한 부분을 담당하고 있다는 점이 혹시 낯설게 들린다면 그 이유는 아마도 의료보험 정책상 미술치료가 병원에서 제공되는 치료에 포함되지 않기 때문일 것입니다. 이러한 상황은 나라별로 조금씩 다른 데, 미국이나 영국의 예를 들면, 입원 병동에 상주하고 있는 미술치료사가 있어서 정신장애 환자뿐 아니라 다른 질병으로 입원한 경우에도 미술치료를 받을 수 있습니다. 조금 더 적극적으로 미술치료를 시행하는 의료시설의 경우에는 '열린 미술작업실(open art studio)'이라는 형태로 주중 낮 시간에 얼마든지 방문해서 미술작업을 하도록 하며, 미술치료사는 그러한 과정에서 심신의 안정과 기분전환을 도모하는 촉진자 역할을 합니다.

우리나라의 경우, 2018년부터 보건복지부 자격인 미술재활사가 시행되었습니다. 이 자격은 지적장애(구 정신지체) 및 자폐스펙트럼장애 아동에게 미술재활을 실시하는 전문가에 대해 규정하고 있습니다. 그 내용을 살펴보면 미술치료를 하는 사람들 중 특히 재활에 초점을 맞춘 것이라는 점을 알 수 있습니다. 지적장애와 자폐스펙트럼장애는 치료 과정이 길고 발달적 · 교육적 · 재활적 측면을 함께 고려해야 하므로, 국가에서 미술치료사 자격을 관리하며 바우처 사업 등을 통해 지원하는 것이 꼭 필요하다고 하겠습니다.

그 외의 정신장애에 대해서는 의료보험이나 국가 지원에 미술치료가 포함되지는 않았습니다. 하지만 전문성을 갖춘 미술치료사들이 꾸준히 증가하면서 우울과 불안, 공격성과 충동성, 정신질환에 이르기까지 다양한 문제를 해결하기 위해 미술치료가 실시되고 있습니다. 정신장애의 치료에서 의학적 치료가 필요하다는 것은 두말할 나위가 없겠습니다만, 심신의 연결관계를 고려한다면 미술치료의 중요성도 부인할 수 없을 것입니다.

미술치료를 이해하기 위해서는 이론적인 학습도 필요하지만 구체적인 사례를 통한 학습이 필요합니다. 미술치료는 실제 사례를 통해서만 배울 수 있는 점이 있습니다. 이 책은 그런 점에 공감하는 11명의 미술치료사가 모여 각자의 미술치료 사례와 치료 노하우를 나눈 것입니다. 이 책에서는 DSM-5에 제시되는 정신장애의 주요 영역별 미술치료를 대부분 망라하고 있습니다. 선생님들께서 각각 써 주신 모든 장은 미술치료의 공통점을 보여 주는 한편으로, 개별 대상에 보다 초점을 맞추어 세심하게 접근하는 모습을 잘 보여 주고 있습니다.

미술은 말이 사라진 곳에서 놀라운 힘을 발휘합니다. 토해 내지 못한 감정이 있거나 소화되지 않은 경험이 있을 때에 어둡고 우울하며 불안하게 흔들리는 것일 겁니다. 내면의 힘이 약해서 조절되지 않고 파괴적이고 공격적인 모습을 보이기도 합니다. 그러한 아동, 청소년, 성인 내담자와의 미술치료 과정은 저자분들의 섬세한 기술로 생생하게 전달될 것입니다. 해당 본문을 읽어 보시면 미술치료 장면이 느껴지실 것이라 생각됩니다. 마음의 고통을 보듬어 주고 기다려 주며 자신의 마음의 속도에 맞추어 표현할 수 있게 하는 도구로서 미술은 누구에게나 도움이 되는 의사소통 통로입니다.

이 책에서 소개되는 미술치료 사례들은 장기간에 걸친 치료 사례가 많습니다. 장기 미술치료는 마음을 성장시키고 삶에 변화를 가져오는 것을 조금 더 분명하게 목도할 수 있기 때문입니다. 그런데 임상 실제에서 상대적으로 짧은 기간 혹은 제한된 기간만 허락된 경우도 많습니다. 그래서 장기 사례를 나누어 주신 저자분들 외에 상대적으로 짧은 기간 동안 진행된 미술치료 사례를 나누어 주신 분도 계시고, 미술치료 접근 방식과 구체적 기법을 상세하게 소개해 주신 분들도 계십니다. 저는 저자분들에게 다양한 방식으로 저술해 주실 것을 부탁드렸는데, 각각의 방식이 독자분들께 모두 도움이 될 것이라고 믿습니다.

주된 정신장애의 경우에는 주제를 조금 더 세분화해서 여러 저자가 맡아서 저술했습니다. 지적장애의 경우 IQ 70 이하의 지적장애 내담자와 IQ 71~84의 경계선 지적기능 내담자의 경우로 나누어 미술치료 사례를 살펴보실 수 있습니다. 우울장애의 경우, 미술치료가 진행되는 장면에 따라서 병원편과 상담소편으로 나누어 두 분 선생님께서 글을 써 주셨습니다. 우울장애 역시 미술치료에서 가장 많이 만나는 환자/내담자 군이므로, 두 개의 장으로 구성해서 다양한 내용을 전달하고자 했습니다. 불안장애는 종류가 다양하고 내담자의 연령대도 다양해서 세 명의 저자가 주제를 나누어 맡았습니다. 전체적으로 불안장애를 소개하는 장과 분리불안장애 및 사회불안장애에 초점을 맞추어 소개하는 장들로 구성되었습니다. 분리불안장애는 아동에게 가장 많은 불안 문제이고, 사회불안장애는 기타의 다른 불안장애와 달리 성격적 요인이 영향을 미치므로, 이 두 장은 따로 더 자세히 살펴보는 것이 도움이 될 것입니다.

책을 읽다 보면 '아, 이 정신장애도 미술치료를 하는구나'라고 생각하실 수도 있습니다. 이를테면, 수면장애나 성기능장애 같은 정신장애는 의학적인 약물치료가 핵심이라고 생각되거나 치료가 잘 되지 않는다는 인상을 주는 면이 있습니다. 그렇지만 장담하건대, 그 생각은 아마도 해당 본문을 읽어 보고 나면 미술치료를 꼭 해야겠다는 입장으로 바뀌게 될 것입니다. 치료가 잘 되지 않는 정신장애로 성격장애와 알코올 사용장애, 도박장애를 빼놓을 수 없을 것입니다. 이 문제는 모두 시간도 오래 걸리고 까다롭기도 하지만 지치지 않고 포기하지 않는 미술치료사의 열정이 조금씩 변화를 이루어 가는 것을 확인하실 수 있을 것입니다. 마지막으로, 이 책에서 빠진 정신장애 영역은 강박장애, 해리장애, 배설장애, 성별 불쾌감, 변태성욕장애 등인데, 이 영역들은 미술치료에서 그리 많이 다루지 않기 때문에 제외했습니다.

책 한 권에 많은 내용을 담으려고 하다 보니 내용의 가지치기를 많이 할 수밖에 없었습니다. 각각의 정신장애에 대한 진단기준은 제시하되, 심리학적 병인론은 제외하였습니다. 그리고 저자분들에게 정신장애에 대한 설명은 최대한 줄여 주십사 요청을 드렸습니다. 대신 미술치료에서 해당 정신장애에 어떻게 접근하는지를 최대한 많은 지면을 할애해서 기술하고자 했습니다. 모쪼록 정신장애별 미술치료라는 주제에 관심을 두신 독자분들에게 의미 있는 책이 되기를 기대합니다.

2021년 겨울

대표 저자 주리애

차례

양극성 및 관련 장애

우울장애

불안장애

외상 및 스트레스 관련 장애

신체증상 및 관련 장애

급식 및 섭식장애

수면-각성장애

성기능장애

파괴적, 충동조절 및 품행장애

물질 관련 및 중독성 장애

신경인지장애

성격장애

임상적 관심이 필요한 중요 주제 및 문화특수적 정신장애

1장

정신장애에 대한 미술치료 개관

미술치료의 넓이와 깊이를 보여 주는 연구들

주리애

미술치료는 20세기 초중반에 시작된 새로운 형태의 심리치료로서 기존의 언어적 대화 중심의 심리치료에서 폭을 넓혀 비언어적인 시각 요소를 통해 내면을 표현하고 상호작용하도록 한다. 사고와 정서, 행동의 변화를 추구하는 미술치료는 기존의 심리치료보다 적용 대상이 더 확대되었다. 언어적인 대화가 힘든 경우에도 시각적 재료와 미술작업을 통해 발달을 촉진할 수 있다는 점 때문이다. 또한 심리적 문제가 두드러지지 않지만 스트레스나 긴장, 불안 등을 경험할 때 이를 완화하기 위해 미술치료를 할 수 있으며, 자존감을 높이고 자기표현력을 키우기 위해 사용할 수 있다.

이 장에서는 미술치료가 정신장애 환자들의 치료에 있어서 효과를 보였는지 여부를 중심으로 다루면서 미술치료의 최근 경향에 대해서 살펴보고자 한다.

1. 미술치료와 정신병리 역사 개관

정신장애의 치료에 미술치료가 사용되기 시작한 것은 1940년대 초이다. 미술치료 분야의 초기 개척자인 Margaret Naumburg는 1941년부터 1947년까지 뉴욕 주립정신병원에서 일하면서 성인과 아동에게 미술치료를 실시했다. 그 당시에 Naumburg는 미술을 통해 환자들을 정신분석적으로 접근해서 치료했고, 나중에 이를 '역동적 접근의 미술치료(dynamically oriented art therapy)'라고 불렀다. 이 접근에서는 환자가 자발적으로 떠올린 이미지를 그림으로 방출하는 것을 중요시했다. 이후 Naumburg는 『조현병 환자의 미술: 심리치료에서의 의미(Schizophrenic Art: Its Meaning in Psychotherapy)』(1950)[1]라는 책을 출간했으며, 미술치료에 대한 생각과 경험을 정리해서 『역동적 접근의 미술치료: 원리 및 실제(Dynamically Oriented Art Therapy: Its Principles and Practices)』(1966)[2]를 저술했다.

이처럼 미술치료의 초기부터 정신장애 환자들의 치료에 미술치료가 도입되었다. 조현병 환자들에게 미술치료가 제공되던 거의 비슷한 시기에 우울증 환자들에게도 미술치료가 시작되었다. 미술치료를 통해 상징적 · 은유적 · 시각적 방식으로 자기 표현이 가능하다는 점 때문에 우울증 환자들에게 미술치료는 새로운 시도로 여겨졌다. 20세기 중후반을 지나면서 미술치료 대상은 점진적으로 그 범위가 넓어졌다. 추상적인 감정과 생각에 대해 언어적으로 표현하는 것이 충분히 발달하지 못한 아동의 경우, 말할 것도 없이 미술치료는 중요한 위치를 차지했다. 아동에게 미술은 구체적인 것으로 경험되고, 아동이 만드는 미술작업물은 그가 경험하는 감정과 정서, 특정 상황에 대해 시각적으로 표현해 준다. 발달상의 문제가 있는 아동들이나 정서/행동 문제가 있는 아동들에게 미술치료는 중요한 치료 방법이 되었다. 20세기 후반 신경과학적 증거들이 치료 효과를 뒷받침해 주기 시작한 때에는, 특히 트라우마 관련 정신장애에 있어서 미술치료의 치료적 효과가 주목받았다.

학술적으로 보고된 미술치료 논문은 1947년 이후로 꾸준히 등장한다. 의학 정보 온라인 데이터베이스인 MEDLINE에서 '미술치료'와 '정신장애'의 2개 키워드로 논문을 검색하면 2,792건이 검색된다(2020년 4월 기준). 1947년부터 1968년까지 매년 10편 미만의 논문이 검색되고, 이후 2009년까지는 매년 10~100편의 논문이, 그리고 2010년부터는 매년 100편 이상의 논문이 검색된다. 물론 정신장애라는 넓은 범위의 주제어를 사용했으니 다양한 논문이 모두 포함된 결과이겠지만, 이러한 결과는 미술치료가 지난 반세기를 거치면서 계속 발전하고 있을 뿐 아니라 적용 대상과 범위가 점진적으로 확대되고 있다는 것을 시사한다.

참고

외국 학술지 검색 엔진으로 많이 사용되는 것은 PubMed, MEDLINE, PsycARTICLES, Psych INFO, Google Scholar 등이다. 국내 학술 검색 엔진은 한국교육학술정보원에서 운영하는 RISS와 한국학술정보에서 운영하는 KISS가 대표적이다. 그 외에 국내 학술정보포털 DBPIA, 학지사와 교보문고의 스콜라, 국회전자도서관 검색 등이 유용하다.

2. 미술치료의 효과에 대한 학술적 연구

최근에는 근거기반(evidence-based) 연구가 전 세계적으로 치료 분야에서 주된 흐름이 되었다. 이에 맞추어 미술치료 분야에서 다음 세 가지 방식으로 연구가 진행된다.

① 치료 효과를 입증하기 위한 다양한 개별 연구
② 리뷰 논문(review): 미술치료 효과에 대한 최신 성과들을 망라하고 평가한 논문
③ 메타분석 논문: 미술치료 효과를 보고한 개별 연구결과를 종합・비교한 논문

이들 각각에 대해 살펴보면 다음과 같다.

1) 개별 연구논문을 중심으로

미술치료의 효과에 대한 학술적 보고는 꾸준한 증가세를 보인다. 한국교육학술정보원의 학술연구정보서비스(RISS)로 '미술치료 효과'를 검색하면, 학위논문을 포함할 경우 5,371건이 검색되고, 학술지에 출간된 논문만을 대상으로 할 경우 1,700건이 검색된다(2020년 4월 기준). 이 논문들 중 다수는 정신장애 환자를 대상으로 한 것이 아니라 다양한 종류의 생활 적응문제를 보이는 사람을 대상으로 한 것이다. 그래서 그 대상자로는 초등학생, 학교 부적응 청소년, 장애 아동의 가족(형제자매 또는 부모), 시설 아동/청소년, 중년기 여성, 중년 남성, 청각장애 아동, 저소득층 아동/청소년, 위축 아동, 흡연 청소년, 아동기 성폭력 피해 청소년, 대학생, 만성질환 노인, 다

문화가정 자녀, 시설 부랑인, 유방절제 암 환자, 결혼이주여성, 부부, 배우자 사별 노인, 집단 따돌림 피해 아동 어머니, 보육교사, 중국 유학생 등이다. 이들에게 실시된 미술치료의 효과를 측정한 지표를 살펴보면, 문제 중심적인 개념이라기보다는 발달이나 향상에 초점을 맞춘 개념들이 많았다. 구체적으로는 자아존중감, 자아탄력성, 사회기술, 대인관계, 의사소통, 정서 표현성, 자기효능감, 공감능력, 또래관계, 공격성, 사회성, 사회적 유능성, 정서지능, 스트레스 감소, 심리적 안녕감, 생활만족도, 양육태도, 부모-자녀 관계 등에서 미술치료를 통해 변화가 있었는지 살펴본 연구들이 다수였다.

이번에는 범위를 더 좁혀서 정신장애에 대한 미술치료 효과 논문을 찾아보았고, 그 결과를 〈표 1-1〉에 제시하였다. 검색 방식으로는 '미술치료 효과'라는 검색어에 구체적인 정신장애 명칭을 검색어로 더 첨가하여 찾아보았고, 학위논문은 제외하고 국내 학술지에 게재된 논문만을 대상으로 찾아보았다(2020년 4월 RISS 검색 결과).

표 1-1 국내 학술지에 게재된 정신장애별 미술치료 논문 검색 결과

연구 주제	건수	연구 주제	건수
미술치료 효과+정신지체/지적장애	33건	미술치료 효과+강박장애	1건
미술치료 효과+ADHD	33건	미술치료 효과+반응성 애착장애	1건
미술치료 효과+치매	17건	미술치료 효과+성격장애	1건
미술치료 효과+자폐	10건	미술치료 효과+섭식장애	1건
미술치료 효과+조현병/정신분열증	8건	미술치료 효과+아스퍼거	1건
미술치료 효과+외상후 스트레스	6건	미술치료 효과+품행장애	1건
미술치료 효과+우울증	5건	미술치료 효과+화병	1건
미술치료 효과+선택적 함묵증	4건		

특정 정신장애에 대한 미술치료 효과를 검증한 논문들은 대부분 해당 장애의 증상 경감에 초점을 맞추거나 정서 또는 자아 관련 변인을 포함해서 삶의 질을 향상시키는 것에 초점을 맞추었다. 예를 들면, 치매노인에게 실시한 미술치료의 효과를 평가할 때 인지기능,[3, 4] 소근육운동,[3] 자기표현,[5, 6] 자아통합감,[7] 기억력,[5] 정신건강,[8] 우울,[4] 삶의 질과 대인관계[9] 등에서의 변화를 평가했다. 조현병 환자에 대한 미술치

료 효과를 평가한 경우, 인지 및 지각 능력 변화[10] 또는 정신증상 완화[11, 12]를 평가했고, 또 다른 연구들에서는 자기 관련 변인(자아존중감,[13, 14] 자기효능감[15])과 정서,[16] 그리고 삶의 질[16, 17]을 측정했다.

외국에서도 각각의 정신병리별로 미술치료를 시행하고 그 효과를 검증한 논문이 다수 보고되고 있다. Korlin, Nyback과 Goldberg(2000)[18]는 창의적 활동을 촉진하는 미술치료가 특히 활동이 제한된 심각한 만성 환자들에게 말로 하는 심리치료나 약물치료보다 더 좋은 결과를 냈다고 보고했다. 불안장애에 대한 미술치료 효과를 연구한 Abbing 등(2019)[19]은 범불안장애, 사회불안장애, 공황장애 등을 가진 성인 여성 59명을 대상으로 미술치료 효과를 검증하였다. 최종적으로 47명의 결과가 분석되었고, 통제집단과의 비교에서 미술치료 효과가 입증되었다. 즉, 미술치료를 받은 환자들의 불안 수준이 내려갔고, 주관적인 삶의 질이 향상되었으며, 감정조절 방략을 사용하는 데 있어서 향상을 보였다. 그리고 이 효과는 미술치료 종료 3개월 이후의 사후 검사에서도 그대로 유지되었다.

정신장애 외에 암과 같은 질병을 앓는 환자에게 미술치료가 시행된 경우도 많다. 특히 암은 환자가 겪는 고통과 불안, 우울이 복합적으로 영향을 미치는 병이다. 모든 질병은 심신 상호작용을 한다. 이 책에서는 정신장애에 초점을 맞추므로 순수한 신체 질병에 관련된 미술치료는 개관하지 않겠지만, 특히 암 환자에 대한 미술치료 효과성을 연구한 논문[20, 21]이 많다는 점을 밝혀 두고자 한다. 일례로, Thyme 등(2009)[21]은 암 환자들이 발병 이후 우울해졌을 때 미술치료가 효과적이었다고 보고하면서 그 효과는 단기 정신역동치료와 유사하다고 했다. 그 외에도 상당수의 해당 주제 논문에서 미술치료를 통해 암 환자의 정서가 안정되고 이전보다 훨씬 향상되었다는 결과를 보고했다.

정신장애 환자를 대상으로 하지 않았지만, 특정 미술치료 기법의 효과성을 밝히는 연구 역시 현재 진행 중이다. 예를 들어, 만다라 기법이 불안과 우울에 미치는 영향을 살펴보는 연구[22]라거나 미술치료 분야에서 번외로 취급하던 컬러링 기법에 대해서 효과가 있는지 살펴보는 연구[23, 24] 등이 있다.

이처럼 국내외에서 미술치료 효과를 검증하는 연구가 활발하게 진행되고 있다. 대부분의 연구에서 해당 정신장애의 증상과 문제가 감소하고 내담자/환자의 심리적 기능이 향상되는 등의 긍정적인 결과가 나타났다. 다만, 통제집단이 없는 경우거나 무선할당이 이루어지지 않은 점은 향후에 보완이 필요할 것으로 보인다. 최근의 연구 경향이, 단순한 무처치집단을 통제집단으로 두는 것보다는 위약집단1)을 통제집단으로 두는 적극적인 비교가 이루어지는 점을 고려한다면, 앞으로 치료 효과를 검증하는 것은 상당히 도전적인 작업이 될 것이다.

2) 리뷰 논문을 중심으로

미술치료 논문들이 쌓이면서 각 주제별로 출간된 논문들을 종합해서 살펴보는 리뷰 논문(review)이 나오기 시작했다. 리뷰 논문은 연구 동향을 분석하는 논문과 치료 효과에 대해 종합한 논문이 있다.

미술치료 연구 동향에 대한 국내 학술논문은 2020년 4월 현재 65편에 이르며, 대체로 연구대상, 연구방법(연구설계, 측정도구, 참여형태 등), 치료형태, 연구 내용 등을 정리하고 있다. 각각의 주제별로 살펴보면, 정신장애에 관한 것으로는 외상후 스트레스장애(PTSD),[25] 노인 우울,[26] 우울,[27] 불안,[28] 조현병,[29, 30] 장애 아동,[31] 지적장애[32] 등에 대해 연구 동향 분석이 이루어졌다. 그 외에 아동미술치료,[33] 유아미술치료,[34] 노인미술치료,[35] 지체장애,[36] 이혼가정,[37] 다문화 내담자[38, 39] 등을 중심으로 연구 동향 분석이 이루어지기도 했다. 미술치료에서 사용하는 기법 및 재료를 중심으로 연구 동향이 분석되기도 했는데, 점토매체,[40, 41] 잡지그림 콜라주,[42] FEATS,[43] 빗속의 사람 그림,[44] 풍경구성기법,[45] 투사그림검사,[46, 47] 동적가족화[48] 등을 중심으로 진행되었다.

치료 효과를 중심으로 리뷰를 진행한 논문들을 살펴보면 다음과 같다. Slayton 등(2010)[49]은 17편2)의 미술치료 논문을 대상으로 치료 효과를 논의했는데, 미술치료가 실시된 모든 임상 조건에서 효과가 나타난 것은 아니지만 대체로 효과가 나타났

1) 치료에서 위약집단에게는 비전문적인 위로나 지지가 제공된다. 예를 들어, A집단에 특정 심리치료 처치가 주어진다면, B집단은 해당 처치 시간만큼 편안한 풍경 사진을 보는 처치가 주어진다.

2) 주요어를 넣어서 검색했을 때 검색되는 논문의 양에 비해서 리뷰 논문에서 분석한 논문 편수가 적은 것은 리뷰어가 정한 논문 기준에 부합되는 것만 포함했기 때문이다. 근거기반 치료로 포함되기 위해서는 무선할당과 대조군과의 비교가 필요하다. 그런데 다수의 미술치료 논문이 대조군이 없었거나 무선할당 처치가 이루어지지 않은 치료 효과 검증 논문이었다. 이들을 제외하면 소수의 논문만 남겨지는데, 리뷰 논문에서 분석대상으로 삼은 논문들이 몇 편 되지 않는 이유이기도 하다.

다고 보고했다. 다른 치료와 유사한 수준으로 효과적이라고 언급했지만 최종 결론에 대해서는 유보적인 입장을 취했다. Maujean 등(2014)[50]은 2008년부터 2013년 사이에 수행된 연구논문들 중 무선할당과 통제집단을 둔 치료 효과 검증 논문 8편을 개관하고, 미술치료의 효과가 긍정적으로 나타났다고 결론 내렸다.

우울증에 대한 미술치료 효과를 종합해서 검증한 Blomdahl 등(2013)[51]은 7개의 학술지에 게재된 16편의 미술치료 논문을 논평했다. 각 논문에 보고된 치료 요소를 분석하고 종합한 결과, 8개의 치료 요인을 밝혔다. 이는 자기탐색, 자기표현, 의사소통, 이해와 설명, 통합, 상징적 사고, 창조성 그리고 감각자극이었다.

외상후 스트레스장애에 대한 미술치료 논문을 리뷰한 Schouten 등(2015)[52]은 성인 트라우마 환자들을 대상으로 미술치료 효과를 살펴본 논문들 중 통제집단을 설정해서 대조 연구를 한 6편의 논문을 비교했다. 그 결과, 3편은 트라우마 증상의 분명한 감소를 보여 주었고, 또 다른 1편은 우울 증상의 감소를 보여 주었다.

이상과 같이 기존의 개별 연구들을 종합해서 결과를 논평하는 리뷰 논문이 나올 만큼 미술치료 분야의 발전이 꾸준히 이루어지고 있음을 알 수 있다.

3) 메타분석 논문을 중심으로

미술치료의 효과성에 대한 메타분석은 2010년 이후부터 본격화되었고, 2020년 4월 현재 국내에서 약 27편의 미술치료 메타분석 논문이 출간되었다. 메타분석은 개별 연구결과를 표준화된 값으로 전환하여 비교분석[3)]을 한다. 아직 정신장애에 초점을 맞춘 메타분석 논문이 많지는 않지만, 전반적으로 메타분석 연구는 증가하는 추세이다.

이 중 몇 편의 결과를 요약 · 정리하면 다음과 같다. 박영근(2017)[53]은 지적장애인을 대상으로 실시된 미술치료의 효과를 메타분석했다. 총 18편의 논문을 분석한 결과, 미술치료의 전반적 효과크기는 상당히 큰 것으로 보고되었다. 집단 미술치료와 개인 미술치료 모두에서 치료 효과는 크게 나타났다. 원길수와 박숙희(2010)[54]는 미

3) 메타분석에서는 효과크기(effect size)를 구한다. Cohen이 제시한 효과크기 해석에 따르면, .20 미만은 작은 효과크기, .20~.50은 중간 효과크기, .80 이상은 큰 효과크기로 해석한다.

술치료 효과를 보고한 박사학위논문 49편을 메타분석했다. 그 결과 매우 높은 효과 크기를 발견했는데, 정서 영역과 자아개념 영역에서의 미술치료 효과가 컸다. 정나예(2013)[55]는 아동과 청소년의 자아 관련 변인에 영향을 미치는 미술치료 효과를 메타분석했다. 18편의 논문을 분석한 결과, 아동의 경우 미술치료 전공자에게 1시간 반가량의 집단 미술치료 시간으로 17회기를 하는 것이 최적의 치료 조건이라고 결론을 내렸다. 청소년은 동일 조건(미술치료 전공자, 17회기)으로 조금 더 긴 시간(102분)을 하는 것이 최적으로 나타났다. 홍은주와 조미영(2010)[56]은 석 · 박사학위논문 223편을 대상으로 미술치료 효과를 메타분석하고 중간 정도로 효과가 있다고 밝혔다. 청소년보다는 아동에게서 미술치료 효과가 뚜렷했고, 문제행동이나 비행과 같은 행동상의 변화/발달이 가장 두드러졌다.

3. 미술치료의 효과란 무엇인가?

미술치료를 해서 어떤 부분이 좋아진다고 했을 때, 그 영역은 다음과 같이 구분해 볼 수 있다. 첫째, 병의 증상 경감과 손상의 회복, 둘째, 직접적인 병의 증상이 아니지만 병으로 인해 파생된 문제의 해결, 셋째, 병보다는 환자 자신에 해당하는 요소

[그림 1-1] 주호소와 관련 변인

들로서 자아 관련 변인 및 정서 상태의 변화이다(그림 1-1 참조).

앞에서 살펴보았던 미술치료 연구들도 이 세 가지 영역에서의 변화를 중심으로 효과를 보고했다. 만약 우리가 첫 번째 영역에서의 변화만을 꾀한다면 미술치료는 몇몇 정신장애를 제외하고는 대부분 효과가 나쁘지 않은 치료 수준이거나 별다른 효과가 없는 치료일 것이다. 하지만 두 번째 혹은 세 번째 영역으로 관심을 돌린다면, 미술치료는 상당히 다양한 종류의 정신장애의 치료에 있어서 의미 있는 역량을 발휘할 것이다.

미술치료라는 학문 자체가 상당히 이질적인 두 영역이 만난 것처럼 치료의 효과를 밝히고자 하는 접근 방식에 있어서도 상당히 이질적인 관점이 존재한다. 첫 번째 영역을 증명하고자 하는 노력 중에는 뇌과학에 기반하여 미술치료 효과의 근본적 실체를 밝히고자 하는 것도 있다. 특히 외상후 스트레스장애 치료에 있어서 미술치료가 어떻게 작용하는지[57] 밝혔는데, 이는 트라우마가 언어 이전의 뇌 영역에 강력한 흔적을 남기며 구조적 · 기능적 변화를 일으킨다는 점을 고려하면 상당히 고무적인 내용이라 할 수 있다.

두 번째 영역을 증명하는 대표적인 연구들은 암 환자에 대한 미술치료 효과이다. 다수의 연구에서 항암치료를 받는 암 환자들에게 미술치료를 시행한 후 환자가 느끼는 우울이 경감되고[20] 피로 수준도 낮아졌으며[20] 의사소통[58]과 대처능력[59]이 향상되었고 삶의 지표가 개선[21, 60]되었다. 이 경우에 주된 타깃인 암 치료에 미술치료가 직접적인 효과를 보이지는 않았지만, 종합적인 의미에서 환자의 삶이 좋아진 것은 의미 있는 결과이다.

세 번째 영역을 증명하는 것은 어쩌면 치료의 의미에 대한 주관적이고 경험적인 관점이라고도 볼 수 있다. 즉, 미술치료를 통해 치료에서 주된 타깃이 되는 증상이나 파생된 문제 자체는 큰 변화를 보이지 않더라도 환자의 삶에 다른 좋은 것들을 제공할 수 있다면 이러한 주관적인 경험은 그 자체로 소중하고 의미 있는 것이다.

4. 미술치료의 장점

미술치료를 통해 얻을 수 있는 치료적 장점을 정리하면 다음과 같다.

첫째, 새로운 방식의 자기표현과 자기발견이다. 미술작품에는 자신의 감정/생각/경험이 담긴다. 이제까지 말로 표현하던 것이었다 하더라도 비언어적/시각적으로 표현된 것은 새로운 면을 보여 줄 수 있다. 완성된 작품에 표현된 자기 자신의 감정이나 생각, 관계 혹은 상황은 창작자가 당사자임에도 불구하고 자신의 입장에서 한발 떨어져서 시각적으로 볼 수 있는 상태가 된다. 그 상태에서는 해당 문제로부터 어느 정도의 심리적 거리를 유지하기가 쉽다. 복잡한 문제나 감정이 실린 문제를 해결하기 위해서는 심리적 거리를 가질 수 있어야 하는데, 미술작업을 통한 자기표현은 자기 자신의 내면 경험을 한발 떨어져서 살펴볼 수 있게 하는 장점이 있다.

둘째, 자존감이 증진된다. 자신의 감정/생각/경험을 있는 그대로 표현하고 감상을 나누는 과정을 통해 자신이 겪은 감정과 경험이 그 자체로 의미가 있음을 알게 된다. 이렇게 수용하고 나면 자기확신과 자존감이 향상된다. 작품의 완성을 통해 성취감을 느끼는 것도 자존감을 향상시킨다.

셋째, 정서가 다면화되고 감정이 해소된다. 말로는 모두 담을 수 없는 섬세하고 복잡한 감정을 미술작업으로 담아낼 수 있다. 미술표현과 감정 간의 연결고리가 생겨나면 더 다양한 미술표현을 통해 감정이 섬세하게 분화되고 다양하게 경험될 수 있다. 또한 미술작업을 통해 쌓인 감정을 표현하게 되면서 감정 에너지를 건강한 방식으로 분출할 기회를 얻게 되고, 마음속 감정의 일부를 해소할 수 있다.

넷째, 감각자극을 통해 심리적으로 발달한다. 미술치료에서 사용하는 다양한 재료와 작업과정은 시각적·촉각적 감각과 운동 감각을 풍성하게 하고, 때로는 청각적·후각적 감각까지 자극한다. 이러한 감각자극의 활성화는 다양한 이유로 얼어붙은 심신을 다시금 일깨워 줄 수 있다.

5. 맺는 말

1940년대 초 Naumburg가 정신병원에서 역동적 미술치료를 시작한 이래, 이 분야는 꾸준히 확대되고 발전했다. 오늘날에는 지적장애, 주의력결핍 과잉행동장애(ADHD), 치매, 자폐스펙트럼장애, 조현병, 외상후 스트레스장애, 우울증에 이르기까지 아동과 성인이 겪는 다양한 정신장애에 대한 치료 접근으로 미술치료가 사용된다. 미술치료 효과에 대한 검증도 지속적으로 이루어지면서 근거기반 치료로서의 위상도 높아지고 있다.

참고문헌

1. Naumburg, M. (1950). *Schizophrenic Art: Its Meaning in Psychotherapy*. New York: Grune & Stratton.
2. Naumburg, M. (1966). *Dynamically Oriented Art Therapy: Its Principles and Practices, Illustrated with Three Case Studies*. New York: Grune & Stratton.
3. 김용숙, 전순영(2019). 종이매체를 활용한 집단미술치료가 치매노인의 인지기능과 소근육 운동에 미치는 효과. **미술치료연구**, 26(5), 901-923.
4. 송영주, 이근매, 김기보(2012). 소조중심 집단미술치료가 치매노인의 인지기능과 우울에 미치는 영향. **예술심리치료연구**, 8(3), 23-45.
5. 정선영, 김용철, 김혜순(2011). 집단미술치료가 치매노인의 시각적 자기표현 및 언어적 자기표현과 사물 기억력에 미치는 효과. **미술치료연구**, 18(3), 748-764.
6. 양한연(2008). 집단미술치료가 치매 노인의 자기표현에 미치는 효과. **한국가족복지학**, 13(2), 107-129.
7. 이승희, 장덕희(2019). 회상을 통한 미술프로그램이 요양병원 치매 노인의 자아통합감에 미치는 효과. **인문사회 21**, 10(3), 1405-1419.
8. 박영애(2007). 집단미술치료 프로그램이 치매 노인의 정신건강에 미치는 효과. **예술심리치료연구**, 3(1), 207-230.
9. 진성희(2009). 집단미술치료가 경증치매노인의 삶의 질과 대인관계에 미치는 효과. **한국예술치료학회지**, 9(1), 153-172.
10. 양희원, 김미경(2013). 집단 미술치료가 만성 정신분열증 환자의 인지 및 지각능력에 미치는 효과: LMT(풍경구성법)에 의한 변화를 중심으로. **복음과 상담**, 20, 187-218.
11. 정순영(2016). 조현병 환자의 정신증상완화를 위한 만다라 명상프로그램의 적용. **미술치료연구**, 23(6), 1-20.
12. 최현진(2005). 집단미술치료가 정신분열증 입원환자의 사회기술과 증상에 미치는 효과. **미술치료연구**, 12(1), 281-305.
13. 김유경, 김성봉, 전순영(2006). 만다라 집단미술치료가 정신분열증 환자의 자아존중감에 미치는 효과. **미술치료연구**, 13(3), 601-623.
14. 정수지, 오승진(2015). 인지행동 집단미술치료 프로그램이 만성 조현병 환자의 자아존중감

과 공감에 미치는 효과. **예술심리치료연구**, 11(2), 159-178.

15. 김은정, 류정미(2018). 집단미술치료가 시설 거주 조현병 환자의 자기효능감과 주관적 행복감에 미치는 효과. **한국예술치료학회지**, 18(1), 39-56.
16. 강복인(2015). 집단미술치료가 입원한 조현병 환자의 정서표현, 정서행동, 대인관계 및 삶의 질에 미치는 영향. **임상예술치료연구**, 4(1), 27-51.
17. 류정미(2015). 집단미술치료가 시설거주 만성 조현병 환자의 대인관계와 삶의 질에 미치는 영향. **인문사회 21**, 6(4), 213-231.
18. Körlin, D., Nybäck, H., & Goldberg. F. S. (2000). Creative arts groups in psychiatric care: Development and evaluation of a therapeutic alternative. *Nordic Journal of Psychiatry, 54*(5), 333-340. DOI: 10.1080/080394800457165
19. Abbing, A., Baars, E. W., de Sonneville, L., Ponstein, A. S., & Swaab, H. (2019). The effectiveness of art therapy for anxiety in adult women: A randomized controlled trial. *Frontiers in Psychology, 10,* 1203. DOI: 10.3389/fpsyg.2019.01203
20. Bar-Sela, G., Atid, L., Danos, S., Gabay, N., & Epelbaum, R. (2007). Art therapy improved depression and influenced fatigue levels in cancer patients on chemotherapy. *Psycho-Oncology, 16*(11), 980-984. DOI: 10.1002/pon.1175
21. Thyme, K. E., Sundin, E. C., Wiberg, B., Öster, I., Åström, S., & Lindh, J. (2009). Individual brief art therapy can be helpful for women with breast cancer: A randomized controlled clinical study. *Palliative and Supportive Care,* 7(1), 87-95. DOI: 10.1017/S147895150900011X
22. Campenni, C. E., & Hartman, A. (2020). The effects of completing mandalas on mood, anxiety, and state mindfulness. *Art Therapy, 37*(1), 25-33, DOI: 10.1080/07421656.2019.1669980_
23. Holt, N. J., Furbert, L., & Sweetingham, E. (2019). Cognitive and affective benefits of coloring: Two randomized controlled crossover studies. *Art Therapy, 36*(4), 200-208, DOI: 10.1080/07421656.2019.1645498
24. Ashlock, L. E., Miller-Perrin, C., & Krumrei-Mancuso, E. (2018) The effectiveness of structured coloring activities for anxiety reduction. *Art Therapy, 35*(4), 195-201, DOI: 10.1080/07421656.2018.1540823
25. 김도희(2016). PTSD 관련 국내 미술치료 연구동향 분석. **예술심리치료연구**, 12(3), 227-256.
26. 최미경, 홍혜정(2019). 노인 우울에 대한 미술치료 연구동향 분석: 2000년~2017년 학위논문을 중심으로. **미술치료연구**, 26(1), 163-185.
27. 최은영, 이은봉, 조규영(2015). 우울에 대한 미술치료 연구동향. **한국통합심신치유학회**, 2(1),

42-71.

28. 윤라미, 박윤미(2017). 불안에 대한 미술치료 연구동향. **미술치료연구**, 24(3), 701-718.
29. 안정아, 정여주(2018). 조현병에 대한 미술치료 연구동향: 국내 학술지를 중심으로. **예술심리치료연구**, 14(3), 189-215.
30. 박성은, 임나영(2018). 조현병 대상 미술치료 연구 동향. **한국예술치료학회지**, 18(1), 81-97.
31. 김향지, 이근매(2008). 「미술치료 연구」에 게재된 장애아동 관련 논문의 연구동향 고찰. **미술치료연구**, 15(1), 47-60.
32. 이희연(2017). 지적장애학생 상담을 위한 미술치료프로그램 연구동향 분석. **학습자중심교과교육연구**, 17(15), 251-274.
33. 김미진, 강영주(2014). 아동미술치료 프로그램 국내 연구 동향 분석. **예술심리치료연구**, 10(3), 87-109.
34. 이미옥(2006). 한국의 유아미술치료 연구동향 분석. **미술치료연구**, 13(4), 707-725.
35. 이창정, 이미옥(2008). 한국의 노인미술치료에 관한 연구동향 분석. **미술치료연구**, 15(3), 589-608.
36. 김도희, 박주령(2018). 지체장애를 대상으로 한 미술치료의 연구 동향과 중재현황 분석: 국내 학술지를 중심으로. **재활심리연구**, 25(4), 839-864.
37. 김서현(2018). 이혼 가정 미술치료 연구 동향 분석: 2002년~2017년 상반기 국내 연구를 중심으로. **미술치료연구**, 25(1), 41-61.
38. 김수민, 김영순(2019). 다문화 내담자를 위한 미술치료의 국내 연구동향에 대한 탐색적 연구. **학습자중심교과교육연구**, 19(16), 471-494.
39. 류진아(2018). 다문화 내담자를 위한 표현예술치료 개입 연구동향. **학습자중심교과교육연구**, 18(20), 755-771.
40. 정옥현, 박은선(2017). 점토매체를 중심으로 한 미술치료 연구동향: 1994년~2016년 국내논문을 중심으로. **미술치료연구**, 24(3), 845-870.
41. 구미진, 이근매, 김진희(2016). 점토매체 중심 미술치료 동향과 효과에 대한 메타분석. **교육혁신연구**, 26(3), 289-314.
42. 이근매(2016). 잡지그림 콜라주 미술치료에 대한 국내 연구 동향. **예술심리치료연구**, 12(3), 19-41.
43. 박주령, 이근매(2016). 국내 형식요소미술치료척도(FEATS)의 연구동향(2005~2015). **미술치료연구**, 23(3), 663-683.
44. 유경미(2019). 빗속의 사람 그림(DAPR)을 활용한 국내 학술지 연구 동향. **미술치료연구**, 26(2), 275-291.
45. 소현경, 이근매(2017). 풍경구성기법(LMT)에 대한 국내 연구동향. **예술심리치료연구**, 13(3),

43-62.

46. 이선혜, 유경미(2017). 투사그림검사에 대한 국내 연구동향: 국내 학술지 논문을 중심으로. **미술치료연구**, 24(6), 1509-1529.
47. 최진숙, 이근매(2014). 투사 그림검사에 대한 국내 연구 동향. **미술치료연구**, 21(1), 1-19.
48. 장선철, 이경순(2011). 동적가족화에 관한 국내 연구동향 분석. **미술치료연구**, 18(1), 173-193.
49. Slayton, S. C., D'Archer, J., & Kaplan, F. (2010). Outcome studies on the efficacy of art therapy: A review of findings. *Art Therapy, 27,* 108-118. DOI: 10.1080/07421656.2010.10129660
50. Maujean, A.,Pepping, C. A., & Kendall, E. (2014). A systematic review of randomized controlled studies of art therapy. *Art Therapy, 31*(1), 37-44. DOI: 10.1080/07421656.2014.873696
51. Blomdahl, C., Gunnarsson, A. B., Guregård S., & Björklund, A. (2013). A realist review of art therapy for clients with depression. *The Arts in Psychotherapy, 40*(3), 322-330. DOI: 10.1016/j.aip.2013.05.009
52. Schouten, K. A., de Niet, G. J., Knipscheer, J. W., Kleber, R. J., & Hutschemaekers, G. J. (2015). The effectiveness of art therapy in the treatment of traumatized adults: A systematic review on art therapy and trauma. *Trauma Violence Abuse, 16*(2), 220-208. DOI: 10.1177/1524838014555032
53. 박영근(2017). 지적장애인을 대상으로 한 미술치료 연구 메타분석: 국내 실험 연구를 중심으로. **특수아동교육연구**, 19(4), 25-49.
54. 원길수, 박숙희(2010). 미술치료 효과에 관한 메타분석: 박사학위논문을 중심으로. **상담학연구**, 11(2), 429-447.
55. 정나예(2013). 아동 및 청소년의 자아관련 변인에 미치는 미술치료의 효과에 관한 메타분석. **아동가족치료연구**, 12, 91-104.
56. 홍은주, 조미영(2010). 아동 및 청소년 집단 미술치료 프로그램 효과에 대한 메타분석: 1997~2010. **아동교육**, 19(4), 299-310.
57. King, J. L. (Ed.). (2016). *Art Therapy, Trauma, and Neuroscience.* Milton Park, UK: Routledge.
58. Luzzatto, P., Sereno, V., & Capps, R. (2003). A communication tool for cancer clients with pain: The art therapy technique of the body outline. *Palliative and Supportive Care, 1*(2), 135-142. DOI: 10.1017/s1478951503030177
59. Öster, I., Svensk, A. C., Magnusson, E., Thyme, K. E., Sjõdin, M., Åström, S., & Lindh, J.

(2006). Art therapy improves coping resources: A randomized, controlled study among women with breast cancer. *Palliative & Supportive Care, 4*(1), 57-64. DOI: 10.1017/s147895150606007x

60. Monti, D. A., Peterson, C., Kunkel, E. J., Hauck, W. W., Pequignot, E., Rhodes, L., & Brainard, G. C. (2006). Randomized, controlled trial of mindfulness-based art therapy(MBAT) for women with cancer. *Psycho-Oncology, 15*(5), 363-373. DOI: 10.1002/pon.988

2장

미술치료 접근과 구체적 방법

색깔의 종류만큼이나 다양한 미술치료 방법

주리애

정신장애는 종류와 정도에 차이가 있을 수 있지만 대부분 상당히 고통스럽고 혼란스러우며 당사자를 소외시키는 경험이다. 심지어 우울장애처럼 일반인에게 널리 알려진 병조차도 충분히 이해받는다기보다는 주변의 선입견이나 이해 부족 때문에 환자들이 상심하는 경우가 많다. 그러므로 미술치료사는 환자의 상태와 치료적 필요를 잘 헤아려서 미술치료 개입을 제공하는 것이 바람직하다.

구체적으로 어떤 미술치료 방법을 사용할 것인가 하는 점은 미술치료 전체의 치료 계획과 미술치료사의 접근 방식에 근거해서 결정된다. 이 장에서는 미술치료 접근 방식을 미술에 초점을 맞춘 것과 심리치료에 초점을 맞춘 것으로 나누어 소개한다. 각각의 접근 방식은 치료 개입에 대한 근거를 제공하고 있으므로, 정신장애별 미술치료를 계획하고 실시할 때 반드시 종합적으로 고려해야 한다.

1. 미술치료의 계획과 과정

미술치료의 계획과 과정을 결정하는 것은 환자/내담자의 주호소와 현재 상태에 대한 평가에서 출발한다(그림 2-1 참조). 내담자(또는 내담자의 보호자)가 어떤 부분에서 어려움이나 문제를 호소하는지, 구체적인 실생활에서 어떤 어려움이 있는지 살핀다. 그런 다음 미술치료를 실시할 수 있는 기간과 횟수를 고려하여 주호소에 변화를 가져오는 것을 목표로 설정한다. 만약 주호소가 변화 가능성이 낮은 경우라면 주호소에 영향을 줄 수 있는 다른 요인들을 변화시키는 것이 목표가 된다. 즉, 1장에서 서술했던 바와 같이 병의 증상 경감과 손상 회복이 어려운 경우라면, 병으로 인해 파생된 문제를 해결하거나 혹은 환자 자신에 해당되는 요소로서 자아 관련 변인을 변화시키는 것이 목표가 된다.

주호소/상태와 목표가 어느 정도 정해지면 그다음에는 그 목표로 나아가기 위해 개입의 방향을 설정하고 구체적 기법을 준비한다.

정신장애 환자의 경우, 미술치료가 제공되는 환경과 실시조건을 더 깊이 고려할 필요가 있다. 정신건강의학과 병동에 입원한 환자라면 미술치료는 입원 기간 동안

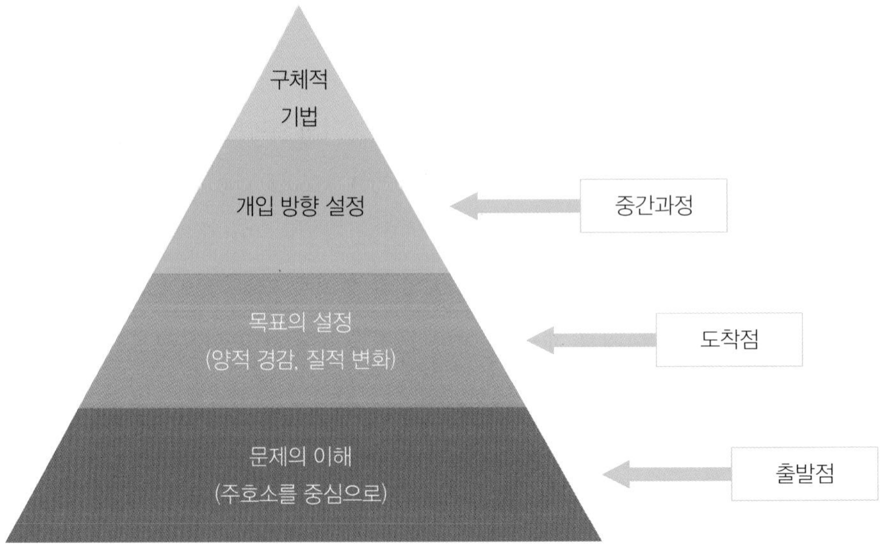

[그림 2-1] 미술치료를 계획하는 과정

출처: 주리애(2010),[1] p. 228.

제공될 것이다. 기간은 제한적이고 짧은 편이며 증상이 현저하게 발현된 상태에서 입원했을 것이며, 미술치료 회기에 참여할 때에는 약물치료 등으로 어느 정도 증상이 완화되는 과정에 있을 것이다. 이 경우에 미술치료 목표는 입원 환경에 적응하고 약물치료에 순응하며 향후 치료 계획에 긍정적인 태도를 가질 수 있도록 하는 것이다. 집단 정신치료의 대가인 Yalom(1983)[2]도 단기로 실시되는 집단 정신치료의 경우 치료 목표를 현실적으로 잘 잡아야 실패가 없다고 강조했다.

보다 긴 기간 동안 미술치료를 제공할 수 있는 환경이라 하더라도 장기적인 목표 안에서 세부적으로 단기적 목표를 계속 조정해 나가는 것은 필요하다. 특히 상담센터에서 정신장애 내담자를 만날 경우, 미술치료를 통해 어떤 부분을 성취할 수 있고 어떤 면이 변화되는지에 대해 주기적으로 정리하며 내담자(혹은 내담자의 보호자)와 확인할 필요가 있다. 전문 서비스를 제공한다는 취지에서 보면 서비스 수요자가 납득할 만한 것이라야 하기 때문이다.

2. 미술치료 접근 방식

미술치료의 접근 방식은 크게 두 가지로 나뉜다. 하나는 미술에 초점을 맞추어 개입을 고려하는 것이고, 다른 하나는 심리치료에 초점을 맞추어 개입하는 것이다(표 2-1 참조). 미술에 초점을 맞춘 방식은 다시 미술재료 차원에서 여러 변수를 고려하는 '표현치료 연속선'과 미술과정 차원에서 '표현' '승화' '창조성'을 고려하는 것으로 나뉜다. 그리고 심리치료에 초점을 맞추어 개입을 고려하는 것은 기존 심리치료 접근에 미술과정과 이미지의 사용을 접목한 것이다. 세부적으로는 정신역동적 미술치료, 인본주의적 미술치료, 발달적 미술치료, 인지행동적 미술치료 그리고 통합적 미술치료가 있다. 이러한 심리치료 이론은 미술치료와 결합되는 과정에서 기본 개념과 인간관, 병인론은 동일하지만 치료 방법이나 접근에서 변화되었다.

표 2-1 미술치료 접근 방식

초점	구분	접근 방식
미술	미술재료 차원	표현치료 연속선
	미술과정 차원	표현
		승화
		창조성
심리치료	정신역동적 미술치료	프로이트 학파의 미술치료 융 학파의 미술치료
	인본주의적 미술치료	인간중심 미술치료 실존적 미술치료 영적 미술치료, 자기초월적 미술치료 마음챙김 미술치료, 포커싱 미술치료 게슈탈트 미술치료, 현상학적 미술치료 아들러 학파의 미술치료
	발달적 미술치료	발달적 미술치료 미술교육적 접근
	인지행동적 미술치료	인지행동적 미술치료 행동주의적 미술치료 변증법적 행동치료(DBT)에 기반한 미술치료 도식치료에 기반한 미술치료
	통합적 미술치료	통합적 미술치료/절충적 미술치료

1) 표현치료 연속선

표현치료 연속선(Expressive Therapy Continuum: ETC)은 미술재료의 특성이 미술 작업을 하는 사람의 심리적 속성과 긴밀하게 연결된다는 점에 기반한다. 이 개념은 Kagin과 Lusebrink(1978)[3]가 체계화하였고, 이후 여러 미술치료사[4, 5, 6, 7]가 중요한 이론적 틀로 사용하였다. 미술치료사는 ETC에 기반하여 내담자의 정보처리와 기능 수준을 고려하고 구체적인 미술치료 개입을 선택한다. ETC의 요소들을 살펴보면 Piaget의 발달과정(감각운동기, 전조작기, 구체적 조작기, 형식적 조작기)과 Lowenfeld의 미술 발달을 반영하고 있는데, 이러한 점도 내담자에게 필요한 미술치료 개입 방향을 설정하는 데 도움이 된다.

ETC는 크게 세 가지 종류의 서로 대비되는 수준들이 있으며, 그 각각에 해당되는 기능과 요소들이 있다. 가장 기초적이고 근본적인 수준은 운동(kinesthetic) vs. 감각(sensory) 수준이다. 이는 Piaget의 감각운동기에 해당되는 영역이기도 하다. 운동 수준의 경험은 몸을 움직이며 그 움직임과 행동에 기반해서 정보를 받아들이는 것이다. 그에 비해 감각 수준은 시각과 촉각 등 감각기관을 통해 정보를 받아들이는 것을 말한다. 두 번째 수준은 지각(perceptual) vs. 감정(affective) 수준이다. 지각은 (바로 앞에서 소개한) 감각과 유사한 과정으로 보이지만, 감각기관에서 입력된 정보를 바탕으로 조직화하거나 해석하는 과정이 포함된다. 즉, 감각정보가 날것으로서의 형태라면 지각은 그것을 어떤 식으로든 해석한 것이며, 지각한 것은 나름의 의미를 가지게 된다. 예를 들어, 그림에 사용된 색과 선, 명암을 보는 것은 감각이며, 그렇게 그려진 대상이 나무와 사람이라는 것을 알아차리는 것은 지각이다. 감정 수준의 경험은 미술작업을 하면서 느끼거나 촉발되는 모든 감정과 정서를 말한다. 감정 경험은 운동–감각 수준의 경험을 통해 더 커지거나 증폭될 수 있다. 세 번째 수준은 인지(cognitive) vs. 상징(symbolic) 수준이다. 인지적 수준에서는 생각이 개입한다. 지각된 것에 대해 평가가 더해진다면 이것은 인지적 수준의 활동이다. 상징은 추상적인 의미 부여가 이루어진 것이며 은유적인 표현이라든가 직관적 요소가 더해진다. 마지막으로, 이 모든 수준의 경험들을 아우르는 것은 창조적(creative) 수준이다. 창조적 수준의 경험은 특정 경험 수준에 제한되지 않고 어떤 경험, 어떤 수준에서든 일어날 수 있다.

2) 표현, 승화, 창조성

미술은 비언어적인 표현방식이다. 생각, 사고, 판단으로 이루어진 검열과정은 언어적 내용은 잘 걸러 내지만 비언어적 내용은 충분히 걸러 내지 못한다. 따라서 비언어적 · 시각적 내용을 표현하는 것은 그것을 그리는 사람의 의도와 무관하게 의외의 요소들을 드러낼 때가 있다. 미술치료에서 '표현'의 의미는 아무리 강조해도 지나치지 않다. 그래서 미술치료사들은 표현을 북돋우기 위한 여러 가지 방법을 고민하곤 한다. McNiff[8]는 북을 치면서 내담자의 미술표현을 도왔고, Cane[9]은 자유롭게 선을 그리는 난화를 통해서 표현을 도왔다. Silverstone[10]은 유도된 환상을 사용해서 표현을 도왔고, Silver[11]는 그림자극을 제시하고 내담자가 선택해서 그리도록 했다. 다양한 재료를 사용하며 주제를 제시하거나 혹은 자유로운 선택을 하도록 하거나, 기법을 시연해서 보여 주거나, 내담자가 미술치료실을 둘러보며 마음에 드는 작업재료를 선택하도록 하는 등의 모든 방법도 표현을 촉진하기 위한 것이다.

승화는 표현과정에서 마침표를 찍기까지의 시간 동안 일어난다. 미술치료에서 승화를 이야기할 때 Kramer를 빼놓을 수 없다. Kramer는 내담자가 미술과정에 깊이 몰입하는 것을 중요하게 생각했고, 또한 그 작업이 끝까지 잘 마무리되는 것을 소중하게 여겼다. 치료적으로 의미가 있는 '성공적인 미술치료'란 미술과정 내에서 발견되는 것이라 말했으며, 작품을 완성하고 누리는 기쁨이야말로 미술치료에서 중요한 치료적 요인이라고 했다. 그래서 Kramer는 내담자의 미술작업을 지지하고 지원하는 '미술치료사의 제3의 손(art therapists' third hand)'[12]이 필요하다고 했다. 그어떤 미술치료사도 Kramer만큼 자유롭고 편안하게 내담자의 작품에 손을 대거나 관여하지 않았던 것 같다. 내담자의 미술작업에 손을 대도 되는가? 물감을 섞어 주거나 재료를 찾아 주는 것 등의 관여라면 누구든 긍정적으로 생각하겠지만, 그림 그리는 것을 보조하는 것은 어떤가? Kramer의 관점에서는 '제3의 손'으로 개입해도 될 뿐 아니라 꼭 필요하다고 볼 것이다.

승화는 결코 쉽지 않은 과정이다. 내담자의 공격성과 충동성은 미술의 작업과정을 끊임없이 무너뜨리려 한다. 좌절을 버티는 힘이 약한 경우라면 그림을 그리다가 포기하거나 찢어 버리기도 한다. 미술작업에서 승화가 쉽지 않은 것은 그것이 환상으로만 이루어지는 놀이가 아니라 환상과 실제가 모두 포함되는 창조작업이기 때문이다. 일차과정(primary process)과 이차과정(secondary process)이 모두 포함되었기 때문에 이를 버텨 내는 자아의 힘은 커져야 한다. 물론 끝까지 잘 버텨 낼 수 있으면 자아의 힘은 커지고 확장되기 마련이다. 작업과정 중에 필요하다 싶은 순간에 미술치료사가 적절하게 '(Rubin의) 빌려 주는 자아'[8]를 제공하며 '(Kramer의) 제3의 손'[12]이 되어 주어야 한다.

창조성은 미술작업의 본질에 내포되어 있고, 심리적인 에너지와 관련되어 있다. 내담자의 심리적 상태가 활성화되고 미술작업이 시작되면 어떤 형태로든 창조성이 발휘된다. 창조성은 '삼차과정(tertiary process)'[1)]이라는 표현에서 잘 나타난다.[13] 이는 예술과 같은 특정 형태의 창조과정에서 일차과정의 내용물과 이차과정의 형식이 결합된 것을 일컫는다.

3) 정신역동적 미술치료

정신역동적 미술치료는 크게 프로이트 학파의 정신분석 이론에 기반한 미술치료 접근과 융 학파의 분석심리학에 기반한 미술치료로 나뉜다. 그 안에서 다시 더 세부적으로 자기심리학이나 대상관계이론에 근거하는 미술치료 접근도 있다.

정신역동이론이 미술치료와 결합하면서 크게 달라진 점은 무엇보다도 치료사-내담자 일대일 관계가 아니라 치료사-내담자-미술작품이라는 삼각구도 관계라는 점[14, 15]이다. 미술치료 장면에서 미술작품은 일종의 독립적인 대상이 된다. 내담자는 치료사에게만 투사하는 것이 아니라 자신의 작품에도 투사를 한다. 작품은 그 특성상 완성된 순간부터는 창작자로부터 독립적인 개별적 대상으로 여겨지기 때문이다. 삼각구도 관계를 형성하는 것은 매우 중요한데, 일대일 관계에서보다 공간이 더 생기기 때문이다. 그 공간에서 조금 더 심리적 거리를 가지고 스스로를 돌아볼 수 있으며 새로운 시도를 하거나 통찰을 얻을 수 있게 된다. 미술치료사들은 Winnicott의 잠재적 공간(potential space)[16] 개념을 가져와서 미술치료에서 발생하는 삼각관계를 '삼각으로 된 잠재적 공간(a triangulation around the potential space)'[17]이라 부르기도 한다. 내담자는 미술치료사로부터뿐 아니라 자신의 작품으로부터 반영을 받게 되며 스스로에 대한 통찰을 얻는 '반영과정(mirroring process)'을 경험할 수 있다.[14]

정신역동적 미술치료에서 중요한 또 다른 개념은 Bion의 '담아 주기(containing)'[16]이다. 미술치료에서는 미술작품 또는 미술작품 속의 이미지가 '담아 주는 것(container)'의 역할을 한다는 것이 강조되었다. 유사한 개념으로 Esther Bick[2)]의 '담아 주는 대상(containing object)'[18] 개념도 중요하다. 미술작품은 내담자가 견디기 어

1) 일차과정은 쾌락 원칙에 따라 본능적 욕구를 충족시키는 것으로 꿈이나 공상이 대표적이다. 그에 비해 이차과정은 현실 원칙에 따라 움직이며 본능과 현실세계 사이를 중재하는 역할을 한다. 삼차과정은 예술작업에서 보이는 창조적 과정의 특징을 지칭하기 위해 Arieti가 사용한 용어이다.

2) Esther Bick은 분석가이며 심리학자로 Melanie Klein의 제자이다. John Bowlby와 함께 영국 타비스톡 클리닉을 설립했다.

려운 감정과 생각을 담아 두는 역할을 한다. 비유를 하자면, 내담자는 자기 속의 불덩어리를 끄집어내서 미술작품에 던져 두었다고 할 수 있다. 기존 심리치료에서 치료사가 내담자에게 담아 주는 기능을 하던 것에서 더 나아가 치료사와 작품이 이중으로 담아 주는 것이라 할 수 있다. 재미있는 것은 미술치료실 자체도 담아 주는 기능을 한다는 것이다. 영국의 미술심리치료사이자 융 분석가였던 Killick(2000)[19]은 정신병적(psychotic) 상태를 보이거나 정신증-신경증을 모두 보이는 환자들을 대상으로 미술치료를 했다. 정신병적 상태에서 심하게 혼란스러움을 겪는 환자들은 미술치료실이라는 공간에 들어오는 것으로도 위안을 받고 덜 혼란스러워했다. Killick은 정신병동 내에 커다란 미술작업실을 두고 미술치료를 실시했고, 환자들은 그 미술치료실이 '피난처이자 성역(sanctuary)' 같은 곳이라고 말하곤 했다. (Killick이 일하던 1970년대 말~1980년대 말까지만 해도 급성 정신장애로 입원한 환자를 대상으로 미술치료를 하는 것에 대해 의사들이 의구심을 갖기도 했다.)

4) 인본주의적 미술치료

인본주의적 미술치료는 인간중심 미술치료가 대표적이며, 최근에 주목받는 실존적 미술치료와 마음챙김 미술치료도 여기에 속한다.

인간중심 미술치료는 Natalie Rogers[20]와 Liesl Silverstone[10]이 대표적인 미술치료사이다. Natalie Rogers는 미술과 음악, 동작과 춤을 결합해서 표현예술매체를 두루 사용하는 예술치료사이며, Silverstone은 이미지를 중심으로 작업하는 미술치료사이다.

실존적 미술치료는 미술치료 분야의 임상화 증상(clinification syndrome)[1, 21]에 반대하며 미술작업에서 누릴 수 있는 창조적 깊이와 풍부함에 초점을 맞춘다. 그리고 병의 증상이나 진단을 넘어서서 보다 근본적인 물음에 접근하고자 한다. 언젠가 사람들은 모두 죽는데 그러한 유한한 삶을 살아가며 겪는 삶의 모든 문제를 투쟁하고 버티는 인간의 실존에 대해 미술치료로서 접근하고자 한다. 실존적 미술치료의 대가 Bruce Moon[22]은 또 다른 미술치료의 대가 Shaun McNiff와 했던 대화를 들려주는데 참 의미심장하다. 동석했던 다른 사람이 Moon에게 집필하고 있는 책의 제목을 물었고, Moon은 '실존적 미술치료'라고 답했다. 그랬더니 옆에 앉아 있던 McNiff

가 웃으며 단어를 중복해서 쓰지 말라고 했다. 모든 미술은 실존적인 것이라면서 말이다. 이렇게 '미술'과 '실존'을 마치 단어 '역전 앞'처럼 중복되는 말이라고 이야기 나눌 수 있었다니, 그 믿음을 이야기하고 나누는 순간이 얼마나 즐겁고 공감이 되었을까 상상이 된다.

영적 미술치료에서도 존재의 실존적 의미를 중요하게 생각한다. 믿음미술치료평가법(Belief Art Therapy Assessment: BATA)을 만든 Horovitz(2002)[23]는 정서장애 아동 및 청소년, 자살충동이 강한 섭식장애 환자, 사별과 상실 문제를 가진 내담자들과 미술치료를 하면서 삶 속에서 영적인 측면을 주목하도록 했다. 영성에 주목했던 미술치료사 Allen(1992)[24]도 개별적인 사람을 넘어서는 더 큰 존재로서 신 혹은 우주와 관계를 맺는 방법으로 미술을 사용했다. 이 접근에서는 진단이나 평가, 병리에 대한 이해보다는 전체로서의 사람에 대한 이해와 각 개인이 의미를 찾아가는 과정을 중요시한다.[25]

최근 명상과 마음챙김에 대한 관심이 높아지면서 미술치료에도 마음챙김 미술치료(mindfulness-based art therapy)[26] 접근이 생겼다. 이 접근에서는 명상과 미술작업, 감각경험을 중요시하며, 자신이 만든 미술작품에 대한 감각적 경험과 정서적 반응을 스스로 알아차리기 위해 노력한다. 혹은 요가와 미술치료를 결합해서 심신관계에 초점을 맞추기도 한다. Monti 등(2006)[27]은 111명의 암 환자에게 마음챙김 미술치료를 실시했는데, 가벼운 요가와 앉아서 명상하는 방식을 미술치료에 결합해서 사용했다. 그 결과, 마음챙김 미술치료를 받은 환자들의 고통 증상이 유의미하게 감소하고 건강과 관련된 삶의 질이 향상되었다고 보고했다.

자기초월적 미술치료[28]도 명상을 중요한 방법으로 사용한다. 이 접근에서는 명상을 통해 보다 깊은 자기 안의 세계로 들어가며 개인 내면에 잠재된 치유의 힘이 미술작업(예: 가면, 만다라, 꿈 등)으로 드러나게끔 돕는다.

현상학적 미술치료,[8] 포커싱 미술치료,[29] 게슈탈트 미술치료[8]는 각각의 심리치료 이론에 기반해서 미술치료를 하는데, 특히 미술의 감각과 지각에 초점을 맞춘다.

인본주의 물결에 힘입어 아들러 학파의 미술치료[30]도 성장했다. 이 접근의 가장 큰 특징은 내담자의 열등감 보상과 공동체 의식을 강조할 뿐 아니라 미술치료사의 사회참여에 대해서도 강조한다는 점이다. 기존의 미술치료사들의 입장은 실제 삶에 관여하기보다는 미술치료실에 머무르며 경계를 분명하고 확고하게 지키는 것을 중요시한다. 그에 비해 아들러 학파의 미술치료는 사회정의와 옹호(social justice and advocacy)[31]를 중요하게 생각하며 약자에 대한 지원과 사회적 인식 변화를 추구한다.

5) 발달적 미술치료

발달적 미술치료는 미술 발달이 심리적 발달과 성숙을 견인할 수 있다고 본다. 발달상의 지연이든 혹은 심리적 어려움으로 인한 퇴행이든, 내담자가 머무르는 발달단계에서 그다음 단계로 나아가도록 지지하고 지원함으로써 궁극적으로는 내담자의 심리적 상태를 성숙시킬 수 있다. 이를 위해서는 현재 내담자의 미술 발달단계를 면밀하게 파악하고 충분한 시간을 들여서 점진적으로 발달을 촉진하는 것이다.

6) 인지행동적 미술치료

인지행동치료는 치료 전략과 기법이 구체적이며 치료사가 내담자에게 분명한 지시와 구체적 절차를 제공한다는 점에서 구조화된 심리치료이다. 이 접근의 핵심은 생각과 행동 패턴을 바꿈으로써 내담자가 경험하는 심리적 문제를 해결하는 것이다. 인지행동 미술치료(Cognitive-Behavioral Art Therapy: CBAT)[32]는 내담자들이 자신의 생각과 신념을 탐색하고 알아 갈 때 미술작업이 도움이 된다는 점에 주목했다. 즉, 개인의 의식 내면에 자리 잡은 생각과 신념의 체계인 '구성개념(construct)'은 쉽게 드러나는 것이 아니며 정서적인 색채도 가지고 있다. 구성개념을 더 깊이 있게 이해하기 위해서는 언어적인 대화뿐 아니라 미술작업을 통해 비언어적 자료를 살펴보는 것이 도움이 된다.

미술치료사 Rosal[8]은 인지행동적 미술치료를 사용한 사례들을 개관하면서 미술작업으로 인지행동 기법을 사용한 사례를 소개했다. 예를 들면, 단계적 둔감화나 범람법, 노출법의 내용을 그림으로 그리는 것, 인지 왜곡을 발견하는 데 이미지를 사용하는 것, 통제력을 강화하거나 이완을 증대하기 위해 미술작업을 사용하는 것 등이다. Morris(2014)[33]는 광장공포증을 동반한 공황장애 환자와 범불안장애 환자에게 각각 인지행동적 미술치료를 실시했다. 그 방식은 인지행동치료에 이미지를 사용하는 것을 결합한 것이었는데, 7주간의 치료 기간 이후에 모두 유의미한 치료 효과를 보였다. 특히 공황장애 환자의 경우 공황발작의 빈도가 현저하게 줄어들었다.

인지행동치료 중 경계선 성격장애 환자에게 초점을 맞추는 변증법적 행동치료(Dialectic Behavior Therapy: DBT)에 기반한 미술치료 접근[34]도 있다. DBT 미술치료는 DBT 1~4단계에 이르기까지 단계별 목표를 성취하기 위해 미술작업을 사용한다. 그 외에 Young[35]의 도식치료(schema therapy)에 미술치료를 결합한 시도[36]도 있다.

7) 통합적 미술치료

다수의 미술치료사는 다양한 심리치료 이론을 적절하게 선택하고 가감해서 사용한다. 그래서 통합적 혹은 절충주의적 입장을 가지고 있다고 하는 미술치료사들의 비율이 가장 높다. Shaun McNiff[8]는 대표적인 통합적 입장의 미술치료사인데, 미술만 사용하는 것이 아니라 움직임과 소리, 음악 등 다양한 예술매체를 사용한다. 그가 언급한 방식들을 보면 내담자의 창조적 에너지를 활성화시키기 위해 넓은 도화지와 큰 붓을 사용하고 북을 치며 그 소리를 듣고 작업하도록 했던 것을 볼 수 있다.

3. 구체적인 미술치료 방법

구체적인 미술치료 방법은 치료의 접근 방식이 결정되면 자연스럽게 따라온다. 예를 들어, 미술재료 차원에서 ETC를 고려하여 감각 수준에서 작업하기로 선택했다면 내담자에게 감각적 속성이 두드러진 미술재료를 제공할 것이다. 전통적인 회화 재료가 아닌 '미술이전 재료(pre-art material)'(예: 콩, 면도크림, 국수가닥, 과자 등)를 선택할 수도 있고, 기존의 회화 재료를 쓰더라도 색깔과 질감에 초점을 맞출 수 있다. 특히 ETC 감각 수준에서 작업한다면 재료의 선택이 주제의 선택보다 더 중요할 때가 많다.

감각 수준의 대칭점에 위치한 운동 수준을 고려한다면, 기존 회화 재료를 쓰되 그림을 그리는 도화지의 사이즈를 조절해 볼 수 있다. 만약 도화지 사이즈가 충분히 커진다면 몸 전체를 움직이게 될 것이다. 마룻바닥에 넓은 도화지를 펼쳐 두고 그 위에서 걸어 다니며 작업한다거나 혹은 앉아서 자신의 몸보다 더 길고 넓은 면적에 무언가를 그려 본다고 상상해 보자. 손만 움직여서 그림을 그릴 수가 없고 온몸을 사용해야 한다. 미술치료에서 몸 전체를 사용하는 것에 대해 강조한 여러 미술치료사가 있다. Naumburg의 친언니인 미술치료사 Florence Cane[9]은 종이 위에 자유로운 형태로 움직이며 선을 긋는 것이 중요하다고 보았다. 단순히 손만 사용해서 그림을 그리기보다는 몸 전체를 자연스러운 리듬으로 움직이게 하는 것이 중요하다고 했다. 울만 성격평가절차(Ulman Personality Assessment Procedure: UPAP)[37]라는 그림검사를 만들었던 미술치료사 Ulman도 몸을 움직여서 긴장을 풀고 이미지가 나오도록 하는 것이 중요하다고 보았다. 그래서 UPAP에서 연달아 그림을 그릴 때 중간에 팔을 상하, 좌우, 원운동으로 크게 돌리면서 몸을 풀어 주도록 한다. 그리고 이젤을 사용해서 그림을 그리도록 하는데, 그렇게 하면 테이블 위에서 그림을 그릴 때에 비해서 확실히 몸 움직임이 더 많아지게 된다.

ETC 운동 수준에서 할 수 있는 또 다른 작업은 끊어지지 않는 선 그리기이다. 긴 선을 끊어지지 않게 그리게 되면 필연적으로 팔운동과 몸동작이 따르게 된다. 선 그리기에 지각 수준이 결합되면 대상이나 형태를 찾는 난화 작업을 할 수 있다. 즉, 자유롭고 부드러운 선을 그은 뒤 그 선이 그려진 형태를 바라보면서 어떤 대상이나 이미지를 찾는 것이다.

감정 수준의 미술치료 작업은 아마도 모든 미술치료 방법이 다 해당될 것이다. 미술작업을 하고 느껴지는 감정이 없을 수는 없기 때문이다. 찰흙작품이든 회화작품이든, 중간에 그만둔 작품이든 완성된 작품이든 모든 미술치료 작품에는 내담자의 감정이 실려 있고 미술치료사와 내담자가 그 감정을 느끼게 된다. 때로는 작품이 완성되고 난 이후에야 내담자가 자신의 작품을 보며 감정을 느끼게 되기도 한다. 감정을 느끼는 정도나 종류, 시기에서 차이는 있겠지만 미술작품은 거의 항상 감정경험을 불러일으킨다.

만약 감정 작업에 더 초점을 맞추고자 한다면 색 사용에 주목해 볼 수 있다. 색깔은 감정을 드러내고 감정을 일으키며 감정경험을 촉진한다. 미술치료 과정에서 정신장애 환자가 이전보다 색깔을 잘 다룰 수 있다면 감정을 조절하는 역량도 함께 성장했을 것이다. 색 사용이 적었던 환자가 보다 풍부하게 색을 사용하거나 혹은 차갑거나 어두운 느낌의 색만 사용하던 환자가 다른 느낌의 색을 쓰기 시작할 때가 해당될 것이다. 반대로 환자의 색 사용이 탁해지고 어두워지거나 이전과 달리 공격적 색채가 두드러지게 나타난다면 뭔가 강렬한 감정이 드러난 것으로 볼 수 있다. 미술치료사는 절제되고 소극적인 입장으로 색 사용을 지켜보며 반영해 줄 수 있고 혹은 보다 적극적으로 색 사용을 제안할 수도 있다. 색 사용 가짓수를 일부러 제한하거나 혹은 더 많이 사용하도록 촉진함으로써 감정기능에 영향을 줄 수 있다. 색에서 비롯되는 느낌을 물어볼 수도 있고, 색깔의 연상을 작업할 수도 있다. 가끔 필자는 내담자에게 자신의 작품 중 두드러진 색을 골라 보라고 한 뒤 그 색의 느낌을 묻고 색으로 상징되는 자신을 이야기해 달라고 요청한다. 그런 다음 그 부분이 다른 색이라고 상상해 보라고 요청한다. 상상이 잘 안 된다고 말하던 내담자의 경우에는 필자가 색종이를 오려서 그 위에 잠시 붙여 주는 것으로 색깔 바꿔 보기를 도와주기도 한다.

지각 수준의 미술치료 방법은 환자와 작품에 대해 이야기를 나눌 때 적용할 수 있다. 작품을 설명하려 하지 말고 눈에 보이는 것부터 하나씩 이야기하도록 하는 것이다. 색깔에 대해, 크기에 대해, 위치에 대해 이야기할 수 있다.

ETC의 인지적 수준을 고려해서 정신장애 환자들에게 미술치료를 할 경우, 주제에 있어서 직접적으로 병과 관련된 것을 표현하도록 요구할 수도 있다. 물론 인지적 수준을 고려하더라도 직접적으로 병과 관련된 주제를 선택하지 않을 수도 있다. 이 경우에는 환자를 더 깊이 이해하기 위한 주제로 작업한다. 예를 들면, 자화상, 가족 그림, 주요 인물에 대한 그림, 나무 그림 등과 같은 주제를 사용할 수 있다. 이러한 주제는 환자 자신을 깊이 이해하도록 돕는 것인데, 자신을 이해하는 것은 병의 심리적 관련성을 이해하거나 치료의 진행을 촉진하는 데 매우 중요한 요소이다.

상징 수준을 고려하면서 과정 차원의 표현을 촉진하고자 한다면 유도된 환상으로 이미지 작업을 할 수 있다. 인간중심 미술치료 접근을 사용한 Silverstone[10]은 다양한 종류의 유도된 환상(예: 신비한 선물가게, 의상이 가득한 방, 현명한 노인)을 사용해서 이미지 작업을 소개한 바 있다(유도된 환상은 여러 심리치료적 접근에서 다양하게 활용한다). 상징이 활성화되면 미술치료사와 내담자는 상징을 사용한 대화만으로도 충분히 치료적 대화를 할 수 있다. 이를테면, 자신이 말라비틀어진 나무라고 이야기하는 내담자에게 "그 나무에 새 잎이 날까요?"라고 묻는 것은 그것만으로도 충분한 대화이다. 상징적 대화는 내담자 상태나 관계에 대해 직접적으로 묻지 않고 내담자가 사용한 상징에 대해서 묻는 것이므로, 그러한 대화가 주는 부담감이 적고 심리적으로 여유를 느낄 수 있다. 아동과의 작업에서도 상징적 대화는 중요하다. 아동은 자신에 대한 이야기나 부모에 대한 이야기를 하기 어려워하지만 상징 혹은 꾸며 낸 이야기 주인공을 가져오게 되면 훨씬 더 쉽게 대화한다.

과정 차원에서 표현에 중점을 둔다면 구체적 방법도 표현, 표출, 즉흥성에 초점을 두고 선택한다. 예를 들어, 주로 사용하던 손이 아닌 다른 손으로 그리기(오른손잡이의 경우 왼손으로 그리기), 양손으로 그리기, 눈 감고 그리기, 난화 작업, 콜라주 등이 표출하고 쏟아 내는 것에 중점을 둔 작업들이다. 이 중 양손을 모두 사용해서 그리는 미술치료 방법은 좌뇌와 우뇌3) 모두를 자극할 수 있다. McNamee(2004)[38]는 '주석을 붙인 난화(annotated scribble drawing)'라는 방법을 통해 양손을 모두 사용해서 그림을 그리도록 한다. 이 기법의 핵심은 양손을 사용해서 그림을 그리는 것인데, 특정 이미지를 그리려고 하지 않고 그저 미술재료를 사용해서 양손으로 자유롭게 선을 그리는 것이다. Elbrecht(2018)[39]도 양손을 사용하는 '유도된 그림(guided drawing)' 기법을 사용했다. 그녀는 주로 외상후 스트레스장애 환자들을 대상으로 이 기법을 사용하였고, 환자들에게 양손을 사용해서 좌우에 동일하게 선을 그리며 움직임을 이어 가도록 했다.

승화가 중요한 작업에서는 좌절되는 순간에 포기하거나 행동화하는 것으로 끝나지 않아야 한다. 특히 공격성 조절문제나 관계문제, 적응문제가 있는 아동 및 청소년의 경우에 행동화하는 것(집어 던지고, 부수고, 찢어 버리는 등)은 오히려 이들의 공격성만 분출한 결과가 되기도 한다. 작업 중 행동화를 버텨 내기 위해서는 미술치료사들이 행동주의적 미술치료를 사용하는 경우가 많다(규칙, 강화, 소거). 정신역동적 입장에서도 행동하를 버텨 줄 수 있는데, Rubin의 '빌려 주는 자아'나 Kramer이 '제3의 손'이 되어서 내담자를 지원하고 지지하기도 한다. 승화를 염두에 둔 미술치료 작업은 한 회기 내에 완성되기도 하지만 보다 장기적으로 끌고 가는 작업인 경우

3) 좌뇌와 우뇌에 대한 표현은 일종의 상징적인 표현이다. 논리/추론/이성적 판단은 좌뇌에서 담당하고 직관/통찰/감정/통합은 우뇌에서 담당한다고 알려진 것은 1960년대 주장이었고, 이후 뇌과학 연구결과는 뇌의 기능이 좌우뇌가 뚜렷하게 분리되어 있거나 국소화되어 있지 않음을 밝혔다. 그러나 이 두 분야는 상당히 다른 뇌 과정을 대조적으로 보여 주는 것들이며 여전히 상징적인 의미에서 좌뇌기능 및 우뇌기능으로 불리고 있다.

가 많다. 참을성, 인내, 좌절을 버티는 힘이라 불리는 자아의 힘이 약한 내담자들일수록 장기 작업으로 발전되는 그 무엇이 생겼다면 그 자체로 이미 상당한 진보를 이룬 것이다. 내담자에게 의미 있는 중요 주제를 찾게 된다면, 그 주제를 중심으로 배경과 친구를 더 개발해서 확장할 수 있다(예: 기차가 중요 모티브가 된 경우, 그 기차가 다니는 선로와 주변 마을 풍경 그리고 다른 운송수단 등). 혹은 중요 주제를 조형물로 완성하는 작업을 할 수 있다. 간혹 미술치료사들이 아동 정신장애 환자들과 몇 주간에 걸친 작업을 통해 커다란 조형물을 만드는 것을 볼 수 있다. 그러한 작품을 완성한 뒤 아동이 느끼는 성취감과 뿌듯함은 승화가 가져다주는 달콤한 열매이며, 부수적으로 자아의 힘도 강화시켜 준다.

창조성을 고려한 미술치료 개입은 아마도 미술치료의 시작부터 끝에 이르기까지 매 순간 고려될 것이다. 이미지가 떠오르지 않거나 무엇을 해야 할지 모르겠다는 내담자의 고민의 순간에는 내담자의 창조성보다 미술치료사의 창조성이 필요할지도 모른다. 재료를 다양하게 확장하거나 분위기를 전환시키는 시도를 하면서 내담자에게 창조적 환경을 조성해 줄 수 있다. 이 과정은 아무도 가 보지 않았던 눈길을 밟는 것과 비슷한 셈이다.

완성된 작품을 감상하며 이야기를 나누는 순간에도 창조성은 여전히 발휘될 수 있다. 그때에는 내담자의 창조성과 미술치료사의 창조성이 함께 연동되어 움직이며 진행된다. 미술치료사는 내담자에게 작품을 처음 본 듯이 바라보며 눈에 띄는 것을 말해 보라고 할 수 있다. 내담자의 기술을 따라가며 작품의 특정 부분에 대해 떠오르는 것이나 연상되는 것이 있는지 물어볼 수 있다. 이러한 질문은 모두 미술작업 이후 감상하는 과정에서의 창조성을 촉진한다. 더 나아가서 내담자에게 그림 속 대상이 되어 보라고 상상력을 촉진해 줄 수 있다.

작품을 충분히 느끼고 다양한 방식으로 감상하고 나면 그 에너지를 바탕으로 작품과 실제 생활 사이의 연결고리를 찾아갈 수 있다. 작품의 의미가 실생활과 연결되며 깨달음과 통찰 혹은 심리적 변화의 순간이 오면, 내담자가 그것을 마음 깊이 새길 수 있게끔 개별화된 의식(ritual)을 함께 만들어 갈 수도 있다. 예를 들면, 그림이나 조형작품을 바닥에 두고 걷는 것, 내담자가 자주 하던 말을 모티브로 해서 특별한 구호를 만들어 외치는 것, 짧은 노래나 몸 움직임을 첨가하는 것 등이다. 이 모든 것은 미술치료사와 내담자의 작업과정 중에 자연스럽게 나오게 될 것이다. 그것은 창조성이 가진 또 다른 측면이기도 하다. 창조성은 우리의 의도나 의식을 넘어서서 자연스럽게 나타나며 부드럽지만 강력하게 작용하는 힘이다.

미술치료가 시작된 이후 오늘날에 이르기까지 미술치료사들의 아이디어와 치료적 노력은 계속해서 이어지고 있다. 중요한 것은 정신장애 환자들을 위해 미술치료가 시행될 때 그들의 증상이 경감되고, 파생된 문제들이 조절되고, 삶의 여러 가지 국면이 좀 더 향상될 수 있도록 지속적으로 노력하며 미술치료계의 집단지성을 축적해 나가는 일일 것이다.

참고문헌

1. 주리애(2000). **미술치료학**. 서울: 학지사.
2. Yalom, I. (1983). *Inpatient Group Psychotherapy*. New York: Basic Books.
3. Kagin, S. L., & Lusebrink, V. B. (1978). The expressive therapies continuum. *The Arts in Psychotherapy, 5*, 17-180.
4. Graves-Alcorn, S., & Kagin, C. (2017). *Implementing the Expressive Therapies continuum*. New York: Routledge.
5. Hinz, L. D. (2008). Walking the line between passion and caution in art therapy: Using the expressive therapies continuum to avoid therapist errors. *Art Therapy, 25*(1), 38-40. DOI: 10.1080/07421656.2008.10129352
6. Hinz, L. D. (2016). **ETC 표현미술치료**(*Expressive Therapies Continuum: A Framework for Using Art in Therapy*). (전순영, 박윤희 공역). 서울: 하나의학사. (원저 2009년 출간).
7. Lusebrink, V. B., Mārtinsone, K., & Dzilna-Šilova, I. (2013). The expressive therapies continuum(ET C): Interdisciplinary bases of the ETC. *International Journal of Art Therapy, 18*(2), 75-85. DOI: 10.1080/17454832.2012.713370
8. Rubin, J. A. (Ed.). (2012). **이구동성 미술치료 2판**(*Approaches to Art Therapy: Theory and Technique, 2nd ed.*). (주리애 역). 서울: 학지사. (원저 2001년 출간).
9. Cane, F. (1983). *The Artist in Each of Us*. Craftsbury Common, VT: Art Therapy Publications.
10. Silverstone, L. (2009). **인간중심 미술치료**(*Art Therapy: The Person-centred Way, Art and the Development of the Person*). (주리애, 이재현 공역). 서울: 학지사. (원저 1997년 출간).
11. Silver, R. A. (2009). **그림 속 우울과 공격성: 재미난 DAS 이야기**(*Aggression and Depression*

Assessed Through Art). (주리애 역). 서울: 학지사. (원저 2004년 출간).

12. Kramer, E. (2000). *Art as Therapy: Collected Papers.* London, UK: Jessica Kingsley Publishers.
13. Arieti, S. (1980). *Creativity: The Magic Synthesis.* New York: Basic Books.
14. Case, C. (2000). 'Our lady of the Queen': Journeys around the maternal object. In A. Gilroy & G. McCeilly (Eds.), *The Changing Shape of Art Therapy* (pp. 15-54). London, UK: Jessica Kingsley Publishers.
15. Schaverien, J. (2000). The triangular relationship and the aesthetic countertransference in analytical art psychotherapy. In A. Gilroy & G. McCeilly (Eds.), *The Changing Shape of Art Therapy* (pp. 55-83). London, UK: Jessica Kingsley Publishers.
16. American Psychoanalytic Association (Ed.). (2002). **정신분석용어사전**(*Psychoanalytic Terms & Concepts*). (이재훈, 문미희, 신은향, 권혜경, 우재현 공역). 서울: 한국심리치료연구소. (원저 1990년 출간).
17. Wood, M. (1984). The child and art therapy: A psychodynamic viewpoint. In T. Dalley (Ed.). *Art as Therapy* (pp. 62-81). London, UK: Tavistock.
18. Bick, E. (1968). The experience of the skin in early object relations. *International Journal of Psycho-Analysis, 49*, 484.
19. Killick, K. (2000). The art room as container in analytical art psychotherapy with patients in psychotic states. In A. Gilroy & G. McCeilly (Eds.), *The Changing Shape of Art Therapy* (pp. 99-114). London, UK: Jessica Kingsley Publishers.
20. Rogers, N. (2007). **인간중심 표현예술치료: 창조적 연결**(*Creative Connection: Expressive Arts as Healing*). (이정명, 전미향, 전태옥 공역). 서울: 시그마프레스. (원저 1993년 출간).
21. Allen, P. (1992). Artist-in-residence: An alternative to "clinification" for art therapists. *Art Therapy, 9*(1), 22-29. DOI: 10.1080/07421656.1992.10758933
22. Moon, B. (2009). *Existential Art Therapy: The Canvas Mirror* (3rd ed.). Springfield, IL: Charles C Thomas.
23. Horovitz, E. G. (2002). *Spiritual Art Therapy: An Alternate Path* (2nd ed.). Springfield, IL: Charles C Thomas.
24. Allen, P. (1995). *Art is a Way of Knowing: A Guide to Self-knowledge and Spiritual Fulfillment Through Creativity.* Boston, MA: Shambhala Publications.
25. Farrelly-Hansen, M. (Ed.). (2014). **영성미술치료**(*Spirituality and Art Therapy*). (류정자, 심상욱 공역). 경기: 가나북스. (원저 2001년 출간).
26. Rappaport, L. (Ed.). (2013). *Mindfulness and the Arts Therapies: Theory and Practice.*

London, UK: Jessica Kingsley Publisher.

27. Monti, D. A., Peterson, C., Kunkel, E. J., Hauck, W. W., Pequignot, E., Rhodes, L., & Brainard, G. C. (2006). Randomized, controlled trial of mindfulness-based art therapy(MBAT) for women with cancer. *Psycho-Oncology, 15*(5), 363-373. DOI: 10.1002/pon.988

28. Taylor, E. (2016). Mindfulness and flow in transpersonal art therapy. In M. Powietrzynska & K. Tobin (Eds.), *Mindfulness and Educating Citizens for Everyday Life* (pp. 27-46). Boston, MA: Sense Publishers.

29. Rappaport, L. (2012). 포커싱 미술치료: 내 몸이 들려주는 지혜와 창의적 메시지(*Focusing-oriented Art Therapy: Accessing the Body's Wisdom and Creative Intelligence*). (오연주 역). 서울: 프로젝트 409. (원저 2009년 출간).

30. Sutherland, J. (2016). *Insight into Adlerian Art Therapy: Through the Lens of Individual Psychology*. Chicago, IL: Adler University

31. Talwar, S. K. (Ed.). (2018). *Art Therapy for Social Justice: Radical Intersections*. New York: Routledge.

32. Rosal, M. L. (20185). *Cognitive-behavioral Art Therapy: From Behaviorism to the Third Wave*. New York: Routledge.

33. Morris, F. J. (2014). Should art be integrated into cognitive behavioral therapy for anxiety disorders? *The Arts in Psychotherapy, 41*(4), 343-352. DOI: 10.1016/j.aip.2014.07.002

34. Clark, S. M. (2017). *DBT-informed Art Therapy*. London, UK: Jessica Kingsley Publishers.

35. Young, J. E., Klosko, J. S., & Weishaar, M. E. (2005). 심리도식치료(*Schema therapy*). (권석만, 김진숙, 서수균, 주리애, 유성진, 이지영 공역). 서울: 학지사. (원저 2003년 출간).

36. Haeyen, S. (2019). Strengthening the healthy adult self in art therapy: Using schema therapy as a positive psychological intervention for people diagnosed with personality disorders. *Frontiers in Psychology, 10*, 644, DOI: 10.3389/fpsyg.2019.00644

37. Ulman, E. (1975). A new use of art in psychiatric diagnosis. In E. Ulman, & P. Dachinger (Eds.). *Art Therapy in Theory and Practice* (pp. 361-386). New York: Schocken Books.

38. McNamee, C. M. (2004). Using both sides of the brain: Experiences that integrate art and talk therapy through scribble drawings. *Art Therapy, 21*(3), 136-142. DOI: 10.1080/07421656.2004.10129495

39. Elbrecht, C. M. (2018). *Healing Trauma with Guided Drawing: A Sensorimotor Art Therapy Approach to Bilateral Body Mapping*. Berkeley, CA: North Atlantic Books.

DSM-5의 진단범주와 주요 정신장애

진단범주	정신장애	진단범주	정신장애
신경발달장애	지적장애 의사소통장애 자폐스펙트럼장애 주의력결핍 과잉행동장애 특정학습장애 운동장애 틱장애 발달성 운동조정장애 상동증적 운동장애	외상 및 스트레스 관련 장애	외상후 스트레스장애 급성 스트레스장애 반응성 애착장애 탈억제 사회관여장애 적응장애
		해리장애	해리성 정체성장애 해리성 기억상실증 이인증/비현실감 장애
조현병 스펙트럼 및 기타 정신병적 장애	조현병 조현정동장애 조현양상장애 단기 정신병적 장애 망상장애 조현형 성격장애	신체증상 및 관련 장애	신체증상장애 질병불안장애 전환장애 허위성 장애
양극성 및 관련 장애	제1형 양극성장애 제2형 양극성장애 순환감정장애	급식 및 섭식장애	신경성 식욕부진증 신경성 폭식증 폭식장애 기타 급식 및 섭식장애
		배설장애	유뇨증 유분증
우울장애	주요우울장애 지속성 우울장애 월경전기 불쾌장애 파괴적 기분조절곤란장애	수면-각성 장애	불면장애 과다수면장애 수면발작증 기타 수면장애
불안장애	분리불안장애 선택적 함묵증 특정공포증 사회불안장애 공황장애 광장공포증 범불안장애	성기능장애	남성 성욕감퇴 장애 발기장애 조기사정 사정지연 여성 성적 관심/흥분 장애 여성 절정감 장애 생식기-골반 통증/삽입 장애

<table>
<tr><td>강박 및
관련 장애</td><td>강박장애
신체변형장애
저장장애
모발뽑기장애
피부뜯기장애</td><td rowspan="2">성도착장애</td><td rowspan="2">관음장애
노출장애
마찰도착장애
성적피학장애
성적가학장애
소아성애장애
물품음란장애
복장도착장애</td></tr>
<tr><td>성별 불쾌감</td><td>성별 불쾌감</td></tr>
<tr><td>파괴적,
충동조절 및
품행장애</td><td>적대적 반항장애
간헐적 폭발장애
품행장애
방화증
도벽증</td><td>신경인지
장애</td><td>주요 신경인지장애
경도 신경인지장애
섬망</td></tr>
<tr><td>물질 관련 및
중독성 장애</td><td>물질 관련 장애
  물질사용장애
  물질 유도성 장애
    물질중독
    물질금단
    물질/약물 유도성 정신장애
비물질 관련 장애
  도박장애</td><td>성격장애</td><td>편집성 성격장애
조현성 성격장애
조현형 성격장애
반사회성 성격장애
경계선 성격장애
연극성 성격장애
자기애성 성격장애
회피성 성격장애
의존성 성격장애
강박성 성격장애</td></tr>
</table>

신경발달장애

Neurodevelopmental Disorders

Mental Disorders
and Art Therapy
Written by 11
Art Therapists

신경발달장애 Neurodevelopmental Disorders

신경발달장애의 종류

지적장애 Intellectual Disability	IQ 70 이하로 지적기능과 적응기능에 결함이 있다. DSM-5에서는 지적발달장애 Intellectual Developmental Disorder 를 병행해서 사용하고 있고, DSM-IV까지는 정신지체 Mental Retardation 라고 불렀다.
의사소통장애 Communication Disorder	말이나 언어 사용에 결함이 있다.
자폐스펙트럼장애 Autism Spectrum Disorder	언어발달, 대인관계, 일상적 행동을 비롯한 적응기능 전반에 걸쳐서 문제가 있는 장애이다.
주의력결핍 과잉행동장애 Attention-Deficit/Hyperactivity Disorder	'부주의' 또는 '과잉행동과 충동성' 중 한 가지 이상이 해당된다.
특정학습장애 Specific Learning Disorder	핵심적인 학업 기술을 취득하는 데 지속적인 어려움을 보인다.
운동장애 Motor Disorder	틱장애, 발달성 운동조정장애, 정형적 동작장애 등이 있다.

참고: 신경발달장애는 뇌의 발달 지연 또는 뇌 손상과 관련된 정신장애이며, 심리사회적 문제보다는 뇌의 발달장애로 이해할 수 있다.

지적장애의 진단기준(DSM-5)

발달 시기에 시작하여 개념적 · 사회적 · 실용적 영역에서 지적기능과 적응기능에 결함이 있다. 다음 세 가지 진단기준을 충족해야 한다.

A. 임상 평가와 표준화된 개인지능검사에서 지적기능(추론, 문제해결, 계획, 추상적 사고, 판단, 학교 학습과 경험을 통한 학습 등)의 결함이 있다.

B. 적응기능의 결함으로 개인이 독립과 사회적 책임감에 필요한 발달적 · 사회문화적 기준을 충족시키지 못한다. 주변의 지속적인 도움 없이는 다양한 환경(집, 학교, 직장, 지역사회)에서 일상 활동(의사소통, 사회적 참여, 독립적인 생활)이 제한적이다.

C. 지적/적응적 결함은 발달 시기에 시작된다.

지적장애의 장애 등급

1급	지능지수 35 미만인 경우로, 독립적인 생활이 불가능하며 보호가 필요하다.
2급	지능지수 35 이상 50 미만인 경우로, 일상생활의 단순한 행동을 훈련시킬 수 있다.
3급	지능지수 50 이상 70 이하인 경우로, 교육을 통한 사회적 · 직업적 재활이 가능하다.

의사소통장애의 종류

언어장애 Language Disorder	언어의 발달과 사용에 지속적인 곤란을 나타내는 경우이다.
발화음 장애 Speech Sound Disorder	발음에 문제가 있어서 언어적 의사소통에 지장을 받는 경우이다.
아동기 발생 유창성 장애 Childhood-Onset Fluency Disorder	말더듬증을 말하며, 영어 명칭 Stuttering도 DSM-5에서 병행해서 사용한다.
사회적 의사소통장애 Social (Pragmatic) Communication Disorder	언어적 · 비언어적 의사소통 기술을 사용하는 데 어려움이 있는 경우이다. 듣는 사람이나 상황에 따라서 대화방식이 달라져야 하는데 그렇게 하지 못하며, 의사소통에 관한 사회적 규칙을 이해하고 따르지 못한다.

자폐스펙트럼장애의 진단기준(DSM-5)

A. 사회적 의사소통 및 사회적 상호작용의 결함이 다양한 맥락에서 지속적으로 나타난다.

1. 사회적-정서적 상호작용 결함(예: 주고받는 대화가 안 됨, 흥미나 감정을 공유하지 못함, 사회적 상호작용을 시작하거나 적절하게 반응하지 못함)
2. 비언어적 의사소통 행동의 결함(예: 비정상적 눈맞춤, 몸짓의 이해와 사용에 결함, 표정 결여)
3. 관계의 이해 · 유지 · 발전의 결함(예: 다양한 사회적 맥락에 적응하지 못함, 상상놀이에 참여하거나 친구를 사귀지 못함, 또래에 관심이 없음)

B. 제한적이고 반복적인 행동이나 관심, 활동이 다음 네 가지 중 2개 이상 나타난다.

1. 상동증적이거나 반복적인 운동 동작, 물건 사용 또는 말하기(예: 단순 상동증적 운동, 장난감을 한 줄로 정렬하거나 뒤집음, 반향언어, 특이한 말표현)
2. 동일한 것에 대한 고집, 매일 하는 반복적 일상(루틴)에 집착, 의례화된 행동 패턴(예: 작은 변화도 힘들어하며, 똑같은 길/똑같은 음식을 고집함, 의례화된 인사, 경직된 사고 패턴)

3. 극히 제한적이고 고정된 흥미(예: 특이한 물건에 지나친 집착을 보임, 과도하게 제한적이고 반복적인 흥미를 보임)
4. 감각자극에 대해 과잉/과소 반응, 감각 영역에 대해 특이한 관심(예: 통증이나 온도에 무관심, 특정 소리/감촉에 대해 혐오 반응, 지나치게 냄새를 맡거나 물체를 만짐, 빛/움직임에 사로잡힘)

C. 이러한 증상은 반드시 초기 발달 시기부터 나타나야 한다.

주의력결핍 과잉행동장애의 진단기준(DSM-5)

A. '부주의' 또는 '과잉행동과 충동성' 진단기준 중 한 가지 이상이 해당된다.

1. 부주의: 다음 아홉 가지 중 6개 이상이 6개월 이상 지속적으로 나타난다.
   - a. 학업/직업에서 세부적인 면에 주의를 기울이지 못하거나 조심성이 없어 실수한다.
   - b. 일이나 놀이를 하면서 지속적으로 주의를 집중하지 못한다.
   - c. 다른 사람이 직접 말해도 듣지 않는 것처럼 보인다.
   - d. 지시를 따르거나 맡은 일을 끝내지 못한다.
   - e. 과제와 활동을 조직화하지 못한다.
   - f. 지속적인 정신적 노력을 요구하는 일(예: 학교 숙제, 보고서 준비, 서류 작성, 긴 보고서 읽기)을 피하고 싫어한다.
   - g. 일이나 활동에 필요한 물건을 잃어버린다.
   - h. 외부 자극에 쉽게 산만해진다.
   - i. 일상적인 활동을 잊어버린다.
2. 과잉행동과 충동성: 다음 아홉 가지 중 6개 이상이 6개월 이상 지속적으로 나타난다.
   - a. 손발을 가만히 두지 못하고 자리에 앉아서도 몸을 계속 움직인다.
   - b. 앉아 있어야 하는 교실이나 직장에서 자리를 떠난다.
   - c. 상황상 부적절하게 뛰어다니거나 기어오른다.
   - d. 조용하게 놀거나 여가 활동을 하지 못한다.
   - e. 정신없이 바쁘고 가만히 있지 못한다.
   - f. 지나치게 말이 많다.
   - g. 질문이 끝나기 전에 불쑥 대답한다.
   - h. 자기 순서를 기다리지 못한다.
   - i. 다른 사람의 대화나 게임, 활동을 방해하고 간섭한다.

B. 몇 가지 '부주의' 또는 '과잉행동과 충동성' 증상이 12세 이전에 나타난다.

C. 몇 가지 '부주의' 또는 '과잉행동과 충동성' 증상이 2군데 이상의 환경(예: 가정, 학교, 직장, 친구 또는 친척과 있을 때, 그 외 활동들)에서 나타난다.

참고: 세부진단으로 부주의 우세형, 과잉행동-충동성 우세형, 혼합형으로 나뉜다.

특정학습장애의 진단기준(DSM-5)

A. 학습 기술의 습득과 사용이 어렵고 이를 해결하기 위해 개입했지만, 다음 여섯 가지 중 1개 이상의 증상이 6개월 이상 나타난다.
   1. 부정확하거나 느리고 힘겹게 단어를 읽는다.
   2. 읽은 것의 의미를 이해하는 것이 어렵다.
   3. 단어 철자가 틀린다.
   4. 글쓰기가 미숙하다.
   5. 숫자 감각, 숫자의 크기나 관계 이해, 숫자 계산을 하는 것이 어렵다.
   6. 수학적 추론이 어렵다.

B. 학습 기술이 개별적으로 실시한 표준화된 성취도 검사와 종합적인 임상평가에서 생활연령에 기대되는 수준보다 현저히 낮다.

운동장애의 종류

틱장애 Tic Disorders	1. 뚜렛장애 Tourette's Disorder 2. 지속성 운동틱 또는 음성틱장애 Persistent (Chronic) Motor or Vocal Tic Disorder 3. 일시성 틱장애 Provisional Tic Disorder
발달성 운동조정장애 Developmental Coordination Disorder	운동발달이 늦고 동작이 서툴다(예: 물건을 떨어뜨리거나 사물에 부딪힘, 물건 접기/가위나 식기 사용/손글씨/자전거 타기 등에서 느리고 부정확함).
상동증적 운동장애 Stereotypic Movement Disorder (정형적 동작장애)*	특정 패턴의 행동을 아무런 목적 없이 반복적으로 지속하여 정상적 적응에 문제가 생기는 경우이다(예: 손 흔들기, 머리나 몸 흔들기, 자기 몸 때리기 등).

* 명칭 번역자에 따라서 해당 명칭도 사용한다.

틱장애의 진단기준(DSM-5)

뚜렛장애

A. 여러 가지 운동틱과 한 가지 이상의 음성틱이 나타난다. 두 종류의 틱이 반드시 동시에 나타나는 것은 아니다.

B. 틱은 좋아졌다가 나빠졌다가 하지만, 처음 틱이 나타난 후 1년 이상 지속된다.

C. 18세 이전에 시작된다.

지속성 운동틱 또는 음성틱장애

A. 한 가지 혹은 여러 가지 운동틱 또는 음성틱이 나타난다. 단, 운동틱과 음성틱이 모두 나타나는 것은 아니다.

B. 틱은 좋아졌다가 나빠졌다가 하지만, 처음 틱이 나타난 후 1년 이상 지속된다.

C. 18세 이전에 시작된다.

3장

지적장애의 미술치료

반복의 기적

김소연

미술치료사의 창의성은 내담자가 다루는 매체나 활동방법을 고안하는 것에 그치지 않는다. 하루하루의 작업에 대한 기록을 곰곰이 보다 보면 치료사의 열정과 노력, 의심, 의문과 새로운 아이디어, 실패에 대한 순간을 잘 알 수 있다. 때로는 누군가의 원칙과 노력, 마음자세를 기록한 체험의 현상이 우리가 바라보는 문제의 본질을 더 잘 알려 주기도 한다. 따라서 이 장에서는 지적장애 아동에 대한 미술치료사의 창의적인 욕구가 자극되기를 기대하는 마음으로 1년 반 동안 만났던 은주(가명)의 사례를 최대한 생생하게 소개하고자 한다.

1. 은주를 소개합니다

은주는 초등학교 6학년 여자아이로, 필자가 1년 반가량 미술치료를 했던 지적장애 아동이다. 은주의 첫인상은 마치 키가 큰 유아 같았다. 또래보다 작고 마른 편이기도 했지만, 파마머리를 양 갈래로 묶어서 커다란 머리핀과 리본 고무줄을 착용하고 핑크색 멜빵 치마를 입은 모습이 왠지 어리게 보였다. 유치원생인 여동생과 함께 왔는데 나이 차가 크게 느껴지지 않을 정도였다.

첫 회기 상담은 보호자와 함께 진행되는데 부모님 모두 참석하였다. 부모의 의뢰 내용은 이러했다.

"저와 제 남편은 지적장애에 대해 알고 이미 많은 것을 공부했어요. 물론 힘들었지만 아이를 받아들이고 아이에 대해 많은 것을 내려놓았어요. 아이가 착하고 순한 것으로 만족합니다. 남들에게 피해 주지 않고, 그저 아이가 행복했으면 하는 바람입니다."

필자는 '내려놓았다'는 부모님의 언급을 가끔 듣곤 하는데, 액면 그대로 그 말을 신뢰하는 편은 아니다. 하지만 어머니의 차분한 태도와 조곤조곤한 목소리로 전달되는 아동에 대한 세심한 설명을 듣다 보니 '보호자의 협조 아래 치료가 잘 이루어지겠구나' 하는 기대가 생겼다. 첫날에 아버지까지 참석할 만큼 열의를 보이지 않는가!

은주는 경도 지적장애로, 일반 학급에서 수업에 참여할 수 있었지만 현재는 1학년 수준의 학습을 겨우 따라잡은 정도라고 했다. 그리고 은주네 가족은 저소득층 장애 아동을 위해서 토요일마다 자원봉사를 한다고 한다. 필자는 부모님의 선한 인상과 이야기에 어느 정도 감동한 상태라 은주가 안정된 양육환경에서 자란 착하고 순한 아이일 것 같다는 기대를 했다. (그러나 은주는 그해 필자가 만난 내담 아동들 중에 까칠하고 까다로운 정도로 1순위였다.)

물론 지적장애를 양육하는 보호자들의 이야기는 우리에게 중요한 정보를 제공한다. 하지만 때로는 알 것 같다는 생각이나 인상에서 비롯된 선입견이 오히려 아동을 바로 이해하는 데 장애물이 될 수도 있다. 특히 아동의 가족은 아동에 관한 한 자신들이 인정하기 싫은 특정 부분을 부인하거나 회피할 수도 있다. 그러한 부인이나 회피는 미술치료사들도 마찬가지로 경험한다. 우리가 알고 있는 지적장애의 증상 외에 의외의 행동이나 낯선 태도를 만나게 되면 자신도 모르게 부인하거나 회피하고 싶어진다. 그러므로 치료실 안에서 보여 주는 아동의 모습을 그대로 수용하려면, 우리가 아는 지식과 보호자의 이야기에만 머물러 있거나 묶이지 않아야 할 것이다.

2. 가장 힘들었던 고비, 미술치료사의 마음 비워 내기

은주는 벌써 15분 동안 필자에게 등을 돌리고 창가를 쳐다보고 서 있었다. 창가에 흥미가 있기보다 치료사가 앉은 책상에서 가장 먼 곳이 창가였기 때문이다.

"은주야? 선생님을 일단 보고 이야기를 해 보자. 은주가 원하지 않는다면 오늘은 미술활동을 하지 않을 거야."

"……"

"우리 은주가 학교에서 무슨 일이 있었나 보다. 기분이 좋지 않구나?"

"……"

"좋아. 그렇다면 선생님은 은주가 좋아하는 클레이를 혼자 만지고 있어야지. 준비가 된다면 이리로 와."

"……"

그래도 20분 이상은 너무 한 거 아닌가! 목소리에는 점점 힘이 들어가기 시작했다. 치료실 문에는 손바닥만 한 창문이 있었는데, 아이가 계속 서 있으면 어떻게 할지 고민하는 필자의 얼굴은 분명히 울그락불그락 했을 것이다. 자리 착석을 위해 은주가 좋아한다는 매니큐어 칠하기부터 쿠키 만들기까지 준비해 보았지만 소용없었다. 엄마의 충고대로 엄하게 지시도 내리는 정도로 창문에서 의자까지는 앉을 수 있었지만, 이번에는 말끝마다 '싫다' 투성이였다. 착하고 순하다던 은주는 적어도 미술치료실에서는 처음부터 전혀 그렇지 않았다.

은주에게 가장 많이 들은 말은 "저리 가." "안 할 거야."와 같은 것이었는데, 지금까지도 그런 거절은 필자의 인생 통틀어서 은주가 가장 많이 했을 것이다. 필자가 거절에 익숙해지면서 아이의 거부반응에 대해 별 반응을 보이지 않자 은주는 종잡을 수 없는 행동들로 까탈을 부리기 시작했다. 활동재료를 갑자기 바꾸겠냐고 변덕을 부리다가 준비한 재료도 불만이고, 결국에 치료사 때문에 망쳤다고 신경질을 부린다. 겨우 작업이 진행되면 일부러 작품을 망치기도 하였다. 제일 황당했던 것은 간혹 치료사와 작업이 재미있게 끝난 뒤, 부모님 앞에서는 재미가 없었다고 말하거나 치료사 선생님이 자신을 못살게 굴었다고 이야기를 하는 것이었다. 정말이지 그럴 때는 욱한 적이 한두 번이 아니었다.

은주는 마치 어린 시절 툭하면 삐치고 절교하기를 즐겨 했던 심술쟁이 초등학교 친구를 떠올리게 했다. 처음에는 그 친구와 잘 지내려고 열심히 노력했지만 차차 감정이 상하게 되면서 결국 안 되는구나라고 생각하게 되고, 그 아이와 놀지 않는 것이 편하다는 것을 알게 된다. 필자는 마음 한편에서 진심으로 은주가 치료실에 오지 않기를 원했다. 점차 아이와 인사하는 것을 반기지 않았고, 참는다는 핑계로 기본적으로 해 주어야 하는 것만 하며, 직업적 책임감을 유지하는 것 외에는 관심을 두지 않았다. 구제불능 아이에게 절교를 한 것이다. 그러던 어느 날 일이 생겼다. 그날은 비가 아주 많이 왔고 며칠째 몸 컨디션도 좋지 않았다. 은주는 그날 약속한 시간보다 5분 일찍 들어왔다. 책상에는 이전 시간 아동이 사용한 물감의 물통이 남아 있었는데, 재료를 준비하려 잠시 자리를 비운 사이에 은주가 물통의 물을 필자의 서류 파일에 쏟아부었다. 생각지도 못한 상황에 필자는 반사적으로 은주를 밀치며 서류를 들었는데, 당황스럽고 놀라서 필자도 모르게 흐느꼈다.

"야, 너 진짜…… 흐흐흑, 나 너무 힘들다."

필자는 정말 울고 싶었고 진짜로 너무 지쳐 있었다. 장애 아동을 만나는 동료 치료사들 중에는 지적장애 아동보다 자폐 아동(또는 다른 종류의 문제를 가진 아동)이 심적으로는 더 편하다고 이야기하기도 한다. 왜냐하면 의외로 많은 지적장애 아동이 치료사와 타인 앞에서 하는 행동이 다르고, 치료사에게 말대꾸를 하거나 거짓말로 관심을 끌고, 종종 잦은 감정 기복을 보이기 때문이다. 그에 비해 다른 문제를 가진 아동들은 치료사에게 한결같은 태도를 보인다는 점에서 대하기가 좀 더 수월한 면이 있다는 것이다.

이처럼 치료사를 짜증나게 하는 것 같은 그들의 미운 행동은 사실 지적장애 아동들이 겪는 적응상의 문제들이다. 이론에 익숙한 치료사들이 아동의 문제와 제한점에만 초점을 맞추다 보면 아동이 맺는 관계라든가 치료사에게 던지는 부정적인 감정들에 대해 간과하기 쉽다. 지적장애 아동과 관계를 형성하기 위해서는 크든 작든 치료사를 화나게 만드는 시험을 직면하기 마련이고, 이를 잘 넘길 수 있는 솔직담백한 자기인식이 필요하다. 진솔한 마음이란 결국에는 새로운 것을 받아들이기 전에 마음속에 들어와 눌러앉아 있는 것이 무엇인지를 알아차리고 비워야 가능한 것이다. 슈퍼비전과 동료 치료사들과의 지지적 대화가 있다면 개인적인 감정으로 받아들이지 않도록 하거나 반대로 너무 지나치게 좋은 관계에 집착하지 않도록 도움이 될 것이다. 자기가 알고 있다고 생각하는 것 이상을 보려고 한다면, 마음속에 공간을 비워 두어야 한다. 그것은 마치 은주를 위한 전시 공간을 미술치료실 한 곳에 비워 두는 것과 같았다. 그렇게 아이에 대한 공간을 비워 둔다면 아이가 진정 원하는 것이 무엇인지를 발견하여 스스로 채울 수 있게 할 것이다.

그날이 계기가 되어 힘들다는 것을 인정하고 그러한 감정을 그대로 의식하자 필자는 점차 은주를 여유롭게 바라보기 시작했던 것 같다. 그리고 아이가 좋아하는 것이 무엇인지 관심을 가지기 시작했다. 아이는 치료실에 있는 내내 동화책 내용을 말하곤 했는데, 이전에는 그저 엉뚱한 말이라고 지나쳤지만 귀를 기울이니 둘 사이의 점차 흥미로운 대화거리가 생겨나기 시작했다.

3. 기대감 낮추기

은주는 치료실에 들어오면 재료대 앞에서 손으로 턱을 괴고 "오늘은 무엇을 해 볼까?"라고 말한다. 고심한 끝에 재료를 고르지만 몇 분 지나지 않아 곧장 포기할 때가 많았다. 간혹 치료사의 도움으로 작품을 완성하기도 했지만 자신이 생각했던 대로 결과가 나오지는 않았다. 은주는 무엇을 그리고 싶어 하지만 결과물이 기대만큼 나오지 않아 시무룩해졌다.

이처럼 지적장애 아동의 기능이 비교적 양호할지라도 생활기술이나 적응 면에서 그대로 활용하지 못할 수 있다. 완성도가 꽤 높은 작품을 만드는 아이들도 있지만 그렇지 못하는 경우가 더 많으며, 흥미를 보이는 아동들도 실제 작업에 집중할 수 있는 시간은 비교적 짧은 편이다. 따라서 아동이 미술활동을 할 때 이것보다 더 잘할 수 있을 것이라고 미리 기대해서는 안 된다. 그보다는 지금 이 순간에 이루어진 아동의 작업이 최선의 결과라고 이해할 수 있어야 한다. 그리고 매 순간의 한계점에 대해 순발력 있게 대처할 필요가 있다.

은주는 전래동화를 좋아했는데, 필자는 전래동화 주인공의 얼굴을 가면으로 만들어 보자고 제안했다. 그러면서 어떤 가면을 만들지, 어떤 재료를 선택할지, 어떤 색을 칠할지 등은 은주가 선택하도록 하였다. 은주가 소근육, 특히 손가락의 힘이 없었으므로 초기의 작업은 필자와 함께 진행했다. 가면은 종이를 사용하여 간단하게 만드는 것이었고, 다 만든 뒤에는 머리에 쓰거나 두르고 둘이서 역할놀이를 했다. 은주가 제일 좋아하는 주제는 토끼와 거북이였다. 이야기를 꾸미는 작가는 은주였기에 필자는 항상 거북이어야 했다. 은주는 이야기 꾸미기를 하기 위해 미술활동의 고된 노동과 수고를 잘 견뎌 낼 수 있었다. 처음에는 가면으로 시작했지만 그다음에는 거북이의 등, 토끼 귀까지 우리는 일일이 필요한 소품을 미술재료로 만들기 시작했다. 이야기 꾸미기는 더욱 활기를 띠었고 은주와 필자도 신나고 즐거웠다. 필자는 은주가 만들어 내는 엉뚱하고 기발한 대사들이 재미있다고 생각해서 진심으로 웃는 경우가 많아졌다. 그럴 때마다 아이는 매우 만족스러운 표정을 지었다. 은주는 특히 필자의 장난을 좋아했는데, 예를 들어 인사를 나눌 때 "토끼님, 잘 지내셨나요? 오늘 간을 가져오셨나요?" 같은 말에 기분이 좋아져 소리 내어 웃곤 했다.

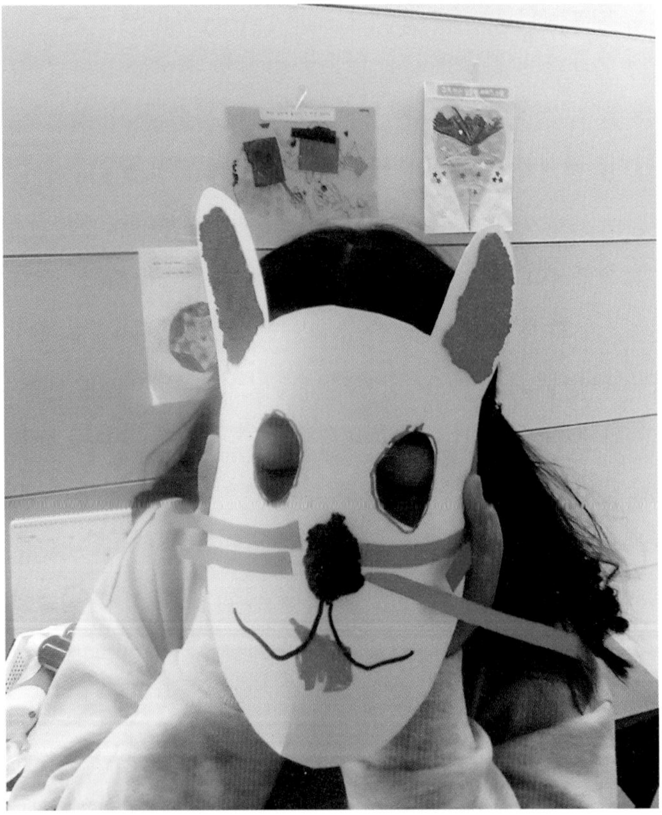

[그림 3-1] 토끼 가면

* 가면 속 아동은 내담자가 아니며, 작품의 사진 촬영 및 출판 사용은 아동의 보호자에게 허락을 받았음을 밝힙니다.

4. 반복의 기적

아이가 마음을 열기 시작하고 함께 하는 작업이 활기를 띠기 시작할 즈음, 우리는 소품 만들기에서 놀았던 이야기를 동화책으로 만드는 계획을 실천하고 있었다. 치료가 제법 잘 진행되고 있다고 생각이 들 때 갑자기 은주가 신경질을 내는 일이 잦아졌다. 작업이 어렵다고 느껴서 그런가 싶어 원래 좋아하던 활동을 하자고 했지만 은주는 '유치하다'며 거부했다. 또 다른 활동에 대해서는 실수와 실패를 반복하다가 기분이 좋지 않게 마무리하는 시간이 되어 버렸다. 은주가 좋아하는 전래동화의 표현을 빌리자면, 망각의 늪과 실패의 강으로 다시 돌아간 기분이었다. 치료가 다시 재미없고 건조하다고 느껴졌다. 이런 경우는 어떻게 해야 할까? 결론적으로는 잠깐의 좌절은 있겠지만 다시 건너야 한다.

망각과 실패는 지적장애 주인공들이 자주 만나게 되는 고비일지 모르겠다. 우리는 거기서부터 다시 시작해야 한다. 여러 번 반복하고 암기하고 연습한 활동일지라도 매 순간 실수하고 실패를 반복할 수 있다. 그럼에도 불구하고 우리는 계속해서 일관성 있는 지시와 따뜻한 태도를 유지하면서 인내심을 가지고 반복할 수 있어야 한다. 계속되는 반복에 합당한 성장이나 결과물에 대한 집착은 단념하는 것이 좋다. 그렇다고 지적장애 아동이 성장하지 않는 것은 아니다. 더딜지라도 반드시 결실을 가질 수 있다. 눈에 보이는 열매도 있지만, 보이지 않는 열매도 많다. 감자가 자라는 모습이 우리 눈에 보이지 않을지라도 어느새 굵은 씨알들이 땅속에 박혀 있는 것처럼 아동의 성장하는 모습도 이와 같다. 돌아가기를 반복하고 반복하다 보면 어느새 치료적인 습관이 형성된다. 치료의 올바름 쓰임은 바로 반복의 기적을 이루는 것이다. 늘 그대로인 것처럼 보이는 지체의 더딘 성장에 조급해하지 말고, 농부의 마음으로 물을 주고 잡초를 뽑고 비료를 뿌리는 일을 계속해서 반복하는 것이다.

5. 나는 바보가 아니야!

다시금 힘든 시기가 지나고, 은주는 미술치료실에 오는 것을 즐거워했다. 반갑게 인사를 나누고 가벼운 장난도 치면서 미술재료들을 사용하는 데 자신감이 생겨났다. 설사 실수로 작품이 망가지거나 생각했던 대로 활동이 진행되지 않더라도 유머러스하게 넘기거나 다음을 기약하기도 하였다. 1년이 조금 넘는 기간 동안 반복으로 이뤄 낸 제일 큰 기적은 은주가 치료사를 의식하지 않고 스스로 그림을 그리기 시작했다는 것이다.

일반 학교를 다니고 있는 학령기 지적장애 아동이 자신의 행동에 실패를 예감하지 않고 스스로 재료를 선택하고 그림을 그린다는 것은 매우 긍정적인 행동의 변화이다. 수행에 대한 부담은 결과물에 실망하고 기능을 평가하려는 주변 반응으로 인해 오래 축적된 태도이기 때문이다. '너는 할 수 없잖아'에 대한 반응에 체념해 버리거나 반대로 고집을 피우게 되지만 결국에는 부정적인 자아개념을 가지게 된다.

은주가 자주 그리는 그림은 4명의 인물화였다(그림 3-2 참조). 키와 몸이 제일 큰 여성과 키가 작은 남성, 그리고 여자 둘이었는데 은주의 가족 구성원과 똑같다. 이렇게 그린 그림에 대해 이야기를 나누고 싶은 궁금증은 컸지만, 단도직입적으로 그림에 대해 묻는 것은 지적장애 아동에게 많은 부담을 줄 수 있다. 필자는 이 사람들을 오려서 인형으로 이야기할 수 있도록 했다. 물론 가위질을 하는 연습은 부가적으로 실행할 수 있다. 4명의 인물에게는 집과 놀이터가 주 무대였는데, 키가 큰 여성은 항상 머리에 뾰족한 뿔이 있었다. 뿔이 난 여성은 집이나 놀이터에 중간에 등장해 주인공(은주)를 아프게 하는 사람이었다. 은주의 어디를 아프게 했을까? 은주는 가슴을 가리키며 마음이라고 말한다. 이 부분 역시 좀 더 이야기를 들어 보고 싶었지만 은주가 말하는 것까지만 따라가고 그 이상으로 질문을 하지는 않았다. 천천히 기다리며 따라가는 것이 아동에게 부담스럽지 않으면서 원하는 만큼 자신을 표현할 수 있는 기회를 주는 것이다.

종종 지적장애 아동들은 발음을 할 때 음이 생략되거나 사용하는 어휘에 제한이 있고 문법이 정확하지 않는 등 구어발달이 지연되어 있다. 그래서 뭔가를 말하고 표현하는 것이 부담스러운 일이 되기도 한다. 하물며 가슴을 아프게 한 사람에 대한

[그림 3-2] 4명의 인물화

이야기를 하는 것이라면 더 힘든 것일 수 있다.

아동에게 힘든 이야기를 계속 묻는다면 조금이라도 터놓은 마음마저 닫게 될 것이다. 그보다는 지금 이 순간 은주를 대변하고 있는 종이 인형을 구체적으로 어떻게 대할지가 중요했다. 은주는 화려한 머리핀과 왕관, 팔찌, 레이스가 달린 치마로 꾸미는 것을 좋아했지만 꾸밀 수 있는 방법이 없었다. 필자는 마음이 아픈 주인공을 은주가 예쁘게 꾸밀 수 있도록 간단한 묘사방법들을 가르쳐 주었다. 그러면서 우리는 이야기 속 놀이터에서 비밀친구가 되었다. 물론 한편으로는 조급함도 느꼈다. 어떻게든 말하는 것이 더 도움이 되지 않을까 하는 생각이 들면서 아이가 지닌 감정을 직면시키고 뭔가를 깨닫게 하고 싶은 욕심도 스치고 지나갔다. 하지만 결론적으로 잘 참고, 아이가 가진 감정과 생각을 상징적으로 표현하도록 노력했다. 미술치료가 끝나고 재료를 정리하는 어느 날이었다. 아이는 뜬금없이 치료사에게 외쳤다.

"나는 바보가 아니야!"

잠깐이었지만 놀란 마음을 뒤로하고 재빠르게 필자도 외쳤다.

"맞아, 넌 바보가 아니야!"

아이도 다소 놀란 듯이 필자의 얼굴을 빤히 보았다. 눈이 마주친 순간 필자는 울컥했다. 그리고 필자도 모르게 다시 한번 외쳤다.

"거북이처럼 느린 거야!"

모든 지적장애 아동이 은주와 같이 극적인 결과를 내지는 않는다. 은주는 경도 지적장애였으며, 상대적으로 안정된 양육환경과 부모님들의 적극적인 지지를 갖추고 있었다. 의사전달 기능이 더 낮은 경우 아동에게 맞는 표현방식을 찾는 것은 더 어려울 수 있다. 미술활동이 주된 도구이지만 이야기 등의 표현방식을 활용하는 것은 좋은 방법일 수 있다. 그렇더라도 감정과 생각을 상징적으로 표현하는 단계까지 오기는 드물다. 대부분의 경우 미술활동의 주제를 명확히 정하는 것만 해도 아동에게 즐거운 치료 시간이 될 수 있을 것이다.

6. 보호자 만나기

은주가 치료실에 재미를 붙이는 시점에 어머니는 '물론 선생님이 잘 아시겠지만' 너무 노는 것보다는 아동에게 도움이 되는 미술을 해야 되지 않겠냐는 걱정을 하기 시작했다. '자신이 아는 바에 의하면' 은주에게 지금 필요한 것은 꾸준한 학습으로 인한 성장이라는 것이다.

마음을 아프게 하는 사람 그림이 등장한 시기와 더불어 아동에 대한 어머니의 걱정과 근심이 커졌기에, 필자는 어머니와의 부모상담도 따로 더 진행하였다. 어머니는 치료실에 들어오자마자 여러 가지 걱정을 마구 털어놓기 시작했다. 주요 걱정은 아동이 더 이상 발전이 없고 실수가 계속 반복된다는 것이었다. 친구들 사이에서도 부쩍 안 하던 행동이 늘었는데, 욕을 하거나 물건을 던지기도 하여 최근에는 학교에 불려간 적도 있다고 하였다. "저와 제 남편은 아이가 모자란 부분을 채우고 바르게 자라게 하기 위해 정말 많은 노력을 했다고 생각해요. 근데 아이는 갈수록 말썽을 피워요. 집에서 쓰지도 않는 나쁜 말도 많이 늘었어요. 정말 착한 아이였는데……." 어머니는 급기야 울먹거렸다.

사실 필자는 어머니가 묘사하는 아이의 문제행동이 놀랍지 않았다. 아이는 선한 엄마와 아빠 밑에서 최선을 다해서 사랑받기 위해 순종적으로 행동했을 것이다. 지적장애 아동은 선악에 대한 구별이 어렵다. 착하게 행동하거나 나쁘게 행동하려는 의도가 있지 않으며, 그 사이를 구별하지 못한다. 필자는 초기 치료사를 힘들게 만들었던 아동의 행동들에 대해 덤덤하게 설명하기 시작했다. 자신의 사랑스럽지 못한 부분을 수용하기 시작한 치료사에게 보여 주는 아이의 발랄하고 엉뚱한 면도 알려 주었다. 아동은 엄마가 생각하는 대로 얌전하지 않았다. 일단 발동이 걸리면 매우 말괄량이 같은 에너지가 있었다. 어머니는 의아한 표정으로 필자를 쳐다보았다. 필자는 자신의 마음을 아프게 하는 뾰족한 뿔의 여자 사람 그림을 보여 주었다. 어머니의 눈동자는 심하게 흔들리기 시작했다. 아마 집과 놀이터에서 중간에 등장한 자신의 모습을 볼 수 있었을지도 모르겠다. 지적장애 아동들은 주변 환경이 자신에게 우호적인지 또는 적대적인지에 대한 비상한 감수성을 가지고 있다. 설사 상대방의 의도를 구별하지 못하더라도 자신을 바보 취급하는 또래 아동이나 어른들에게 화가 나는 것은 당연하다. 하지만 말로 표현하는 언어에 제약이 있고, 행동 조절에 어려움이 있는 아이들은 감정 표현을 충동적이면서 부적절한 행동으로 드러낼 수밖에 없었을 것이다. 때로는 자신이 받았던 말이나 행동 중에서 가장 강력해 보이는 모습과 감정을 따라 하기도 한다. 기능에 이상이 있다고 해서 감정까지 지체된 것은 아니기 때문이다. 필자는 현재 은주가 최선을 다해서 자신을 보호하기 위해 비웃는 학급 친구들에게 맞서 싸우고 있는 중일지 모른다고 이야기해 드렸다. 어머니는 그날 참 많이 울었다.

지적장애 아동의 가족들은 신체적 · 심리적 · 경제적으로 부담을 안고 있다. 평범하지 않는 아동을 어떻게 키우고 양육해야 할지 어렵고 힘든 데다가 스스로를 포함해서 주변의 비난으로 인해 좌절하고 혼란스러울 때가 많다. 특히 주 양육자 입장에서는 자신의 모든 시간과 권리를 포기하고 아동에게만 매달려 있는 경우도 많다. 은주 어머니는 최선을 다했지만 자신이 은주를 힘들게 하는 사람 중에 하나였다는 생각이 들어서 더욱 힘들었다고 한다. 장애 아동의 부모는 아동을 깊이 사랑하지만, 때론 아동이 드러내는 불완전함이 싫고 부담되기도 한다. 그것은 자연스러운 과정이다. 은주의 어머니도 은주가 미워지는 자신의 마음을 용서할 수 없다고 이야기한 적이 있다. 아마도 자신이 다른 사람들과 다르다는 것을 주변으로부터 인정받기 위해 부단한 노력을 하고 있어서 더 그럴 것이다.

이런 경우 치료사는 어머니에게 아동과 관련해서 필요한 정보를 전달하되 전체적으로는 지지적인 자세로 용기를 북돋워 줄 수 있다. 특히 어머니가 겪었을 그간의 어려움을 표현하도록 돕고 지지하는 것이 중요하다. “충분히 잘하고 계십니다. 아마 어떤 어머니도 이만큼은 못했을지 몰라요." "어머니도 때로는 개인적인 시간을 즐기고 자유로울 권리가 있습니다." 지적장애 아동을 양육하는 어려움에 대해서 공감하고, 아동에 대한 경험과 안목을 지닌 또 다른 전문가라고 인정해 주어야 한다.

어쩌면 어머니가 생각지 못한 낯선 모습들이 은주가 변화하고 있다는 증거일지 모른다. 느리지만 성장을 했기에 은주에게 변화가 일어난 것이다. 착하고 얌전했던 딸은 이제 사춘기를 겪게 될지도 모른다. 어머니는 점차 우울감을 벗고 사춘기 딸에 대한 공부를 시작했다면서 활기를 되찾기 시작했다.

7. 마무리

지적장애 아동에게 미술치료실은 스스로 결정하고 선택한 일에 주눅 들지 않는 장소와 시간을 제공하는 곳이어야 한다. 지적장애 아동은 일상생활을 할 때 다른 사람의 도움을 받거나 혹은 여러 가지 제한을 받았을 것이다. 그런 아동일수록 미술치료실에서는 자신을 위해 준비된 재료들을 마음껏 어지르면서 자유로운 기쁨을 누릴 수 있어야 한다. 미술치료의 창의성은 남들이 모르는 아동만의 색다른 면을 발견하는 데 있다. 지적기능이 제한적이니까 어떤 것을 할 수 없다는 선입견이 미술치료 과정에서는 사용되지 않았으면 한다. 그리고 미술치료의 과정에서 미술치료사가 어떤 부분은 마음을 비워 내고 기대감을 낮추며 꾸준히 반복할 수 있는 인내심도 필요하다는 것을 이야기하고 싶다. 반복하는 과정에서 아동이 할 수 있는 것들을 발견하는 힘이 점차 생기게 될 것이다. 그리고 그러한 반복과 변화의 흐름 속에서 지적장애 아동은 자신에게 필요한 부분을 얻어 갈 것이다.

4장

경계선 지적기능의 미술치료

조금 부족한 지능에 발목 잡힌 아이들

임정혁

1. 경계선 지적기능의 이해

'경계선 지적기능(borderline intellectual functioning)'은 줄여서 '경계선 지능'이라고 부르기도 한다. 현재 정신장애 분류 및 진단기준으로 사용하고 있는 DSM-5에서 경계선 지적기능은 주요 정신장애 범주에서 소개되지 않고, '임상적 주의의 초점이 될 수 있는 기타 상태'에 속하는 것으로 분류된다. DSM-IV-TR까지는 경계선 지적기능을 정의하면서 표준화된 지능검사에서 IQ 71~84 범위의 지적 능력을 보인다고 정의했다. 그 이전의 진단기준 버전에서는 IQ 68~83(DSM-II) 혹은 IQ 70~85(DSM-I)로 정의하기도 했다. 하지만 DSM-5로 개정되면서 경계선 지적기능의 IQ 범위에 대한 정의나 구체적 양상에 기술은 제외되었고, 진단코드 정도만 제시되고 있다.

임상 실제에서 만나는 경계선 지능 아동은 지적장애 아동만큼은 아니지만 삶의 다양한 부분에서 많은 문제를 보이고 있다. 인지적 영역에서는 일반적 지식과 이해력이 부족하고 기억능력 또한 저조한 경우가 많기 때문에 주의집중에 어려움을 겪게 되며, 실제적으로 주의력결핍 과잉행동장애(Attention Deficit Hyperactivity Disorder: ADHD) 혹은 주의력결핍장애(Attention Deficit Disorder: ADD)를 동반하는 경우도 많이 나타난다. 정서적으로는 위축되어 있거나 우울한 경우도 있고 혹은 쉽게 짜증을 부리거나 공격적인 경우도 있다. 오래 참거나 인내하는 것을 어려워하고, 고집을 강하게 부리는 경향이 있으며, 의존적인 모습을 많이 볼 수 있다. 이러한 특징들이 복합적으로 영향을 미쳐서 또래의 언어적 표현을 제대로 이해하지 못하거나 자신의 의사표현 또한 제대로 하지 못하는 편이다. 의사소통 능력이 충분하지 않아서 문제해결 능력과 사회적 기술도 자연스럽게 저하되는 상황들이 일어나게 된다. 학년이 올라가고 성장할수록 이러한 단점들은 또래 안에서 더욱 두드러지게 나타날 수밖에 없기에 '왕따'의 피해자가 되거나 반대로 왕따를 경험한 후 왕따의 가해자로 돌변하는 경우도 생겨난다.

그중에서도 경계선 지능 아동의 가장 큰 어려움이라 여겨지는 부분은 주변의 이해를 받지 못한다는 점이 아닐까 한다. 심지어 가장 가까운 가족도 아동의 행동을 이해하지 못하거나 인정하지 못하는 경우가 많다. '멀쩡한 애가 왜 저래?' '일부러 저러는 거 아냐?' '알면서 나 화나라고 그러지?' 등의 반응을 주변 사람들로부터 경험하게 된다. 경계선 지능 아동은 스스로도 이해가 잘 되지 않는 상황에 있는데, 주변에서는 자꾸 그 상황이나 아동 자신에 대해 설명하기를 요구한다. 자기 생각대로 잘 되지 않는 것을 이해하기도 어려운데 그것을 명확하고 조리 있게 설명해야 하는 상황이라고 생각한다면 누구라도 자존감은 점차 상실되어 갈 것이며, 어떻게든 그 상황을 피하기 위한 방법을 찾기 위해 노력하게 될 것이다. 이러한 상황을 피하기 위해 상반된 방법을 찾은 2명의 아동과의 미술치료 사례를 소개하려 한다.

2. 첫 번째 사례: 세상에서 숨는 방법을 선택한 아이

은영이(가명)는 초등학교 4학년 여자아이로, 중간 정도의 키에 마른 체형을 가진 아이이다. 쌍꺼풀이 없이 또렷하고 큰 예쁜 눈을 가지고 있었는데, 첫 만남에서는 앞머리를 길게 내리고 있어서 필자는 은영이의 눈을 제대로 볼 수가 없었다. 그 모습은 마치 그 누구와도 눈을 마주치지 않으려 세상을 향해 커튼을 친 것 같았다. 은영이 어머니의 보고에 의하면 초등학교 2학년 때까지만 해도 크게 걱정 없이 키우던 첫째 딸이었다고 한다. 얌전한 편이었고 친구들과 어울려 노는 것도 좋아하며, 학업이 뛰어나진 않지만 곧잘 따라 하는 정도의 능력을 보이는 평범한 아이였다고 한다. 그러나 초등학교 3학년 때 같은 반 남자 친구들에게 조금씩 놀림을 받기 시작하면서부터(어머니는 놀림을 당하게 된 특별한 사건이나 상황을 알 수 없어 더욱 답답해하셨다) 친하게 지내던 여자 친구들과도 점차 멀어졌고, 학교에서 혼자 있는 시간이 많아지기 시작했다. 그때부터 조금씩 은영이의 말수가 줄어들고 집에 와서도 방에 혼자 있거나 엄마의 질문에도 '몰라' '그냥' 등의 불분명한 단답형 단어로 대답하기 시작했다. 미술치료실을 찾은 시점에서는 선택적 함묵증이 의심될 정도로 언어적 표현이 거의 나타나지 않는 상황이었다. 치료실을 찾기 일주일쯤 전부터는 신체화 증상(아침에 일어나면 실제로 열이 오르거나 복통을 호소하는 등)으로 등교 거부를 하는 상황까지 도달했기에 심각성을 느낀 은영이 어머니가 아동을 데리고 소아정신건강의학과를 방문하였고, 검사 결과 경계선 지능(웩슬러 아동 지능검사의 평균 점수 72)과 소아 우울증 진단을 받고 급하게 미술치료실을 찾아왔다.

처음 만난 날, 은영이는 미술치료실로 들어오는 것을 매우 어려워하여 한참만에야 치료실로 들어왔다. 자리에 앉은 은영이는 필자의 말에 대답 대신 살짝 고개를 끄덕이며 듣고 있다는 것을 표현했다. 이러한 행동과 태도를 보면 미술치료 회기와 미술치료사에 대한 거부감을 가지고 있는 것은 아니겠구나 하는 판단이 생겨 좀 더 적극적으로 먼저 은영이에게 다가가 보기로 하였다. 미술치료 회기에 대해 간단히 설명한 후에 4학년 여자아이들이 좋아할 만한 재료들을 하나씩 꺼내서 보여 주었다. 반짝이풀, 스티커, 폼클레이 등을 소개해 주었는데, 재료 자체만으로도 호기심을 자극할 수 있을 거라 예상했기 때문이다. 그리고 처음부터 '그림을 그려야 하는' 압박감을 받지 않도록 배려한 것이기도 했다. 소개를 마치고 잠시 기다렸다가 필자가 먼저 그 재료를 사용하는 모습을 보여 주었다. 반짝이풀을 색깔별로 조금씩 짜어 보기도 하고, 두 가지 색의 폼클레이를 섞어 반죽한 형태를 보여 주기도 했다. 첫 시간에 은영이는 미술치료사의 재료 소개를 곁눈질로 가만히 바라보며 조금씩 끄덕이다가 돌아갔다. 두 번째 시간에는 티가 나게 고개를 살짝살짝 돌리며 쳐다봤고, 세 번째 시간에는 여러 번 망설이다가 필자가 섞어 놓은 클레이를 손가락으로 꾹꾹 찔러 보았고, 마침내 슬그머니 가져가서 만지작거리며 무언가를 만들다가 섞기를 반복하였다. 이러한 은영이의 반응에 맞추어서 필자는 은영이가 관심을 보이는 재료를 조금씩 확장해 주었다. 클레이를 만지면 다양한 색의 클레이들을 꺼내 서로 섞어 보았고, 파스넷에 관심을 보이면 작은 컵에 물을 넣고 손가락으로 찍어 파스넷을 번지게 해 보았다.

어렵게 시작한 것과 달리 한번 시작하고 난 다음에는 은영이가 빠르게 미술치료 회기에 흥미를 붙여 갔다. 목소리는 여전히 작지만 대답하는 빈도는 늘었고, 재료를 사용하는 방법을 묻거나 스스로 좀 더 확장시켜 사용하는 모습을 보였다. 조금씩 필자와 눈을 마주치기도 했고 필자의 말이나 행동에 웃는 모습을 보이기도 했다.

미술치료를 시작한 지 두 달쯤 되었을 때, 이야기그림검사(Draw a Story: DAS, 자극그림 B형)를 실시했는데, 그림에 나타난 은영이의 메시지는 신기할 만큼 명확하게 표현되었다. 은영이는 '칼'과 '사막' 그림을 선택해서 이야기를 만들고 그림을 그렸다. 그 내용은 나쁜 병사들이 사막에서 즐겁게 잘 살고 있는 도마뱀 같은 동물을 다 죽인 후 죽인 동물을 사막에 숨겨 놓고 도망갔다는 것이었다(그림 4-1 참조). 은영이는 그림 속의 자신이 도마뱀인데 비록 사막이지만 나름대로 잘 살고 있었다고 표현했고, 같은 반 남자 친구 몇 명의 이름을 대면서 그들은 저 병사와도 같다고 했다. 필자는 은영이가 스스로 하고 싶었던 이야기를 표현한 부분에 대해 크게 칭찬하면서 은영이가 계속 이야기할 수 있도록 도왔다. 회기 내내 자신을 괴롭히는 반 친구

[그림 4-1] DAS 그림검사

들에 대한 이야기를 하면서 은영이는 처음으로 화를 내며 큰 소리로 이야기하기도 하였고, 이런 상황들로 인해 너무 힘들고 괴롭다는 감정을 표현하기도 하였다.

은영이와 본격적인 미술치료 회기를 진행하면서 필자는 학교 적응이라는 구체적 문제의 해결과 더불어 보다 장기적인 영향을 줄 수 있는 것으로 자존감 회복이라는 치료 목표를 설정하고 진행하였다. 은영이가 자신의 이야기를 털어놓으면서 친구들이 자신을 괴롭히는 이유가—정말 황당하게도—'못생겨서'라고 이야기했기 때문이었다. 반복적으로 집요하게 쫓아다니며 "넌 못생겼기 때문에 내가 괴롭히는 거야."라고 이야기하는 친구들이 너무 싫고 밉지만 달리 방법이 없어 누구에게도 이야기 한 번 못해 보고 은영이는 그냥 매일 도망만 다닌다고 했다. 필자는 은영이에게 도움을 요청하는 방법에 대해서도 알려 주는 한편, 자신의 감정을 솔직하게 표현하는 방법과 자신감을 강화시킬 수 있는 방법을 제시하고자 하였다.

은영이의 자존감을 회복하기 위한 방법으로 자기상(self-image)을 탐색하는 기법을 활용하였다. 다양한 재료를 좋아하던 은영이와 거울을 가지고 작업을 하는 상황이 있었는데, 은영이가 자신의 얼굴이 비춰진 거울을 보고 소스라치게 놀라며 눈을 감는 행동을 하는 것을 관찰할 수 있었다. 은영이가 자신감을 잃게 된 계기와도 연결되는 부분이기에 먼저 자기 스스로를 명확하게 바라보는 작업이 필요했다. 필자는 다양한 방법으로 은영이와 자화상 작업을 진행하였다. 처음부터 얼굴을 똑바로 보고 그림을 그리는 것은 은영이에게는 부담스러울 수도 있겠다 싶어서 천천히 조금씩 접근하기로 했다. 다양한 재료에 대해 호기심이 강하고 잘 모르는 새로운 재료를 사용하여 무언가를 완성하였을 때 다른 때에 비해 만족도가 높은 은영이의 특성을 살려, 석고붕대를 이용하여 손 모양을 만들어 보기도 하였고, 팔과 다리만을 본떠 그리는 부분-신체화 등의 미술작업을 진행하였다. 은영이는 그렇게 미술작품으로 표현된 자기 모습을 흥미롭게 느꼈고 실제 자기 모습에 대해서도 좀 더 세밀하게 관찰하는 듯 차츰 자신의 모습을 애정과 관심을 가지고 바라보게 되었다.

어느 정도 신체 탐색과 표현이 익숙해졌다고 생각되었을 때, 얼굴을 보고 그리는 것을 시도했다. OHP 필름을 이용한 것인데 투명한 OHP 필름 뒤에 상대방이 있고 그 상대의 얼굴을 따라 그리면 된다. 필자는 은영이를 그려 주었고, 은영이는 필자를 그려 주었다. 먼저 필자가 은영이를 그리려고 했을 때 은영이는 그림을 그리는 내내 눈을 감고 혀를 내밀고 있었다. 마치 자기 얼굴을 일부러 우스꽝스럽게 만드는

[그림 4-2] 필자가 그린 은영이(왼쪽)와 은영이가 그린 필자(오른쪽)

것 같았다. 은영이는 그림이 다 그려진 이후에도 자신의 얼굴 그림 보는 것을 꺼렸다. 그다음 순서는 은영이가 필자를 그려 주는 것이었다. 은영이는 필자의 얼굴을 제대로 쳐다보지도 않은 채 필름에 비추어진 모습과는 전혀 다른 모습으로 그림을 그렸다(그림 4-2 참조).

같은 작업을 치료 종결 시점에서 다시 하게 되었는데, 초기의 작품과 확연히 차이가 나는 결과물을 만들어 내었다. 필자를 그려 주는 과정에서도 은영이는 필자의 얼굴을 똑바로 바라보면서 천천히 그림을 그려 나갔다. 자신이 모델이 되는 상황에서도 눈을 감지 않고 오랜 시간 필자를 쳐다보며 끝까지 웃는 얼굴로 마무리할 수 있었

[그림 4-3] 종결 시점에 다시 그린 두 그림: 필자가 그린 은영이(왼쪽)와 은영이가 그린 필자(오른쪽)

다(그림 4-3 참조).

은영이가 점차 자존감을 회복하고 자기표현의 방법을 열심히 연습하면서 학교생활에서도 큰 변화가 생겼다. 은영이는 자신을 계속해서 놀리던 같은 반 남자 친구에게 기분이 나쁘니 이제 더 이상 자신을 놀리지 말라고 이야기했고, 선생님께도 그 친구의 행동을 명확하게 말씀드렸다. 이후 담임선생님은 은영이와 은영이를 놀렸던 친구를 함께 불러 선생님 앞에서 사과를 받게 하였고, 앞으로는 놀리지 않겠다는 약속까지 받았다. 은영이 어머니에 의하면 이 사건 이후 은영이가 등교하기 전 긴장하던 것이 거의 다 사라졌으며, 조금씩 다른 친구들의 이야기도 하기 시작했다고 한다. 그런데 이렇게 정리된 상황에서 은영이가 다른 학교로 전학을 가고 싶다고 이야기했다며, 어머니는 근심 어린 표정으로 필자를 찾아왔다.

필자는 무엇보다도 은영이의 이야기를 들어 보는 것이 중요하다고 판단해서 미술치료 회기에 은영이에게 전학을 희망하는 이유를 물었다. 어머니가 걱정했던 것보다 은영이의 대답은 간단했다. 이제 사과도 받고 너무나도 하고 싶었던 '그만하라'는 이야기도 했으니 충분하다는 것이었다. 그리고 자신이 놀림을 받던 아이라는 것을 모르는 새로운 아이들과 새롭게 친구가 되고 싶다고 했다. 마침 은영이 어머니는 여러 가지 사정상 조금 멀리 떨어져 있는 어머니의 친정 근처로 이사를 고민하고 있었다. 다만 어머니는 이제 겨우 은영이가 자신의 문제를 해결하고 스스로 목소리를 내기 시작했는데 이대로 전학을 가게 되면 도망치는 것이 해결처럼 되는 게 아닌가 고민하고 있었다.

필자는 은영이와 좀 더 이야기를 나누고 회기를 진행하면서 은영이의 결정이 회피보다는 새롭게 시작하고자 하는 의지라는 것을 확인할 수 있었다. 어머니의 불안한 마음을 진정시키는 한편, 은영이에게도 새로운 환경에서 잘 적응하는 것에 대해 준비하도록 했다. 이후 전학한 은영이가 새로운 학교에서 조금은 더 편안하게 적응하며 즐겁게 학교를 다닌다는 소식을 들었다.

3. 두 번째 사례: 세상을 향해 분노로 대응하는 아이

진호(가명)는 경계선 지능을 가진 초등학교 3학년 남자아이이다. 학기 초에 친구들과 부딪치는 일이 잦아서 지속적으로 경고를 받고 있었는데, 사이가 좋지 않은 한 친구와 몸싸움을 한 사건이 발생하였다. 일반적인 3학년 아동을 기준으로 보았을 때, 진호는 중간 정도의 키에 살집이 좀 있고 힘이 센 편이었다. 그렇다 보니 진호의 주먹에 맞은 상대는 입술이 터졌고, 이에 격분한 상대방 부모가 학교폭력위원회를 요청해서 진호의 징계를 강력하게 주장하는 심각한 상황이 벌어지게 되었다. 한편 진호는 자신이 더 억울하다고 했다. 상대 친구는 지속적으로 자신을 놀려 왔고(경계선 지능 아동은 학교에서 놀림을 받는 일이 잦은 편이다), 먼저 툭툭 치는 행동을 지속적으로 했던 것도 그 친구였다는 것이다. 진호는 지금까지 계속 참아 왔지만 문제가 되었던 날은 그 친구가 먼저 진호를 때렸기 때문에 자신도 화가 나서 맞서 싸웠을 뿐이라고 이야기했다. 상황을 제대로 설명하고 문제를 해결하기 위해 사과를 한다거나 방법을 찾기에도 어려운 상황에서 진호는 억울해하며 화를 내기까지 했다. 결국 소통에 대한 교육과 심리적인 면을 다루어 줄 수 있는 치료가 필요하다고 판단되어 학교 교사의 권유로 진호의 미술치료가 시작되었다.

진호 어머니는 진호를 '어릴 때부터 한 번도 마음 편하게 키워 보지 못한 까다로운 아이'라고 표현하였다. 자기 마음대로 되지 않으면 때와 장소를 가리지 않고 난리를 부리는 통에 어머니는 진호를 데리고 마트나 쇼핑몰 등 사람이 많은 곳을 가는 것이 두려웠다고 하였다. 한번은 진호가 일곱 살 즈음에 놀이공원에 갔는데 진호가 원하는 사파리를 관람하지 못하게 되자 떼를 부리던 진호가 맨바닥에 머리를 부딪쳐 다쳤고, 결국 응급실에서 이마를 꿰맸는데 그 사고 이후에는 더더욱 외출이 두렵고 힘들었다고 하였다. 어머니는 진호의 이야기를 하면서 자신도 진호도 한계에 부딪힌 것 같다며 끊임없이 눈물을 흘렸다.

진호는 처음 미술치료실로 들어오면서부터 쿵쿵 발을 구르며 들어와 치료실 이곳저곳을 뒤적거렸다. 책상에 앉은 후에도 집중하지 못하고 앉았다 일어났다를 반복하며 큰 소리로 '짜증나' '뭐 하는 거야?' '아이 씨'와 같은 단어를 반복했다. 그러한 행동을 보면서 필자는 ADHD를 의심하기도 했다.

한편 첫 회기에서 진호와의 미술치료가 잘 진행될 것 같은 청신호도 보였다. 진호가 언어적으로 매우 반항적인 모습을 보였지만, 행동적으로는 매우 조심스럽게 움직이고 있었기 때문이었다. 이것저것 재료들을 뒤적이는 것처럼 느껴졌지만 망가뜨리거나 파괴하려는 느낌보다는 궁금함이 느껴졌고, 자신의 행동에 대해 필자의

[그림 4-4] 번갈아 그리기

반응을 살피는 모습도 보였다. 치료적 동맹도 잘 맺어질 것 같은 느낌이 들었다.

진호의 관심을 끌었던 작업 중 하나는 '번갈아 그리기'였다. 진호는 정형화되지 않은 다양한 색과 형태를 지닌 자유로운 선들을 가지고 필자와 함께 화면을 채운 후에 채워진 화면에서 우리만의 이미지를 찾는 작업을 매우 재미있어 했다. 단순한 도형을 찾아 색을 칠해 보기도 했으며, 때로는 우연히 나타난 모양들 가운데 연상되는 이미지를 덧붙여 그림으로 완성하는 등의 작업을 통해 미술치료 회기에 흥미도 더 가지게 되었고 필자와의 치료적 관계도 잘 구축해 나갔다.

치료적 동맹관계를 맺은 후의 진호는 매우 적극적이고 협조적인 내담자였다.

어느 날 필자가 진호에게 "선생님과는 이렇게 재미있게 잘 지내는데, 엄마와 친구들에게는 왜 자꾸 화가 날까?"라고 질문했고, 그에 대한 진호의 대답은 매우 명료했다.

"애들은 자꾸 내 이야기를 끝까지 들어 주지 않고 막 무시해서 너무 화가 나는데, 이상하게 화를 내면 내 말을 끝까지 들어요. 그리고 한 대 때리면 다음부터는 날 무시하거나 놀리지 않으니까요. 그리고 엄마는…… 내가 울거나 소리쳤을 때 내가 원하는 걸 해 줘요."

진호의 이 말은 여러 가지 의미에서 생각해 볼 필요가 있었다. 진호도 어머니도 의사소통과 관계 맺기 방식에 대해 점검해야 했다. 부모상담 회기와 가족 회기 때 그 주제를 두고 이야기를 나누었다. 물론 한 번에 바뀌지는 못했지만, 어머니는 진호에게 조금씩 다른 모습을 보이려고 노력하였다.

진호는 미술치료 시간을 재미있어 했다. 단순한 작업이나 특별한 형태를 정하지 않고 시작하는 작업에 있어서 매우 적극적으로 참여했다. 진호에게는 반복적으로 이루어져 어느 정도 학습된 영역에 대한 자신감과 성취감이 존재했다. 그 예로, 지속적으로 진행했던 컬러링북 작업에서는 망설이거나 질문하지 않았고, 보란 듯이 다양한 색을 사용하여 멋지게 완성해 냈다. 완성작에 대해 칭찬을 아끼지 않을 때면 주변 상황이나 사람에 대해서도 매우 관대해지는 모습(예: 엄마에게 짜증을 덜 낸다거나 하는 모습)도 나타났다. 하지만 진호의 미술작업은 한계가 있었다. 특정 형태를 만들도록 유도하거나 이미지를 떠올리고 주제를 정해 그림을 그리는 등의 과정에서는 회피하거나 중간에 포기하는 형태의 과정이 반복되었다.

치료 중기가 되어 갈 무렵, 필자는 진호와의 미술치료 회기 진행 방식에 조금 다른 형식으로 개입하였다. 전체 40분의 회기 시간 중 처음 20분은 진호가 원하는 작업을, 후반 20분은 필자가 원하는 작업을 반드시 '함께' 하는 것이었다. 그러한 연습은 진호가 외부 세계의 요구를 받아들이고 적응하는 연습이 되어 줄 것이다. 그 과정에서 '싫은 것'에 대해서도 이야기를 나누고, 감정 조절에 대해서도 이야기할 기회가 생겼다.

진호는 초반 20분을 주로 이어 그리기, 컬러링, 보드게임 등으로 채웠다. 회기 시작 후 20분의 시간은 전적으로 진호에게 맡기고 최대한 진호의 의도에 따라 맞춰 주

[그림 4-5] 클레이로 만든 사과와 햄버거

[그림 4-6] 클레이로 만든 공룡 모형

었다. 후반 20분의 시간은 다양한 작업을 하기보다 끝까지 완성하여 하나의 작품으로 완성하는 것에 목표를 두었다. 좋아하는 캐릭터를 따라 그려서 완성하고 클레이를 이용하여 모형을 만들었다. 처음에는 쉽지만 작고 귀여운 모형들을 만들었고(그림 4-5 참조), 점차 실력이 좋아지면서 진호가 좋아하는 공룡 모형을 함께 만들어 완성하였다(그림 4-6 참조).

진호는 그 모든 작업과정을 잘 따라와 주었다. 이런 형식으로 하나씩 작품을 완성하는 과정에서 진호는 성취감과 만족감을 조금씩 채워 갔다. 6~7개월 정도의 시간이 흐른 뒤 필자는 진호에게 조금 더 도전이 필요한 작품을 제안했고, 진호는 "한번 해 보고 싶어요."라고 대답했다.

주제는 '집 만들기'였는데, 클레이나 찰흙이 아닌 나무막대(일명 '하드 바'라고 하는 재료)를 글루건으로 붙여 가며 집 모형을 만드는 것이다. 기간도 꽤 걸리고 난이도도 높은 작업이었다. 하지만 작업과정에서 실패와 성취를 맛보게 되면서 좌절을 견디는 연습도 분명히 하게 될 터였다. 조형 작업 자체가 주는 성취감도 꽤 클 것이다.

그렇게 시작된 집 만들기는 약 3개월의 시간이 걸렸고, 마침내 멋진 집이 완성되었다(그림 4-7 참조). 만드는 과정에서 중간에 붙였던 막대가 떨어지기도 했고, 창문을 만들기 위해 수십 개의 나무막대를 자르면서 때로는 계획대로 진행되어 기뻐하기도 했고 혹은 계획했던 대로 이루어지지 않아 고민하다 계획을 변경하기도 했다. 진호는 집을 완성하는 과정을 통해 성취감도 느꼈지만, 좌절이 되는 순간에 어떻게 그것을 견딜 수 있는지, 어떻게 해결하면 될지 배워 나가게 되었다. 우리는 집 만들

[그림 4-7] 집 만들기

기 이야기로 시작해서 학교생활에 대한 이야기도 나눌 수 있었다. 이전에 진호는 자신이 못하는 것에 대한 두려움으로 시도조차 하지 않고 회피하던 모습이었다면, 이제는 할 수 있는 만큼 열심을 냈을 때 보다 나은 결과를 얻을 수 있고 그 안에서 만족하는 방법을 알아 가기 시작했다.

4학년으로 진학한 진호는 단짝친구를 사귀지는 못했지만 3학년 때처럼 '미운 오리'는 결코 아니었다. 학습적인 측면에서는 지속적인 어려움을 겪었지만 열심히 따라가려고 노력하는 모습을 보였다. 진호 어머니도 진호의 눈높이에 맞는 학습 방법을 꾸준히 찾아 주었고 진호와도 더 건강한 방식으로 의사소통하였다. 미술치료를 종결하던 날, 진호 어머니는 더 이상 학교 선생님의 호출에 심장이 내려앉는 경험을 하지 않게 되었다며 고맙다고 하였다. 진호 역시 친구들과 싸우는 문제 없이 학교생활을 지속해 나갔다.

4. 맺는 말

아동과 미술치료를 하면서는 성인과 달리 '아동이기에' 가능한 상황들을 종종 경험하게 된다. 특히 처음은 다소 힘들게 시작하더라도 아동에게 관심을 가지고 이야기에 귀를 기울여 주다 보면 치료적 동맹관계가 빠르게 형성되는 것을 경험하게 된다. 건강한 치료적 관계 맺기가 된 이후에는 아동 내담자들이 스펀지처럼 긍정적 효과를 빨아들이는 것을 보게 된다. 그리고 아동 내담자가 변화하는 치료적 효과를 보면서 보람도 느끼게 되고 미술치료사로서 뿌듯한 순간을 맞이하게 된다.

그런 아동 내담자들을 보면 출발이 느리지만 탄력을 받은 뒤 빠르게 치고 나가는 달리기 선수와 같다고 느낀다. 미술치료사로서 그 달리기 선수에게 해 주고 싶은 말이 있다면, 달리는 동안에 굳이 뒤를 돌아보지 않아도 된다는 것이다. 뒤를 돌아보고 확인하거나 주변 사람들을 살피는 것은 속도를 줄이게 만들고 페이스를 잃게 만드는 부정적인 요소로 작용할 수 있다. 결승선을 통과한 이후에 뒤를 돌아보아도 충분하다. 경계선 지능 아동은 나름대로의 속도와 달리는 방향이 있다. 이들의 속도를 주변과 계속 비교할 필요도 없고, 이들이 과거에 잘 하지 못했던 부분을 반복해서 지적할 필요도 없다. 그저 자신의 페이스대로 잘 뛰어갈 수 있도록 믿어 주고 격려하면 된다. 혹시 발걸음이 꼬여서 넘어졌다면 다시 힘을 내고 뛰어가게끔 손을 잡아 줄 수 있다.

5장

자폐스펙트럼장애의 미술치료

그림으로 다가가기

김소연

자폐스펙트럼을 가진 아동과 청소년들에게는 그들만의 독특한 세계가 있다. 자폐스펙트럼을 가진 아동(이하 자폐 아동)은 그 특성상 우리가 중요하다고 생각하는 세계 안으로 들어오지 못한다. 먼저 우리가 그들의 세계에 들어가고자 노력해야 점차 그들을 밖으로 이끌어 낼 기회를 얻게 될 것이다. 미술치료에서 이루어지는 작업과 작품들은 자폐스펙트럼의 세계에 다가가는 구체적인 방법이 될 수 있다. 자폐 아동이 만든 작품에는 독특한 스타일과 개성이 있다. 미술치료사들에게는 아동을 개성 있는 작가로 존중할 수 있는 눈이 있다. 그리고 그것은 어쩌면 그들을 둘러싼 어른들—대부분 '안 돼'라고 말하는 어른들—과 차별화되는 것일 수 있다. 따라서 이 장에서는 증상 위주의 고민에서 벗어나 아동의 그림이 가진 보편성과 고유성을 이해하고 수용하면서 그들의 속도에 맞추어 발달을 촉진시키는 미술치료에 대해 함께 생각해 보고자 한다.

1. 자폐스펙트럼을 가진 아동의 그림 특성과 그에 따른 치료 목표

자폐 아동과 청소년의 그림에는 몇 가지 전형적 특징이 있다. 진단의 일반적인 증상이 있는 것처럼 미술활동이나 작품에도 고유한 스타일을 발견할 수 있다. 아동의 기능과 개인적인 특성, 자폐 성향의 스펙트럼을 고려해 볼 때 그 특징이 적게 나올 때도 있고 명확히 보일 때도 있다. 왜 그러한 특징들이 발견되는가에 대해서는 정확히 알 수는 없지만 가장 연관성이 높은 요인은 아동이 가진 증상일 것이다. 다음의 특징들은 필자가 미술치료사로서 자주 경험하고 관찰했던 내용들이다. 참고로 여기에 쓰인 용어나 범주가 마치 확정된 것처럼 사용되거나 선입견처럼 적용되지 않았으면 좋겠다. 중요한 것은 아동의 그림에 대한 이해를 높이고 보다 창의적으로 개입하기 위한 촉매제로 그림에 대한 이해를 활용하는 것이다.

1) 발달지연을 보이는 그림

가장 보편적인 특징으로 자폐 아동은 자신의 발달단계보다 지연된 그림을 그리거나 비전형적인 그림표현을 보인다. 필자가 자폐 아동과 처음 작업할 때 가장 당혹스러웠던 점은 그들이 무언가 의미를 지닌 그림을 그리지 않는다는 것이었다. 대체로 아동의 그림은 그들이 경험한 것으로서 감정과 정서, 생각, 욕구, 상상과 창의성을 담고 있는데, 자폐 아동의 그림에서 그런 면을 찾기는 어려웠다. 그 때문에 치료목표를 어떻게 선정하고 어떤 치료적 개입을 해야 할지 난감하게 느껴졌다. 하지만 바로 그러한 특징이 치료의 출발점이라는 것을 알게 되었다.

자폐 아동과 청소년들은 상상력의 결핍, 소근육 운동의 저하, 시지각 협응운동 결핍, 발달 수준의 지연을 보이며, 이런 점이 미술활동과 그림표현에도 영향을 미친다. 그러한 결핍은 미술이 재활로서의 중요성을 가지는 이유이기도 하다.

미술치료는 아동의 그림을 직접적으로 고쳐 주는 것이 아니라 그림의 주체가 되는 아동과 환경의 주관적인 관계를 수용하고 자극할 수 있어야 한다. 가장 중요한 것은 창작 활동을 하는 과정에서 얻어지는 기쁨이다. 현실적인 요구로 인해 제일 경시되는 부분인데, 그림을 그럴듯하게 그리도록 교육하는 것보다 개인적으로 자기 자신에게 의미 있는 그림을 그리도록 돕는 것이 미술치료의 목표가 되어야 한다. 또한 아동이 선호하는 매체가 미술도구이면 좋겠지만 그렇지 않더라도 기본적으로 아동이 선택한 매체나 활동을 수용할 수 있어야 한다. 이를 바탕으로 미술에 대한 긍정적인 관심을 허용하고 적절한 보상을 사용하여 매체나 주제, 관심을 확장하는 것이다.

2) 난화와 낙서

자폐 아동과 청소년들은 나이와 관계없이 그림의 형태가 나타나는 아이들과 형태가 나타나지 않는 아이들로 나누어 볼 수 있다. 그림의 형태가 난화기(낙서 단계)에 겨우 이르거나 혹은 지속적으로 난화기에 머물러 있거나, 아니면 낙서와 간단한 형태 사이를 오가는 작품들을 많이 보게 된다.

(1) 사례: 미술활동에 흥미가 없는 14세 남자 아동 A군

특수학교 중학교에 재학 중인 A군은 화장실을 가거나 밥을 먹는 것 같은 기본적인 신변 처리를 제외하고는 자발적으로 수행하는 일이 거의 없다. 일단 치료실에 들어와서도 약속한 인사를 하고 나면 착석 후 거의 움직이지 않으려고 한다. 만약 치료사가 아동에게 아무것도 제시하지 않는다면 기꺼이 40분 동안 가만히 앉아 있을 것이다. 아동이 초기에 그린 낙서는 치료사의 눈치를 보며 몇 번 종이에 끄적거리는

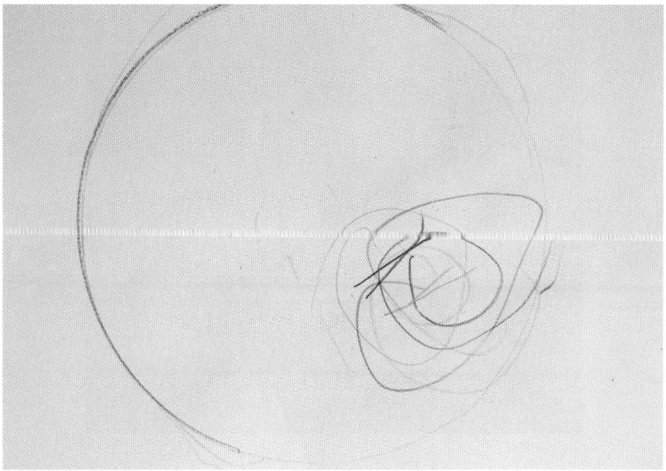

[그림 5-1] 빈약한 낙서

정도였다. 일명 빈약한 낙서라고 이름 지었는데, 미술활동뿐 아니라 그리는 행동 자체를 좋아하지 않는다.

미술치료를 통해 아동의 건강한 그림 발달과 그에 따른 심리적 성장을 돕기 위해서는 이런 빈약한 낙서에서 한 걸음 더 진전하도록 도와주어야 한다. 기본적으로는 무의미한 그림에서 아동의 경험을 일부라도 담아낼 수 있는 그림으로 나아간다면 좋다. 필자의 경우에는 Kellogg나 Lowenfeld의 난화기 발달단계를 참고하여 좀 더 발전적인 낙서를 구별할 수 있었다. 대체로 초점이 있는 낙서나 혼란스럽더라도 형태의 구상을 목표로 하는 낙서들이 좀 더 발전적인 방향을 담고 있다. 단, 미술교육이 아니므로 속도나 양에 집착하지 말고 느리더라도 아동이 낙서를 즐겁게 할 수 있는 조건과 자극들을 제공해 주는 방법도 필요하다. 다음은 필자가 사용하는 낙서 활동들에 관한 간단한 방침들이다.

① 최대한 낙서하기에 편안한 분위기를 조성하기

이젤이나 바인더를 사용하면 시선을 떨어뜨리는 평면작업보다 자유롭게 낙서를

[그림 5-2] 벽화 낙서

* 아동의 보호자에게 사용 허락을 받았음을 밝힙니다.

즐길 수 있다. 아동의 나이가 어릴수록 의자에 앉기보다는 서서 작업하거나 혹은 바닥에 앉아 활동을 하는 것이 흥미롭게 작업을 진행할 수 있다. 벽, 칠판, 넓적한 돌멩이, 다양한 모양의 거울을 도화지로 이용하는 것도 인기가 있다.

② 감각적 자극을 제공하기

보다 의미가 있는 선을 그리는 것은 아동이 자신의 몸을 조절하는 과정 중에 자연스럽게 터득해 나갈 수 있다. 따라서 면도크림이나 천사점토 등 아동이 좋아할 법한 감각재료를 통해 소근육을 자극하도록 한다. 때로는 음악을 들려주거나 동작을 넣어서 전체적인 뇌와 근육들을 자극하기도 한다.

③ (필요하다고 판단되면) 낙서를 가르치기

필요한 경우 낙서하는 것을 모델링해서 보여 주며 직접 가르칠 수도 있다. 모델링은 유용한 학습 방법 중의 하나이다. 단순하게는 두 선을 연결하여 네모를 만들거나 세모를 만들 수 있다는 것을 반복해서 보여 준다. 혹은 다양한 무늬의 자를 본떠 도형에 익숙해지도록 하기도 한다. 낙서에서 발견되는 우연한 모양들을 찾아내어 이름을 붙여 주는 것도 좋다. 특히 [그림 5-3]과 같이 구역을 나누어 다양한 낙서를 시도해 보도록 자극한다면 보다 건강한 낙서를 찾아 지속적으로 강화시킬 수 있다.

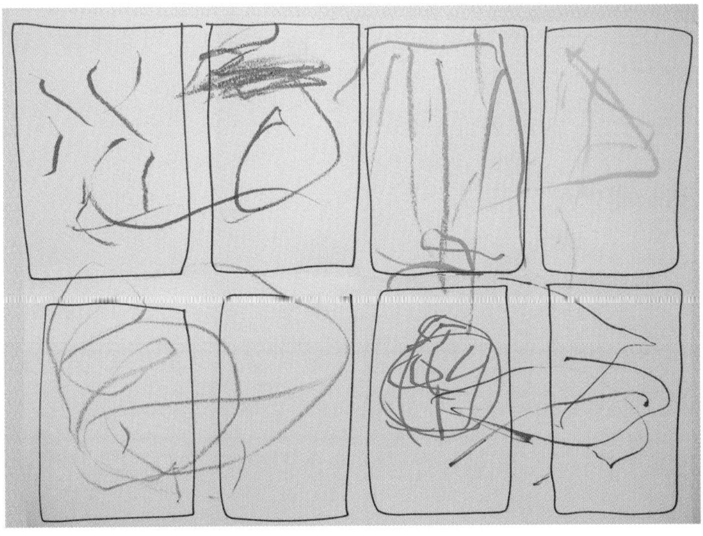

[그림 5-3] 구획으로 나누어 낙서하기

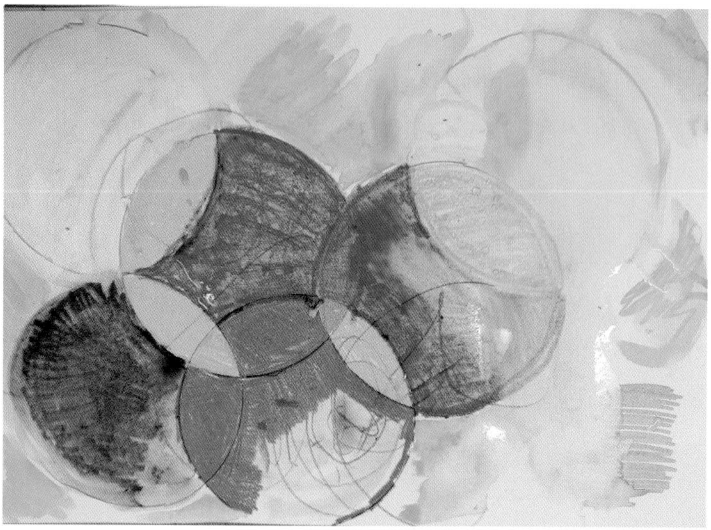

[그림 5-4] 원 본뜨기와 색칠하기

A군은 낙서하기 프로젝트를 지속적으로 실행했는데, 자신이 비치는 거울에 낙서하기는 A군이 제일 좋아하는 작업이었다. 한번 좋아하는 작업이 생기면 그것을 강화물로 사용할 수 있다. A군의 경우에는 자를 대고 여러 가지 모양을 본뜨는 작업을 어려워하고 피하려고 했다. 미술치료의 기본은 아동이 원하는 것을 치료사가 따라가는 것이지만, 때로 아동이 회피하는 작업을 연습하는 것도 필요하다. 그 경우에 강화물로 쓸 수 있는 작업이 있다면 상당히 도움이 된다. A군도 자를 대고 그리는 작업을 잘 마치고 나면 자신이 원하는 만큼 면도크림으로 거울에 낙서를 하며 즐길 수 있었다.

3) 순서와 배열에 집착하기

의미 있는 그림 형태나 구상을 즐기는 자폐 아동 중에는 자신이 좋아하는 주제나 매체 활용에 집착하여 그 이외의 것은 전혀 하지 않는 경우가 종종 있다. 이런 아동들은 대부분 나름대로 집중력을 발휘하여 미술도구를 능숙히 다룰 수 있고 미술활동도 좋아하지만 집요하도록 반복적이며 강박적인 표현을 사용하기도 한다.

(1) 사례: 색을 배열하는 8세 여자 아동 B양

B양은 흔하지 않은 레트장애 진단을 받았다. B양은 치료실에 들어오면 꼭 앞치마를 하고 엄중한 의식을 치르듯 여러 개의 물감을 짜서 색상을 배열해야 했다. 만약 사인펜이나 색연필이 있다면 무지개 순서로 광고 문구나 프로그램명을 적어 놓곤 했다. 순서와 체계를 지키는 것은 색상을 배열하거나 무지개를 표현하는 방식으로도 나타나지만, 제시된 그림처럼 아동 혼자만 아는 순서에 따라 차례를 배열하는 작업으로 나타나기도 한다.

이때 이런 아동의 체계를 없애 버리거나 금지시키는 것은 도움이 되지 않는다. B양의 경우 초등학교 입학을 앞두고 수행해야 할 프로그램들이 갑자기 늘어난 상황에서 미술치료실을 찾게 되었다. 다른 프로그램에서 소리를 지르거나 갑자기 뛰쳐나가는 문제행동이 갑자기 나타났기 때문이었다. 미술치료실에서만큼은 스스로를 진정시키고 안정감을 가지도록 하고 싶었기에, 일단 아동이 하는 방식을 유심히 관찰하였다. 필자는 이 아동에게 자신만의 순서 체계가 있다는 것과 안정을 찾고자 하는 강박적인 행동이 색과 관련되어 있다는 것을 발견할 수 있었다. 아동이 만든 세계를 존중하고 지켜 주면서도 그 안에 갇히지 않고 변화 · 확장될 수 있도록 기다려 주었다. 그런 다음 서서히 좋아하는 여덟 가지 색의 단서로 매체의 변화를 주기도 하고, 표현 질감의 변화를 주기도 하였다. 몇 가지 실험과 실패를 거친 뒤 최종적으로는

[그림 5-5] 자신만의 배열을 표현한 아동 그림

그림의 주제를 확장시킬 수 있었다. 그래서 어떤 때에는 여러 개의 원으로, 다른 때에는 커다란 하나의 원에서 나눠진 파이로, 또 다른 때에는 구심점을 가진 여러 개의 조각으로 변화해 나갔다.

4) 반복과 보속적인 표현

대개 아동의 보호자들은 아동이 보이는 반복과 보속[1]을 달가워하지 않는다. 늘 하는 그런 것 말고 좀 다른 것을 했으면 하고 바란다. 어쩌면 그런 바람은 미술치료사에게도 존재한다. 뭔가 새로운 것을 제공해 주고 싶고 아동에게 새로운 경험을 하도록 하고 싶은 마음이 있다.

그러나 반복은 어떤 의미에서 필요하기 때문에 나타나는 것이다. 그러한 반복을 통해 아동은 마음의 위안을 받을 수도 있고 그만큼 안정감을 얻을 수도 있다. 만약 그렇다면 미술치료를 통해 제공하고자 하는 최고의 미술작업을 하는 셈이다.

반복되는 어떤 작업이 변화도 없고 진척도 없는 것으로 보인다면, 그런 반복이 점차 줄어들면 좋겠지만 그 과정 또한 매우 더디고 시간이 오래 걸린다. 반복을 무작정 없애는 대신 매체와 주제를 확장시킬 수 있는 창의성이 우리에게 있다. 아동들이 감각 세상을 즐기고 탐색할 수 있는 자극을 제공하면서 평소에는 거절당하는 반복을 치료실에서는 자유롭게 허용하는 것이다. 비록 주제를 개발해 나가는 것이 어렵지만 아동이 좋아하는 미술을 지속적으로 사용하면서 확장시킬 수 있는 단서가 보이게 될 것이다. 다람쥐 쳇바퀴 돌기 같은 활동에서 다람쥐는 허벅지 근육이 탄탄해지지 않을까? 그렇게 되면 도는 바퀴의 크기를 확장시킬 수 있다.

자폐 아동이나 청소년들 중에는 일단 집이나 사람의 얼굴 같은 자신만의 도식이 정해지면 그것을 바꾸지 않고 반복하여 그리는 경우가 있다. 같은 그림을 계속 그리므로 주어진 치료 시간을 잘 활용하여 자발적으로 능숙하게 표현한다는 장점이 있다.

(1) 사례: 고착된 그림을 그리는 17세 남자 청소년 C군

C군의 그림은 묻지 않아도 누가 그렸는지 알 수 있을 정도였다. 어떻게 받아들이

1) 영어로 perseveration으로, 의미 없는 반복을 일컫는 단어이다.

냐의 차이겠지만, 필자는 C군의 그림이 개성을 보여 주는 멋진 예술작품이라고 생각했다. 아동의 나이가 어릴수록 반복과 보속을 확장시킬 수 있는 유연성이 좋아서 개입의 여지가 많은 편이다. 그러나 C군은 이미 자신만의 확고한 양식이 잡혔기에 그 개성을 자신감으로 연결시킬 필요가 있었다. 그리는 방식을 바꿀 수는 없어도 주제를 확장시켜 보는 것이다. C군의 경우 일상에서 산책을 즐기면서 꽃을 보는 것을

[그림 5-6] C군이 즐겨 그리는 사람들

[그림 5-7] Francisco Goya의 〈밀짚 인형〉을 따라 그린 C군 작품

좋아했기 때문에 정물화를 그리는 것부터 시작하였다. 자폐스펙트럼은 상상력의 결핍으로 눈에 보이지 않는 대상을 표현하는 것이 어려우므로 눈으로 확인할 수 있는 구체적인 대상을 주제로 정하는 것이 좋다.

필자는 때에 따라 C군처럼 그림 그리는 것을 즐겨 하고 재료 다루기에 어느 정도 능숙함을 보인다면 명화를 모델링으로 제시하기도 한다. 필자가 즐겨 사용하는 방법은 『미술관에 간 윌리』라는 책을 함께 보는 것이다. 내담자가 따라 그리고 싶은 주제를 선택한다면 시도해 보도록 도움을 줄 수 있다.

5) 완성에 집착하기

그림을 자발적으로 그리는 아동들 중에는 자신이 원하는 만큼의 완성을 해야만 간신히 만족하는 경우도 있다. 대개 무엇을 그리는지가 중요한 문제인데, 아동이 원하는 것을 다 그려야 작업이 마무리되곤 한다.

(1) 사례: 세부묘사를 다 그려야 하는 13세 남자 아동 H군

H군은 한번 활동을 시작하면 자신이 그리고자 하는 세부 요소들을 채울 때까지 중단하거나 끝을 내지 않는다. 그림 그리는 것을 좋아하지만 정확히는 그림의 구성을 생각하기보다 주로 채워 넣기 작업에 만족감을 느끼는 것 같았다.

[그림 5-8]처럼 세부묘사를 다 넣어야 마치는 아동이 있는가 하면, 색칠을 하기 위해 그림을 그리는 아동도 있다. 일단 밑그림을 매우 빠르고 충동적으로 그리고 다음으로 색칠을 채워 넣는 식이다.

만약 이런 아동들이 그림 그리는 행동을 중간에 중단하게 된다면 극도의 불안을 보이며 심하면 자해를 하거나 공격성을 드러내기도 한다. 그러므로 미술치료사는 항상 시간 안배에 신경을 써야 한다. 필자는 모래시계를 즐겨 사용하는데 끝나기 30분 정도부터 사용하여 마무리까지 완성해야 한다는 메시지를 학습시키기 위해서이다. 재료나 활동을 계획할 때도 한 회기 안에서 끝낼 수 있도록 조절하는 법에 초점을 맞추는 것이 좋다. 일단 그림을 시작하면 자신이 준비한 묘사들을 끝낼 때까지 멈추지 않으므로 매체를 다르게 준비하는 것도 방법일 수 있다. 하지만 다양한 매체를 준비할지라도 자신이 고집하는 세부묘사나 방식들이 만족될 때까지 진행하려는

[그림 5-8] L.O.V.E world

성향은 조금씩 유지된다.

2. 의미 있는 미술치료를 돕는 조언

다음의 몇몇 조언은 필자의 경험에서 나온 것들인데, 간접적이나마 도움이 되기를 기대한다. 물론 미술치료사들은 자신이 만나는 아동과 청소년들에게 최고로 적합한 작업을 할 수 있도록 창의적이고 실험적인 도전을 해 나가리라 생각한다. 이를 위해 미술치료 분야 외에도 자폐 아동과 청소년을 위한 지원 프로그램을 참고하는 것도 좋은 방법이다.

1) 시각적 자료 활용하기

자폐 아동과 청소년의 입장에서 본다면 미술치료는 자신에게 요구하는 활동에 대한 지시가 많은 편일지도 모른다. 만약 미술치료실에서 아동이나 청소년들이 감정적 분출이 많고 부적응적인 행동들, 예를 들어 상동증적 행동들이나 자해를 하는 행동들이 있다면 아동이 이런 지시를 통한 상황을 잘 이해하지 못한 경우일 수 있다. 우리가 생각한 것보다 그들이 이해하지 못하는 의사소통을 사용하고 있는 경우가 많다. 이 점에서는 필자도 초기에 많은 시행착오를 거쳤다. 대표적인 것은 '안 돼'이다. 아동은 왜 안 되는지에 대한 상황 판단이 이루어지지 않으므로 이를 받아들이지 못하고 매우 혼란스러워한다. 추상적인 표현도 마찬가지이다. 필자는 '넘어가자'라는 말을 잘 사용하곤 했다. 아동이 힘들어하거나 작업의 실패가 강력히 예감되면 잠시 여유를 두자는 의미였다. 한번은 이 말을 들은 자폐 아동이 말 그대로 의자를 넘어가 버린 적이 있다.

인지능력에 비해 개인 신변 처리와 생활기술 능력이 떨어지는 자폐 아동들의 적응적 생활기술 습득은 활동재료를 준비하고, 작업과정에 착수하고, 사후 정리

[그림 5-9] 공간 사용에 제한을 두기 위해 시각적 단서를 제공한 예

를 하는 미술치료 과정을 통해 훈련될 수 있다. 이 경우 자폐 아동에게 복잡하게 말로 지시하는 것보다는 시각적인 자료를 활용하는 것이 좋다. 일례로, 행동중재와 인지학습에서 발전된 TEACCH(Treatment and Education of Autistic and Related Communication Handicapped Children) 프로그램은 시각적 단서기법을 사용하여 미술치료의 물리적 환경과 전략을 전달하는 데에도 유리한 참고사항들이 많다(사사키 마사미, 2019).

새로운 환경을 극도로 불안해하는 자폐 아동과 청소년들은 특히 미술치료 초기에 입실을 거부하거나 부적응적인 행동을 보일 수 있다. 이런 경우 미술치료실에서 무엇을 할 수 있고, 무엇을 하지 못하는지에 대한 명확한 경계를 알 수 있게 돕되 가능한 한 시각적으로 제시해 주면 아동이 환경에 적응하는 것이 좀 더 수월하게 진행된다.

참고

TEACCH는 노스캐롤라이나 대학교의 Eric Schopler가 1971년에 만들었다. 프로그램은 자폐 아동이 건강하고 행복한 삶을 전반적으로 누리기 위해 학교 교육, 청년기 및 성인기에 이르는 전 과정에 필요한 취업과 활동을 지원하도록 다각적으로 구성되어 있다. TEACCH는 물리적 구조화 전략을 중요하게 생각한다. 아동이 각 장소나 상황의 의미를 시각적으로 이해하기 쉽게끔 집 안이나 교육환경에 공간 배치 등을 신경 써서 활용하도록 하고, 구조화된 환경 안에서도 사진, 문자, 실물 삽화 등의 시각적 단서를 사용하여 일정표나 작업카드를 제공한다. 이를 통해 아동은 주어진 시각적 단서에 따라 자신이 어떤 행동을 해야 하는지 알게 되므로 보다 집중적으로 과제를 수행하고, 불안한 감정으로 인한 부적응 행동을 줄이며 적응할 수 있는 자주적인 활동의 영역을 사회적으로 점차 늘려 갈 수 있다.

2) 라벨링하기

라벨을 붙여서 정리해 두면 아동이 스스로 재료를 찾거나 가져오고 정리하기가 수월하다. 기능 수준이 낮은 아동일수록 분류 개념을 도울 수 있는 표시(라벨이나 그림문자)를 붙여 두는 것이 도움이 된다. 특별히 아동이 만지면 안 되는 재료들이나 치료사의 허락이 필요한 물건들은 보이지 않는 서랍에 보관하는 것이 좋다.

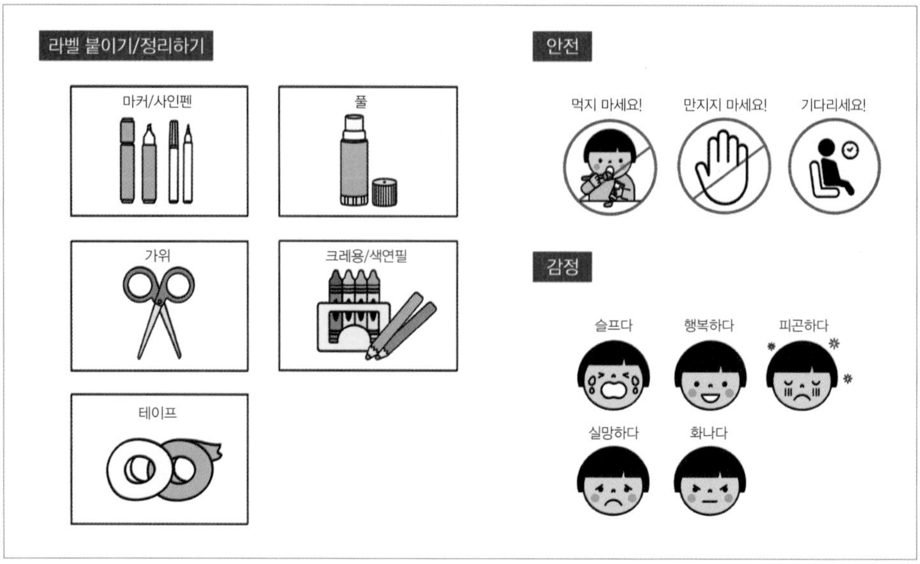

[그림 5-10] 아동이 이해하기 쉽게 시각적으로 제시하는 라벨

3) 작업수행카드

작업수행카드는 주어진 시간 동안 무엇을 할 수 있는지를 간단히 보여 줄 수 있다. 말로만 듣고 전체 작업을 이해하는 것은 아동에게 힘든 것일 수 있다. 단계별 그림으로 제시하면 아동이 이해하기도 훨씬 더 수월하다. 이때 단계는 간단할수록 좋다.

4) 지시카드

지시카드는 미술작업을 하는 중간에 치료사에게 보여 줄 수 있는 카드이다. 활동이 어려워 중단을 하고 싶을 때 사용할 수도 있고, 안전상의 문제로 지금 활동을 중단할 필요가 있을 때 치료사가 사용하기도 한다.

5) 아동과 함께 미술관 관람하기

필자가 근무하던 첫 직장 주변에는 도보로 10분 거리에 미술관이 있었다. 처음에는 내담자가 오지 않는 시간마다 기분전환 삼아 혼자 관람했는데, 어느새 일상의 낙이 되었고 장애 아동들을 치료하면서 느꼈던 힘든 부분들도 치유된다는 것을 느꼈다. 미술관이라는 곳은 매우 오묘하다. 어떤 그림은 마음에 위안을 주기도 하고, 어떤 그림은 자극이 되기도 한다. 작가들의 기발하고 기묘한 상상력은 미술치료 활동에도 많은 격려가 되었다.

자폐 아동과 청소년은 시각적 자료에 상대적으로 예민하기 때문에 직접적인 매체의 접촉과 시각적인 감상의 기쁨을 제공하는 것도 의미가 있다고 생각한다. 미술작품을 많이 접하거나 마음에 맞는 작품을 지속적으로 감상해 본 사람이라면 느낄 수 있겠지만, 그것을 통해 창조하는 것만큼의 만족감과 즐거움을 얻을 수 있다.

미술관에 장애 아동과 함께 가는 것은 물론 굉장한 도전일 수 있다. 하지만 오늘날의 미술관은 가족을 위한 전시도 많아지고, 특별히 아이들을 배려한 전시도 다양해졌다. 미술치료사와 함께 하지 않더라도 자폐 아동과 청소년들을 돌보는 가족들에게 추천하는 것도 좋겠다. 아이와 미술관을 가기 전에 다음을 참고해 보자.

- 아동이 안정감을 느끼는 친숙한 장소로 만든 뒤 단계적으로 시도해 보는 것이 좋다.
- 가능하면 사람이 적은 장소, 적은 시간을 이용한다.
- 미술관 홈페이지에 올라온 지도나 관람객용 가이드를 미리 숙지하여 당황하지 않도록 한다.
- 화장실 위치를 파악해야 한다.
- 처음 방문에 모든 작품을 오랜 시간 보려고 하지 말고, 단계적으로 시도해야 한다.
- 미술관 규칙을 미리 반복 학습해 둔다(예: 뛰지 않기, 소리 지르지 않기, 작품 만지지 않기).
- 작품을 감상한 뒤 기념품 엽서를 활용해 본다.

3. 마무리

미술치료는 자폐 아동을 성장시키고 그들에게 즐겁고 의미 있는 삶의 경험을 제공할 수 있다는 점에서 의심의 여지가 없다. 치료 과정에서는 예측 가능한 어려움 외에도 몇 가지 돌발적인 상황이 있을 수도 있고, 다소 과격한 상황과 고비가 있어서 진땀을 뺄 수도 있다. 하지만 이를 잘 넘기다 보면 미술치료사의 작업은 어느새 직업적 소명감을 발휘한 헌신으로 바뀌어 간다는 것을 경험하게 될 것이다. 미술치료사들이 만나는 자폐 아동과 청소년이 각각 소중한 존재이며, 그들과 작업하는 과정 또한 엉뚱하고 유쾌한 경험의 연속이다. 우리가 그들에게 의미 있는 삶의 경험을 제공하기 위해 애를 쓴 것만큼이나 그들 역시 우리에게 의미 있는 삶의 기억을 제공해 준다.

참고문헌

사사키 마사미(2019). TEACCH, 지금 행복하고 건강하게 자폐와 더불어 사는 법(自閉症児のためのTEACCHハンドブック). (이윤정 역). 서울: 마고북스. (원저 1982년에 출간).

6장

주의력결핍 과잉행동장애의 미술치료

산만한 마음의 중심을 잡아 보아요

박윤미

1. 주의력결핍 과잉행동장애의 소개

매우 산만하고 부주의한 행동을 나타낼 뿐만 아니라 자신의 행동을 적절히 통제하지 못하고 충동적인 과잉행동을 나타내는 경우를 주의력결핍 과잉행동장애(이하 ADHD)라고 한다. ADHD는 정신건강의학과에 의뢰되는 소아 · 청소년 중 30~50%에서 진단되는 장애로, 일부는 성인기까지 증상이 지속되어 적절한 조기 개입이 필요하다.

핵심 증상은 부주의, 과잉행동, 충동성이다. ADHD 아동은 재미없이 반복되는 활동을 할 때 쉽게 지루해하며 다른 사람의 말을 경청하지 않는 태도를 보인다. 따라서 과제나 일상적인 활동을 체계화하는 데 어려움이 있으며 임무를 수행하지 못하는 등의 부주의한 태도를 보인다. 또한 끊임없이 활동하거나 수다스럽게 말하는 등 생각과 감정, 행동 모두에서 과잉적이며 순간적 · 즉각적 보상 욕구나 만족을 지연시키거나 장기적 결과를 고려하지 못하고 충동성을 보인다.

이 장애를 지닌 아동은 같은 또래의 아동에 비해 현저하게 부산하며 안절부절못하고 과잉 · 충동적인 행동을 나타내기 때문에 가정이나 학교생활 적응에도 어려움을 겪는다. 또한 부주의하고 과잉 · 충동적인 행동은 성적이나 관계를 악화되게 하는 등 부정적 피드백을 증가시키는데, 이 과정에서 비행 등의 외현화 문제행동이나 우울감 등의 내현화 문제행동으로 발전되기도 한다.

2. ADHD와 미술치료

ADHD 아동을 위한 치료적 접근으로는 약물치료, 인지행동치료, 아동교육, 부모상담 및 놀이치료, 미술치료 등의 심리치료적 중재가 있다. 현재 ADHD 치료제 중 효과가 가장 좋은 것으로 알려진 약물은 메틸페니데이트(methylphenidate: MPH)와 암페타민(amphetamine)이 대표적이고, 비정신자극제 중에는 아토목세틴(atomoxetine)과 클로니딘(clonidine)이 사용 가능한 약물이다. 그러나 불면, 식욕부진, 성장지체 등의 부작용으로 약물치료에 대한 거부감이 심하거나 틱장애나 심장병, 자폐증이 있어 약물치료가 적합하지 않은 경우에는 약물 사용에 주의를 요하며, 약물치료 시에는 환자와 보호자에게 약물의 효과와 한계, 부작용에 대한 정보를 충분히 제공해야 한다. 또한 약물은 단기적 치료에는 도움이 되나 장기적 치료에는 약물치료와 더불어 다양한 중재 프로그램을 병행하는 것이 필요하다(Barkley, 1990).

ADHD의 치료 접근으로서 미술치료는 주로 ADHD 아동의 일차적인 문제행동 감소를 위한 중재로 이루어진 인지행동적 접근에 비해 아동의 인지 및 정서 영역 모두에 자극을 줄 수 있는 효과적 방법이다. 다양한 매체를 쉽고 재미있게 활용하도록 하여 ADHD 아동의 흥미를 유발하고 목표지향성을 갖게 하며, 다양한 매체 및 표현 기법을 통해 오감을 자극하여 집중력을 유도할 수 있다. 또한 생활 주변에 있는 것들을 자세히 관찰하고 직접 자신의 미술작품으로 표현함으로써 주의력 향상과 과잉행동 교정에 도움을 줄 수 있고, 미술활동을 통해 내면의 욕구불만을 해소하여 충동성을 억제시킬 수 있다. 아울러 집단 작업을 통해 또래관계 안에서 자연스럽게 자기를 표현하고 타인과의 의사소통, 상호작용 등을 경험하게 함으로써 대인관계에서의 긍정적 변화를 기대할 수 있다.

이 장에서는 앞서 제시한 바와 같이 ADHD의 발병률이 성인기보다 아동 · 청소년기에 더 높고 치료를 위한 전문적인 도움을 요청하는 경우도 많기 때문에, 특히 아동과 청소년을 위주로 한 미술치료적 접근을 제시하고자 한다. 다만 이 장에 제시한 접근들은 상당 부분 성인에게도 유사하게 적용될 수 있을 것이다.

3. ADHD 아동 · 청소년을 위한 미술치료의 목표와 과정

ADHD 아동 · 청소년을 위한 미술치료 개입을 위해 다음과 같은 목표와 실행 과정을 가정해 볼 수 있다.

1) 장기 목표

- 오랜 시간 동안 꾸준하게 관심과 집중을 유지한다.
- 과제에 임하는 행동의 빈도 및 수행 시간을 증가시킨다.
- 부주의와 충동성을 감소시킨다.
- 긍정적인 사회적 기술을 향상시킨다.
- 자신감을 증진시킨다.
- 부모는 일관되고 지속적인 한계를 설정하고 자녀와의 관계의 경계를 적절히 유지한다.

2) 치료 과정

(1) 치료 초기

- 목표: 치료적 친밀감 쌓기/자신의 정서, 사고, 행동을 인식하고 치료 동기 형성하기/부정적 정서를 표출하고 해소하기/부모의 양육 방식 및 양육 스트레스 수준 점검하기
  - 내담자가 자신의 정서, 사고, 행동을 편하게 드러내고 공유할 수 있도록 내담자와의 신뢰를 쌓는다.
  - 자신의 정서, 사고, 행동에 대해 인식하고 긍정적 변화를 위한 동기를 형성

한다.
–우울과 불안, 자신감 결여, 대인관계에서의 갈등 등 부정적 정서를 표출하고 해소한다.
–부모는 자신의 양육 방식 및 양육 스트레스의 종류와 수준을 점검한다.

치료실에 들어온 ADHD 아동은 흔히 가만히 앉아 있지 못하고 끊임없이 움직이며 미술활동에 집중하지 못하고 산만하다. 한 가지 활동에서 다른 활동으로의 전환이 단시간 내에 쉽게 이루어지는 것이 특징이며, 충동적이어서 미술활동 중에도 원하는 것이 빨리 이루어지지 않으면 짜증을 많이 낸다. 지나치게 말이 많거나 질문이 끝나기 전에 대답을 하기도 하고, 집단 미술치료 시에는 차례를 못 기다리고 다른 아동의 활동을 방해하기도 한다. 산만하고 과잉행동적인 아동을 위한 미술치료는 어떻게 접근해야 할까?

우선 아동이 치료 과정에서 내면의 어려움을 충분히 풀어낼 수 있도록 아동과 친밀감을 형성한다. 특히 아동 스스로가 치료 동기를 발견하고 자발적으로 치료 작업에 참여하게 하기 위해서는 아동이 치료실을 편안한 공간으로 인식하게 하고, 아동과 치료사가 강한 신뢰관계를 형성하는 것이 필수적이다. 이러한 일환으로 아동이 충분히 자유롭게 행동할 수 있는 치료실 공간을 확보하고 아동의 조심성을 요구하는 구조나 배치는 피하도록 한다.

또한 초기에는 정적이고 행동을 조절하게 하는 매체나 활동보다는 신체적 에너지를 발산하는 활동이 좋다. 매체는 기본적으로 아동의 선호도를 고려해 준비하되, 물감, 점토 등을 활용해 액션페인팅을 하거나 점토를 치고 두드리거나 신문지를 찢는 등의 활동이 적합한 방법이 될 수 있다.

작업 시 치료사는 아동 내면의 갈등, 분노, 욕구 등 억눌린 부정적 감정과 문제행동이 치료 과정에서 적극적으로 표출될 수 있도록 수용, 공감, 지지 등을 통해 충분한 보살핌을 제공해야 하며, 아동의 에너지 강도, 활동의 반복성 등을 주의 깊게 관찰하여 아동 이해에 노력을 기울여야 한다. 또한 아동이 자신의 정서, 사고, 행동에 대한 문제 상황을 인식하도록 돕고, 자신의 문제가 ADHD의 증상으로 인한 것임을 인식하게 하여 죄책감에서 벗어나게 격려해야 한다. 아울러 치료를 위해서는 아동 스스로의 역할이 필요함을 이해시켜 아동이 행동을 조절하고 변화시키려는 치료

동기를 형성할 수 있도록 한다.

한편, 미술치료의 초기 개입에 있어 부모상담을 병행해 아동의 부적응적 행동이 의도적인 행동이 아닌 ADHD의 증상임을 부모에게 이해시키는 과정과 부모의 양육 방식 및 양육 스트레스 수준을 점검하는 과정도 매우 중요하다. 부모가 자신의 양육 방식 및 양육 스트레스 수준을 인식하고 개선을 위한 동기를 형성하며, 아동의 문제행동 개선에 적합한 현실적이고 실현 가능한 목표를 설정할 수 있도록 도와야 한다.

(2) 치료 중기 이후

- 목표: 정서, 사고, 행동 조절하기/또래관계 기술 형성하기/긍정적 자기상 형성하기/부모의 긍정적 양육태도 형성하기
  - 분노폭발, 행동화, 공격적인 행동의 빈도와 정도를 감소시킨다.
  - 집단 미술치료를 통한 또래관계의 경험 속에서 상호작용, 의사소통 능력 등 사회적 기술을 습득한다.
  - 자신감을 증진시켜 긍정적 자기상을 형성한다.
  - 부모는 아동의 행동문제를 관리하고 대응하는 방법을 습득한다.

치료사와 라포가 형성되고 아동의 내적 갈등이나 어려움이 해소되면 아동은 정서적 안정감을 가지게 되고 과잉행동이 점차 줄어든다. 이때부터는 자기조절 능력을 강화하고 유지하는 것에 도움을 주는 좀 더 구조화된 매체와 주제로의 개입이 필요하다. 이러한 일환으로 치료 초기에 관찰되었던 분노, 갈등, 위축감 등 아동의 심리적 어려움과 직접적으로 관련된 주제를 다루어 볼 수 있고, 이와 함께 자기검토, 자기지시, 멈추고 생각하기, 게임기법 등을 적용한 미술작업을 부여하거나 긍정적 모델링을 제공할 수 있다. 이 과정을 통해 분노 조절이나 제한하기, 수용하기 등의 영역에서의 아동의 조절 능력을 중재하며, 긍정적인 행동 형성을 도울 수 있다. 이때 치료사의 일관성 있는 지지와 격려는 아동이 새로운 행동 형성을 지속적으로 유지하는 데 매우 중요하다.

또한 ADHD 아동들도 흥미를 느끼거나 동기가 유발이 되었을 때는 주의를 집중하고 유지할 수 있으므로 좋아하는 것에 대한 집중력을 증진시키는 전략을 통해 아

동의 선택적 주의를 모으고 주의력과 작업 기억을 강화할 수 있다. 아동이 선호하는 미술매체와 주제, 기법으로 접근하되 작업과정에서 아동이 성취감과 자신감을 경험할 수 있도록 한다.

치료가 중반기 이후에 접어들면 이어 그리기, 협동화 등을 이용한 집단 미술치료 작업도 좋다. 집단 작업을 통해 또래관계 안에서 개별 치료에서 다루었던 내용을 실제로 연습하며 상호작용 및 의사소통 등의 사회적 기술을 습득할 수 있다. 또한 부모상담을 통해 부모가 ADHD 아동의 행동에 대한 올바른 해석능력과 대처방법을 습득하게 하는 것이 중요하다. 부모는 아동의 긍정적 행동을 강화하고 부정적 행동을 줄이기 위해 규칙 수립하기, 격려 사용하기, 주의 깊은 경청을 가르치기, 좋은 지시하기, 무시하기와 선택적 주의집중 전략 사용하기 등의 행동중재 기술을 사용할 수 있다.

4. ADHD 아동·청소년을 위한 미술치료 기법

1) 흥미 유발, 주의집중력 향상, 자신감 증진을 위한 접근

ADHD 아동의 경우 과제에 집중하는 시간의 길이가 짧고, 자극에 선택적으로 주의집중을 하기가 어려우며, 주의집중 범위가 매우 한정되어 있다. 미술치료는 다양한 매체를 쉽고 재미있게 활용하게 하여 아동의 흥미 유발을 통해 목표지향성을 갖는 데 도움을 주며, 오감 자극을 통해 집중력 향상에 도움을 준다. 또한 조형 활동은 사고의 활성화를 자연스럽게 유도하여 행동을 억제하고 적절한 반응을 유지하는 기능을 담당하는 전두엽을 효과적으로 자극할 수 있다.

(1) 데칼코마니

아트지 등 비흡수성 소재의 화지를 반으로 접고 펼친 후에 한쪽 면에만 물감을 칠하거나 뿌린다. 다시 종이를 덮고 위에서 누르거나 문지른 다음 펼치면 물감이 반대쪽에도 묻으면서 대칭적인 무늬가 나타나는 우연의 효과를 경험할 수 있다(그림 6-1 참조). 또는 물감을 묻힌 실이나 끈을 원하는 모양으로 종이 위에 올리고 접은

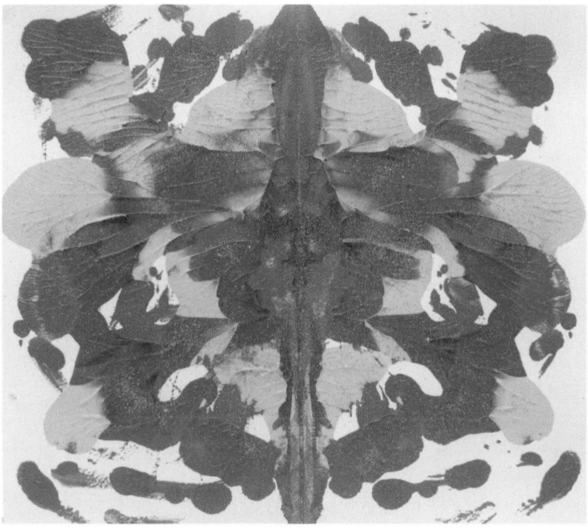

[그림 6-1] Tiger Flower(색지에 아크릴과 반짝이, 데칼코마니, 27.3×29.8cm)

후에 치료사가 접은 종이를 누르고 아동이 실의 한쪽 끝을 잡아당겨 작업할 수도 있고(그림 6-2 참조), 치료사의 면밀한 보호 아래 크레용을 두껍게 칠하거나 가루 내어 종이에 뿌리고 다리미로 열을 가해 작업할 수도 있다.

별다른 기술 없이도 단시간 내 다채롭고 화려한 문양이 나타나 집중하지 못하고 산만한 ADHD 아동의 관심과 주의집중을 유도할 수 있다. 또한 작업과정을 통해 색

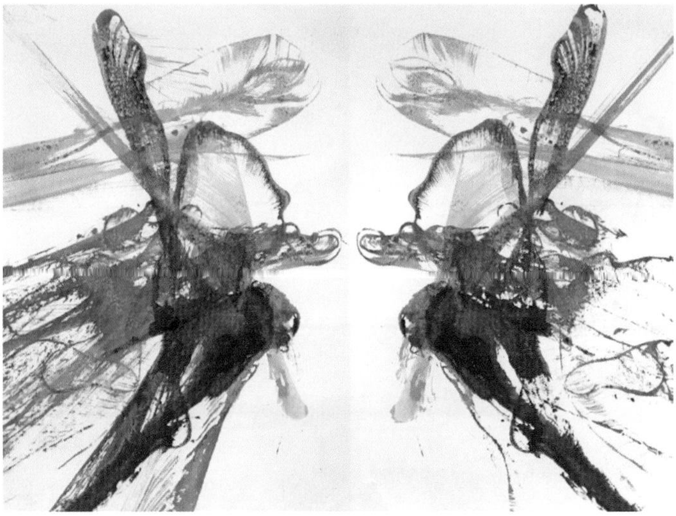

[그림 6-2] 피어오르다(켄트지에 아크릴, 실을 이용한 데칼코마니, 23.4×31.8cm)

의 변화를 경험하며 시지각을 자극하고 소근육의 협응도 도울 수 있다. 아울러 추상적 이미지의 작품을 함께 감상하고 연상반응을 주고받으며 아동의 숨겨진 욕구와 감정을 관찰할 수 있다.

한편, 미술작업에 도무지 관심을 보이지 않는 아이라면 좌우가 대칭된 형태의 캐릭터나 작가의 작품 도안을 활용해 접근해 보자. 치료사는 아동의 관심을 끌 수 있는 몇 가지 도안을 준비하고 아동이 작업할 이미지를 선택할 수 있도록 한다. 도안을 선택한 이유가 무엇인지, 어떤 점이 마음에 들었는지, 어떤 점이 재밌는지 등을 함께 나누며 치료사와 함께 하고 있는 활동에 집중할 수 있도록 유도한다. 아동의 흥미가 고조되면 아동과 치료사가 도안을 절반씩 잘라 나눠 가진 후 원하는 매체를 활용해 컬러링하거나 스티커나 폼폼이, 스팽글, 구슬 등의 콜라주 매체로 도안을 꾸미고, 다시 각자가 완성한 작품을 합쳐 하나의 작품으로 최종 완성한다. 작업과정을 통해 주변의 경쟁 자극을 물리치고 적절한 자극에 반응하는 선택적 주의력(selective attention)을 증진시킬 수 있고 아동과 치료사의 친밀감도 더할 수 있다.

(2) 아크릴 물감으로 생크림 케이크 만들기

흰색 아크릴 물감을 툭툭 발라 생크림을 만들고 형형색색 비즈나 오일파스텔 가루를 토핑으로 올려 먹음직스러운 생크림 케이크를 만들어 보자. 주제 자체만으로

[그림 6-3] 당근을 발견한 토끼

도 아동의 흥미를 유도할 수 있고, 간단한 작업으로 단시간 내에 완성도 높은 작품을 만들 수 있어 ADHD 아동의 성취감을 증진시킬 수 있다. 또한 생크림의 양을 조절하며 원하는 모양의 케이크를 만드는 작업은 주의집중력 및 자기조절감의 증진에 효과적이다.

작품의 풍부한 표현을 위해 아크릴 물감과 다양한 색상 및 모양의 토핑 재료는 넉넉하게 준비해야 한다. 목공용 풀에 아크릴 물감을 섞으면 더욱 먹음직스러운 생크림을 만들 수 있고, 생크림은 종잇조각을 구기거나 접은 후에 아크릴 물감을 찍어 발라 표현할 수 있다. 또한 여러 색상의 아크릴 물감을 밑그림 케이크에 바른 후 종이로 긁어내면 다양한 색상의 섞임을 관찰하며 기분의 환기를 느낄 수 있다.

단, 작업 시 몇 가지 주의점이 있다. 작업과정에 방해가 되는 외부 자극들을 미리 제거하고, 활동과정은 주의집중해야 하는 정보의 양 또는 시간을 조절하여 작은 단위로 나누어 제시하도록 한다. 또한 아동이 다루기 쉽고 흥미를 느끼는 매체와 활동을 시작으로 점차 난이도를 증가시키는 과제로 이끌도록 한다. 미술활동에 주의를 기울일 때 보상을 하는 접근도 좋다.

[그림 6-4] 촉촉 달콤 딸기 생크림 케이크

2) 부정적 정서 표출 및 해소를 위한 접근

ADHD 아동은 분노나 공격성 등 자신의 부정적 감정을 적절히 통제하지 못하고 욕을 하고 때리거나 물건을 던지는 등의 부적절한 행동을 보인다. 이때 미술작업은 적응적인 에너지 표출을 도울 수 있다. 미술이라는 창의적 활동을 통해 억압된 에너지를 분출하며 긍정적 에너지로의 순환을 도울 수 있고 그 과정에서 자아의 힘을 경험하고 조절력을 증진시킬 수 있다.

이때 너무 정적인 활동은 ADHD 아동에게 부담감을 주어 집중을 오히려 방해할 수 있다. 반대로 활동량이 많은 작업은 통제의 어려움은 있지만 과잉행동, 충동성이 강한 아동들의 부정적 감정을 표출하고 해소하는 작업으로 효과적이다.

(1) 액션페인팅

전지 크기 이상의 화지 또는 비닐을 바닥에 펼치거나 벽에 여러 장 붙인 후, 분무기에 물감을 넣거나 붓에 물감을 묻혀 화지를 향해 힘껏 뿌려 보자.

액션페인팅(action painting)은 신체자극과 지각에 집중하게 하며, 창조적 에너지

[그림 6-5] 액션페인팅 작업 장면

의 발산을 통해 생체 에너지를 변화시켜 집중력이 떨어지는 아동들도 활동과정에 몰입할 수 있게 한다. 또한 집단으로 진행하면 집단원들과의 자연스러운 상호작용도 경험할 수 있다.

액션페인팅 작업의 매체로는 수채화 물감, 아크릴 물감 등을 사용할 수 있다. 특히 아크릴 물감은 수채화 물감에 비해 통제감이 있는 매체로, 산만하고 과잉행동적인 아동에게 매체에 대한 통제력을 가지게 한다. 뚜렷한 색감과 다양한 질감 표현으로 작품의 완성도를 높일 수 있어 아동의 자신감과 자기효능감 향상에 좋으며, 물의 양이나 채색 횟수를 조절하면서 투명성이 있는 그림을 그릴 수도 있고 뚜렷한 그림도 그릴 수도 있어 아동이 자기조절감을 경험하기에도 용이한 매체이다.

단, 아크릴 물감은 아크릴 수지의 특유한 냄새가 나므로 창을 열어 환기시키며 작

[그림 6-6] 액션페인팅 협동작품

업하는 과정이 필요하다. 또한 드리핑(dripping) 작업을 하면 물감이 옷에 튀거나 묻을 수 있기 때문에 앞치마나 팔토시를 준비하도록 한다.

(2) 신문지를 재료로 작업하기

신문지는 일상생활에서 구하기 쉬운 재료로 아동의 힘으로도 자유자재로 변형시킬 수 있을 만큼 가볍고 재질이 부드럽기 때문에 찢고, 구기고, 날리고, 던지는 등의 다양한 방법으로 작업할 수 있다. 신문지를 손으로 쭉쭉 찢고 찢은 신문지를 공중에 날리거나 신문지를 뭉쳐 공으로 만들고 발로 차며 충분히 놀이해 보자. 조금 더 성숙한 학령 후기나 청소년기 내담자는 버리고 싶은 고민이나 상처, 분노를 떠올리며 신문지를 찢고 던져 보자. 활동이 끝나면 활동 시 느낀 점, 찢고 던져 쌓인 신문지를 보며 느낀 점 등을 생각하고 나누는 언어적 표출 과정도 경험하도록 한다. 이러한 작업은 활동 자체가 재미있기 때문에 ADHD 아동이나 청소년의 흥미를 유도하여 집중을 유지할 수 있고, 또래나 관계에서 거절당했던 경험 등에서 갖는 스트레스나 분노 등 자신의 부정적 감정을 표출하고 해소할 수 있게 한다.

신문지 매체를 적용한 또 다른 개입으로, 치료사가 판판하게 신문지를 펴들고 아동이 손이나 발 등으로 격파하는 활동을 통해 아동 스스로 '나는 힘이 세졌고 이만큼 성장했다'는 것을 경험하게 하여 아동의 자신감을 증진할 수 있다. 또한 신문지를 펼쳐 놓고 점점 작게 접어 가며 펼쳐진 신문지 위에 서서 오래 버티는 게임을 진행해 자기조절 중재를 경험하게 할 수 있다. 또는 엄마, 아빠와 함께 신문지 옷을 만들고 입은 후, 역할놀이를 하면서 긍정적 애착형성을 위한 작업으로도 접근이 가능하다.

3) 정서 및 행동 조절을 위한 접근

ADHD 아동은 정서 조절 부족으로 부정적 기분이나 감정을 적절하게 표현하거나 통제하지 못해 큰 소리 지르기, 욕하거나 말대꾸하기, 비언어적 형태로 위협하기, 자리 이탈하기 등의 문제행동이 발현되기도 한다. 이로 인해 늘 긴장된 관계경험을 하게 되며 좌절감, 우울감 등 부정적 정서가 강화되는 악순환이 지속된다. 따라서 ADHD 아동이 자신의 부정적 정서를 최소화하고 긍정적·부정적 정서를 상황에 맞게 조절하고 표현하며 자신의 에너지를 건설적이고 목적 있는 활동으로 전환할 수 있도록 돕는 치료적 개입이 필요하다.

(1) 감정 그리기와 스티커게임

아동이 한 주 동안 경험했던 것을 이야기하거나 가정이나 학교생활 등이 그려진 카드를 제시한 후 각 상황에서 떠오르는 감정을 그리게 한다. 아동이 감정을 떠올릴 수 없으면 치료사가 떠올릴 수 있을 만한 감정을 그려 준다. 그림이 완성되면 아동은 그림 위에 자신이 실제 느낀 감정의 강도만큼 스티커를 붙인다.

이번에는 반대로 아동이 치료사에게 특정 상황을 제시하고, 치료사는 해당 상황에서 느낄 수 있는 적절한 감정을 그리고 적당한 양의 스티커를 붙인다. 이와 같은 작업을 통해 아동은 충분히 알지 못했던 자신의 감정을 인식하고 수용할 수 있으며, 적절한 정서 수준에 대해 인식하며 조절할 수 있다.

[그림 6-7] 짜증나고 불쾌함

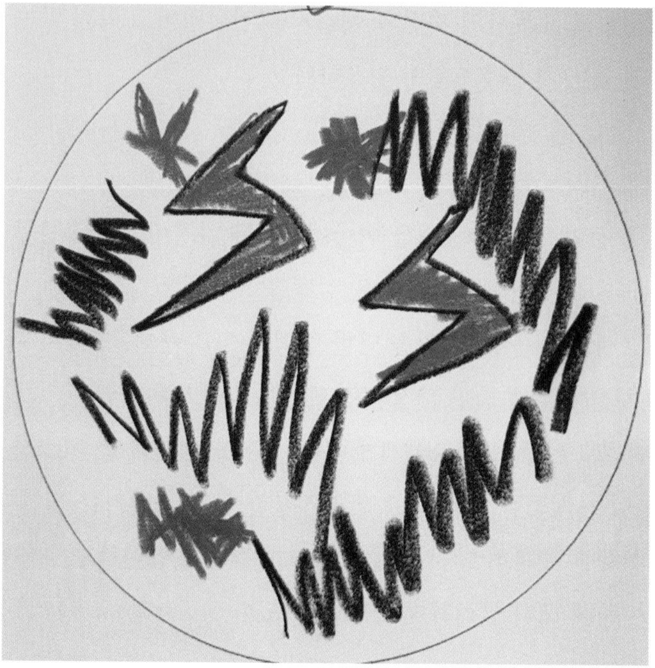

[그림 6-8] 분하고 화남

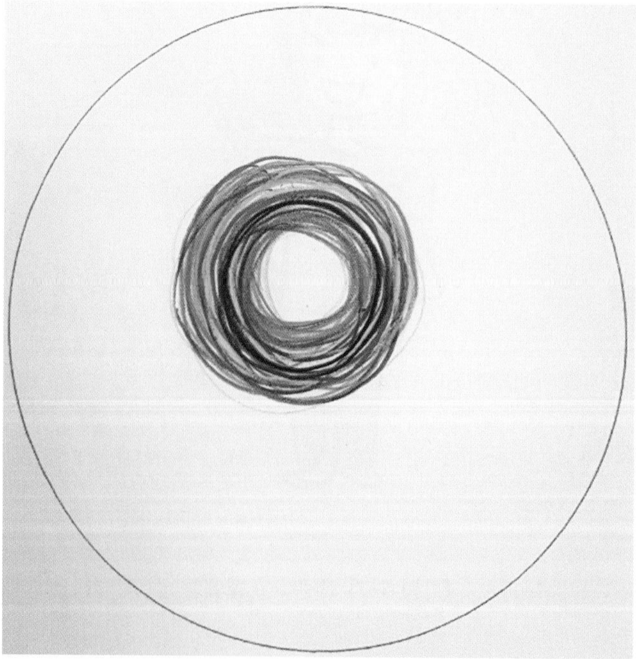

[그림 6-9] 외롭고 혼란스러움

4) 사회적 기술 증진을 위한 접근

ADHD 아동은 과잉행동 및 충동성과 같은 증상으로 집이나 학교, 또래관계 등 다양한 장면에서 대화 중 불쑥 끼어들어 말의 흐름을 끊거나 눈치 없이 질문하고 과도하게 말하는 등의 특성을 보인다. 또한 부주의 증상으로 상대방의 말을 잘 듣지 않거나 이해 속도가 느리고 지시를 잘 따르지 못하는 등의 패턴을 보인다. 이러한 일련의 증상은 품행문제나 학교 부적응 또는 또래 갈등 및 거부 등의 이차적 행동문제를 경험하게 한다. 따라서 ADHD 아동이 사회적 상황을 보다 잘 해결하기 위한 사회적 단서를 확인하는 연습이 필요하고, 친사회적 상호작용을 위한 유용한 전략을 배울 수 있는 연습의 기회가 제공되어야 한다.

말은 논리적이고 분석적이어서 언어적 표현이 미숙한 아동의 좌절감을 가중시킬 수 있으나 비언어적 심상을 매개로 한 미술활동은 아동 내면의 욕구를 편안하게 드러내게 한다. 미술활동을 통해 부적절한 행동 패턴의 원인이 되는 무의식과 갈등을 드러내도록 하여 사회적 환경 안에서 문제행동을 자연스럽게 표출하도록 한다. 또한 집단 미술치료를 적용하여 또래 간 의사소통 및 상호작용을 안전한 환경에서 경험하게 하여 사회적 기술을 증진할 수 있도록 한다.

(1) 팀별 비언어적 공동화/언어적 공동화

① 비언어적 공동화

❶ 언어적 · 비언어적 의사소통을 제한한 상태에서 한 가지 색상의 크레파스를 각자 선택한 후 한 장의 화지 위에 순서대로 그림을 돌려가며 그린다.

❷ 그림을 완성한 후 집단원이 함께 상의하여 제목을 정한다.

❸ 작업과정에서 느낀 점과 작품을 감상하며 떠오르는 생각과 감정 등을 나눈다.

② 언어적 공동화

❶ 언어적 · 비언어적 의사소통을 허용한 상태에서 한 가지 색상의 크레파스를 각자 선택한 후 한 장의 화지 위에 순서대로 그림을 돌려가며 그린다.

❷ 그림을 완성한 후 집단원이 함께 상의하여 제목을 정한다.

❸ 작업과정에서 느낀 점과 작품을 감상하며 떠오르는 생각과 감정 등을 나눈다.

그림을 그려 나가는 과정에서 아동의 비언어적 · 언어적 행동 특성이 드러나고, 집단원 간의 동맹과 권력 통제를 알 수 있다. 또한 자신이 선택한 한 가지 색상의 크레파스를 사용하여 작업했기 때문에 참여 정도를 관찰할 수 있어 1~2회의 중재를 통해서도 아동의 사회적 행동 특성을 이해하는 데 효과적이다. 아울러 집단 작업을 통해 사회적 상호작용을 경험하며 아동의 산만한 행동을 감소시킬 수 있으며, 긍정적 관계경험을 유도하여 주의 깊게 듣기, 칭찬하기, 양보하고 배려하기 등 아동의 사회적 기술을 증진시킬 수 있다.

작업과정에서 치료사는 아동이 그림을 충분히 그릴 기회를 가질 수 있도록 아동 및 집단의 특성에 적절한 시간을 제시하고, 작업과정에서 옆 사람을 방해하거나 자기주장만 하는 경우에는 바람직한 모델을 제공하도록 한다. 또한 그림을 그린 후에는 누가 처음 그림을 그리기 시작했으며, 구성원들은 어떤 순서로 참가했는지, 어떤 구성원의 제안이 채택되었고 무시되었는지, 각 구성원의 개입 정도는 어떠했는지, 각자의 작업 위치는 어떠했는지(중앙, 끝, 구석), 작업 형태는 협동적이었는지 혹은 개별적이거나 비협조적이었는지 등에 관해 집단원 각자가 느낀 것을 함께 나누도록 한다. 이 과정에서 아동이 자신과 집단원 간의 언어적 · 비언어적 의사소통 유형 및 상호작용 형태를 통찰할 수 있도록 접근해 나갈 수 있다.

참고문헌

Barkley, R. A. (1990). Attention-deficit hyperactivity disorder: History, definition, and diagnosis. In M. Lewis & S. M. Miller (Eds.), *Handbook of Developmental Psychopathology*. New York: Plenum Press.

조현병 스펙트럼 및 기타 정신병적 장애

Schizophrenia Spectrum and Other Psychotic Disorders

Mental Disorders and Art Therapy Written by 11 Art Therapists

조현병 스펙트럼 및 기타 정신병적 장애

Schizophrenia Spectrum and Other Psychotic Disorders

조현병 스펙트럼 및 기타 정신병적 장애의 종류

조현병Schizophrenia*	망상, 환각, 와해된 언어, 둔화된 정서, 긴장증 등의 정신병적 증상을 보인다.	6개월 이상
조현정동장애 Schizoaffective Disorder	조현병+기분장애(우울증 또는 조증)의 증상을 보인다.	6개월 이상
조현양상장애 Schizophreniform Disorder	조현병과 동일한 임상적 증상을 보이며, 다만 장애의 지속기간에서 차이를 보인다.	1개월 이상, 6개월 이하
단기 정신병적 장애 Brief Psychotic Disorder	조현병과 임상증상은 유사한데, 증상기간이 1개월 이내인 경우이다.	1일 이상, 1개월 이하
망상장애Delusional Disorder	최소 1개월 이상 지속되는 명백한 망상이 있지만, 정신분열증의 진단기준에는 해당되지 않는 경우이다.	1개월 이상
조현형 성격장애 Schizotypal Personality Disorder**	친밀한 인간관계를 불편해하고 인지적 · 지각적 왜곡과 더불어 기이한 행동을 나타내는 성격장애이다.	청소년기 혹은 초기 성인기 이후 지속됨

* 조현병은 '정신분열증/정신분열병'이라 부르던 병명을 개정한 것으로 2012년 1월부터 사용하는 명칭이다. '조현'은 '현악기의 줄을 고르다'는 뜻이며, '조현병'은 정신의 조율이 잘 이루어지지 않아서 기능에 문제가 생겼다는 의미를 담고 있다.

** 조현형 성격장애는 DSM-5에서 조현병 스펙트럼과 성격장애 범주에 모두 속하며, 성격장애 진단범주에서 자세히 소개된다.

조현병의 진단기준(DSM-5)

A. 다음 중 2개 이상의 증상이 1개월 중 상당기간 동안 존재한다(1, 2, 3 중 하나는 반드시 포함함).

1. 망상
2. 환각
3. 와해된 언어(예: 빈번하게 주제를 벗어나거나, 지리멸렬한 말)
4. 심하게 와해된 행동 또는 긴장성 행동
5. 음성증상(예: 감소된 감정 표현, 무의욕증)

B. 발병 이후 상당기간 동안 주요 생활 영역(직업, 대인관계, 자기관리 등)에서 기능 수준이 이전보다 현저하게 저하된다.
C. 장애의 지속적 징후가 최소 6개월 이상이다.

조현정동장애의 진단기준(DSM-5)

A. 조현병의 연속기간 동안 조현병의 진단기준 A를 충족하면서 동시에 주요 기분 삽화(주요 우울 삽화 또는 조증 삽화)가 있다.
B. 주요 기분 삽화가 없는데 2주 이상의 망상이나 환각을 보인다.

망상장애의 진단기준(DSM-5)

A. 한 가지 이상의 망상이 1개월 이상 지속된다.
B. 조현병의 진단기준 A에 맞지 않는다.
C. 망상의 영향/파생 결과를 제외하면, 현저한 기능 손상이나 뚜렷한 이상 행동은 없다.
D. 조증이나 주요우울 삽화가 일어나더라도, 망상 지속기간에 비해 더 짧다.

7장

조현병의 미술치료

관심의 초점을 바꾸고, 감각경험과 감정경험을 돕는 미술치료

주리애

조현병은 정신장애 중에서 특히 사고와 지각에 왜곡을 보이며 혼란스러운 상태로 일상생활에 적응하지 못하는 모습을 보이는 병이다. 조현병은 현실 검증이 제대로 되지 않는 인지적인 문제가 핵심이지만 기분 문제가 같이 나타나는 경우도 많다.

조현병스펙트럼장애 중에서 미술치료사들이 가장 많이 만나는 환자는 조현병 환자와 조현정동장애 환자이다. 조현정동장애는 기본적으로 조현병인데 우울장애 또는 양극성장애 증상이 같이 있는 것으로 이해할 수 있다. 조현병에서 핵심은 망상, 환각, 언어의 와해, 세 가지 중 하나는 반드시 포함된다는 점이다.

1. 조현병의 미술치료

1) 안전 확보

조현병의 미술치료에서 우선적으로 고려할 사항은 치료사와 환자 모두의 안전문제이다. 치료사는 자신의 신체적 안전과 심리적 안전을 모두 도모할 필요가 있다. 또한 환자가 스스로를 해치거나 실수로 다치지 않도록 해야 한다. 대개 정신건강의학과 환자들의 미술치료에서 뾰족한 도구(칼, 가위)를 사용하지 않는 이유도 그러한 안전상의 이유 때문이다. 준비하는 미술재료나 작업과정에서 안전을 위협할 만한 요소가 없다고 판단되면 그다음은 치료 목표에 대해 고민해야 한다.

2) 치료 목표 설정

치료 목표를 설정하는 핵심 질문은 다음과 같다.

- 미술치료를 통해 어떤 치료적 목적을 달성하기 원하는가?
- 심리적인 안정을 꾀하는가, 아니면 활력을 불어넣기를 원하는가?

치료 목표에 대한 질문을 단순화시킨 것이지만, 중요한 것은 이 양 극단에 대해서 균형을 잡아 나가는 것이다. 음성증상[1)]이 주된 것이라면 조금이라도 움직이도록 하는 것이 직접적인 치료 목표가 될 수 있다. 즉, 환자가 의욕을 보이지 않거나 무기력하게 있을 때 혹은 멍하게 있으면서 초점이 없어 보일 때, 자기만의 세계에 빠져 있으면서 외부와는 차단된 것처럼 보일 때 등이 이 경우에 해당된다. 그때는 미술치료에서 조금 더 움직이고 에너지를 활성화시키는 방안을 생각해 본다. 시각이나 촉각 등의 감각을 활성화시키는 것에서부터 손을 움직이고 몸을 사용하는 것 그리고 더 나아가서 결과물에 관심을 기울이도록 돕는 것까지 모두 음성증상을 줄이고자 하는 직접적인 목표 아래 치료 개입으로 사용된다.

양성증상[2)]이 주된 것이라면 양성증상의 감소와 조절을 위해 현재 경험에 집중하도록 돕고, 과민한 감각과 감정을 진정시키도록 돕는다.

안정과 활성화에서 큰 방향이 설정되었다면 미술치료를 진행하면서 사회기술 훈련을 어떻게 효과적으로 결합할 수 있는지 고민해야 한다. 사회기술 훈련은 조현병

1) 있어야 하는데 없어서 문제가 되는 것들로, 예를 들면 정서적인 둔마, 말이 없는 무언어증, 의욕이 없는 무욕증 등이 있다.
2) 해당 증상이 있기 때문에 문제가 되는 것들로, 예를 들어 환청이나 환촉 등의 환각경험과 망상 등이 있다.

환자 치료에서 중요한 부분이다. 사회기술이 좋아지면 환자의 적응을 향상시킬 수 있으며 병의 재발 방지와 증상 경감에 직간접적으로 영향을 줄 수 있다. 그러므로 감정 표현과 대화 훈련, 인사, 착석, 규칙 지키기 등을 연습하는 것은 그 자체로 미술치료 회기 내에서 치료 목표가 될 수 있다.

2. 조현병 환자에게 미술치료의 치료적 의미

사람들은 종종 '조현병 환자인데 그림을 그린다고 뭐가 좋아지겠는가?'라는 회의적인 질문을 한다. 조현병은 뇌의 문제이고 항정신증 약물치료가 더 중요하지 않은가 하고 말이다. 옳은 지적이다. 그러나 덜 중요한 것을 도움이 되지 않는 것으로 보는 시각은 다소 흑백논리적 과장이 섞여 있다. 약물치료 외의 다른 치료 방법을 낮추어서 바라보는 사람들은 미술치료를 '안 하는 것보다는 나은 치료'이거나 시간을 때우는 방법이라고 생각한다. 이에 대해서는 치료수가 산정과 같은 비용 문제로 전문성을 지닌 미술치료사를 고용하지 못하고 자원봉사에만 의존하는 현실도 한몫했을 것이다.

하지만 과거로 거슬러 올라가도 조현병 환자의 치료에서 미술의 중요성이 언급되었다. 조현병 환자 치료에서 권위자로 알려진 정신건강의학과 의사이자 분석가인 Silvano Arieti(1976)는 미술작업이 본질상 '삼차과정(tertiary process)'이며 일차과정과 이차과정을 창조적으로 통합해 낸다는 점에서 치료적 의미를 지닌다고 역설했다.

오늘날의 관점에서도 조현병 환자의 치료를 위해 약물치료에 더해서 심리적인 치료를 하는 것이 도움이 된다고 본다. 병전 기능이 좋았던 환자라면 더 두드러지게 치료 효과가 있을 것이다. 조현병의 원인을 설명하는 스트레스-취약성 모델에 따르면 발병과 관련해서 상당한 스트레스 사건이 있었고 이를 처리하는 과정에서 과부하가 걸리면서 정신적으로 무너진 부분들이 생겼다고 본다(권석만, 2013). 그러므로 환자의 회복과 적응을 위해서는 심리적인 부분을 강화시키는 작업이 반드시 필요하다. 미술치료는 심리적인 치료 중에서 '미술'을 사용하는 것이다. 미술작업을 하면서 감각적 활성화를 통해 현실 인식의 토대를 마련하고, 눈에 보이는 시각적인

'틀'과 '담아 주는 것'을 통해 심리적으로 안정감을 가지도록 돕는다. 그 외에 부진한 활동량을 증가시키고 사회적 상호작용이 보다 활발해지도록 도울 수 있다.

정리하면, 조현병 치료는 일차적으로 약물치료가 기본이며, 미술치료는 보조 역할을 하는 부가적 치료가 된다. 조현병 환자의 치료는 대체로 초기에는 입원치료가 바람직하다. 그 이후 어느 정도 호전된 다음에는 통원치료를 하면서 심리치료와 사회복귀 훈련을 하면 좋다. 미술치료는 조현병 환자의 자아의 힘을 더 강하게 만들기 위한 심리치료의 일환이며, 여러 가지 사회기술을 훈련하고 정서적인 면을 조절하는 것을 돕는 치료 방법이다.

3. 미술치료의 효과

미술치료는 다음과 같은 이유로 조현병 환자들에게 도움이 된다. 첫째, 관심의 초점을 외부 현실세계로 돌리도록 해 준다. 둘째, 감각경험을 바탕으로 현실과 접촉하게 돕고 활력을 가지도록 한다. 셋째, 감정경험을 촉진시키고 감정 표현의 폭을 넓혀 준다. 넷째, 사람들과의 상호작용을 촉진시켜 주며 대인관계 기술을 향상시킨다.

1) 관심의 초점 변경

조현병 환자들 중에 양성증상을 경험했던 경우(예: 환청을 들었거나 망상에 사로잡혔음), 약물치료로 그러한 증상이 완화되어도 여전히 긴장을 많이 하고 불안이 높은 편이다. 그럴 때 미술에 집중할 수 있다면 그 시간만큼은 관심의 초점이 이동하면서 마음의 불안과 긴장이 누그러질 수 있다. 양성증상은 어떤 활동에 집중할 때 누그러지는 경향이 있다고 알려져 있다. 그 활동이 사회적인 것이든 개인적인 것이든 상관없다. 가만히 앉아 있을 때보다는 무엇인가를 하고 있을 때 양성증상의 경험은 줄어든다.

2) 감각경험

이미 약물치료를 시작한 경우, 조현병 증상은 완화되는데 약물치료의 부작용을 경험할 수 있다. 졸린다든가 무기력해지는 느낌을 받을 수 있다. 그래서 환자들에게 운동을 권하게 되는데, 운동을 싫어하는 경우에는 미술활동이라도 한다면 무기력감 등의 부작용을 줄일 수 있다. 감각경험은 모든 인간 발달의 최초 시작점이다. 우리 자신을 둘러싼 환경을 지각하고 감각하는 것은 외부로부터의 자극 유입을 처리하는 방식이다.

3) 감정경험

조현병 환자의 감정은 무미건조한 경우가 많다. 특히 정서적인 둔마와 같은 음성 증상을 보이는 환자의 경우, 얼굴 표정이나 목소리 톤에서 어떠한 감정도 느껴지지 않곤 한다. 그러나 환자들이 아무 감정도 경험하지 않는 것은 아니다. 오히려 두려움이나 우울, 분노의 감정을 종종 경험하기도 한다. 그러므로 이들의 감정을 보다 세분화시키고 감정의 정화와 순화 작업이 필요한데, 이러한 감정 작업에는 미술만한 것이 없다.

4) 대인관계 연습

미술치료를 통해 사람들과의 상호작용을 촉진하고 대인관계 기능을 연습할 수 있다. 다른 심리치료에 비해 미술치료의 장점은 미술작품이라는 매개체를 두고 대화를 해 나가므로 대화 내용이나 방식에서 조금 더 심리적인 거리를 가지고 대인관계를 연습할 수 있다는 점이다.

4. 조현병의 미술치료 역사

조현병을 치료하는 과정에서 미술치료가 도움이 된다는 연구결과는 계속해서 누적되고 있다. Killick과 Schaverien(1997)은 미술치료가 정신증 환자들의 치료에 아주 밀접하게 관련되어 있다고 언급했다. 이들의 임상적인 보고 사례에서 미술치료를 통해 환자들의 심리적인 안녕이 증진되고 관계를 시작하거나 유지하는 능력이 향상되었다는 점을 확인할 수 있다. Kimport와 Hartzell(2015)는 조현병을 비롯해서 정신증을 보이는 환자들에게 찰흙으로 컵 만드는 방법을 사용해서 미술치료를 실시하고, 이 환자들의 불안이 상당히 경감되었음을 보고했다. Richardson, Jones, Evans, Stevenes와 Rowe(2007)는 90명의 조현병 환자를 대상으로 집단 미술치료의 효과 비교 연구를 실시했다. 집단 미술치료를 실시한 집단과 미술치료를 받지 않고 일반적인 치료만 받은 집단을 비교한 결과, 집단 미술치료 처치집단이 부적 증상 척도에서 유의미한 호전을 보였고 그 외의 다른 부분에서는 차이를 보이지 않았다. Wood(1997)는 『미술, 심리치료 및 정신증(Art, Psychotherapy and Psychosis)』이라는 책에서 특히 조현병 환자들에게 미술치료를 실시한 역사를 소개하면서 개인 미술치료 및 집단 미술치료, 입원 환자 대상 및 외래 환자 대상으로 모두 다양하게 미술치료 접근을 사용할 수 있다고 언급했다. Edwards(2004)는 조현병 환자에게 미술치료가 도움이 되는 가장 큰 이유는 '자아의 경계(ego boundaries)' 문제와 '상징 형성(symbol formation)'을 다룰 수 있기 때문이라 소개했다. 이처럼 미술치료의 효과와 그 의미를 찾고자 하는 노력은 계속해서 결실을 맺으며 지금도 진행 중이다.

5. 조현병 환자와 미술치료를 할 때 고려할 점

1) 미술작업을 좋아하는 환자라면 좀 더 선택권을 부여해 주는 것이 좋다

조현병은 매우 넓은 스펙트럼을 가진 질환이므로 조현병 환자들의 미술에 대한 반응도 개인에 따라 상당히 다를 수 있다. 만약 환자가 미술작업의 방향에 대해 원하는 바가 있다면 되도록 그 요구를 들어주는 것이 좋다. "저는 오늘 이것을 안 하고 다른 것을 하고 싶어요."라는 말은 상징적으로 보면 환자가 자기결정력을 회복하거나 연습해 가는 것이라고 할 수 있다. 만약 입원한 상태에서 미술치료 시간에 그렇게 말한다면, 미술작업에 한해서라도 자신이 주도적으로 어떤 부분을 결정하고자 하는 욕구와 의지를 드러낸 것이다. 그러므로 그러한 선택을 소중하게 대해 줄 필요가 있다.

2) 추상화 작업은 도움이 될까?

대체로 정신증을 보이는 환자들에게 미술작업을 할 때 추상적인 주제는 어렵게 느껴질 수 있다. 보다 구체적인 주제가 더 도움이 된다. 예를 들어, '자신의 느낌을 추상적으로 표현해 보세요'와 같은 주제보다는 '자신의 느낌을 계절로/날씨로 표현해 보세요'와 같이 좀 더 구체적인 대상으로 연결해서 표현하도록 하는 편이 더 좋다.

3) 망상의 문제가 두드러진다면 어떻게 해야 할까?

환자가 그림에 표현한 내용이 망상인 경우 미술치료사는 어떻게 해야 할까? 망상은 자신과 세상에 대한 잘못된 믿음인데, 반대 증거가 있더라도 그 믿음이 지속되는 특징이 있다. 조현병 환자가 피해망상을 가진 경우라면 아무리 다른 증거가 있더라도 '다른 사람이 나를 감시하고 있어' '다른 사람이 나에게 피해를 주고 있어'와 같은 믿음을 굳건히 가진다. 혹은 관계망상을 보이는 경우도 있다. 관계망상은 실제로는 관계가 없는데 관계가 있다고 생각하는 것이다. 그 외에 유명한 사람과 사랑하는 관계라고 믿는 망상(애정망상), 자신의 몸에 심각한 질병이나 증상이 있다는 망상(신체망상)도 있다.

망상은 해결해야 할 양성증상이지만 논박하는 것으로는 해결하기가 어렵다. 즉, 환자에게 당신 생각이 틀렸다고 말한다든가 혹은 반대되는 증거를 내미는 것으로 환자의 망상이 달라지지는 않는다. 오히려 그 반대의 결과를 가져온다. 망상이 잘못된 것이라고 이야기할수록 환자들은 자신의 망상에 더 집착하며 망상에 대한 믿음을 더 굳건하게 가진다. 그러므로 논박하는 것으로는 망상 문제를 해결할 수 없다.

그보다 치료적인 방법은 조현병 환자에게 자신의 망상을 표현할 수 있는 기회를 제대로 제공하는 것이다(Mueser & Gingerich, 1994). '당신의 생각은 망상이고, 그것은 잘못된 것이다'라는 점을 가르치지 말고, 망상의 내용이 무엇인지 표현할 기회를 제공하는 것이 도움이 된다. 그리고 그 내용을 들으면서 환자가 느꼈을 감정을 공감하고 그 감정의 실재성을 인정해 줄 수 있다. 얼마나 무서웠을지, 얼마나 힘들었을지, 얼마나 답답했을지 등과 같이 감정을 공감해 준다. 망상 자체의 내용이 옳다고 인정하는 것이 아니라 그 망상 내용과 관련해서 환자가 느꼈을 감정을 공감해 주는 것이 중요하다.

조현병 환자가 작품과 상관없이 망상만으로 이야기를 지속하지 않게 하는 것도 중요하다. 관심의 초점을 지금 현재 작업한 그림으로 다시 맞출 필요가 있다. 작품에 대한 이야기로 관심을 환기시키면서 작품에 대해 궁금한 부분을 물어보기도 하고, 환자의 말을 반영해 줄 수 있다. 이 모든 과정은 환자에게 꼭 필요한 '대화'의 연습이다.

4) 조현병 환자와 대화가 잘 이루어지지 않는다면?

조현병 환자와 미술치료 회기를 진행하면서 집단이든 개인이든 대화가 잘 이어지지 않고 막힌다는 느낌을 받을 수 있다. 조현병 환자는 대화 내용과 상관없는 전혀 엉뚱한 내용을 갑자기 말하기도 하며 이야기의 초점을 쉽게 놓치기도 한다. 이는 환자가 대화 내용에 집중하지 못하거나(집중력 저하) 기억의 문제가 있거나 논리적 사고의 문제가 있기 때문이다. 언어의 와해나 무언어증이라는 조현병 특징도 대화의 질을 저해한다. 그러므로 조현병 환자와의 대화에서 기본적인 방법은 다음과 같다.

- 사용하는 문장은 짧아야 한다.
- '핵심'부터 말한다. 서론은 짧을수록 좋다.
- '나'(혹은 상대를 높일 수 있도록 '저')로 시작되는 1인칭 문장을 사용한다.
- 구체적인 이야기를 한다. 추상적인 이야기는 되도록 적게 한다.

6. 조현병 환자를 위한 미술치료 기법 소개

미술치료는 특정 정신장애에 특정 기법을 사용해야 한다는 식의 가이드라인은 없다. 그보다는 치료 과정에서 자기표현과 창의성을 진작시키는 것에 초점을 맞춘다. 따라서 어떠한 기법을 사용하든 미술치료사가 만나는 내담자/환자의 치료 목표에 맞추어서 변형하며 조정 가능하다. 여기에 소개되는 기법은 막연하게 느껴지는 미술치료 시작을 돕는 아이디어일 뿐이며, 얼마든지 조절 가능하고 또한 여기에 언급되지 않은 다른 방법도 많다.

1) 시각적인 가이드라인을 첨가하기

백지에 그림을 시작하는 것은 어려울 수 있으므로 시각적 틀이 도움이 된다. 백지에 큰 동그라미나 큰 네모를 그려서 제공하는 것이다. 이 동그라미/네모가 마치 무언가를 담아 주는 그릇처럼 기능한다. 특별히 동그라미 원은 '만다라 원'이라고 부르기도 하며 가장 많이 사용되는 시각적 틀이다(만다라 원이라고 부르더라도 그 원 안에 표현되는 내용이 만다라 문양일 필요는 없다).

동그라미 하나가 더 그려진 것이 뭐 그리 다를까 싶겠지만, 마음이 혼란스러울 때나 집중하기 어려울 때 중심을 잡아 주는 틀이 있으면 확실히 도움이 된다. 모든 것이 섞여 있는 것이 아니라 안팎이 구분되어 있다고 할 수 있다. 그런 점 때문에 마음을 집중해서 작업할 수 있다.

2) 컬러링 작업

컬러링도 마음을 안정시키고 혼란스러움을 줄이는 데 도움이 된다. 심리적인 통찰을 얻는 것을 목표로 선정한 미술치료에서는 컬러링을 하는 경우가 거의 없다. 그 경우에는 내담자/환자가 직접 생성하는 이미지가 중요하고, 이미지의 감상과 연상을 통해 자신의 실제 생활과 연결하고 의미를 찾는 것이 중요하다. 하지만 심리적 통찰이 아닌 혼란스러움 경감과 심리적 안정이 목표라면 컬러링도 훌륭한 방법이다.

필자는 만성적인 조현병 환자들과 1년간 미술치료 집단을 운영했던 적이 있는데, 컬러링 작업은 그 당시에 상당히 반응이 좋았던 기법이었다. 환자들은 컬러링 시간을 기다렸고, 오늘은 어떤 그림을 색칠하게 되는지 먼저 묻곤 했다. 그림 그리는 시간은 정말 집중해서 모두가 색칠을 하느라 여념이 없었다. 이렇게까지 환자들이 미술치료에서 집중력을 보인 적이 있었던가 싶었다.

단, 컬러링을 할 때 주의해야 할 점이 있다. 시중의 컬러링 북은 도안 자체가 복잡하고 화려하다. 칠할 수 있는 면적이 잘게 쪼개어져서 정교하게 칠해야 하는 경우가 대부분이다. 이러한 복잡한 도안은 환자들에게 별로 도움이 되지 않는다. 그보다는 덜 복잡하고 칠할 면적이 적절하게 넓은 밑그림이 좋다. 그래서 필자의 경우에는 컬러링을 할 수 있는 밑그림을 직접 그려서 제공했다. 8절 도화지에 연필로 몇 가지 종류의 그림을 그려서 테이블 위에 펼쳐 두면 환자들이 각자 마음에 드는 도안을 선택하곤 했다. 그때 주제는 같은 것으로 했는데, 예를 들어 '새'라는 공통 주제로 다양한 종류의 새 그림을 그려서 제공하곤 했다.

참고

컬러링 기법 자체는 미술치료라고 부르지 않는다. 컬러링 책들이 유행하던 시기에 우리나라뿐 아니라 외국에서도 '미술치료 컬러링' '컬러링을 통한 미술치료'와 같은 문구가 자주 사용되었다. 스트레스가 많고 심신이 지친 현대인들에게 자기회복의 시간을 제공한다는 점을 선전하기 위한 문구였다. 컬러링을 통한 긍정적 효과가 없는 것은 아니지만, 그것은 미술치료의 의미를 축소 · 왜곡시킬 수 있다. 그래서 미국미술치료협회(American Art Therapy Association)에서는 컬러링을 미술치료라고 부르는 것이 잘못되었다고 분명하게 밝히고 있다.

그런데 또 다른 흥미로운 점은 컬러링의 효과에 대한 학술논문이 계속 나온다는 점이다. 미국미술치료협회가 발간하는『Art Therapy』학술지에 2005년 이후 6편의 효과 검증 논문이 실렸다. 공통적인 결과는 컬러링이 불안을 완화하고 몰입에 도움을 주며 기분을 향상시킨다는 것이었다.

3) 확장해서 이어 그리기

작업을 시작할 때 백지로 된 도화지에서 시작하는 것이 아니라 그림자극이 있는 상태에서 시작하는 방법이다. 무언가 제시된 상태에서 그림을 그리게 되면 그리는 사람의 자유로운 선택의 폭이 제한받는 것일 수도 있지만, 다른 한편으로는 시작 자체를 어려워하는 사람에게는 덜 부담스러운 시작이 될 수 있다. 필자가 즐겨 하는 방법으로는 동화책을 활용해서 그림을 확장해서 그리도록 하는 방법이 있다. 아동용 동화책의 일부분을 뜯어서 8절지에 붙인 뒤 "그림 속의 장면을 더 연결해서 그려 보세요."라고 제안한다. [그림 7-1]과 [그림 7-2]에서 보듯 동화책 장면마다 조금씩 다른 내용들로 제시되므로 개인 회기든 집단 회기든 환자들은 자신의 관심을 끄는 그림을 선택할 수 있다. 이 작업의 상징적 의미는 자신이 속한 환경의 요구를 살필 수 있는 능력 그리고 그 요구에 적응해 나가는 능력을 키우는 것이라 할 수 있다. 시작할 때 좀 더 수월하고, 하는 동안 재미있고, 그림을 두고 이야기하면서 삶에 필요한 능력을 연습해 볼 수 있는 기법이다.

이 방법을 변형한다면 이전 회기에서 그린 그림에 이어서 그리기를 할 수 있고 혹은 집단으로 작업할 때 집단 구성원의 그림을 이어서 그리기를 할 수 있다.

[그림 7-1] 30대 중반의 남성 조현병 환자의 작품

[그림 7-2] 40대 초반의 남성 조현병 환자의 작품

4) 새로운 재료를 시도하기

색칠하는 것은 즐거울 수도 있지만 노동이 될 수도 있다. 그럴 때는 종이 위에서 작업하는 틀을 유지하되 사용하는 재료를 색다르게 바꾸어 볼 수 있다. 색 시트지나 펠트지를 사용하고 그 위에 덧붙여 그림작업을 추가하면 된다. 색 시트지는 뒷면 종이를 벗겨 내면 바로 붙일 수 있는 것이다. 재료가 달라지면 미술작업에 조금 더 관심을 가지게 된다.

색지를 작은 조각으로 오려서 사용할 수도 있다. 이 방법은 예전에 필자가 만성 정신장애 환자들과 작업하면서 그 당시 미술치료 슈퍼바이저에게 배웠던 방법이다. 낮병원에 오던 환자분들은 대부분 조현병 환자들이었고, 만성으로 진행되어 지속적인 보호/관리가 필요한 상태였다. 그림이든 다른 무엇에든 별로 반응을 하지 않을 정도로 관심과 에너지가 적은 환자들이었다. 그래서 네모난 종잇조각을 잘라서 붙이는 것으로 그림 그리기를 대신했는데 회화보다 훨씬 더 작업이 순조롭게 이루어졌다. 최소한의 에너지로 눈에 띄는 무언가를 만들 수 있다는 사실이 지속적으로 작업할 수 있는 힘을 주는 것 같았다.

비슷한 용도로 필자가 가끔 사용하는 또 다른 재료는 플레이콘이다. 이것은 옥수

[그림 7-3] 색깔별로 제시한 색지 조각들

[그림 7-4] 색지 조각으로 완성한 환자 작품

수 전분으로 만들어진 재료인데 스폰지 같이 폭신폭신한 느낌을 준다. 물을 살짝 묻히면 점성이 생겨서 붙기 때문에 작업할 때 흥미를 끌게 된다. 아동이나 청소년은 말할 것도 없고, 성인들도 이 재료를 처음 접하면 신기해하고 재미있어 한다. 칼이나 조각도를 사용할 수 없는 입원 병동이라면 물만 묻혀도 되는 플레이콘이 재미난 재료가 될 수 있다.

[그림 7-5] 플레이콘

[그림 7-6] 플레이콘으로 만든 '나의 집'

조현병 환자들에게 미술치료를 실시할 때 중요한 점은 재료 자체에서 감각경험을 충분히 할 수 있도록 고려하는 것이다. 재료를 바꾸는 것은 앞서 설명했던 치료목표 중 활성화에 초점을 맞추었을 때 특히 더 생각해 봄 직하다. 어떤 자극이 움직임을 이끌어 내는가? 아무래도 새로운 자극일 것이다. 그런 의미에서 재료를 바꾸는 것은 움직임을 이끌어 줄 자극이 되기를 기대하며 선정해야 한다. 회화 작업이나 조형 작업에서 환자의 눈높이와 관심 및 경험을 배려하며 접근해 나갈 수 있다.

참고문헌

권석만(2013). 현대 이상심리학(2판). 서울: 학지사.

Arieti, S. (1976). *Creativity: The Magic Synthesis.* New York: Basic Books.

Edwards, D. (2004). *Art Therapy*. Newcastle upon Tyne, UK: Sage.

Killick, K., & Schaverien, J. (1997). *Art, Psychotherapy and Psychosis.* Abingdon, UK: Routledge.

Kimport, E. R., & Hartzell, E. (2015). Clay and anxiety reduction: A one-group, pretest/posttest design with patients on a psychiatric unit. *Art Therapy: Journal of the American Art Therapy Association. 32*(4), 184-189. DOI: 10.1080/07421656.2015.1092802

Mueser, K. T., & Gingerich, S. (1994). *Coping with Schizophrenia.* Oakland, CA: New Harbinger Publications.

Richardson, P., Jones, K., Evans, C., Stevenes, P., & Rowe, A. (2007). Exploratory RCT of art therapy as an adjunctive treatment in schizophrenia. *Journal of Mental Health, 16*(4), 483-491. DOI: 10.1080/09638230701483111

Wood, C. (1997). The history of art therapy and psychosis(1938-95). In K. Killick & J. Schaverien (Eds.), *Art, Psychotherapy and Psychosis* (pp. 144-175). Abingdon, UK: Routledge.

양극성 및 관련 장애

Bipolar and Related Disorders

Mental Disorders
and Art Therapy
Written by 11
Art Therapists

양극성 및 관련 장애Bipolar and Related Disorders

양극성 관련장애의 종류

제1형[1] 양극성장애Bipolar I Disorder	조증+우울증의 증상을 보인다.
제2형 양극성장애Bipolar II Disorder	경조증+우울증의 증상을 보인다.
순환감정장애Cyclothymic Disorder (순환성장애)*	경조증+경미한 우울증의 증상을 보인다.

* 명칭 번역자에 따라서 해당 명칭도 사용한다.

조증의 의미

조증의 핵심은 기분이 고양된 상태로 들떠 있고 불안정하다는 점이다. 조증은 일반인이 생각하는 '우울의 반대 상태로서 매우 행복한 상태'가 아니다. 오히려 조증 상태에서는 신경질을 잘 내며 환자가 주변 사람들과 싸우는 일이 잦다. 조증 상태에서 경험하는 'irritable mood'는 '과민한 기분'으로 번역되는 편인데, 쉽게 화내거나 짜증이 난 기분, 신경질적인 기분을 말한다.

제1형 양극성장애의 진단기준(DSM-5)

제1형 양극성장애 진단을 위해서는 적어도 한 번 이상의 조증 삽화[2] 진단기준을 만족시켜야 한다. 조증 삽화는 경조증 삽화나 주요우울 삽화를 뒤따르거나 혹은 선행할 수 있다.

-조증 삽화-

A. 비정상적으로 들떠 있거나 의기양양하거나 과민한 기분 상태를 보이며, 목표지향적 활동과 에너지가 증가한 상태가 1주일 이상 거의 매일, 하루 종일 지속된다.

B. 다음 일곱 가지 증상 중 3개 이상이 심각한 정도로 나타난다(기분이 과민한 상태인 경우에는 4개).

1) '제1형'과 '제2형'의 표기는 '제I형'과 '제II형'과 같이 로마자를 쓰기도 한다. DSM-5 영문판에서는 Bipolar I Disorder, Bipolar II Disoder로 로마자 표기를 쓴다.

2) '삽화'는 '에피소드(episode)'를 번역한 말이다. 생활에서 겪는 짧은 사건이나 일화와 같은 경험을 지칭한다.

1. 자존감이 증가하거나 과대한 자신감
2. 수면 욕구의 감소(예: 단 3시간만 잠을 자도 충분하다고 느낌)
3. 평소보다 말이 많아지거나 말을 계속 하려는 압박감
4. 사고의 비약 또는 생각이 질주하듯 떠오르는 경험
5. 주의산만
6. 목표지향적 활동의 증가 또는 정신운동성 초조
7. 고통스러운 결과를 가져올 가능성이 높은 활동에 과도하게 몰입함(예: 과도한 쇼핑, 무분별한 성행위, 어리석은 사업 투자 등)

C. 증상이 물질이나 신체적 질병의 직접적인 생리적 효과로 인한 것이 아니다.

D. 기분장애가 심각하여 직업 적응은 물론 일상생활에 현저한 곤란이 있거나 자신 또는 타인을 해칠 가능성이 있어 입원이 필요하거나 정신병적 양상(망상이나 환각)이 동반되면 제1형 양극성장애로 진단된다.

제2형 양극성장애의 진단기준(DSM-5)

제2형 양극성장애 진단을 위해서는 아래 경조증 삽화 진단기준을 만족시켜야 하고, 현재나 과거에 주요우울 삽화 진단기준을 만족시켜야 한다.

-경조증 삽화-

A. 비정상적으로 들떠 있거나 의기양양하거나 과민한 기분 상태를 보이며, 목표지향적 활동과 에너지가 증가한 상태가 최소 4일간 거의 매일, 하루 종일 지속된다.

B. 일곱 가지 조증 증상 중 3개 이상이 나타난다.

C. 경조증 삽화는 증상이 없을 때 개인의 특성과는 다른 기능 변화를 보인다.

D. 기분장애와 기능 변화를 다른 사람들도 관찰할 수 있다.

E. 경조증 삽화는 사회적/직업적 기능에 현저한 지장을 주지 않으며, 입원이 필요할 정도로 심각하지 않다.

순환감정장애의 진단기준(DSM-5)

A. 경미한 경조증 증상(경조증 삽화 진단기준을 만족시키지는 않음)과 경미한 우울 증상(주요우울 삽화 진단기준을 만족시키지는 않음)이 적어도 2년 이상 나타난다(아동 · 청소년은 1년 이상).

B. 2년 이상의 해당 기간 동안 경조증 기간과 우울한 기간이 절반 이상을 차지하고, 증상 없는 기간이 한 번에 2개월을 넘기지 않는다.

8장

양극성장애의 미술치료

별도 달도 없는 어두운 인생의 밤바다에서

김지연

양극성장애는 일상생활에서 느끼는 기분 변화와는 다른 극단적이고 강렬한 감정 상태가 다양한 기간을 두고 반복적이고 순환적으로 나타나는 정신장애이다. 양극성장애 환자의 조증 상태나 우울증 상태는 미술치료 현장에도 그대로 반영된다. 미술치료를 할 때 양극성장애 환자의 과도하게 에너지 넘치는 태도는 집단 내 역동을 자극하여 다른 환자들이 적극적으로 미술치료에 참여하도록 돕기도 하지만 반대로 방해하기도 한다. 따라서 양극성장애 환자와 함께 집단 미술치료를 진행할 때에는 미술치료사의 적절한 중재가 필요하다.

양극성장애는 입원이 요구되는 주요 정신장애 중 하나이다. 따라서 대부분의 양극성장애 환자의 미술치료는 병원 장면에서 진행된다. 미술치료사는 병원의 치료진과 환자에 대한 정보와 이해, 치료적 목표를 공유하며 미술치료를 진행해야 한다. 만약 환자의 장애에 대한 이해 부족으로 정확한 목표를 설정하지 못할 경우 여러 측면에서 치료에 부정적인 영향을 미칠 수도 있다.

양극성장애 환자를 위한 미술치료의 목표를 설정하기에 앞서 미술치료사가 염두에 두어야 할 사실은 양극성장애는 신경생물학적인 요인에 의해서 발생하는 질병이라는 사실이다(McGuffin et al., 2003). 따라서 양극성장애 환자의 치료는 약물치료를 우선으로 한다. 그러나 약물치료만 받은 양극성장애 환자의 50~70%에서 장애가 재발했다는 연구결과(Kellet et al., 1992)를 고려할 때 약물치료에만 전적으로 의존하여 치료하는 데에는 한계가 있음을 알 수 있다. 최근에는 약물치료에 대한 비순응적 태도, 환자가 처한 환경적 문제, 심리적 문제 등을 고려했을 때 약물치료 이상으로 심리치료 개입이 양극성장애의 재발이나 만성적인 경과에 긍정적인 영향을 미친다는 연구결과(Miklowitz, 2008)가 나오고 있다.

양극성장애 환자에게 미술치료를 한다면 자신의 감정을 표현하는 것과 이해하는 것, 조절하는 것 등을 주된 목표로 삼을 수 있다. 조증 시기든 우울증 시기든 감정을 담아 둘 수 있고 다스릴 수 있도록 하는 데에 미술작업과 과정이 사용될 수 있다. 병원에서 진행하는 미술치료는 양극성장애 환자들로 하여금 입원 스트레스를 견뎌낼 수 있도록 돕고, 전체적으로 자신의 정신장애 치료에 대해서 긍정적이고 협조적인 태도를 가질 수 있도록 돕는 역할도 한다. 그리고 질환에 대한 적응력 향상, 약물 순응도 향상과 같은 교육적 목표, 자존심 및 자기상 증진, 스트레스와 대인관계 문제를 인식하고 조절하는 것 등의 목표 설정이 가능하다.

양극성장애의 주요 증상 중의 하나인 조증은 무의식적 상실이나 자존감 손상에 대한 방어나 보상 반응이다(권석만, 2014). 또한 개인적으로 직면하기에 너무 고통스러운 현실의 부정, 우울 정서에 대한 부정, 반동형성과 같은 방어기제가 작동하여 나타난 것이다(권석만, 2014; 민성길, 2016). 따라서 방어기제가 작동하는 원인과 인지적 오류를 탐색하고 수정하며 재구성하는 것도 미술치료의 목표가 될 수 있다. 양극성장애 환자는 조증 삽화 시기에 과도하게 공격적인 행동을 하고 삽화가 끝나면 자신의 행동에 대한 죄책감에 시달리는데, 내재된 공격성과 피해 느낌을 감소시킴으로써 방어를 줄이고 조증 발현을 경감시킬 수 있다. 그러므로 공격성 감소도 치료 목표가 될 수 있다.

조증 삽화나 우울증 삽화 기간 동안 양극성장애 환자는 자동적 사고, 과잉일반화, 선택적 추상화의 인지적 왜곡을 보인다(권석만, 2014). 우울 증상을 보이는 환자는 모든 문제가 상실과 실패로 연결되고 한두 번의 실패나 실수의 경험을 바탕으로 자신이 하는 모든 일은 부정적인 결과를 초래할 것이라는 과잉일반화를 보이며, 문제의 장점은 보지 못하고 오직 단점만을 보는 선택적 추상화의 오류를 범한다. 반면 조증 삽화 시기의 환자는 현실적 잣대 없이 자신은 무엇이든지 할 수 있다고 스스로를 과대평가하고 한두 번의 성공을 근거로 자신이 하는 모든 일은 당연히 성공하리라 생각한다. 그리고 자신이 계획한 문제의 단점은 보지 못하고 오직 장점만을 생각한다. 따라서 양극성장애 환자의 인지적 오류를 발견하고 이를 수정하는 것을 목표로 미술치료를 진행하는 것도 환자의 치료에 도움이 된다.

1. 병원에서 실시되는 양극성장애 환자의 미술치료

병원에서 진행되는 양극성장애 환자를 위한 미술치료는 병원의 특성에 따라 치료 계획이 달라진다. 종합병원이나 대학병원과 같은 3차 진료기관은 장기 입원이 어렵기 때문에 치료의 지속기간은 한 달 안팎[1]으로 예상하고 미술치료를 진행한다. 환자가 입원 기간 내내 미술치료 회기에 참석할 수 있는 상태가 아닐 수도 있고, 단 1회기만 참석한 후 퇴원하는 경우도 있다. 따라서 미술치료사는 단기 회기를 염두에 두고 미술치료 계획을 구성하는 것이 바람직하다.

대학병원과 종합병원에서의 미술치료는 개인보다는 집단으로 이루어지기 때문에 회기 목표도 그에 맞추어 설정하는 것이 좋다. 집단 회기로 진행하더라도 개인의 심리 내면을 표출하고 탐색하는 것은 충분히 가능하다. 또한 집단 역동을 활용해서 대인관계 측면을 탐색하고 상호작용을 연습하는 등 집단 치료의 목표를 활용하는 것도 좋다. 한편 개인 정신건강의학과 의원에서 미술치료를 실시할 때는 장기간 내원하는 환자들이 있으므로 더욱 다양하고 체계적인 목표를 설정하고 미술치료를 실시할 수 있다.

3차 진료기관인 대학병원에서 양극성장애 환자를 대면하게 되면 우울 증상이나 조증 증상이 심각한 상태인 경우가 많다. 미술치료 현장에서 만나는 이들의 태도 역시 자신들의 증상과 동일하게 나타나는데, 우울 상태인 양극성장애 환자의 경우 매

1) 정신건강의학과의 환자 입원 가능 기간은 최대 3개월이며, 필요에 따라 연장심사를 통해 기간 연장을 하기도 한다. 그런데 종합병원의 경우 급성으로 입원하는 신규 환자가 많은 편이어서 대체로 입원 기간이 법정 가능 기간보다 더 짧은 편이다.

우 무기력하고 말수가 적다. 또한 그림을 그리는 일에 적극성이 결여되어 있다. 그러나 이들은 주요우울장애 환자보다는 조금 더 활동적인 모습이 보인다. 색상은 단색이나 2~3개 정도를 사용하며 지면은 대체로 여백이 많다. 이는 우울장애 환자의 그림 반응 특성과도 일치한다. 우울 시기의 양극성장애 환자는 미술치료사의 질문에 짧게 답하거나 작품을 설명할 때 그림을 읽듯이 말한다. 이 시기의 환자들과 미술치료를 할 때는 환자들이 미술치료 활동에 참여하도록 지지해 주고 독려하는 것이 필요하다.

조증 삽화 시기의 양극성장애 환자는 말과 생각의 전환이 빠르고 말끝이 지리멸렬하다는 증상이 그림에 그대로 반영된다. 이들의 그림은 에너지가 넘쳐 보이고 색채 사용이 다양하지만 구성이 조악하거나 방향성이 결여되어 있고, 전체적으로 매우 복잡하고 어지럽게 펼쳐진다. 양극성장애 환자들의 항진된 성적 욕구(하태연, 2018)는 성기 모양이나 나체 상태의 사람의 그림으로 표현되기도 한다. 작품에 대해 설명할 때도 쉴 새 없이 말을 하기 때문에 미술치료사가 개입할 시간이 없고 내용이 산만하고 지리멸렬하여 전달이 명확하지 못하다. 이 때문에 집단 치료를 할 때 다른 정신장애를 가진 환자가 불편감을 호소하는 경우가 발생할 수 있으므로 치료사의 적절한 중재가 필요하다.

경조증 증상을 보이는 양극성장애 환자와 미술치료를 실시하면 성격이 경쾌하고 활발한 사람이라는 느낌이 든다. 이들은 활동에 매우 협조적이고, 그림 또한 창의적으로 표현하며, 자신의 작품에 대해 많은 이야기를 들려주고, 치료사와 대화 도중 내면 탐색도 즉각적으로 일어난다. 양극성장애 증상에 대한 이해가 부족한 미술치료사는 경조증 환자의 협조적이고 에너지 넘치는 태도 때문에 환자의 진단명에 의심을 품을 수 있다. 그러므로 미술치료사는 정신병리에 대한 충분한 이해가 있어야 한다.

양극성장애 환자 중 자살사고가 높은 환자와의 미술치료는 어렵고 위험하다. 이들은 자신의 무가치함과 죄의식을 끊임없이 호소하며 검은색으로 그림을 그린다. 때때로 이들의 그림에는 자살사고가 직접적으로 반영되기도 하는데, 그림 속에 목을 매달고 있는 사람의 모습을 그리거나 목줄을 그림으로써 자신의 자살계획을 구체적으로 표현하기도 한다. [그림 8-1]은 자살사고가 높았던 양극성장애 환자의 작품이다. '동아줄'이라는 제목의 작품은 색찰흙만을 사용해서 만든 것인데 누가 보더라도 목을 매는 이미지이다. 이렇듯 직접적이고 구체적인 이미지는 도움을 갈구하

[그림 8-1] 〈햇님 달님〉 속 동아줄

는 환자의 마음이 표현된 것이라고 할 수 있다. 필자는 이 작품을 만든 환자와 미술치료를 마치자마자 치료진에게 위험성을 알렸고, 치료진은 섬세하고 면밀하게 해당 환자의 안전을 확보하였다.

대학병원과 같은 3차 진료기관에서 미술치료를 할 때에는 미술치료사의 역할이 다소 한정적이다. 이때 미술치료사는 환자의 증상과 관련된 심리적 문제를 주로 다루게 되고 약물 교육, 가족 문제 등과 같은 부분은 다른 전문가에 의해서 관리된다. 그러나 미술치료센터에서 양극성장애 환자를 만나게 되면 미술치료사의 역할은 다양해진다. 미술치료사는 양극성장애 환자가 병식을 가지고 있는지를 확인하고 약물 복용, 감정 상태, 금주의 중요성, 질환에 대한 가족 교육까지도 함께 고려하여 미술치료를 해야 한다.

미술치료센터에서 실시하는 양극성장애 환자의 미술치료는 첫 회기에 환자가 병식이 있는지를 확인하고 양극성장애의 특성에 대해 이야기를 나눈 후 상징적으로 감정을 표현하는 그림을 그린다. 매 회기에 약물 복용 여부를 확인하고 중요성에 대해 교육하는 것도 잊지 말아야 한다. 미술치료의 주제는 환자의 주호소 문제를 중심으로 하고 작품이 완성되면 그에 대해 이야기를 나눈다. 약물 복용 중 음주를 하는 환자가 생각보다 많으므로 금주의 필요성과 중요성에 대해서도 교육하는 것이 좋다. 이때 금주의 필요성에 대해 교육하는 것과 더불어 미술작품도 함께 만들어 봄으로써 환자 스스로 금주의 중요성을 인지하고 자발적으로 금주하도록 돕는다. 또한 가족 전체를 대상으로 양극성장애에 대해 교육하고 환자와 보호자 간의 이해를 돕기 위한 가족 미술치료를 진행하는 것도 치료에 도움이 된다. 즉, 미술치료센터에서 양극성장애 환자를 대상으로 미술치료를 할 때에는 교육과 심리치료를 동시에 적용함으로써 치료적 효과를 높일 수 있다.

2. 미술치료 사례

이제 소개하는 세 장의 그림은 제2형 양극성장애를 진단받은 환자 B씨의 그림이다. B씨는 우울 삽화 시기에 자살사고를 호소하였고 구체적인 자살계획을 세웠으나 다행히 이를 실행하기 전에 발견되어 대학병원에서 입원치료를 받았다. 이후 퇴원하여 약물치료를 하면서 필자에게 주 2회 미술치료를 받는 것을 병행하였다. 보호자는 B씨가 말을 하지 않기 때문에 가족 간에 대화가 단절된 상태로 B씨의 문제가 무엇인지 알 수 없다고 답답함을 호소하였다. 이러한 점들을 고려해서 개인 미술치료를 실시하면서, B씨가 자신에 대한 생각과 믿음을 수정하고 재확립하는 것을 목표로 치료를 시작하였다.

[그림 8-2]는 미술치료 첫 회기에 B씨가 그린 난화이다. 미술치료에 대한 부담감도 덜어 주고 자유롭게 표현해 볼 수 있도록 필자는 B씨에게 난화를 그려 보자고 제안했다. B씨는 녹색, 빨강색, 보라색 사인펜을 활용하여 구불거리는 선을 그렸다. 선을 다 그린 후 그림에서 어떤 이미지가 보이는지 찾아보자고 제안했더니 화면의 중앙 하단부에 그려진 빨강-보라 선을 보며 파도를 연상했다. 파도 부분을 오려 새로운 종이에 붙이고 난 다음 그 선을 이용하여 연속 그림을 그려 보자고 했다. 이 방법을 사용하면 연상된 대상을 더 자세하게 묘사해 볼 수 있다는 장점이 있다. 그렇게 연속 그림으로 완성된 작품이 [그림 8-3]이다.

[그림 8-2] 넘실거리는 파도

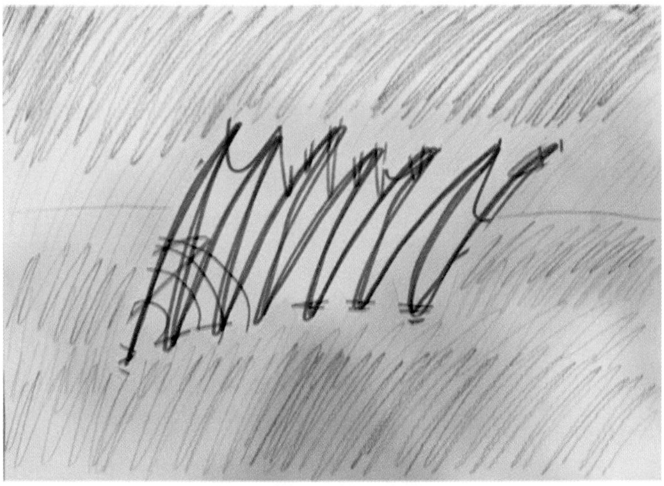

[그림 8-3] 별도 달도 없는 밤바다

B씨는 자신의 그림에 대해 하늘과 바다가 맞닿아 아무것도 보이지 않는 밤바다를 표현한 것이라고 했다. 오려서 붙인 '파도 이미지' 주변으로는 온통 휘갈긴 선이 가득하다. 이 선들은 색연필로 그린 것이라서 사인펜에 비해서 색이 연하기는 하지만 모두 검정색 색연필로 그린 것이다. 순식간에 원래 그렸던 파도는 검정색 파도로 둘러싸였다. 하늘과 땅이 맞닿아 수평선은 보이지 않았다. 그림을 완성하고 작품을 설명할 때 B씨는 별도 달도 없는 칠흑같이 어두운 밤의 망망대해를 그린 그림으로,

바다 어딘가에 나무 조각에 간신히 몸을 의지하고 살아 있는 자신이 있다고 했다. 별도 달도 없이 어두운 밤에 표류하는 B씨를 구할 방법이 무엇인지 묻자, B씨는 오직 구조선이 오는 것밖에 없지만 구조선이 오더라도 주변이 너무 어두워서 자신을 발견하지 못할 것이라며 희망이 없는 마음을 투사했다. B씨가 표류하는 위치가 어디쯤인 것 같으냐는 필자의 물음에는 자신도 알 수 없다고 답했다. 필자는 수평선이 없어서 하늘과 땅의 위치마저도 불분명하니 B씨의 위치를 더더욱 알 수 없을 것 같다고 그림을 읽어 주었고, B씨는 곧바로 황토색으로 수평선을 만들었다. 필자가 황토색 선을 가리키자 B씨는 수평선보다는 지평선 같다고 말하며 그래도 자신의 그림은 바다라고 주장했다. 바다와 땅의 차이에 대해서는 바다의 경우 배가 매우 드물게 다니지만 땅에서는 자동차가 많이 다니기 때문에 구조받을 가능성은 땅이 더 높다고 답했다.

[그림 8-3]에 대해 설명할 때 B씨는 어떤 감정적 변화도 보이지 않고 덤덤하게 이야기했다. 작품 설명을 마친 뒤 잠시 말이 없던 B씨는 필자를 바라보며 현재 자신은 지금까지 생각했던 것보다 더 어둡고 넓은 망망대해에 놓여 있다며 자신에게는 미래가 없다고 말했다. B씨의 설명에 따르면 별 한 점 없이 어두운 바다는 희망이 없는 현재와 미래이고, 구조선은 B씨의 생명줄이다. 그러나 구조선이 제 역할을 수행할 수 없는 상태이므로 B씨는 무능력하게 자신의 죽음을 기다려야만 한다. 즉, B씨는 희망이 없는 현재와 미래에 대한 막연한 두려움과 무능력하고 무기력하게 죽음을 기다리는 자신을 그림으로 표현한 것이다. B씨는 자신의 죽음이 어두운 주변 환경 때문이라고 설명했지만 망망대해에 자신의 위치를 표시하지 않음으로써 구조의 기회를 스스로 포기한 것인지도 모른다. 이러한 모습은 황토색 선을 그리고 땅과 바다의 차이를 설명하던 B씨의 말에서도 확인되었다. B씨는 지평선 같아 보이는 황토색 선을 굳이 수평선이라고 주장함으로써 주변에 의해서 도움을 받을 수 기회를 스스로 배제한 것이다. 이날 B씨는 부모님이 자신을 병원과 상담센터에 데리고 오는 것이 매우 불편하다고 호소하며 어떤 것도 자신에게 도움이 되지 않으니 그냥 집에 머무르며 아무것도 하고 싶지 않다고 말했다. 이와 같은 망망대해 그림은 이후 몇 회기 동안 계속해서 나타났다. 필자는 그 회기들 동안 B씨가 자신의 억압되고 억제된 감정들을 쏟아 내어도 미술작품 안에 안전하게 담을 수 있고, 감정과 자기 자신이 어느 정도 거리를 두고 분리될 수 있음을 경험하고 이해하도록 최

선을 다해서 도왔다.

몇 회기 동안 충실히 미술치료에 참여하던 B씨는 처음 보는 매체로 그림을 그리는 일이 어렵다고 호소했다. 또한 이야기를 나누는 시간에 자신의 작품에 대해 설명하고 치료사와 대화를 나누는 것이 불편하다고 했다. 이에 필자는 B씨가 어떤 매체를 원하는지, 어떤 방식으로 조정하기를 바라는지 묻고 최대한 B씨가 흥미를 가지고 미술치료에 참여할 수 있도록 치료 계획을 수정하였다. 하늘에 떠 있는 빛나는 별처럼 모든 일에서 최고의 자리에 있고 싶지만 현실은 이상과 다르기 때문에 이번 생에는 미래가 없다던 B씨의 생각에 근거하여 유화를 준비하였다. 유화는 물감, 붓 그리고 이젤을 활용하여 그림을 그리기 때문에 전문가다운 향취가 있다. 그러므로 빛나는 별처럼 멋있어 보이고 싶은 환자의 욕구를 자극하고 흥미를 유도하는 데 적합하다고 판단되었다. 또한 쉽게 수정할 수 있고 발림이 부드러워 환자의 불안감을 완화하는 데도 도움이 될 것으로 기대되었다. 계획대로 B씨는 이젤과 전문가들이 사용하는 유화 물감에 흥미를 보이며 그림을 그렸고, 매체 활용이 어렵다던 불만은 더 이상 나오지 않았다. B씨는 자신의 작품이 다른 사람의 작품보다 더 크고 멋지게 보이기를 바라는 마음에서 40호 캔버스에 그리고 싶다고 했다. 그런데 막상 40호 캔버스를 보고는 너무 커서 완성할 자신이 없다며 20호 캔버스를 선택했다. 미술치료는 여느 회기와 마찬가지로 50분 동안 진행하였는데, 회기 중 대부분의 시간은 그림 그리는 데에 활용하였고 마무리 시간에 잠깐 B씨의 기분 상태와 약물 복용 여부 정도를 확인하였다.

[그림 8-4]는 B씨가 그린 유화작품이다. B씨는 여전히 또 다른 망망대해 그림을 그렸는데, 하늘에 별도 달도 없고 세상은 깊은 어둠이 내린 상태이며 절벽은 사람이 떨어지면 찾을 수 없을 만큼 높다. 그림 속 물결은 자신의 생각했던 것보다 더 많이 일렁이고 있지만 나쁜 상황은 아니고 수평선 어딘가 배가 한 척 있는데 너무 어두워서 배는 보이지 않는다고 했다. 배의 목적지는 절벽이 있는 섬이지만, 빛도 등대도 없어서 배는 섬을 찾아갈 수가 없는 상태이다. 이번 유화작품도 지난번 망망대해 그림처럼 세상이라는 파도에 표류된 상태에서 주변으로부터 어떠한 도움도 받을 수 없는 자신의 상황을 상징적으로 표현하고 있었다. 한 가지 변화는 [그림 8-3]에서는 목적지도 없이 밤바다에 표류되어 있었지만 [그림 8-4]에서는 최소한 가야 할 목적지는 생겼다는 점이었다.

[그림 8-4] 인생의 밤바다

계속해서 미술치료 회기는 진행되었고, B씨는 자기표현을 조금 더 풍부하게 하기 시작했다. 이번에는 B씨가 가면을 색칠하고 꾸며서 '조커'로 만들었다(그림 8-5 참조). 그 가면은 영화 속 주인공 '조커'의 모습과 환자의 공통점을 표현한 것이라 한다. B씨는 영화 속 주인공이 암울한 현실 속에서 거짓 웃음을 웃으며 살아가고 있고, 부모와 주변 사람들의 외면으로 인해 외로움을 느끼고 있다고 설명했다. 조커는 세상에 대한 불신이 많고 진정으로 자신을 이해해 주는 사람이 없으며 세상을 향해 극도의 짜증이 난 상태라고 했다. 주인공의 이러한 상태는 현재 자신의 상태와 일치한다고 말했다. 이날 B씨는 어머니의 왜곡된 사랑 방식과 늘 거절받을지도 모른다는 두려움을 안고 자랐던 어린 시절을 회상하며 눈물을 흘렸다. B씨의 작품에는 여전히 검정색이 주된 색상으로 사용되었지만, 금빛 가루를 뿌린 눈과 빨간 입술을 표시하는 등 지금까지 만들었던 여러 작품 중 처음으로 검정색 이외의 색을 사용하는 변화를 보였다.

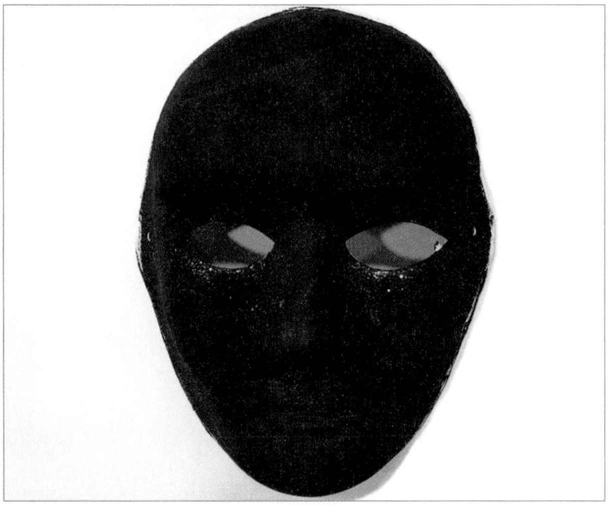

[그림 8-5] 조커

B씨의 작품에서 알 수 있듯이 환자의 왜곡된 인지나 사고 체계 및 행동은 매우 더디게 변화하였다. 환자는 마치 잠시 얼굴을 보였다가 다시 달팽이 집에 숨어 버리는 거대한 달팽이처럼 치료에 효과를 보이지 않았다. B씨의 자살사고 역시 긍정적으로 변화하는 듯싶다 가도 다시 제자리로 돌아가기를 반복했다. 이처럼 환자에게서 치료적 효과가 나타나지 않으면 미술치료사는 환자와 환자 보호자의 기대에 부응하지 못했다는 생각에 마음이 무거워질 수 있다. 그러나 양극성장애는 일반적인 정서문제와 달리 뇌, 신경 등과 같은 요인에 의해서 발병한 장애이기 때문에 미술치료와 같은 심리치료를 통해서 신속한 치료 효과를 기대하기란 쉽지 않다. 따라서 미술치료사는 환자의 장애에 극적인 변화를 기대하기보다는 환자에게 나타나는 미세한 변화를 관찰하면서 꾸준히 치료를 진행하는 것이 바람직하다.

3. 결론

양극성장애는 신경생물학적 요인에 의해 많은 영향을 받지만 사회심리학적 측면 또한 완전히 무시될 수만은 없는 정신장애이다. 그러므로 환자가 병식을 갖고 순응적으로 약물치료를 받을 수 있도록 미술치료사가 교육하는 것은 물론 환자의 심리적 문제를 공감하고 분석할 수 있는 치료 계획을 세우는 일은 중요하다.

양극성장애 환자를 위한 미술치료의 큰 목표는 다음과 같다. 첫째, 작품이라는 시각적 결과물을 통해 개인의 문제를 직면하고 인식하도록 도우며 개인이 가진 왜곡된 사고나 가치관을 시각적으로 보여 줌으로써 이를 수정할 수 있는 계기를 제공하고 왜곡된 사고를 재확립한다. 둘째, 작품을 통해 만족감을 얻고 긍정적인 기분을 경험하며 잃었던 자신감을 회복하도록 돕는다. 셋째, 가족 미술치료를 통해 양극성장애의 증상을 학문적 정의가 아닌 실제 체험을 통해 인식하도록 함으로써 가족 간의 불화를 완화하는 중재 역할을 한다.

미술치료는 양극성장애 환자의 내면을 탐색하기 위한 좋은 심리치료 방법이다. 그러나 양극성장애가 신경생물학적 요인에 의해 발병하는 장애라는 점을 고려할 때, 약물치료 없이 미술치료 단독으로 환자를 치료하는 일은 환자의 신체적 · 정신적 안녕에 위협이 될 수 있다. 그러므로 미술치료사는 전문 의료진과의 협력하에 미술치료를 진행해야 함을 명심해야 한다.

참고문헌

권석만(2014). **현대이상심리학**. 서울: 학지사.

민성길(2016). **최신정신의학(제6판)**. 서울: 일조각.

하태연(2018). 양극성장애와 성격장애의 경계. *Journal of Korean Neuropsychiatric Association, 57*(4), 308-316. DOI: 10.4306/jknpa.2018.57.4.308

Keller, M. B., Lavori, P. W., Mueller, T. I., Endicott, J., Coryell, W., & Hirschfeld, R. M. (1992). Time to recovery, chronicity, and levels of psychopathology in major depression. A 5-year prospective follow-up of 431 subjects. *Archives of General Psychiatry, 49*(10), 809-816.

McGuffin, P., Rijsdijk, F., Andrew, M., Sham, P., Katz, R., & Cardno, A. (2003). The heritability of bipolar affective disorder and the genetic relationship to unipolar depression. *Archives of General Psychiatry, 60*(5), 497-502.

Miklowitz, D. J. (2008). Adjunctive psychotherapy for bipolar disorder: State of the evidence. *American Journal of Psychiatry, 165*(11), 1408-1419. DOI: 10.1176/appo.ajp.2008.08040488

우울장애

Depressive Disorders

우울장애Depressive Disorders

기분/정서와 관련된 정신장애의 종류

우울장애	주요우울장애Major Depressive Disorder 지속성 우울장애Persistent Depressive Disorder (Dysthymia) 월경전기 불쾌장애Premenstrual Dysphoric Disorder 파괴적 기분조절곤란장애Disruptive Mood Dysregulation Disorder
양극성 관련 장애	제1형 양극성장애Bipolar I Disorder 제2형 양극성장애Bipolar II Disorder 순환감정장애Cyclothymic Disorder

참고: DSM-IV까지는 '기분장애'라는 범주 안에 하위 정신장애로 우울장애와 양극성장애가 있었다. 현재는 양극성 관련장애와 우울장애가 각각의 범주로 나뉘었다.

주요우울장애의 진단기준(DSM-5)

A. 다음 아홉 가지 증상 중 5개 이상이 거의 매일 연속적으로 2주 이상 나타난다. 1번(우울한 기분)이나 2번(흥미나 즐거움의 상실) 증상은 반드시 포함된다.

1. 하루 중 대부분 그리고 거의 매일 지속되는 우울한 기분
2. 거의 모든 일상활동에 대한 흥미나 즐거움의 뚜렷한 저하
3. 체중 조절을 하고 있지 않은 상태에서 뚜렷한 체중의 감소 또는 증가, 또는 현저한 식욕 감소 또는 증가
4. 불면 또는 과다수면
5. 정신운동성 초조 또는 지체
6. 피로 또는 활력 상실
7. 무가치감 또는 과도하고 부적절한 죄책감
8. 사고력과 집중력의 감소 또는 우유부단함
9. 죽음에 대한 반복적인 생각, 자살에 대한 생각, 자살기도, 자살계획

지속성 우울장애의 진단기준(DSM-5)

A. 2년 이상 우울한 기분이 지속된다.

B. 다음 중 2개 이상의 증상이 나타난다.

1. 식욕부진 또는 과식
2. 불면 또는 과다수면
3. 활력의 저하 또는 피로감
4. 자존감 저하
5. 집중력 감소 또는 우유부단함
6. 절망감

참고: 주요우울장애가 2년 이상 지속되면 지속성 우울장애로 진단명이 바뀐다.

월경전기 불쾌장애의 진단기준(DSM-5)

A. 대부분의 월경주기마다 월경이 시작되기 1주 전에 아래 B와 C의 증상 중 5개 이상이 나타난다. 월경이 시작되면 증상이 감소하며, 월경이 끝나면 사라진다.

B. 다음 증상 중 1개 이상이 포함된다.

1. 현저히 불안정한 기분(예: 기분 변화, 갑자기 울고 싶어지거나 슬퍼지거나 거절에 민감해짐)
2. 현저한 과민성, 분노, 대인관계 갈등 증가
3. 현저한 우울기분, 절망감 또는 자기비하적 사고
4. 현저한 불안, 긴장 및 초조함

C. 다음 증상 중 1개 이상이 포함된다.

1. 일상활동에 대한 흥미 감소
2. 집중하기 어려움
3. 무기력, 쉽게 피곤해지거나 현저한 활력 상실
4. 현저한 식욕 변화, 과식 또는 특정 음식 집착
5. 과다수면 또는 불면
6. 압도되거나 통제력을 잃은 것 같은 느낌
7. 신체적 증상(유방압통, 부종, 관절통, 근육통, 체중이 증가된 느낌 등)

파괴적 기분조절곤란장애의 진단기준(DSM-5)

A. 심한 분노발작이 반복적으로 언어적(폭언), 행동적(사람과 사물에 대한 물리적 공격성)으로 나타난다.
B. 분노발작은 발달 수준에 맞지 않다.
C. 분노발작은 평균적으로 일주일에 3회 이상 나타난다.
D. 분노발작 사이에도 거의 매일, 하루 대부분 짜증이나 화를 낸다.
E. 위의 증상(A~D)이 12개월 이상 지속적으로 나타난다.
F. 위의 증상(A~D)이 세 가지 상황(가정/학교/친구관계) 중 둘 이상에서 나타나고, 하나 이상의 상황에서는 심하게 나타난다.
G. 6세 이전이나 18세 이후에 처음으로 진단될 수 없다.
H. 진단기준(A~E)의 발생은 10세 이전에 시작된다.

9장

우울장애의 미술치료(병원편)

나를 버린 세상으로 돌아가다

김지연

우울장애는 우리나라뿐만 아니라 전 세계적으로 심각한 의학적 · 사회적 문제이다. 우울장애의 핵심 증상은 일상생활에서 경험하는 '우울하다'는 기분 상태와 비슷하기 때문에 사람들은 정신건강의학과 치료의 필요성을 느끼지 못한다. 환자에 따라서는 정신건강의학과 치료의 낙인효과(Shrivastava, Johnston, & Bureau, 2012), 약물치료에 대한 거부감(박철 외, 2014) 등으로 인해 복용하고 있는 약을 중단하고 오직 미술치료와 같은 심리치료만으로 장애를 극복하고자 하는 경우도 적지 않다. 하지만 자살에 성공한 사람의 60% 이상이 우울증 환자라는 점(Cavanagh et al., 2003)과 세계보건기구에서 2030년 사망 원인 1위를 우울증에 의한 자살로 예측했다는 점(Marcus et al., 2012)을 볼 때 우울장애를 단순한 정서문제로 생각하는 것은 위험하다. 그러므로 미술치료사는 우울장애의 심각성을 명심하고 증상에 대한 충분한 이해를 바탕으로 미술치료에 임해야 한다.

1. 우울장애의 핵심 증상

우울장애 환자의 핵심 증상은 기분의 부정적인 변화이다(임은성 외, 2018). 흔히 사람들은 우울장애 환자들이 우울한 감정만을 느끼는 것으로 오해하는 경우가 있는데 우울장애 환자라고 해서 항상 슬픈 감정만을 느끼는 것은 아니다. 이들은 슬픔 외에도 흥미나 즐거움 상실, 피로감 증가, 에너지 소진, 죄책감, 자책감, 공허감, 불안 등을 호소한다(Marcus et al., 2012). 우울장애 환자 중 일부는 감정 표현 능력이 저하되어 우울한 감정을 찾아보기 어렵거나(임은성 외, 2018) 슬픈 감정 없이 두통, 복통, 흉통 등과 같은 신체화 증상만을 호소하기도 한다(Miodek et al., 2007). 아동·청소년의 경우에는 우울증 상태에서 분노 감정이나 짜증을 나타내기도 한다(권석만, 2014).

그 외에도 우울장애 환자에게 동반되는 핵심 증상은 인지력 혹은 사고력의 변화이다. 이들은 집중력과 주의력이 저하되고 자신과 미래에 대한 부정적인 사고가 증가한다(임은성 외, 2018). 사고력의 저하는 학업이나 직무 수행 능력에 문제를 야기하여 부정적인 결과를 초래한다. 부정적 결과가 지속되면 사람들은 자기비하적인 생각을 떨쳐 버리지 못하다가 결국 정신적 고통의 탈출구로서 자살을 생각하기에 이른다(Cavanagh et al., 2003). 직접적인 자살시도는 우울 증상이 심각한 시기보다는 정신운동 증상이 호전되었을 때 이루어진다. 그러므로 미술치료사는 회기를 진행하는 동안에 환자가 자신의 이야기를 하기 시작하고 그림을 그리는 일에 집중하는 모습을 보이면서도 자신의 미래는 희망이 없고 인생은 무의미하다고 호소한다면, 이를 우울 증상이 호전된 상태라고 판단하기보다는 자살 위험의 사인으로 간주하고 주의해서 관찰해야 한다. 그리고 필요에 따라서는 담당 의료진과 환자의 상태에 대해 상의하는 것이 좋다.

우울을 주호소로 미술치료센터에 찾아온 내담자들 중에서 증상 정도가 심하다고 우려되면 병원에서의 약물치료와 동시에 진행하는 것이 바람직하다. 심각한 우울장애 환자가 약물치료의 시기를 놓치게 된다면 오히려 환자의 증상을 악화시키는 원인이 될 수 있다. 그러므로 우울장애의 특성을 충분히 이해하는 것은 임상 전문가로서 미술치료사가 알아야 할 매우 중요한 부분이다.

2. 우울장애의 미술치료 접근

미술치료는 미술작업을 통해 내담자의 문제를 파악하고 이를 해결하도록 도와주는 심리치료의 일환이다. 미술치료를 진행할 때 치료사는 환자의 문제에 적합한 치료 목표를 설정하고 목표에 따른 매체를 준비하여야 한다. 무엇보다도 병원에서 진행하는 미술치료에서는 환자의 정신장애 특성을 숙지하고 그에 맞추어 준비하는 것이 중요하다. 예를 들어, 우울장애 환자의 경우 자살과 같은 부정적인 행동을 할 가능성이 있기 때문에 미술치료사는 이러한 위험성을 충분히 인식하고 치료 목표와 미술매체를 준비해야 한다.

우울장애 환자를 대상으로 미술치료를 할 때는 우선 우울장애가 발생한 원인이 무엇인지부터 살펴보아야 한다. 우울장애의 발병 요인은 크게 신경생물학적 요인과 사회심리학적 요인으로 구분된다(김기찬, 권명진, 2014). 이 중 신경생물학적 입장은 우울증이 약물이나 유전자, 뇌, 신경과 관련이 있다고 보기 때문에 미술치료와 같은 심리치료보다는 약물치료를 우선으로 고려한다. 반면 사회심리학적 입장은 우울장애가 충격적인 생활 사건, 스트레스 상황, 사회적 지지의 결여와 같은 환경적 요인과 개인의 심리적 요인에 의해서 발생한다고 본다(권석만, 2014). 그러므로 사회심리학적 입장에 근거할 때 미술치료 효과는 기대할 만하다.

미술치료가 세상에 처음으로 소개될 당시에는 내면 탐색을 통해 개인의 문제를 파악하고 치료하는 정신역동이론에 근거하였으나 오늘날에 이르러서는 정신역동이론뿐만 아니라 분석심리, 인지치료, 행동치료 등 다양한 이론을 적용하여 미술치료를 진행하고 있다. 임상현장에서 환자를 상담할 때 미술치료사는 각각의 이론에 따라 환자의 호소 문제에 접근하는 방법이나 목표가 다르다는 점을 알고 이를 잘 활용하여 미술치료 계획을 세우는 것이 환자의 치료에 효과적이다.

정신역동이론에 근거하는 미술치료사는 회기 진행을 통해 우울장애 환자가 자신의 무의식적 좌절과 분노의 감정을 지각할 수 있도록 돕고 자신과 동일시하고 있는 상실대상으로부터 자아를 분화하도록 한다. 우울장애 환자는 이유 없이 만연한 죄책감으로 인해 자살을 시도하기 때문에 죄책감의 이유를 알아보고 죄책감으로 인해 낮아진 자아기능을 회복하도록 한다. 정신역동적 입장에서 볼 때 우울장애는 초자아가 과도하게 발달하여 마음의 균형이 무너졌을 때 발병한다. 그러므로 미술치료사는 환자가 자신의 초자아를 직면하고 조절하여 스스로 자아기능을 활성화하도록 돕는다. 미술치료 현장에서 비현실적으로 높은 자아 이상을 가진 우울장애 환자를 만나게 되면 우선 그것이 망상에 따른 것인지 혹은 욕구에 따른 것인지를 파악하는 것이 좋다. 만일 욕구에 따른 것이라면 충족 가능성을 확인하고 이를 현실에서 충족하도록 지지하거나 혹은 현실과 이상의 괴리를 인지하고 이를 스스로 조절할 수 있도록 함으로써 손상된 자기존중감을 회복하도록 돕는다.

행동치료 이론에서는 무기력한 생활 태도 변화를 목표로 환자 스스로 자기 생활을 관찰하는 그림을 그리게 한다. 이를 통해 환자는 자신의 비생산적인 생활 태도를 지각하게 된다. 임상현장에서 만나는 환자는 자신의 생활 태도가 매우 무기력하고 비활동적이라고 말한다. 흥미로운 사실은 스스로의 하루를 표현한 그림을 본 환자가 자신의 삶이 생각보다 훨씬 더 무기력하고 비생산적이라는 사실에 놀란다는 것이다. 그러므로 미술치료 중 환자가 자신의 생활 패턴을 인지하고 행동을 변화시킬 수 있도록 하루 계획표를 만들어 이를 행동에 옮겨 보도록 지지하는 것도 좋은 치료 계획이 될 수 있다. 많은 경우 우울장애 환자는 사회성이 결여되어 사람들로부터 고립되어 있기 때문에 사회적 기술을 강화하는 것을 목표로 집단 미술치료를 시행하는 것도 도움이 된다. 이때 집단 간의 지지, 격려, 칭찬과 같은 긍정적 강화를 제공함으로써 낮은 자아존중감을 회복할 수 있다.

우울장애의 가장 효과적인 방법으로 알려진 인지행동치료를 미술치료에 접목하는 것도 좋다. 인지행동 미술치료의 목표는 미술활동을 통해 환자의 부정적이고 비판적인 사고를 긍정적으로 교정하고 인지적 왜곡이 있으면 이를 찾아내어 환자 스스로 합리적 사고를 할 수 있도록 돕는 것이다. 이와 같은 인지 변화는 환자의 현실적응력을 향상시키는 데 도움이 된다. 단, 만성 우울증 환자는 쉽게 호전을 보이지 않고 인지적 왜곡이 유지되기 때문에 미술치료의 효과를 기대하기가 쉽지 않다. 만성 우울증 환자를 대상으로 미술치료를 진행한 후 환자의 상태가 호전되지 않을 때 미술치료사는 이를 스스로의 무능력함으로 돌리기보다는 장애의 특성으로 인식하고 불필요한 자괴감으로부터 벗어나야 한다.

3. 병동에서 이루어지는 미술치료의 매체 준비 시 주의점

치료 목표와 회기별 주제가 결정되면 미술치료사는 주제에 따른 매체를 준비하게 된다. 병원에서 미술치료를 할 때는 사용이 불가능한 미술매체가 많기 때문에 이에 대한 충분한 숙지가 필요하다.

일반적으로 입원 병동이 있는 병원에서는 칼, 가위 등과 같은 날카로운 매체나 긴 끈, 비닐봉지 등은 반입 불가 용품으로 구분하고 면회 준수사항으로 안내하기도 한다(그림 9-1 참조). 따라서 반입 불가 용품은 미술치료를 준비할 때부터 배제하는 것이 바람직하다. 때로는 반드시 필요한 미술재료이지만 위험하게 사용할 가능성이 있는 경우도 있다. 이를테면, 연필 깎는 칼이라든가 가위, 조각도를 준비해야 하는 경우이다. 부득이 이러한 매체를 준비해야 한다면 철저한 관리하에 오직 미술

[그림 9-1] A병원 폐쇄병동 입구 사진

치료사 혼자서만 사용하고 환자에게 제공하는 것은 피해야 한다. 또한 필히 매체의 개수를 세어 그 수를 명확히 하고, 차후에 나눠 준 수만큼 그림에 사용되었는지를 확인하고, 만약 환자가 매체를 사용하지 않은 경우에는 확실하게 돌려받아 활동 전과 후의 수가 일치하는지를 확인해야 한다. 이는 환자의 정신장애 특성상 자해 및 타해의 위험이 있기 때문으로 환자의 신체적 안전을 지키기 위해서 매우 중요한 부분이다.

때로는 위험해 보이지 않는 매체도 신경을 써야 한다. 대표적인 매체로 비닐봉지를 들 수 있다. 비닐봉지는 미술매체로써 사용하기보다는 매체를 담는 도구로써 더 많이 활용된다. 담아 간 매체를 모두 소진한 후 남아 있는 비닐봉지의 사후 처리를 하지 않으면 입원 환자들이 목을 매는 자살 도구가 될 수도 있다. 이는 잘 끊어지지 않는 비닐의 특성 때문이다. 그러므로 미술치료사는 자신이 가지고 간 비닐봉지를 치료실에 버리지 말고 병동 밖에서 버려야 한다.

병동에서 미술치료를 할 때 사용하는 매체가 특정한 것을 연상시키거나 자극한다고 느껴지면 그 매체의 사용을 조절할 필요가 있다. 예를 들어, 튜브에 든 붉은색 물감은 피를 연상하게 하여 환자의 심리를 자극할 수도 있다. 그러한 가능성이 있다면 사용을 중지하거나 재료를 준비할 때 배제하는 것이 좋다. 필자가 만났던 정신장애 환자들 중 붉은색 물감을 물에 섞고 난 후 혈흔이 연상된다고 말하면서 심리적 불편감을 호소했던 경우도 있었다. 만일 붉은색 물감을 불가피하게 사용해야 한다면 튜브 물감 대신 고체 물감을 사용하는 것을 고려해 볼 수 있다. 특히 자살사고를 가진 우울장애 환자와 미술치료를 한다면 세심하게 배려할 필요가 있다.

병동에서 미술치료를 할 때 공예매체를 사용하는 일에도 많은 주의가 필요하다. 모루나 지끈과 같이 단단하고 긴 끈은 최대 15cm 미만으로 잘라서 준비하되 서로 묶이면 풀리지 않을 만큼 단단하게 결합되는 매체는 피해야 한다. 결합이 필요한 매체는 입실 전에 미술치료사가 직접 묶어 보고 묶이는 정도를 확인하는 것이 바람직하다. 긴 끈이 필요한 경우에는 화장지나 습자지를 꼬아서 제공하는 것도 좋다. 화장지나 습자지는 종이의 특성상 힘이 가해졌을 때 쉽게 끊어지기 때문에 환자의 안전을 지키면서 동시에 원하는 미술작업 효과를 얻을 수 있다는 장점이 있다.

필자는 병원에서 미술치료를 실시하면서 매체 선정과 관리를 특별히 신경 쓰고 있지만 실제 임상현장에서는 미처 생각하지 못한 문제와 만나기도 한다. 한번은 폐쇄병동에서 미술치료를 진행하던 중 플라스틱 조각도를 도난당한 적이 있다. 당시 환자는 매우 다정하게 필자에게 다가와 말을 걸었고, 필자는 환자의 변화를 관찰하며 가벼운 인사를 나누었다. 대화 도중 환자는 책상 위에 놓여 있던 매체를 바닥에 떨어뜨렸다. 환자의 행동을 실수라고 생각한 필자는 매체를 줍기 위해 허리를 굽혔고, 바로 그 순간 환자는 플라스틱 조각도를 자신의 품에 숨겼다. 다행히 미술치료 회기 시작 전에 사용하는 매체의 개수를 정확하게 파악해 둔 상태여서 회기를 마치기 전에 개수가 부족하다는 것을 발견하고 이를 회수할 수 있었다. 그러나 만일 필자가 매체의 개수를 파악하지 않은 상태였다면 위험한 상황에 처할 수도 있었을 것이다. 지금 생각해도 참 아찔한 경험이다.

우울장애 환자를 만나는 미술치료사는 항상 그들의 심리적 · 신체적 안전을 신경써야 한다. 우울장애 환자들이 은밀하게 자살을 생각하고 있다면 그들은 자신의 목적을 달성하기 위해 모든 수단을 동원하려고 한다. 주변 환경은 물론 전혀 예상하지 못했던 매체까지도 자신을 공격하는 도구가 될 수 있다. 그러므로 미술치료사는 재료의 선정과 준비, 제공과 회수까지 모든 방면에서 마무리될 때까지 집중해야 한다.

지금까지 설명한 것처럼 병원에서 미술치료를 실시할 때는 매체 활용에 많은 제약을 받기 때문에 다양한 미술치료 방법을 계획하는 것이 쉽지 않다. 만일 미술치료사가 매체 선택의 제한점을 극복하지 못한다면 병원 미술치료는 단조롭게 느껴지거나 심심한 기법만 사용하게 될 것이다. 그러므로 병원에서 하는 미술치료를 계획하는 미술치료사는 환자의 흥미를 유발하면서 동시에 환자의 안전도 확보할 수 있는 대체 매체를 다양하게 개발할 필요가 있다. 병원 현장에서 우울장애 환자를 대상으로 미술치료를 진행할 때 필자는 찰흙과 같이 입체 활동을 할 수 있는 매체와 더불어 회화매체를 함께 활용한다. 찰흙은 우울장애 환자처럼 무기력한 상태에 놓인 사람들이 최소한의 운동 에너지를 사용하도록 한다는 장점이 있다. 특히 밀가루와 물감을 활용하여 여러 색의 반죽을 만들고 이를 찰흙 대체 용품으로 사용하는 것은 환자들의 활동 의욕을 자극하고 사회성을 향상하는 데 도움이 된다. 밀가루 반죽은 식용 재료로 누구에게나 친숙하기 때문에 환자들로 하여금 미술작품을 만든다는 부담을 없애고 미술치료에 대한 불필요한 스트레스를 감소시킨다. 그리고 물과 함께 반죽하는 동안 정서적 이완을 제공한다는 장점이 있다. 밀가루가 식재료라는 장점을 살려, 환자 개개인이 자신의 좋아하는 음식물을 만들고 집단원과 함께 포틀럭 파티(potluck party)[1]를 주제로 기분을 전환해 보는 것도 우울장애 환자들에게 도움이 된다. 포틀럭 파티는 입원 생활에 지친 환자들에게 파티라는 환경을 제시함으로써 잠시라도 기분을 전환할 수 있고 사회성을 향상할 수 있다는 장점이 있다. 작품을 완성하고 파티를 할 때 파티에 초대하고 싶은 사람에 대해 물어보면서 환자의 관계적 측면이나 내면을 탐색해 보는 시간도 가질 수도 있다. 필자가 지금까지 진행했던 다양한 미술치료 주제 중 밀가루나 색찰흙을 활용하는 포틀럭 파티가 우울장애 환자들이 부담을 덜 느끼면서도 몰입하는 정도가 높고 기분 변화와 운동 에너지의 활용도가 컸던 것으로 기억한다.

4. 우울장애 환자의 미술치료 사례

우울장애 환자를 대상으로 하는 미술치료는 치료 목표에 따라 개인 치료 또는 집단 치료의 적용이 가능하다. 사랑하는 대상을 상실하여 긍정적 강화를 할 수 없는 환자의 경우에는 집단 치료를 통하여 긍정적 강화의 기회를 제공하고 왜곡된 신념이나 생각을 가지고 있는 우울장애 환자는 개인 치료를 통해 환자 스스로 자신의 문제를 인지하고 더 나아가 문제해결 방안을 모색하도록 돕는 것이 좋다. 그러나 사회적 기술이 낮은 환자는 집단 치료 시 타인과 협동하지 못하고 혼자서 활동하기를 희망할 수 있기 때문에 사회성이 낮은 환자를 위한 집단 미술치료를 계획할 때는 한 회기 내에도 개인 활동과 집단 활동을 조화롭게 구성하여 프로그램을 원활하게 진행할 수 있다.

우울장애 환자는 무기력, 무감동, 즐거움 상실, 공허감의 상태에 있기 때문에(임은성 외, 2018) 미술치료 활동에 적극성이 결여되고 작품 완성까지 소요되는 시간이 매우 짧다는 특징이 있다. 우울장애 환자의 미술치료에서는 환자가 치료사의 예상보다 이른 시간 안에 그림을 완성하고 가만히 앉아 있기도 한다. 이럴 때 치료사들은 종종 당황하게 되는데 치료사가 당황하는 태도는 환자의 심리 및 치료 전반, 특

1) 파티에 참여하는 사람들이 각자 한 접시씩 준비해서 다 함께 음식을 나눠 먹는 파티 문화의 일종이다. 소박한 파티이며, 참석자들은 각자 자신 있는 요리를 준비해 온다.

히 치료동맹에 영향을 미칠 수 있다. 그러므로 미술치료사는 이런 상황에서 유연하게 대처해야 한다. 우울장애 환자의 미술치료를 계획할 때는 그들의 증상과 활동 특성을 고려하여 회화매체, 조소매체, 공예매체, 비정형매체 등 다양한 매체를 함께 준비하는 것이 좋다. 조소매체, 공예매체 그리고 비정형매체는 환자의 흥미를 자극하여 환자가 활동에 참여하는 시간을 연장한다는 장점이 있다(전순영, 2011).

우울한 환자의 그림에서 자주 관찰되는 그림 특성은 불균질한 선의 질(김동연, 공마리아, 최외선, 2006), 약한 필압(Manickam & Sajani, 2016), 넓은 지면과 한쪽으로 치우진 그림(Julliard et al., 2002), 단일 색이나 두세 가지 색의 사용(Morris, 1995)이다. 이러한 그림 특성은 에너지 부족, 무기력 등의 호소 문제를 가지고 있는 우울장애 환자의 증상과도 일치하는 반응이다. 이들은 검정색만을 주로 사용하기도 하는데 검정색을 통해 현재의 공허감과 희망이 없는 미래를 상징적으로 표현한다. 색채심리학에서 검정색이 심리적 죽음을 상징한다(박현주, 서명옥, 2011)는 점에서 볼 때 검정색으로 말하는 이들의 부정 정서의 깊이가 얼마나 깊은지 알 수 있다.

[그림 9-2]와 [그림 9-3]은 병원에서 우울장애 진단을 받은 40대 초반 여성의 작품이다. 환자는 병원에서 우울장애 진단을 받은 후 미술치료센터로 의뢰되었다. 의뢰 당시 환자는 암에 걸린 남편과 사별한 상태였다. 환자는 남편이 생존했을 때 부부관계가 매우 좋았다고 한다. 환자는 갑작스러운 남편의 죽음을 받아들이지 못하

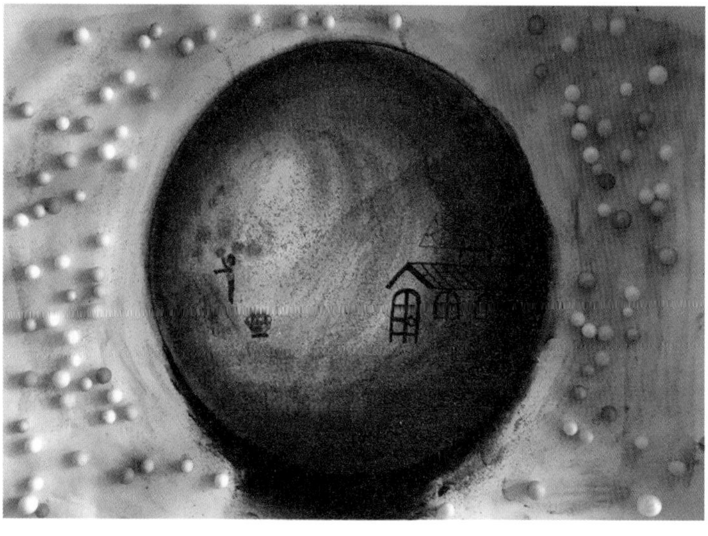

[그림 9-2] 나만의 세상

[그림 9-3] 함께하는 세상

고 고인이 된 남편을 매우 그리워하는 한편 자신만을 두고 떠난 남편에 대한 원망도 깊었다. 환자는 남편 없이 살아 있는 것 자체가 너무 고통스러워 죽고 싶다고 호소했다. 이 환자는 사별로 인한 애도 기간이 길어지면서 무기력과 슬픔 그리고 자살사고가 심화되어 우울장애를 진단받았다. 이처럼 개인이 감당할 수 없는 충격적인 사건에 의해서 우울장애가 발병한 경우에는 미술치료의 효과를 기대할 수 있다.

미술치료 초기에는 정신역동 미술치료를 통해 환자의 내면을 탐색하였다. 환자는 어머니와 아버지에 대한 애증이 깊었고, 사랑하는 남편을 상실한 것은 자신에게 죄가 있기 때문이라며 스스로를 비난하였다. 환자는 지적 욕구가 강했으나 현실적으로 충족되지 못해 자존감에 손상을 입은 상태였는데, 이를 고인이 된 남편을 통해 충족하고 있었다. 즉, 환자에게 있어서 남편의 죽음은 사랑하는 대상의 상실과 더불어 욕구의 상실과도 연결되어 있었고, 사랑하는 대상의 상실로 인한 분노는 자신을 향해 증폭된 상태였다. 또한 고인이 된 남편의 애정과 관심에 과도하게 집착하였고 이를 이상화하였으며, 남편의 죽음은 자신이 누구에게도 사랑받을 수 없는 사람임을 나타내는 증거라는 일반화의 왜곡을 보였다.

미술치료 초기에 얻어진 자료를 바탕으로 중기 활동 프로그램을 계획하였다. 미술치료 중기부터는 인지행동 미술치료를 실시하였다. 이를 위해 개인 치료와 집단 치료를 병행하였다. 개인 치료를 통해서는 고인이 된 남편과의 심리적 분화를 시도

하고 문제의 원인을 내부가 아닌 외부로 돌림으로써 죄책감에서 벗어나도록 하였다. 또한 강한 지적 욕구는 남편이나 타인이 아닌 스스로의 힘으로 해결할 수 있도록 방향을 설정하고 계획을 행동으로 옮기도록 도왔다. 끝으로, 집단 미술치료를 통해 타인으로부터 인정, 격려, 지지, 칭찬을 받도록 하여 긍정적 강화와 사회적 기술을 향상하도록 했다.

[그림 9-2]는 우울증이 다소 완화되어 약물 복용량이 감량된 상태에서 그린 그림이다. 환자에게 미리 그려진 원을 제공하고 그 위에 자신의 세상을 그림으로 표현하라고 하였다. 환자는 원 외부를 밝은 색상으로 칠하고 난 다음 진한 파란색과 검정색을 사용하여 원 내부를 완성하였다. 그다음으로 집을 그렸는데 그림을 그리는 동안 처마와 문을 무의식적으로 강조하였다. 끝으로 과일을 따는 사람을 그렸다.

[그림 9-2]는 환자가 고인이 된 남편과 즐거웠던 시간을 회상하며 그린 그림이다. 환자는 원을 빛, 그림자, 반사광을 사용하여 3차원적으로 표현하고 유리구슬 같다고 했다. 깨질 것 같은 자신의 삶을 유리구슬에 비유하며 삶의 위태로움을 상징적으로 표현한 것이다. 환자는 구슬 안은 어둡고 밖은 화려한 색으로 칠했으나 그림을 그리는 동안에는 이러한 사실을 지각하지 못하다가 작품에 대해 이야기를 나누면서 비로소 알아차렸다. 밝은 외부와 달리 어두운 유리구슬이 마치 자신의 현실 같다며 주변으로부터 심리적으로 고립된 현재의 모습을 그림에 비유했다. 집 그림에 벽이 그려지지 않았다는 사실은 이야기를 나누는 동안에도 지각하지 못했고 치료사에게 질문을 받고 난 후에야 인지했다. 그러나 벽이 없는 집이 이상해 보이지 않는다며 그림을 수정하고 싶어 하지는 않았다.

미술치료에서 조형 요소를 분석할 때 생략과 왜곡, 그림자가 지니는 의미는 그 부분에 대한 갈등과 불안을 상징한다(박현주, 2011). 집 그림에서 벽은 그 그림을 그린 사람의 자아 강도와 관련이 있다(박현주, 2011). 이러한 점을 고려할 때 환자의 그림은 의미하는 바가 크다. 그러나 그림만으로 환자의 심리적 상태를 예측하는 것은 잘못된 해석이 될 수 있으므로 조형 요소만으로 환자의 심리를 분석하려는 시도는 주의해야 한다. 그보다는 오히려 환자 스스로 자신의 작품에 담긴 의미를 파악할 수 있도록 환자의 이야기에 귀를 기울이는 것이 바람직하다. 이날 환자는 자신의 작품을 보며 자신은 타인의 시선에 두려움을 느끼고 있고 자신을 제외한 모든 사람은 행복한데 오직 자신만이 불행하다는 사고가 잘못된 것임을 인지하고 이를 수정하고

자 하였다. 또한 자신이 생각했던 행복은 유리구슬과 같아서 언제 깨질지 모르는 불안한 것이었다며 자신의 행복을 더 단단하게 보호해 줄 수 있는 누군가가 필요하다고 말했다. 이를 통해 필자는 환자가 자신의 행복을 스스로 지키기보다는 타인에게 의존하여 지켜지기를 바란다는 사실을 알 수 있었다.

[그림 9-3]은 환자의 상태가 많이 양호해져 약물 복용이 중단된 상황에서 그린 협동화이다. 4인 1조의 집단 활동으로 이루어진 이 작품은 집단원 개개인이 각자의 자리에서 그림을 그리고 난 후 일차적으로 자신의 작품에 대해 이야기를 나눈다. 타인의 작품에 대해 설명을 들은 집단원은 서로의 작품에 더 필요한 것이 무엇인지 생각하고 상대방의 작품을 보완해 주는 방식이다. 환자의 작품은 좌측 상단에 그려진 것이다. 색상은 [그림 9-2]에 비해 밝고 다양하지만 지면 활용은 다른 집단원에 비해 적었다. 환자는 작품에 대해서 이야기를 나누는 동안 뭔가 생각이 떠올랐는지 자신의 그림을 수정하고자 했다. 수정된 부분은 풍뎅이가 앉아 있는 풀잎이다. [그림 9-3]은 이미 수정된 상태로, 초기 그림은 검고 매우 가는 선 위에 풍뎅이가 앉아 있었다. 환자는 이 선이 풍뎅이를 견디지 못할 것이라며 좀 더 두꺼운 풀잎이 필요하다고 말했다. 그러나 수정 후에도 풍뎅이가 위태로워 보인다고 안타까워했다. 환자는 풍뎅이가 자신을 상징하고 풀잎이 주변의 누군가를 상징한다고 말했으나 풀잎이 누구를 상징하는지는 비밀로 했다. 미술치료를 하다 보면 어떤 환자는 치료사로부터 자신의 비밀을 지키고 싶어 한다. 이럴 때 치료사는 환자의 비밀을 캐기보다는 스스로 자신의 이야기를 할 때까지 기다려 줌으로써 신뢰관계를 유지하는 것이 좋다. 만일 치료사가 과도하게 환자의 비밀을 탐색하고자 한다면 강한 저항을 유발할 수도 있다.

이날 다른 집단원은 환자를 위하여 별, 따뜻한 햇빛 그리고 또 다른 풍뎅이를 그려 주었다. 완성된 그림을 본 환자는 자신에게 꼭 필요한 것들이라며 집단원에게 감사를 표현했다. 환자는 기존의 다른 작품보다 [그림 9-3]에 더 많은 애정을 보이며 자신이 너무 어리석었던 것 같다고 스스로 인정했다. 지금까지는 자신이 풀잎에 붙어 있지 않으면 죽을 것이라는 왜곡된 생각을 하고 있었다며 자신의 생각에 변화가 필요함을 강조했다.

5. 맺는 말

우울장애의 핵심 증상은 슬프다는 감정이다. 우울은 환자에게서만 나타나는 것이 아니라 모든 사람이 느끼는 흔한 감정이기 때문에 심각하게 우울한 사람들조차 우울증을 단순한 정서문제로 여기고 병원에 내원하기보다는 이를 스스로 이겨 내고자 노력한다. 그러나 우울장애는 죽음에도 이를 수 있는 치명적 장애가 될 수 있으므로 필요한 경우 내담자에게 병원 진료도 함께 고려하도록 안내하는 것이 바람직하다.

우울장애 환자를 대상으로 미술치료를 실시하다 보면 환자의 증상 변화를 느낄 수 없거나 매우 더디게 호전되어 미술치료사가 직업 소진을 경험하기도 한다. 때로 미술치료를 통한 치료 효과를 기대하기 어려운 경우를 만나기도 한다. 그러한 때에도 미술치료사는 길게 바라보면서 환자가 내딛는 작은 발걸음을 느낄 수 있어야 하며, 그렇게 묵묵히 치료에 임할 수 있도록 스스로를 단련해야 할 것이다.

참고문헌

권석만(2014). **현대이상심리학**. 서울: 학지사.

김기찬, 권명진(2014). 우울증. **전기의 세계, 63**(5), 43-50.

김동연, 공마리아, 최외선(2006). **HTP와 KHTP 심리진단법**. 대구: 동아문화사.

박철, 김성완, 이주연, 나현주, 이가영, 박지현, 배경열, 김재민, 신일선, 윤진상(2014). 정신의학적 약물치료에 대한 간호학 및 사회복지학과 대학생의 태도. **대한조현병학회, 17**(2), 86-92.

박현주(2011). **미술치료 진단기법의 이해**. 경기: 양서원.

박현주, 서명옥(2011). **미술치료의 매체활용법**. 서울: 학지사.

임은성, 홍진표, 우영섭(2018). 우울증 증상. (박원명, 민경준 편저). **우울증 교과서**(2판, pp. 24-109). 서울: 시그마프레스.

전순영(2011). **미술치료의 치유요인과 매체**. 서울: 하나의학사.

Cavanagh, J. T., Carson, A. J., Sharpe, M., & Lawrie, S.M. (2003). Psychological autopsy studies of suicide: A systematic review. *Psychological Medicine, 33*(3), 395-405. DOI: 10.1017/s0033291702006943

Julliard, K., Intilli, N., Rayn, J., Vollmann S., & Seshadri, M. (2002). Stress in family practice residents: An exploratory study using art. *Art Therapy, 19*(1), 4-11. DOI: 10.1080/07421656.2002.10129727

Manickam, L., & Sajani, V. (2016). Elements of drawing and depression among adolescents in Kerala, South India: An explorative study using a Person Picking a Mango from a Tree. *SIS Journal of Projective Psychology & Mental Health, 23*(1), 41-6.

Marcus, M., Yasamy, M. T., van Ommeren, M., Chisholm, D., & Saxena, S. (2012). Depression: A global public health concern. *World Health Organization paper on Depression*, 6–8.

Miodek, A., Szemraj, P., Kocur, J., & Ryś, A. (2007). Masked depression: History and present days. *Pol Merkur Lekarski, 23*(133), 78–80.

Morris, B. M. (1995). The diagnostic drawing series and the tree rating scale: An isomorphic representation of multiple personality disorder, major depression, and schizophrenia populations. *Art Therapy, 12*(2), 118-128. DOI: 10.1080/07421656.1995.10759142

Shrivastava, A., Johnston, M., & Bureau, Y. (2012). Stigma of mental illness-2: Non-compliance and intervention. *Mens Sana Monographs, 10*(1), 85-97. DOI: 10.4103/0973-1229.90276

10장

우울장애의 미술치료(상담소편)

우리 안의 블루

임정혁

필자는 상담센터에서 미술치료사로 근무하면서 여러 가지 삶의 문제를 가지고 찾아오는 사람들을 만났다. 학교생활 적응이 어려운 아동들과 그런 아동의 양육에서 노심초사하는 어머니들, 형제자매 간의 경쟁으로 상처받은 사람들도 있었고, 가족 갈등으로 힘겨워하는 사람들도 있었다. 직장 내의 인간관계 때문에 혹은 친구의 배신 때문에 흔들리고 아파하는 사람들도 있었다. 과거에 묶여서 앞으로 나아가지 못하며 괴로워하는 사람들도 있었고, 현실을 직면하기 어려워서 중독에 빠진 사람들도 있었다. 그리고 이 모든 사람의 마음의 기저에서 우울이라는 감정을 만날 수 있었다.

상담센터를 찾아온 사람들 중 열의 아홉은 지치고 우울한 표정이었다. 삶의 문제에서 우울은 마치 기본 옵션 같은 것인지도 모르겠다. 다만 그 우울의 색깔이 달라서 어떤 사람은 끝없이 분노하는 것으로 우울을 표현하고, 다른 사람은 무한히 절망하는 것으로 우울을 표현했다. 아동과 청소년에게서는 행동화하는 것으로 표현되는 우울을 볼 수 있었고, 성인에게서는 그들의 우울한 이야기를 시각화해서 볼 수 있었다.

미술치료만큼 우울을 표현하고 담아 두기에 최적화된 치료 양식이 있을까? 미술은 감정을 표출하는 데 최적의 도구이다. 이전에 그림을 잘 그리는 사람이든 아니든 일단 크레파스를 잡고 무엇이라도 그리기 시작하면 그 자체로 절반의 작업이 이루어진 것 같다. 우울해서 가라앉은 사람들은 그림도 쉽사리 시작하지 못한다. 하지만 그들이 점 하나라도 찍었을 때 마음에 작은 파동이 일기 시작하는 것 같다.

상담센터에서 개인 미술치료를 하면서 때로는 짧은 기간 동안(두세 달 이내인 것 같다) 내담자를 만나고, 가끔은 긴 기간 동안(이 경우에는 1년을 넘는다) 내담자를 만나게 된다. 그렇게 미술치료를 쭉 진행하고 나서 종결 즈음에 다시 되돌아보면 무엇보다 그림에서의 변화가 내담자의 성장과 회복을 그대로 비춰 주는 것 같다. 내담자들도 진짜 자신이 이렇게 그렸냐며 놀라워할 때가 많다.

미술작업을 하면서 눈물도 흘리고 이미지로 시각화한 자기 모습을 보며 새로운 깨달음도 얻어 가는 것은 특히 처음 시작할 때 우울한 마음이 컸던 내담자들일수록 더 많이 경험하는 것 같다. 물론 우울한 내담자들이 몇 달 혹은 1년 넘게 미술치료를 받고 나서 그 우울함을 완전히 떨치는 경우는 드물다. 하지만 우울한 감정이 전부였던 모습에서 다른 감정들도 경험하게 되고 우울은 자신이 느끼는 여러 감정 중 하나로 수용하는 변화를 보인다. 이러한 변화는 중요하다. 이전보다 조금 더 감정을 조절할 수 있게 되었다는 의미이기 때문이다. 감정을 외면하거나 억누르지 않고 그것 자체로 느끼면서 경험할 수 있게 되면, 더 이상 감정에 끌려다니지 않게 된다. 물론 그렇게 되기까지는 시간도 노력도 정성도 모두 필요하다.

이 장에서 필자는 오랫동안 기억에 남았던 내담자 2명과의 미술치료를 이야기하려고 한다. 두 사례 모두 상담센터에서 우울한 내담자를 만나 미술치료를 할 때 생각해 보아야 할 점을 던져 주었다. 그중 1명은 필자가 미술치료사로서 잘 돕지 못했던 게 아닌가 싶어서 깊이 고민했던 사례이고, 다른 1명은 미술치료라서 특히 더 도움이 되었겠구나 싶어서 뿌듯했던 사례이다. 두 경우 모두 미술치료를 시작하면서 치료 사례를 책이나 강의에서 나누어도 된다는 동의를 받았다.

1. 첫 번째 사례: 뜻밖의 소식을 안겨 준 내담자

지혜(가명) 씨는 필자와 만났을 때 20대 중후반이었는데, 스무 살부터 우울증 진단을 받고 입원과 퇴원을 반복했다. 현재는 대인기피와 선택적 함묵증까지 함께 보이고 있다고 했다. 지혜 씨는 아버지, 어머니와 함께 상담소를 방문했다. 치료 회기에 들어오기 전 대기실에서부터 지혜 씨의 아버지는 지혜 씨가 앉을 수 있도록 의자를 빼 주고, 목이 마른지 화장실이 가고 싶진 않은지 등을 매우 섬세하고 자상하게 챙겨 주고 있었다.

지혜 씨 어머니의 보고에 따르면(내담자는 선택적 함묵증을 앓고 있었기에 내담자의 언어적 보고는 기대할 수 없는 상황이었다), 지혜 씨는 매우 활발하고 주도적인 오빠와는 달리 어릴 적부터 다소 소극적이고 친구 사귀는 것을 힘들어했다고 한다. 어머니는 직장생활을 했고, 아버지가 집안 살림을 담당했기에 지혜 씨의 주 양육자는 아버지였다. 지혜 씨의 아버지는 신변 처리와 같은 기본적인 일뿐 아니라 지혜 씨에게 문제가 발생하거나 어려운 일이 생기면 언제 어디서든 나타나 해결해 주는 해결사였다. 그러나 지혜 씨가 고등학교에 진학하면서 아버지의 세밀함은 간섭과 답답함으로 여겨졌고, 지혜 씨의 대학 진학을 위해 아버지가 쏟은 지나친 압박과 과도한 기대감 역시 지혜 씨를 압박하는 요인이 되어 아버지와 부딪치는 일이 빈번하였다. 원하는 대학의 입학에 실패한 지혜 씨는 그때부터 조금씩 말수가 줄어들고, 밖으로 나가지 않으려 하며, 가족과의 대화도 피하고, 자꾸 우는 모습이 많아졌다. 그럴 때마다 아버지는 걱정되는 마음에 혼을 내거나 억지로 끌고 밖으로 나가 보기도 했지만 상황은 더 나빠졌다고 한다. 아버지가 지인의 회사에 억지로 취직을 시킨 후 지혜 씨의 상태는 급격하게 나빠졌는데, 출근한 지 3개월쯤 되었을 때 자신의 머리를 자르고 이상한 소리가 들린다면서 발작을 일으켜 처음으로 정신건강의학과 병원에 입원하게 되었다. 퇴원 후 지혜 씨는 말을 하지 않기 시작하며 잘 먹지도 않고 방에서 나오지 않으려 했다. 목이 늘어진 티셔츠와 헤어진 트레이닝 바지 외에 다른 옷을 입지 않으려 하며 씻지도 않고 방에서 누워만 있으려 하는 모습이 지속되는 상황이었다. 간혹 심하게 우울한 사람들 중에 정신병적(psychotic)인 모습을 보이는 경우도 있다. 지혜 씨가 이상한 소리가 들렸다거나 바깥 출입을 거부하고 옷 입기나 위생 관리가 엉망이 된 점은 그러한 면을 의심하게 한다. 다행히 지혜 씨는 정신건강의학과에서 약물치료도 계속 받고 있는 상황이었다. 추가적으로 심리적인 면을 좀 더 섬세하게 보듬어 줄 필요가 있다고 여겨져 미술치료를 받으면 어떨까 하고 부모가 상담센터로 데리고 왔다.

지혜 씨는 센터에 오는 것도 귀찮아했고 뭔가를 한다는 것 자체를 힘들어했다. 필자 역시 어디서부터 어떻게 시작해야 할지 막막하게 느껴지기도 했다. 처음 목표는 지혜 씨에게 미술치료실에 있어도 괜찮은 곳으로 느껴지게끔 한다는 것이었다. 그리고 조금 더 나아가 미술치료 시간이 무엇을 해도 되는 시간으로 여겨지도록 노력했다. 지혜 씨가 말이 없는 데다가 아무런 행동도 하지 않아서 어쩌면 지혜 씨가 필자를 관찰할지도 모르겠다는 희망을 품고서 필자가 먼저 미술작업을 해 보이기로 했다.

필자는 다양한 미술재료를 준비하고, (반응 없는) 지혜 씨와 함께 대화하듯이 그림도 그리고 만들기도 했다. 지혜 씨는 반응하지 않았지만 그래도 꾸준히 지혜 씨에게 의견을 묻기도 했고 설명을 하기도 하며 필자가 먼저 미술작업을 하며 즐겁게 노는 모습을 보여 주었다. 다행히 지혜 씨는 미술치료실을 나가려 하거나 다른 곳을 보지 않고 조금씩 더 오래 필자의 모습을 지켜보았다.

여러 시도와 노력에도 불구하고 특별한 반응 없이 지혜 씨의 목소리도 한 번 못 들어 본 채 4개월이 흘렀다. 그러던 어느 날 지혜 씨는 조금 늦게 매우 피곤한 모습으로 치료실에 들어왔다. 졸리냐는 질문에 지혜 씨는 필자를 쳐다보다가 고개를 끄덕였다. 필자가 "잠깐 엎드려서 눈 좀 붙이고 시작할까요?"라고 말하자 당황한 듯 눈을 크게 뜨더니 잠깐 머뭇거리다가 다시 고개를 끄덕였다. 필자는 쿠션을 넘겨 주면서 "15분만 쉬어요. 15분 뒤에 내가 깨울 거예요."라고 했다. 지혜 씨는 바로 엎드려 진짜로 잠이 들었다. 15분이 거의 다 되었을 때 필자가 깨우기 전에 지혜 씨가 먼저 눈을 비비며 일어났다. 괜찮냐는 질문에 지혜 씨는 처음으로 "네."라고 대답했다. 아! 필자는 이때 귀를 의심했다. 그리고 아주 짧은 순간 동안 고민했다. 우울하고 선택적 함묵증까지 있는 내담자로부터 4개월 만에 처음 들은 대답에 과연 뭐라고 대답해야 하는가? 많은 생각이 스쳐 갔지만 그 순간 가장 솔직하게 말했다. "지혜 씨, 대답해 줘서 고마워요."라고.

그 이후로 지혜 씨는 미술치료 시간에 조금씩 관심을 가지기 시작했다. '네' '아니

[그림 10-1] 자유화

요'와 같은 짧은 대답을 했고, [그림 10-1]과 같은 형태로 도화지에 뭔가를 그리기도 했다. 가끔은 점토를 만지작거리기도 했다. 감정반응도 조금 더 다양해졌고 필자의 행동이나 실수를 발견할 때는 소리 내어 웃거나 민망해하기도 했다.

30회기(약 8개월 정도 진행되었을 때) 즈음에는 자신이 원하는 것을 간단한 단어로나마 표현하기도 했다. 이를테면, 오려 낸 사진 이미지를 도화지에 붙이기 위해 필자를 바라보며 작은 목소리로 "풀."이라고 부탁했다. 지혜 씨는 사진을 사용해서 콜라주를 하는 것을 좋아했는데, 주제를 선택해서 작업을 해 나가기도 했다. [그림 10-2]는 내가 좋아하는 것이라는 주제로 여러 사진을 고르고 붙인 것이다. 사진을 고르면서 지혜 씨 얼굴에는 살짝 웃음이 깃들기도 했다.

미술치료 회기에서 이전보다 훨씬 더 생생한 반응을 보이던 이 무렵, 부모님은 지혜 씨가 집에서 생활하는 모습도 약간씩 변화가 생겼다고 했다. 하루 한 번씩 아파트 뒤편의 산책로를 걷고 온다든가(5분 정도 소요) 밥을 먹을 때에도 지혜 씨의 방이 아닌 식탁에서 함께 식사를 하는 등 긍정적인 변화를 보인다고 했다.

미술치료사로서 의욕도 더 생겼고, 앞으로도 더 호전될 수 있을 것이라는 희망이 생겼다. 그러던 중 지혜 씨는 갑자기 미술치료 회기에 나타나지 않았고 부모님과도 연락이 되지 않았다. 2~3일간 지속적으로 연락을 취해 봤으나 연락이 되지 않았다. 걱정도 되고 궁금했지만 다른 방도가 없으므로 연락이 오기를 기다려 보기로 했

[그림 10-2] 내가 좋아하는 것

다. 2주 정도의 시간이 지난 뒤 지혜 씨의 아버지로부터 전화가 왔다. 지혜 씨가 자살을 시도했고 그로 인해 현재 병원에 입원해 있기 때문에 앞으로 더는 미술치료를 받을 수 없노라는 간단한 통보전화였다. 지혜 씨와의 9개월간의 미술치료는 그렇게 종결되었다.

34회기라는 시간이 적다면 적은 시간이겠지만 만나는 시간 동안 필자는 미술치료사로서 최선을 다했다. 지혜 씨에게 집중하면서 그 마음을 공감하려고 노력하고 작은 변화를 놓치지 않기 위해 세심하게 관찰하며 혹시 필자의 개입이 빠르거나 늦은 것은 아닌지, 이렇게 우리가 보내는 한 시간이 지혜 씨에게 좋은 느낌으로 남을지, 궁극적으로 변화를 조금씩 이끌어 낼지를 늘 염두에 두고 그 시간들을 보냈다. 그래서 자살시도와 입원, 종결이라는 이 모든 상황이 너무 급작스럽게 느껴졌고 믿겨지지 않았다.

우울하고 가라앉은 내담자들이 갑자기 활발해지거나 들뜬 모습을 보이면 뒤이어서 좋지 않은 상황이 발생할 수 있다. 그런데 지혜 씨는 그런 경우는 아니었다. 그래서 더 답답하고 도대체 상황이 어떻게 된 것인지 알고 싶었다. 하지만 보호자에게서 연락이 오지 않는다면 필자가 어떻게 연락해 볼 수는 없는 노릇이었다.

그렇게 종결되었다. 아쉽고 슬펐다. 뭘 잘못한 것일까라는 생각이 남았고, 자살에 대한 전조를 읽지 못했던 것인지 아무리 되짚어 보아도 의심할 만한 순간들이 없었다. 들떠 보였던가? 공격적으로 느껴졌던 순간이 있었던가? 체념했다거나 모든 것을 놓아 버린 듯한 느낌이 있었던가? 여러 번 미술치료 회기 시간들을 떠올려 보았지만 이렇다 할 만한 그 무엇도 없었다. 아마 조금이라도 그런 징조가 보였다면 필자 역시 보호자에게 지혜 씨를 세심하게 보시라고 말했을 것이다.

우울한 마음 때문에 미술치료를 받으러 왔던 수많은 내담자 중에 유독 지혜 씨 이야기를 나누고 싶은 이유가 있다. 미술치료를 하다 보면 치료에 실패했다고 느껴지는 여러 가지 상황이 있기 때문이다. 그중에서도 가장 애매하고 의욕 상실을 가져오는 경우가 조금씩 반응을 보이고 좋아지던 내담자의 느닷없는 종결이 아닐까 싶다. 특히나 지혜 씨처럼 종결된 시기와 이유가 극적일수록 더 당황스럽고, 심하게는 치료사로서의 정체성까지 흔들리기도 한다.

필자는 지혜 씨와 종결하면서 처음 소진(burn-out) 상황을 경험했다. 정말 지친다는 느낌이 들었고, 정성을 쏟았던 시간들이 무의미하게 느껴졌다. 차라리 보호자가 찾아와서 따져 주기라도 하면 좋겠다 싶었다. 그러면 적어도 지혜 씨가 왜 '갑자기' 그렇게 했는지 이야기라도 들을 수 있을 것 같았다. 그리고 더 솔직하게는 필자의 치료 작업에 대해서 이야기할 수 있지 않았을까? 좌절스럽게 느껴지다가도 이런 마음이 들면 무엇하나, 부질없다 싶기도 했다. 어쩌면 그 당시에 필자는 그 어느 순간보다도 내담자와 내담자 보호자에게 투사적 동일시를 하고 있었다는 생각이 든다. 지혜 씨도 그렇게 노력하다가 어느 시점에서 좌절스럽고 무의미함을 느꼈던 것일까? 보호자도 누군가와 따지고 싶었을 것이고 정말 지친다는 마음이었을 것이다.

때로 머리로는 그런 것을 충분히 알겠지만 힘을 낼 기운조차 없어서 실행하지 못할 것같이 느껴질 때가 있다. 필자는 그 상황을 이겨 내기 위해 동료 슈퍼비전과 개인 상담을 받기 시작했다. 시간이 걸리기는 했지만 다시금 힘을 낼 수 있게끔 회복하게 되었다. '할 수 있는 것이 없구나'라는 느낌은 우울한 내담자를 만나는 미술치료사로서 피해 갈 수 없는 것인 듯하다. 그럼에도 불구하고 우리가 할 수 있는 것은 최선을 다하는 마음이다.

미술치료사로서 치료 회기에 최선을 다해 열심히 노력하지만 결코 치료의 결과까지 보장되는 것은 아니다. 그래서 그저 '지금-여기(here and now)'로 현재의 내담자에게 집중하고 그 상황에서 할 수 있는 최선을 다하는 것이 우리가 할 수 있는 최상일 것이다.

2. 두 번째 사례: 자기 안의 해답을 그림으로 그린 내담자

미영(가명) 씨는 전문직에 종사하는 30대 초반의 미혼 여성이다. 미영 씨는 지속적으로 가슴이 눌리는 듯한 통증과 불면으로 인해 병원을 찾아갔다가 심리적인 요인이 의심되는 신체화 증상이 수반된 급성 우울증으로 진단받아 약물과 심리치료를 병행하도록 처방을 받고 미술치료를 시작하게 되었다.

미영 씨는 초기 2회기가량은 우울증 진단을 받은 것이 맞는가 싶을 정도로 치료사가 말을 꺼내기 어려울 만큼 자신의 이야기를 쏟아 냈다. 이야기의 핵심은 어릴 때부터 지금까지 자신이 어떻게 살아왔는지에 대한 것이었다. 미영 씨의 가족은 부모님과 미영 씨, 미영 씨와 1년도 채 차이가 나지 않는 연년생 남동생의 네 식구였다. 욕심이 많았던 미영 씨는 남동생보다 무엇이든지 잘하려고 노력해 왔고 실제로도 모든 면에서 뛰어난 결과를 보였지만, 아버지에게만은 항상 동생보다 인정받지 못해 억울함을 느끼며 살아왔다고 했다. 아버지는 미영 씨가 고등학교 시절에 고3 입시생인 자신보다 고2인 동생의 진로에 더욱 관심을 보이며 동생의 학교에는 여러 번 찾아가 상담했지만 미영 씨의 학교에는 단 한 번도 찾아오지 않았는데, 미영 씨는 이런 아버지의 모습에 크게 섭섭함을 느꼈다. 그래서 그 이후로 더 이상 아버지에게 인정받으려 노력하기보다 오히려 아버지를 피하고 싶은 마음이 커졌고, 지방 대학으로 진학하여 집에서 떨어져 혼자 기숙사 생활을 하게 되었다. 대학 졸업 후 다시 서울로 올라와서 직장생활을 하면서 부모님과는 따로 거주하며 가끔 주말에 부모님을 뵙고 있었다.

[그림 10-3]은 자신의 과거 이야기 털어놓기를 끝낸 미영 씨가 처음으로 그린 그림이다. "지금의 나 자신을 생각하면 어떤 이미지가 떠오르나요?"라는 주제였다. 미영 씨는 자신의 그림을 보면서 '뭔가 피를 흘리고 서 있는 나무 같다'고 했다. 그림 속 이미지는 이제까지 격정적으로 자신의 이야기를 하던 모습과는 전혀 동떨어진 듯한 모습이었다. 나무는 상처 입은 것 같았고 헐벗어 보였다. 화려한 언변 뒤에 마음이 이러한 모습으로 가려져 있었던 것일까?

"요즘…… 너무 외로워요……. 저만 항상 혼자인 것 같아요. 사람들은 다들 웃고 떠들고 항상 같이 즐거운데…… 저는 계속 외로워요……. 가끔은 친구도 만나고, 매

[그림 10-3] '나'를 떠올려 봄

주는 아니지만 주말에는 부모님도 만나요. 또 때로는 직장 동료들과 저녁을 먹거나 회식에 참석하기도 하죠……. 그런데 사람들과 함께 있을 때는 왠지 저 스스로 저 자신이 아닌 다른 사람이 되어 앉아 있는 것 같아요. 긴장되고, 편하다고 느끼질 못해요. 그러다가 사람들과 헤어져 혼자 있게 되면 편하게 느껴지는 건 잠깐? 바로 외로움이 밀려와요. 오히려 사람들을 만나고 나면 내가 뭔가 실수를 했을 것 같아 불안하기도 하고 그래서 더 힘이 들기도 하고…… 근데 또 혼자가 되면 외롭고…… 왜 저는 어디서도 즐겁지 못한 걸까요? 전 그냥 항상 외로워요……."

그림을 그리고 나서 미영 씨의 이야기는 좀 더 느려졌고 목소리도 더 가라앉았다. 아마도 누군가 미영 씨의 목소리 톤만 들었다면 같은 시간 안에 이야기한 것처럼 느껴지지 않을 것이다. 필자는 미영 씨에게 나무의 인상과 느낌을 반영해 주었다. 나뭇잎이 떨어지는 나무는 마치 눈물을 흘리는 것 같았다. 화면 우측의 빈 공간에 붉은 흔적은 뭔가를 그리려고 한 것이 아니라 우연히 묻은 것이었지만 핏방울 같기도 했고 단풍잎 같기도 했다. 우리는 그 빨간 부분에 대해 이야기를 나누면서 갈색 그림에서 빨강이 주는 생동감이 실제 삶에서는 무엇이 될 수 있을까 찾아보기로 했다.

그 이후로 이어지는 회기들에서 우리는 감정에 대해 초점을 맞추는 작업을 계속해 나갔다. 미영 씨에게 있어서 감정은 '누구에게도(심지어는 자신에게조차) 보여서

[그림 10-4] 감정 그림

는 안 되는 것'에 가까웠다(그림 10-4 참조). 미영 씨는 그림을 그리면서 처음에는 빨간색과 주황색, 노란색을 사용해서 선을 그렸는데, 그러다가 갈색과 검정으로 그 선을 덮기 시작했다. 어두운 파란색으로 물결 같은 경계선을 그린 뒤 다시 검정색으로 전체를 덮어 버렸다. 미영 씨는 자기 작품을 설명하면서 바다 아래에 쌓여 있는 쓰레기 더미와 같다고 설명했다. 사람들이 각종 쓰레기와 오물을 바다에 던져도 바다가 그 모든 것을 다 품고 보여 주지 않을 때 아름답다고 하는 것 아니겠냐며, 자신의 감정도 그것과 비슷하다고 했다.

필자는 미영 씨가 느끼는 그러한 기분과 감정을 공감하려고 애를 쓰는 한편, 감정이라는 것이 '타인과 나눌 수도 있고 나 스스로 혼자 들여다볼 수도 있는 것'이 되도록 이끌었다. 타인과 나눌 수 있는 것으로 연습하기 위해 필자가 선택한 방법은 번갈아 그리기였다. 필자는 미영 씨에게 우리가 한 번씩 번갈아 가며 그림으로 감정을 나누어 보자고 제안했다. 미영 씨도 흥미를 보였고, 다양한 재료를 사용하여 서로 번갈아 그리기를 했다. 이 방법을 사용하면서 우리는 가끔 둘이서 크게 웃기도 하고 때로는 조용히 진지한 표정으로 자기 차례를 기다리기도 했다.

번갈아 그리기를 변형해서 이어 그리기를 했을 때도 있었다. 그렇게 그림작업을 한 이후에는 작업하면서 어땠는지, 무슨 기분이 들었는지, 떠오르는 것은 무엇인지, 실생활에서 이것과 비슷한 느낌이 든 기억이 있는지, 어떤 의미로 느껴지는지 등에 대해 이야기를 나누었다.

또 다른 변형 기법으로 한 화면에 함께 그리기를 하기도 했다. 이러한 작업들을 계속하면서 미영 씨의 감정에 대해서도 이야기를 나누고, 미영 씨가 가진 태도와 신념에 대해서도 이야기를 나누었다. 항상 '잘해야 한다'는 강한 신념을 가진 미영 씨의 마음에 도전하기 위해 왼손 그리기도 했고, 서로의 그림을 바꿔 그리기도 했다. 이러한 작업을 하면서 미영 씨는 실수와 실패에 대한 자기 느낌을 더 많이 나누었고, 실제 생활에서 그렇게 실패로 느껴지는 것들을 조금 더 다른 각도로 바라볼 수 있게 되었다.

미술치료를 시작한 지 6개월쯤 지났을 때 미영 씨는 자신의 외로움과 우울의 원인이 채워지지 않는 '인정 욕구'에서 발생하는 것 같다고 했다. 인정받지 못한다고 느껴질 때 미영 씨는 번번이 회피하거나 도망쳤다고 한다. 자신이 가진 해결책은 고3 때 아버지로부터 도망쳤던 그 방법 그대로인 '회피'를 사용하는 것뿐이라고 했다. 회피하는 것으로는 인정 욕구를 해결하지 못할 뿐 아니라 대인관계에서 어려움도 더 커진다는 것을 알고 있었다.

우리는 회피 대신 다른 방법을 추가하기로 했다. 어떤 방법을 찾아야 할지 고민하면서 그림작업을 해 보았다. 미영 씨에게 "회피 상황 또는 그 장면을 상징적으로 그려 보세요."라고 제안했더니 미영 씨는 오른쪽에 어둡고 무거운 뾰족한 삼각형들을 그렸고, 왼쪽에는 작은 동그라미가 혼자 뚝 떨어진 모습으로 있는 그림을 그렸다(그림 10-5 참조). 그런 뒤 오른쪽 삼각형들은 자신을 인정해 주지 않는 사람들과 문제들이고, 왼쪽의 동그라미는 도망치는 자신이라고 했다.

이미지로 만드는 작업을 충분히 한 뒤에 여기서 변화시키고 싶은 부분을 변화시켜 보라고 했다. 그랬더니 미영 씨는 삼각형은 전혀 신경 쓰지 않았고, 동그라미에 집중해서 그 주변을 따스한 색으로 덧칠해 주었다. 그림을 완성하고 나서 이야기를 나누는 과정에서 미영 씨는 자신이 찾은 해결책에 대해 스스로 놀라워했다. 사실 이전까지는 타인과의 관계에서 인정받지 못한 욕구를 해결하고자 다른 관계에 급하게 뛰어들곤 했다는 것이다. 그런데 그런 방법으로는 오히려 더 깊은 상처를 받기도 했다고 한다. 필자는 미영 씨에게 그림에서의 해결책은 또 다른 삼각형을 그리는 게 아니었다고 조심스럽게 말을 꺼냈다. 미영 씨는 맞다고 하면서 진짜 좋은 해결책은 (마치 동그라미 주변을 따스한 색으로 둘러 준 것처럼) '자기 스스로를 사랑하고 인정하는 것'이라고 말했다.

[그림 10-5] 회피 상황

미술치료를 공부하면서 문제해결의 답은 우리 안에 이미 존재한다는 말을 듣곤 했다. 그런데 미영 씨의 경우는 정말 그러했다. 이미 그 안에 해답이 존재하는데 다만 그 답을 볼 수 있는 통로가 없었던 것 같다. 미술치료 시간에 이미지 작업을 하면서 그 해답이 볼 수 있게끔 '외현화'된 형태로 나온 것 같았다.

스스로를 사랑하고 인정하는 다양한 방법과 시도 중 하나로 필자는 미영 씨에게 '자신에게 선물하기'를 제안했다. 인정받지 못하는 상황에서 발생하는 주변의 시선과 의견을 지적과 비난으로 받아들이는 습관으로 인해 미영 씨는 자기 자신에게 매우 엄격했다. 어느 날 우울한 표정으로 치료실에 들어온 미영 씨는 자신이 우울해진 이유를 설명했다. 치료실에 들어오기 직전에 평소에는 너무 비싸서 들어가지도 않았던 커피 체인점에 갑자기 들어가고 싶은 마음이 생겼고, 충동적으로 들어가 6천 원이 넘는 음료를 샀다고 한다. 자신은 커피를 그리 좋아하지도 않으면서 너무 비싼 커피를 사는 사치를 부렸다는 죄책감이 들었고, 겨우 이깟 커피에 죄책감이 드는 자신을 바라보며 '서글프다'는 감정까지 생겨서 우울한 마음이 밀려왔다고 했다.

필자는 우선 스스로 감정을 솔직하게 느끼고 표현한 미영 씨의 모습을 공감하고 격려해 주었다. 그리고 더 나아가 다음 회기까지 일주일 동안 '만 원의 행복 프로젝트'를 해 보자고 제안하였다. 하루 만 원이라는 금액을 정해 두고 소비하는 것이다. 그런데 그 소비는 꼭 필요한 물품을 사는 것은 해당되지 않는다. 오늘 샀던 커피처럼 필요에 의한 것이 아니라 평소 절대 돈을 안 쓰게 되는 물건, 예를 들어 눈에 띄는 모양의 머리핀, 써 보지 않은 색깔의 립스틱 등을 하나씩 스스로에게 선물하는 것이다. 심지어 한번 해 보고 어울리지 않거나 마음에 들지 않는 경우 버려도 되며, 그렇지만 아까워하지 않도록 노력해 보라는 미션도 함께 제시하였다. 이는 인정의 욕구를 주변에서 채우기 이전에 자기 스스로 자신을 인정하는 과정을 통해 자존감을 회복하고 자기가 자신을 먼저 사랑함으로써 자발적 인정 욕구를 채울 수 있도록 유도한 과제이기도 했다.

미영 씨에게 이 프로젝트는 의미 있는 결과를 낳았다. 일주일 후 다음 회기에서 만난 미영 씨는 10개월이 다 되어 가는 기간 중에 가장 밝은 모습으로 웃으며 자신의 일주일을 나열하였다. 처음 이틀은 돈이 너무 아까워 뭐 하는 짓인가 화가 났고, 다음 이틀은 신기하게 무엇을 사 볼까 생각하면서 즐거움을 느꼈다고 했다. 5일째 되는 날, 이전에 바르지 않던 화려한 색깔인 진달래색에 가까운 진한 핑크빛 립스틱을 사서 혼자 바르던 미영 씨는 갑자기 눈물이 터져 나왔고, 한참을 소리 내어 엉엉 울고 난 후 알 수 없는 '개운함'을 느끼며 오랜만에 너무나 편안하게 잠이 들었다고 했다. 남은 이틀은 가슴이 아프지만 행복한 마음으로 자신을 위한 선물을 골랐고, 미술치료를 받으러 온 날에는 필자와 자신을 위해 일주일 전 자신이 샀던 커피와 같은 종류의 커피 두 잔을 들고 나타났다.

필자는 이 모든 경험이 미영 씨의 이미지에서 시작된 것임을 다시 상기시켜 주었다. 자신 안에 있는 해답이 자신에게 새로운 경험의 장을 열어 준 것이라고 말해 주었다.

이후 미영 씨는 천천히 용기를 내어 자신에게 우울의 시작 사건이라 할 수 있는 아버지와의 관계를 개선하기로 마음먹고 아버지에게 자신의 마음을 털어놓았다. 물론 쉽지 않았고 미영 씨 아버지 또한 아버지의 감정과 과거를 되돌아보는 아픔을 겪어야 하는 어려운 시간도 있었으나, 부녀는 조금씩 서로를 향해 마음의 문을 열고 다가가 주었다.

미영 씨는 그 이후로도 이미지 작업을 충실하게 해 나갔다. 약 1년여간의 미술치료를 종결하면서 그렸던 감정 그리기(그림 10-6 참조)도 그러한 이미지 작업 중 하나이다. 여러 색의 동그라미들이 자신의 감정을 상징하고, 또 한편으로는 미영 씨 자신을 상징한다고 했다. 그 각각의 색을 있는 그대로 인정하고 수용하면서 어느 하

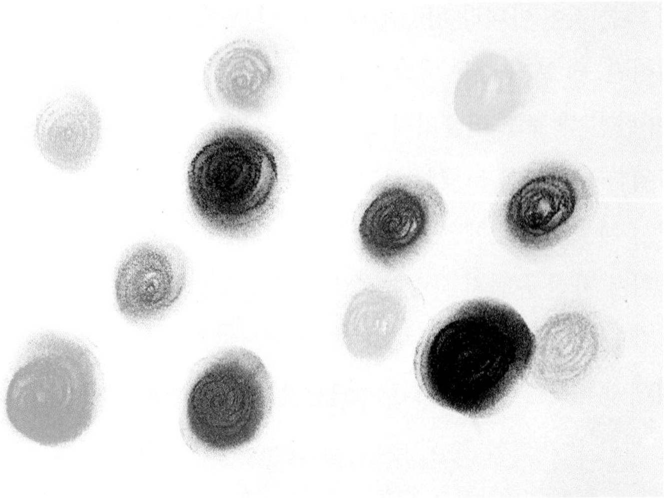

[그림 10-6] 종결 시점에서 다시 그려 본 '감정' 그리기

나만 경험하는 게 아니라는 말을 덧붙였다. 필자는 언젠가 미영 씨가 그렸던 회피 그림을 가져와서 나란히 비교해 주었다. 회피 그림 속에서도 미영 씨는 동그라미로 묘사되어 있었다. 이제는 훨씬 더 크고 다양하며 여러 가지 색으로 존재하는 미영 씨를 볼 수 있었다. 미영 씨 자신도 "제가 저렇게 자신을 묘사했군요." 하면서 잔잔한 미소를 띠었다. 그리고 앞으로 어떤 힘든 순간이 오면 그림을 통해 메시지를 보겠노라고 했다. 필자는 미영 씨의 새로운 시도와 노력을 축하하며 잘 할 것으로 믿는다고 격려해 주었다. 그렇게 우리의 미술치료 여정은 끝을 맺었다.

3. 맺는 말

필자는 이 장에서 힘들고 어려웠던 순간을 안겨 준 내담자와의 시간과 뿌듯하고 행복하게 종결했던 내담자와의 시간을 나누었다. 미술치료를 하다 보면 좌절을 버텨 내야 하는 순간도 찾아오고 보람과 의의를 느끼는 순간도 찾아온다. 좋은 변화를 보여 주기 전에 치료적 만남이 종결되기도 하지만 기본적으로 필자가 믿는 것은 변화 가능성에 대한 희망이다. 사람들은 변화될 수 있고, 이전보다 조금 더 좋은 방향으로 성장하고 성숙해 간다. 미술치료 시간에 내담자들이 그리는 그림과 그들이 만드는 작품들은 어느 쪽으로 움직여야 하는지 방향을 알려 주는 나침반이다. 우울한 내담자와 만나게 되었을 때 어떻게 그들의 고통과 아픔을 담아 주며 힘든 시간을 버텨 줄 수 있을 것인가 하는 점은 매번 미술치료사로서 도전받는 부분이기도 하다. 그 도전들이 미술치료사를 압도하기도 하고 더 깊게 성장시키기도 한다.

불안장애

Anxiety Disorders

Mental Disorders
and Art Therapy
Written by 11
Art Therapists

불안장애Anxiety Disorders

불안장애의 종류

분리불안장애 Separation Anxiety Disorder	애착대상과 떨어지는 것에 대해서 심한 불안과 공포를 느낀다.
선택적 함묵증Selective Mutism (선택적 함구증, 선택적 무언증)*	말을 할 수 있음에도 불구하고 지속적으로 말을 하지 않는다.
특정공포증Specific Phobia	특정 동물, 상황, 자연적 환경에 대한 비합리적 두려움과 회피 행동을 보인다.
사회불안장애Social Anxiety Disorder (사회공포증Social Phobia)**	다른 사람들과 상호작용하는 사회적 상황을 두려워하여 회피한다.
공황장애Panic Disorder	예기치 못한 공황발작을 반복적으로 경험하는 장애이다.
광장공포증Agoraphobia	특정 장소나 상황에 노출되는 것에 대해 심한 공포를 느낀다.
범불안장애Generalized Anxiety Disorder (일반화된 불안장애)*	여러 가지 사건과 활동에 대해 과도한 걱정을 한다.

* 명칭 번역자에 따라 해당 명칭도 사용한다.

** DSM-5에서 병행해서 사용하는 명칭이다.

분리불안장애의 진단기준(DSM-5)

A. 애착대상과 분리되는 것에 대한 공포나 불안이 발달 수준에 비해 부적절하고 지나치며, 다음 여덟 가지 증상 중 3개 이상을 보인다.

1. 집 혹은 주요 애착대상과 분리될 때 반복적으로 심한 고통을 경험한다.
2. 주요 애착대상을 잃게 되거나 애착대상에게 해로운 일(질병, 부상, 재난, 혹은 죽음)이 일어날까 봐 지속적으로 불안하고 두려워한다.
3. 좋지 못한 뜻밖의 일(길을 잃거나 납치, 사고)이 생겨서 주요 애착대상과 분리될까 봐 지속적으로 과도하게 염려한다.
4. 분리에 대한 공포 때문에 집을 떠나서 학교나 직장 혹은 다른 장소로 가는 것을 주저하거나 거부한다.
5. 집이나 다른 장소에서 주요 애착대상 없이 혼자 있는 것을 지속적으로 과도하게 주저하거나 두려워한다.
6. 집을 떠나 잠을 자는 것이나 주요 애착대상이 없는 곳에서 자는 것을 지속적으로 과도하게 주저하거나 거부한다.

7. 분리 주제와 연관된 악몽을 반복적으로 꾼다.
8. 주요 애착대상과 분리될 때 신체증상(두통, 복통, 메스꺼움, 구토)을 반복적으로 호소한다.

B. 공포, 불안, 또는 회피 반응이 아동/청소년은 4주 이상, 성인은 6개월 이상 지속된다.

선택적 함묵증의 진단기준(DSM-5)

A. 다른 상황에서는 말을 할 수 있음에도 불구하고 말을 해야 하는 특정 사회적 상황(예: 학교)에서 지속적으로 말을 하지 않는다.
B. 이 문제로 인해 학업 성취, 직업상 성취나 사회적 의사소통에 방해를 받는다.
C. 증상은 최소 1개월 이상 지속된다(학교 입학 후 첫 한 달은 포함하지 않는다).
D. 말하지 못하는 이유가 해당 언어를 잘 모르거나 언어 사용이 편하지 않아서는 아니다.

특정공포증의 진단기준(DSM-5)

A. 특정 대상이나 상황(예: 비행기 타기, 높은 곳, 동물, 주사 맞기, 피를 보는 것 등)에 대해 심한 공포나 불안을 느낀다.
B. 공포 대상/상황은 거의 항상 즉각적으로 공포나 불안을 유발한다.
C. 공포 대상/상황을 적극적으로 피하거나 혹은 심한 공포나 불안을 느끼면서 참는다.
D. 그러한 공포나 불안이 실제 위험에 비춰 보거나 사회문화적 맥락으로 보더라도 심하다.
E. 공포, 불안 또는 회피가 전형적으로 6개월 이상 지속된다.

-공포 자극별 분류-

동물형(거미, 곤충, 개), 자연환경형(높은 곳, 폭풍, 물), 혈액-주사-상처형(바늘, 침투적 의료시술), 상황형(비행기, 엘리베이터, 폐쇄된 공간), 기타(숨 막히거나 구토를 유발하는 상황, 아동의 경우 큰 소리 또는 특정 복장을 한 코스튬 캐릭터)

사회불안장애의 진단기준(DSM-5)

A. 타인이 자신을 관찰할 수 있는 사회적 상황을 심하게 두려워하거나 불안해한다. 상황의 예로는 사회적 상호작용(대화하기, 낯선 사람 만나기), 관찰을 당하는 상황(먹거나 마실 때), 다른 사람 앞에서 수행하기(발표) 등이 있다.

B. 다른 사람에게 부정적으로 평가되는 쪽으로 행동하거나 불안 증상을 보일까 봐 두려워한다(예: 자신이 창피하거나 당황스럽게 된다든가 혹은 거부당함, 다른 사람을 기분 나쁘게 함).

C. 이러한 사회적 상황은 거의 항상 공포나 불안을 불러일으킨다.

D. 사회적 상황을 적극적으로 피하거나 혹은 심한 공포나 불안을 느끼면서 참는다.

E. 그러한 공포나 불안이 실제 위험에 비춰 보거나 사회문화적 맥락으로 보더라도 심하다.

F. 공포, 불안, 회피가 전형적으로 6개월 이상 지속된다.

공황장애의 진단기준(DSM-5)

A. 예기치 못한 공황발작이 반복되며, 공황발작은 갑자기 급증하는 강렬한 공포 또는 극심한 고통이 몇 분 내에 최고조에 이르며, 다음 열세 가지 증상 중 4개 이상이 나타난다.

1. 심계항진, 가슴 두근거림, 심장박동이 빨라짐
2. 발한. 진땀을 흘림
3. 몸이 떨림
4. 숨이 가쁘거나 막히는 느낌
5. 질식할 것 같은 느낌
6. 가슴의 통증이나 답답함
7. 메스꺼움이나 복부 통증
8. 어지럽거나 현기증이 나거나 기절할 것 같은 느낌
9. 한기 또는 열감
10. 이상 감각(무감각 또는 얼얼한 느낌)
11. 비현실감 또는 이인증(자기 자신과 분리된 듯한 느낌)
12. 자기통제를 상실하거나 미치지 않을까 하는 두려움
13. 죽을 것 같은 공포

B. 그러한 발작 이후에 다음 중 하나 혹은 두 조건 모두를 1개월 이상 만족시키는 일이 한 번 이상 발생한다.

1. 추가적인 공황발작이나 공황발작의 결과(예: 통제를 잃음, 심장마비, '미치지 않을까' 등)를 걱정한다.

2. 발작과 관련된 행동에 현저하게 부적응적 변화가 발생한다(예: 공황발작을 피하기 위해 운동을 하지 않게 된다든가 친숙하지 않은 곳을 피한다).

광장공포증의 진단기준(DSM-5)

A. 다음의 다섯 가지 상황 중 2개 이상의 상황에서 현저한 공포나 불안을 느낀다.
   1. 대중교통을 이용하는 것(예: 자동차, 버스 기차, 배, 비행기)
   2. 개방된 공간에 있는 것(예: 주차장, 시장, 다리)
   3. 밀폐된 공간에 있는 것(예: 상점, 실내공연장, 영화관)
   4. 줄을 서거나 많은 군중 속에 있는 것
   5. 집 밖에 혼자 있는 것

B. 이러한 상황을 두려워하거나 회피하는 이유는 공황발작과 유사한 증상 또는 어떻게 할 수 없거나 당황스러운 증상이 생겼을 때 도움을 받을 수 없거나 그 상황을 벗어나기 힘들 것이라고 생각하기 때문이다.

C. 광장공포 상황은 거의 항상 공포나 불안을 유발한다.

D. 광장공포 상황을 적극적으로 피하거나 다른 사람이 옆에 있어야 하며 혹은 심한 공포나 불안을 느끼면서 참는다.

E. 공포, 불안 또는 회피가 전형적으로 6개월 이상 지속된다.

범불안장애의 진단기준(DSM-5)

A. 수많은 일상활동(직장에서의 일이나 학업 수행)에 대해 과도하게 불안하거나 걱정한다. 걱정하지 않는 날보다 걱정하는 날이 더 많은 상태가 최소 6개월 이상 지속된다.

B. 걱정을 통제하기가 어렵다.

C. 불안과 걱정은 다음 여섯 가지 증상 중 3개 이상과 관련된다. 아동의 경우는 1개 이상이다.
   1. 안절부절못하거나 긴장하고 초조함
   2. 쉽게 피로해짐
   3. 집중하기 힘들거나 멍해지는 느낌
   4. 짜증을 잘 냄
   5. 근육의 긴장
   6. 수면문제(잠들기 어렵거나 유지 곤란, 불만족스러운 수면)

11장

불안장애의 미술치료

흔들림과 떨림을 감싸 주는 미술의 힘

주리애

불안은 우리 삶에서 매우 가까이 있다. 시험이나 면접을 앞두고 긴장하거나 나쁜 결과가 생길까 봐 걱정하는 것, 높은 곳이나 좁은 곳 혹은 무서운 것을 보며 두려워하는 것까지 불안은 광범위하고 다양한 형태로 존재한다. 차츰 불안이 커지는 경우도 있고 어느 날 문득 불안이 크게 자리 잡는 경우도 있다. 구체적인 사건 때문에 불안이 문제가 되는 경우도 있고, 추정되는 스트레스는 있지만 구체적 사건이 없는 경우도 있다. 필자가 만났던 한 삼수생 내담자는 학원에서 공부하던 어느 날 갑자기 불안이 너무나도 크게 밀려와서 그 이후로 아무것도 할 수 없다며 정신건강의학과를 찾았다. 또 어떤 내담자는 칼에 찔리는 사고를 당한 후 칼만 보면 다리에 힘이 풀리고 주저앉게 되며 가슴이 벌렁거릴 정도로 불안을 느꼈다.

불안장애의 유병률[1]이나 정신문제의 발생 빈도별 순위[2]를 언급하지 않더라도

1) 불안장애 유병률은 우리나라에서 8.7%, 미국에서 17.7%로 정신장애 유병률 중 상당히 높은 편이다(대한신경정신의학회, 2017).

2) 불안은 미국 여성의 정신건강의학적 문제 중 첫 번째로 많은 문제이며, 미국 남성에게는 알코올 문제 다음으로 두 번째로 많은 문제이다(Chambala, 2008).

우리 주변을 둘러보면 불안으로 고통받는 사람들이 드물지 않다는 것을 알 수 있다. 병원이나 상담소에 오지 않고 높은 불안을 견디며 사는 사람들까지 모두 조사한다면 그 수치는 훨씬 더 높아질 것이다. 불안이 있기 때문에 사람은 자신의 안전을 도모하게 된다. 그러한 긍정적 영향도 있지만 불안이 지나쳐서 그 개인의 삶을 제한하고 고통스럽게 만든다면 전문적인 도움을 받을 필요가 있다.

1. 불안장애의 미술치료

불안장애 환자/내담자는 대체로 치료 동기가 높고 치료사와 협조적인 관계를 유지한다. 구체적인 치료 목표가 있으므로 치료 개입도 구체적이고 지시적인 편이 도움이 된다. 근거기반 치료 추세에서 불안장애를 해결하려는 미술치료 접근은 인지행동 미술치료(Cognitive-Behavioral Art Therapy: CBAT)가 주된 방식이다. 그런데 불안의 문제에 성격 요소나 가족 문제가 깊숙이 관련되었다면 정서적인 면이나 관계를 다루어 줄 수 있는 접근이 필요하다.

인지행동 미술치료는 치료 개입 방식이나 기간에서 다음과 같은 특징을 가진다. 첫째, 구체적인 지시와 설명을 제공하는 구조화된 회기를 주로 제공한다. 내담자가 경험하는 불안의 특성을 설명하고 그것에 대응하는 조절 방략을 소개하며, 미술치료 기법이 어떻게 도움이 되는가에 대해서도 충분히 이해할 수 있게 설명해 준다. 미술치료 기법을 실시할 때에도 구체적인 방법을 제시한다. 한 회기 내에서의 시간 배분이나 예상되는 전체 치료 회기에 대해서도 안내해 준다. 대체로 계획된 스케줄에 따라서 진행되며 미리 안내해 주기 때문에 내담자는 앞으로 어떻게 진행될지 예상할 수 있다. 둘째, 내담자의 과거사나 성격 역동에 초점을 맞추기보다는 당면한 문제를 해결하기 위한 구체적 개입과 전략의 실시, 효과 평가에 초점을 맞춘다. 셋째, 치료 기간은 8~12주 사이로 비교적 단기간 진행된다. 예를 들어, 뉴욕의 정신병동에서 입원 환자를 대상으로 불안을 완화하기 위한 미술치료를 했던 Amanda Chambala(2008)는 8주간의 미술치료를 계획하고 진행했다. 넷째, 내담자에게 치료와 관련해서 숙제를 부여한다. 숙제는 내담자가 미술치료 회기에서 도움받았던 방법을 사용하며 스스로 관리할 수 있도록 해 주는 연습 장치이다. 치료 기간 동안에는 회기와 회기 사이에 혼자 버텨야 하는 시간을 견디게 돕고, 치료 종결 이후에는 치료 효과를 유지하게 해 줘서 단기치료의 한계를 줄여 준다.

2. 불안장애의 미술치료 연구

불안장애의 미술치료 연구는 인지행동적 기법에 미술작업을 결합한 사례 보고로부터 시작되었다(Rosal, 2012). 미술치료사 Rosal은 1980년대와 1990년대에 인지행동 미술치료 문헌을 개관하면서 여러 종류의 행동적 기법에 미술작업을 결합한 것을 소개했다. 예를 들어, 실제 노출(in vivo exposure)이나 단계적 둔감화, 범람법, 이완 훈련, 현실 조성 등의 인지행동 기법에 미술작업(예: 이미지를 떠올리거나 직접 그리기, 마스크 제작 등)이 결합되었다.

2000년 이후에는 개별 미술치료 기법이 치료 효과가 있는지를 알아보기 위해 처치집단과 비교집단을 설정하고 이 집단에 피험자를 무선할당한 뒤 결과를 비교하는 실험 연구가 주류를 이루었다. 대표적인 연구 주제로는 미술작업을 하는 것이 미술 감상을 하는 것보다 불안을 줄이는 데 도움이 되는가, 구체적인 미술작업은 불안을 줄이는 효과가 있는가 등이다.

Bell과 Robbins(2007)는 미술작업을 하는 것이 불안에 어떠한 영향을 주는지를 실험을 통해 검증했다. 50명의 연구 참가자를 무선할당을 통해 두 집단으로 나누고, 한 집단은 미술 창작 작업을 하고 다른 집단은 미술 감상을 하도록 했다. 그 결과, 창작 작업을 한 집단의 불안과 정서가 미술 감상만 한 집단에 비해 현저하게 좋아졌다. Bolwerk 등(2014)의 연구에서도 미술을 감상만 하는 것보다는 직접 미술작품을 창작하는 것이 훨씬 더 유익한 효과가 있다고 했다(이들은 은퇴한 성인을 대상으로 연구했으며 회복탄력성과 두뇌의 기능 연결성에서의 변화를 평가했다). Sandmire 등(2012)도 시험을 일주일 앞둔 대학생을 대상으로 미술작업을 하는 집단과 휴게실에서 쉬는 집단으로 나누어 불안의 변화를 측정했다. 그 결과, 미술작업을 한 집단에서만 유의미하게 불안이 감소했음을 확인했다. Abbott 등(2013)은 활동 종류(예술적 vs. 비예술적)와 대처방식(적극적 vs. 소극적)으로 네 가지 조건을 만들어서 스트레스 수준이 감소되는 정도를 비교했다. 그 결과, 미술재료를 사용해서 그림 그리기를 했

던 조건(예술적-적극적)에서 스트레스 감소량이 최대로 나타났다.[3)]

또 다른 연구에서는 미술작업을 할 때 지시를 구체적으로 구조화해서 주는 것이 더 도움이 되는지, 아니면 구체적 지시 없이 비구조화한 것이 더 도움이 되는지 검증하였다(Cross & Brown, 2019). 환자군이 아닌 일반인 77명을 대상으로 구조화된 집단(예: 만다라를 색칠하세요), 비구조화된 집단(예: 그리고 싶은 것이 무엇이든 그것을 그리세요), 그리고 호흡에 집중하는 집단으로 무선할당을 했다. 이들의 마음챙김, 불안, 정서에서의 변화에 대한 사전-사후 검사를 했을 때, 세 집단 모두 사후 결과에서 유의미한 향상을 보였다. 집단 간 차이는 없었다.

구체적인 미술치료 기법의 효과를 검증하고자 한 연구는 불안을 낮추는 컬러링 효과에 대해 집중적으로 이루어졌다. 컬러링을 하는 것이 불안을 낮추는 등의 심리적 변화를 일으키는지에 대해 주로 연구되었고, 왜 그러한 변화가 일어나는지에 관해서도 논의가 진행되었다.

Curry와 Kasser(2005)는 만다라 컬러링과 격자무늬 컬러링, 백지에 컬러링을 한 세 집단을 비교했다. 그 결과, 만다라와 격자무늬 컬러링 모두 불안을 낮추는 효과가 있는 것으로 밝혀졌다. 이 연구를 반복 검증했던 Van der Vennet과 Serice(2012)도 동일한 조건으로 실험을 수행했다. 참가자들은 무선할당을 통해 세 집단으로 나뉘었고, 각각 만다라 컬러링/격자무늬 컬러링/백지에 컬러링을 했다. 그런데 이전 연구결과와는 달리 만다라 컬러링을 한 집단에서만 불안 수준이 확연히 낮아졌다.

만다라 컬러링이 아닌 추상적 도안 컬러링의 경우에도 불안 완화의 효과는 여전했다. Eaton과 Tieber(2017)는 추상적 도안을 사용한 컬러링에서 두 가지 조건으로 집단을 나누었다. 한 조건은 자유선택 집단으로 컬러링에서 자유롭게 색을 선택하고 칠할 수 있다. 다른 조건은 강제선택 집단으로 사전에 칠해진 컬러를 보면서 동일하게 색을 칠하도록 했다. 그 결과, 두 조건 모두 참가자들은 컬러링이 즐겁게 몰두할 수 있는 경험이었다고 보고하고 불안도 감소했지만 불안이 유의미하게 더 많이 줄어든 집단은 자유선택 컬러링 집단이었다. 이 결과도 컬러링의 불안 완화 효과

---

3) 이 연구에서 '예술적-소극적' 조건은 그림을 감상했던 집단이며, '비예술적-적극적' 조건은 미국 지도퍼즐을 맞추도록 했으며, '비예술적-소극적' 조건은 미국의 주 지도를 보고 자신의 거주 지역을 선택하고 특정 지역 간 거리를 평가하도록 하는 과제를 수행했다.

를 지지하는 것이며 그 과정에서 개인의 선택이 존중받는 것이 중요함을 시사했다.

컬러링이 불안 완화에 효과가 있는 이유는 그 과정에서 마음챙김이 되기 때문이라는 의견이 대부분이다(Carsley et al., 2015; Eaton & Tieber, 2017). 그러나 컬러링 효과에 대해 비판적인 입장에서는 컬러링이란 단지 그 사람이 평소에 고민하던 문제로부터 잠시 마음이 떠나는 것일 뿐이며 그것이 마음챙김은 아니라고 지적한다(Mossman, 2015). 필자는 컬러링 효과를 작업과정에 몰두하는 것의 효과로 설명할 수도 있다고 본다(주리애, 2014). 최근 미술치료의 치료적 이유에 대해 Csikszentmihalyi의 '몰입(flow)' 개념으로 설명하고자 하는 시도가 증가했다(Chilton, 2013; Kapitan, 2013). 몰입이란 자신이 하는 일에 깊이 몰두해서 시간과 공간, 자신에 대한 잡다한 생각까지도 잊게 되는 경험이다. 만약 컬러링 행위에 몰입할 수 있다면 그 치료 효과 역시 예상할 수 있다. 다만 작업에 몰입할 수 있는지, 그리고 어느 정도로 몰입할 수 있는지가 관건이 될 것이다.

그 외에 미술재료가 무엇인가에 따라 불안 감소에 어떠한 영향을 미치는지 알아본 연구들도 있다. Kimport와 Hartzell(2015)은 정신병동에 입원한 환자들이 미술치료 회기에서 찰흙 작업을 하게 되면 불안이 크게 감소된다고 보고했다. 찰흙 작업을 하면 불안이 줄어든다는 것은 대학생을 대상으로 한 연구에서도 동일하게 나타났다(Kimport & Robbins, 2012). 이와 같은 연구들은 임상 실제에서 개별적으로 관찰되던 사례 경험들이 보다 체계적으로 근거기반 위에서 이해되고 정리된다는 점에서 의의를 지닌다.

3. 불안장애 환자를 위한 미술치료 기법

불안장애 환자에게 만다라 그림, 컬러링, 만다라 컬러링을 사용하는 것과 찰흙 작업을 하는 것이 도움이 된다는 점은 앞에서 살펴보았다. 그 외에 지금 소개하고자 하는 기법도 불안을 조절하기 위해 임상 실제에서 많이 사용하는 미술치료 기법이다.

1) 첫 번째 기법: 불안을 감소시키는 능력 키우기

불안장애 미술치료는 불안 반응을 조절할 수 있는 기법을 차근차근 가르쳐 주면서 구조화된 회기로 진행하게 된다. 구조화된 접근에서는 미술치료사가 직접 미술 작업을 모델링해서 보여 주거나 기법의 원리와 효과에 대해 설명을 곁들일 수 있다. 그리고 내담자에게 특정 기법이 도움이 된다고 판단되면 그 기법을 매 회기에 반복해서 사용하거나 숙제로 내주는 것이 좋다.

(1) 호흡 그리기

불안을 조절하는 가장 강력한 방법은 호흡을 천천히 깊게 하는 것이다. 심하게 불안하다고 느껴질 때 심호흡을 하게 되면 불안을 누그러뜨릴 수 있다. 불안이 크지 않은 평상시에 자신의 호흡에 집중하면서 천천히 깊게 숨 쉬는 훈련을 해 두면 급한 순간에 사용할 수 있다.

미술치료에서 호흡 그리기는 호흡에 대한 감각과 느낌을 더 증폭시키는 역할을 한다. 들숨과 날숨을 선으로 표현해 본다. 선의 질(line quality)로 표현된 들숨/날숨의 특징을 확인할 수 있다. 그 선이 짧은가 긴가? 가느다란가 굵은가? 끊어지는가 이어지는가? 색은 무슨 색을 썼는가?

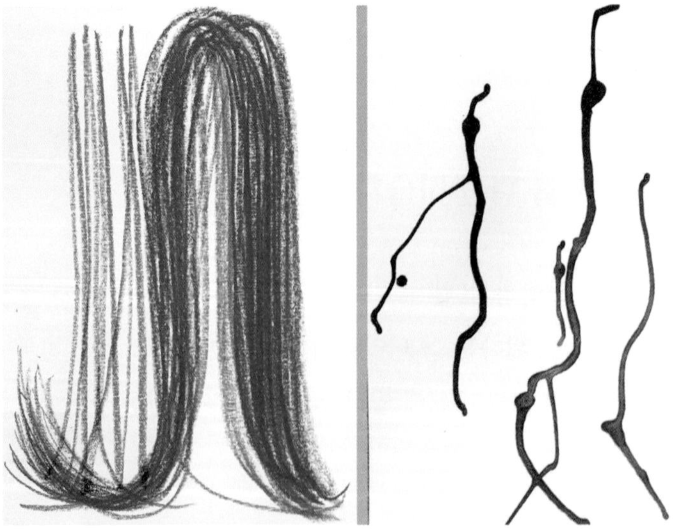

[그림 11-1] 다양한 호흡 그리기

깊고 편안한 호흡을 상상하도록 하고 그 호흡(그리고 그 느낌)을 그려 본다. 상상을 조금 덧붙여도 좋다. 최고로 안전한 장소에서 편안한 상태로 있다고 상상하면 그 상태의 호흡은 어떤 것일까? 그것을 떠올리는 연습을 하는 것만으로도 도움이 된다.

들숨과 날숨에 색을 입혀 상상하는 방법도 있다. 먼저 자신이 좋아하는 색, 편안하게 느끼는 색을 선택하고 부담스럽거나 불편한 색도 선택한다. 그런 다음 편안하게 느끼는 선호색은 들숨에 표현하고 혐오색은 날숨에 표현한다. 선을 그리기가 여의치 않은 상황에서는 상상으로 이미지만 떠올려도 된다. 필자의 내담자였던 P씨는 노란 기운이 있는 분홍색인 살구색을 편안하다고 했고, 어두운 회갈색이 불편하다고 했다. 우리는 매번 미술치료를 시작할 때 호흡 그리기를 하며 시작했다. 살구색의 따뜻한 기운이 자신에게 들어오는 상상과 불편한 회갈색 기운은 배출하는 상상을 하도록 했다.

(2) 자신을 감싸는 에너지장 그리기

신체 외곽선이 그려진 밑그림을 사용해서 에너지장(energy field)을 그리는 방법이다. 이 방법을 내담자에게 소개하면 대부분 자신은 에너지가 거의 없다는 대답을 한다. 그럴 때는 햇빛 속에 있는 자신을 상상하거나 떠올리도록 한다. 따뜻하고 눈부시게 밝은 햇빛 속에 있다면 자기 자신의 에너지와 상관없이 거대한 에너지장에 들어선 것이다. 그 느낌을 상상하고 신체 외곽선에 에너지장을 그려 보도록 한다.

에너지장 그리기를 변형해서 사용할 수도 있다. 불안이 느껴지는 부분을 신체 외곽선 밑그림에 표시한 뒤 그 부분에 빛을 쪼이는 것을 형상화할 수 있다. 마치 암 덩어리를 표시한 뒤 그것을 치료하는 광선을 그리는 것과 비슷하다.

신체 외곽선을 사용하지 않고 색깔 중심의 추상화 작업으로 할 수도 있다. 자신을 감싸는 에너지장이 있다고 상상한 뒤, 그 에너지장을 색으로 표현해 본다. 중심에 가장 진한 색을 사용한 뒤 그 색이 점점 옅어지며 주변으로 퍼져 나가도록 한다. 필자는 이 작업을 소개하면서 넓은 종이를 물에 흠뻑 적신 뒤 내담자에게 종이 중간에 물감을 짜서 올리도록 한다. 그런 다음 적당히 큰 붓을 골라서 물을 묻힌 뒤 중앙에서부터 나선형을 그리며 바깥으로 나오도록 한다. 젖은 종이에 작업하는 것이 수월하기도 하고, 에너지장을 표현하는 효과가 좋다. 물감을 선호하지 않는 내담자라면, 파스텔처럼 부드럽게 퍼질 수 있는 재료를 쓰는 것도 좋다.

[그림 11-2] 에너지장 그림 위에 올려 둔 자기 상징

에너지장 그림은 다른 작업과 결합하면서 밑그림으로 활용할 수 있다. 내담자가 색철사를 사용해서 자신을 상징하는 인형을 만든 뒤 에너지장 그림 위에 올려놓고 느낌을 이야기하도록 할 수 있다.

실생활에서 이 그림을 붙여 두고 바라보는 식으로 활용하라고 권하는 것도 좋다. 두꺼운 2절 도화지 전체를 밝은 노랑으로 칠한 내담자가 자신에게 힘을 주는 것 같다며 그 그림을 매우 좋아했다. 필자는 그 내담자에게 작품을 가져가서 직장(불안 문제가 심하게 불거졌던 곳이었다)에 붙여 놓고 우리가 나누었던 이야기와 작업하며 느꼈던 부분을 기억하라고 했다. 그 내담자는 자신의 그림 덕분에 따뜻한 에너지를 끊임없이 받는 느낌이라고 했다.

(3) 안전망과 지원군 만들기

내담자가 불안을 느끼는 상황이나 장소, 대상을 구체적으로 파악한 뒤 각 상황에 대응하는 안전망을 구축하고 지원군도 만든다. 안전망은 자신에게 도움이 되고 힘을 주는 것을 떠올려서 그것을 어떤 방식으로든(예: 구체적 또는 추상적으로 표현) 미술작품으로 만들면 된다. 지원군으로 사용하기 좋은 것에는 드림캐처와 걱정인형이 있다.

드림캐처는 북아메리카 원주민이 만든 것인데, 버드나무테로 원형 틀을 만든 뒤

거미줄 모양으로 테 안을 실로 엮은 것이다. 거기에 깃털이나 비즈를 더해서 늘어뜨리기도 한다. 유아의 잠자리에 설치해 두면 무서운 꿈을 잡아 준다고 믿는 문화가 있다. 미국/캐나다와 달리 우리나라 문화에서 드림캐처는 생소한 것이었다. 그러다가 최근에는 인테리어 개념으로 드림캐처가 유행을 타기 시작했다. 그래서 필자가 만났던 내담자들에게 드림캐처를 만들어 보겠냐고 제안했을 때 한 번도 드림캐처가 무엇이냐고 묻는 경우가 없었다. 내담자들은 안전망의 의미도 있고 자기 방을 장식할 수 있는 것을 만드는 것을 매우 즐거워했다. 필자는 드림캐처의 유래와 의미에 대해 간략하게 설명해 주고, 불안과 나쁜 꿈을 잡는 것으로 자신만의 드림캐처를 만들자고 제안한다. 사용하는 재료는 다양한데, 드림캐처 틀은 철사로 뼈대를 잡은 뒤 마끈/노끈/털실로 감아 주고, 중간의 거미줄은 털실 또는 색철사를 사용한다. 그다음 각종 조형재료(깃털, 비즈, 나무조각 등)를 달아서 장식한다.[4] 기억에 남는 사례는 일어나지 않은 일에 대해 미리 과도하게 걱정하던 내담자와 드림캐처 작업을 했던 것이다. 내담자가 자신이 만든 드림캐처를 너무나 소중히 여기고 변화를 다짐했던 계기로 삼는 모습을 보면서 자신에게 소중한 무엇을 만든다는 것이 새삼 의미 있게 다가왔다. 시중에서 판매하는 상품을 구매하는 것이 아니라 개인적 의미를 담아서 자신만의 고유한 드림캐처를 만든다는 점에서 의미가 있었다. 드림캐처는 내담자가 자신의 방이나 작업실에 두고 사용하도록 한다.

걱정인형은 우리나라 모 보험사에서 광고로 사용한 뒤 일반인에게 널리 알려졌다. 걱정인형은 과테말라와 멕시코 등 중남미 지역에서 유래된 것으로, 마야 문명과 관련된 설화가 있다. 마야 공주가 태양의 신으로부터 특별한 선물을 받았는데, 그 선물이 걱정인형으로 사람이 걱정할 수 있는 모든 문제를 풀어 주었다는 전설이다. 그래서 오늘날에도 걱정인형을 만들어서 자신의 걱정과 슬픔을 걱정인형에게 이야기하고 베개 밑에 그 인형을 두고 자면, 당사자는 푹 잘 수 있고 다음 날 아침 모든 걱정과 슬픔은 걱정인형이 다 가져가 버린다는 것이다. 작은 인형을 만들어서 위안을 받았던 이야기는 Jung의 소년기 시절 경험에도 나온다(Edwards, 2012; Jaffé, 2003). 걱정인형 기법을 내담자들에게 소개해 줄 때, 분석가 Jung도 어린 시절에 작

4) 드림캐처 재료는 동대문시장이나 온라인 쇼핑몰에서 구입할 수 있다. 드림캐처가 인기 있는 공예로 알려지면서 드림캐처 DIY 재료도 여러 종류로 판매되고 있다.

은 인형을 만들어서 위로를 받았다는 이야기를 들려주면 내담자들은 고개를 끄덕이고 이 작업에 몰두하곤 했다.

걱정인형은 색 모루로 만드는 것이 가장 일반적이다. 모루는 pipe cleaner라고 부르는 공예 재료인데, 중앙에 철사심이 있고 겉에는 털이 부착되어 있다. 털 때문에 부드러워 보이지만 철사심이 있어서 형태 잡기가 좋다. [그림 11-3]과 같이 색 모루를 반으로 접으면서 중간에 손가락을 끼워 둥근 얼굴형을 잡고, 그다음에 팔, 몸통, 다리를 꼬아서 만들면 된다. 몸을 만드는 것은 털실인데, 머리카락은 털실을 둥근

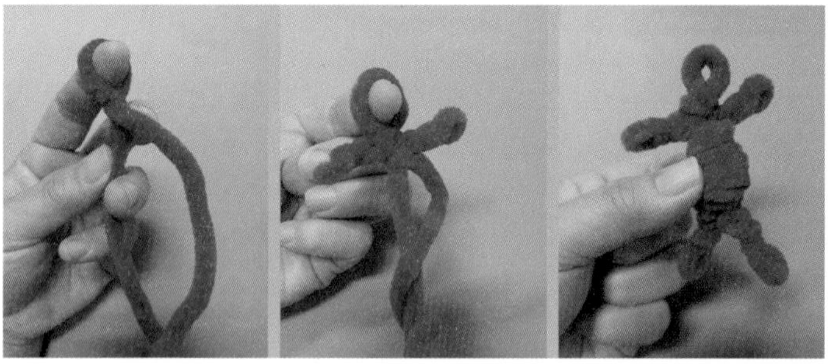

[그림 11-3] 걱정인형을 만드는 방법

[그림 11-4] 완성된 걱정인형

얼굴에 하나씩 묶어서 표현하고, 몸통과 팔 다리는 털실을 감아서 표현한다. 모루만으로는 몸통이 뚱뚱해 보이지만 실을 감으면 그 부피는 줄어든다. 털실을 다 감은 뒤에는 글루건으로 고정시키면 된다. 걱정인형은 또한 점토(예: 천사점토)로 만들 수도 있고, 나무를 깎아서 만들 수도 있다. 가늘게 만든다면 여러 개의 이쑤시개를 털실로 묶어서 만들 수도 있고, 색철사와 털실을 사용해서 만들 수도 있다. 이와 같이 다양한 방법이 있는데, 베개 밑에 두고 잠을 자는 것을 생각하면 눌려도 상관이 없는 색 모루 방법을 추천한다.

걱정인형은 내담자가 들고 다닐 수 있어서 특히 유용하다. 요즘은 핸드폰 사진이 보편화되어서 미술치료 회기에 자신의 걱정인형 사진을 보여 주는 내담자들이 많다. 실생활에서 걱정인형을 가지고 다니며 힘도 얻고 직장이나 일터에서 걱정인형을 넣어 사진도 찍는다는 것은 불안을 이겨 나가는 좋은 방법이라 생각된다. 걱정과 불안이 줄어든 내담자들은 그다음 번에 걱정인형을 또 만들고 싶다고 하면서 반려견이나 반려묘를 만드는 경우가 많다. 더 이상 걱정과 불안에 초점을 맞추는 것이 아니라 애착과 사랑으로 주제가 옮겨 간 것을 볼 수 있다.

(4) 몰입 경험으로서의 미술

몰입 경험은 몰입한 대상을 제외하고 그 이외의 것을 모두 사라지게 만드는 효과가 있다. 미술작업에 깊이 몰입한다면 그 순간만큼은 불안하던 것이나 스트레스를 받던 것을 잊을 수 있다. 내담자의 미술 능력과 상관없이 어느 누구라도 몰입해서 즐길 수 있는 미술치료 기법으로 컬러링과 만다라 컬러링이 있다.

컬러링 작업과 관련해서 몇 가지 팁을 정리하면 다음과 같다. 첫째, 도안으로는 꽃이나 풍경이 인기가 있다. 시중의 도안을 구입하기보다는 복잡하지 않은 수준으로 미술치료사가 그려 주는 것이 더 좋다. 필자는 내담자가 자신의 핸드폰에 소장한 사진 중 마음에 드는 것을 선택해 달라고 한 뒤 컬러링을 할 수 있게 밑그림을 그려 주곤 했다. 둘째, 색칠하는 재료를 색연필로 한정 지을 필요가 없다. 의외로 물감도 재미있다. 셋째, 색칠하면서 밑그림 선을 꼭 정확하게 지켜야 하는 것이 아니다. 선을 넘어가는 것도 나름의 멋과 매력이 있다. 넷째, 컬러링은 숙제로 내주는 것이 좋다. 필자는 내담자와 불안을 완화하는 미술치료 기법을 다 하고 나서 회기를 마치기 10분 전쯤에 컬러링 밑그림을 그려서 선물해 주었다. 반쯤은 숙제였는지도 모르겠다. 그렇게 했던 이유는 단기로 진행되는 회기이므로 시간을 아끼기 위해서였다.

만다라를 할 때에도 복잡하지 않은 도안을 사용하는 것을 추천한다. 시중에 나온 만다라 문양 중에는 지나치게 복잡해서 컬러링하기가 쉽지 않은 경우가 있다. 한 내담자는 미술치료 시간에 했던 컬러링이 좋아서 컬러링북을 샀는데 무늬가 너무 복잡해서 그것을 들여다보며 색칠하다가 오히려 스트레스를 받았다고도 했다. 대체로 이 정도 복잡함이면 좋겠다 싶은 도안은 www.free-mandalas.net 홈페이지에서 '보통(normal)'에 해당된다. 해당 만다라 자료는 무료로 다운받을 수 있다.

2) 두 번째 기법: 특정 종류의 불안을 감소시키기

내담자가 심하게 불안을 느끼는 것이 특정 상황이나 특정 대상으로 구체화된다면 그 상황이나 대상을 그림으로 그려 보도록 한다. 그림으로 그리는 것은 단순히 이미지만 떠올리는 것에 비해 당사자가 훨씬 더 많은 통제력을 가지는 것이다. 그려진 대상이 무엇이든 외현화하고 객체화함으로써 심리적 거리를 가지게 된다는 점도 불안장애 내담자가 자신의 불안을 미술작품으로 만들어야 하는 이유가 된다.

불안을 느끼는 대상(상황이나 장소도 포함)에 대해 구체적으로 미술작업을 하는 것은 매우 중요하다. 이미지만 떠올릴 때는 무서울 수 있다. 하지만 그림으로 그려 놓고 보면 종종 그렇게까지 무서운 것은 아닐 수 있다. 그래서 불안장애 내담자들은 "이것보다 훨씬 더 크고 훨씬 더 무서운 것이에요. 그림으로 하니까 이렇게밖에 표현이 안 되네요."라고 말한다. 그럴 때 필자는 "머리보다 손이 더 정직할 때가 있지요. ○○ 씨에게 △△(무서워하는 대상)은 지금 묘사한 것만큼만 무서운 것인지도 모릅니다."라고 대답한다. 한번은 내담자가 정말 이것보다 훨씬 더 크고 더 어둡고 더 무서운 것이었다고 해서 자신이 원하는 만큼 '크고 어둡고 무서운 것'을 표현하도록 도와주었다. 이어지는 두 회기에 걸쳐서 작품 크기를 확대하고 색을 덧칠하고 그림을 수정했다. 그 모든 과정을 다 한 다음에야 내담자도 피식 웃으면서 "진짜 이렇게 보니 별 거 아닐 수도 있겠다 싶어요."라고 동의해 주었다.

3) 세 번째 기법: 예기불안에 맞서는 힘

세 번째로 소개할 기법은 예기불안(anticipatory anxiety)[5]에 맞설 수 있는 방법들이다.

(1) 유도된 환상

입원한 정신장애 환자들의 불안을 완화하는 미술치료 프로그램을 실시했던 Chambala(2008)는 특히 유도된 환상이 환자들의 불안을 낮추고 차분해지게 만드는 효과가 있다고 했다. 다음에 소개하는 유도된 환상이 강조하는 것은 각각 '선택(초대장)' '무엇을 버릴 것인가(카페 여행)' '불안을 줄이기(신비한 구슬)' 등이다.

① 초대장

눈을 감고 편안하게 계세요. ○○ 씨에게 초대장이 도착했습니다. 초대장을 열어봅니다. 이렇게 적혀 있군요. "이 초대장을 받은 사람은 특별한 선택을 할 수 있습니다. 시간을 빠르게 앞당기거나 자신이 가고 싶은 장소를 선택할 수 있습니다. 시간을 선택하겠습니까, 장소를 선택하겠습니까?" 선택하셨다면 눈을 뜨세요. 그리고 선택한 것과 관련된 장면을 그려 주세요.

② 카페 여행

눈을 감으세요. 당신은 낯설지만 아름다운 도시로 여행을 왔습니다. 햇살은 따뜻하고 바람은 시원합니다. 거리 구경을 하면서 천천히 길을 걷고 있습니다. 그러던 중 예쁜 카페를 발견하고 그곳으로 들어갑니다. 점원이 반갑게 인사하며 맞이해 줍니다. 메뉴판을 가져다주면서 설명하네요. "우리 카페는 특별한 곳이랍니다. 드시고 싶은 음료를 무료로 드리는데, 당신이 버려야 할 것을 주셔야 합니다. 버릴 것을 제게 주시고 마음에 드는 음료를 드세요. 단, 버릴 것은 물건이 아니라 당신에게 속한 어떤 것이라야 합니다. 음료를 드시고 나면 기분이 한결 가벼워지실 겁니다." 그래

5) 미래에 발생할지도 모르는 사건/상황을 예측하며 불안 수준이 높아지는 것이다. 범불안장애나 공황장애 환자들에게서 예기불안이 높은 편이다.

서 당신은 무엇을 버릴지 생각합니다. 카페에서 충분한 시간을 보낸 다음 여행에서 돌아옵니다. 이제 이야기 중에서 특히 마음에 남는 부분을 그림으로 그려 봅니다.

③ 신비한 구슬

눈을 감으세요. 오랜만에 산을 올라갑니다. 생각보다 힘들지 않아서 즐겁게 올라갑니다. 숲은 우거지고 계곡물은 졸졸 흐릅니다. 계속 올라갑니다. 정상 부근에서 인자한 얼굴을 하고 계신 노부부를 만납니다. 노부부는 당신에게 올라오느라 수고했다며 인사를 건넵니다. 당신도 인사하고 옆에 앉습니다. 잠시 후 노부부는 당신에게 "귀중한 물건을 맡아 줄 사람을 찾고 있는데 맡아 줄 수 있나요?" 하고 묻습니다. 그 물건은 가지고 있는 사람의 근심과 걱정을 작게 만들 수 있는 구슬입니다. 자신들도 값없이 받아서 맡았던 것이라며, 당신도 그렇게 맡아서 가지고 있다가 나중에 언젠가 더 필요한 사람에게 그저 주라고 합니다. 구슬을 잘 보세요. 크기는 어떤지, 색깔은 어떤지, 손으로 잡으니 어떤 느낌이 드는지 살펴보세요. 그런 다음 그것을 맡을지 결정하세요. 결정한 바를 노부부에게 말합니다. 인사를 나누고 다시 산을 내려옵니다. 이제 이야기 중에서 특히 마음에 남는 부분을 그림으로 그리거나 클레이를 사용해서 조형 작업을 해 봅시다.

[그림 11-5] 걱정을 줄여 주는 신비한 구슬

(2) 친구로서 조언하기

예기불안의 내용을 그림으로 표현하되 구체적으로 그리도록 한다. 구체적 상황과 내용에서 내담자 자신도 반드시 그림 속에 그려 넣도록 한다. 그런 다음 표현된 내용을 두고 내담자 자신이 그림 속 자신에게 친구가 되어 조언해 주도록 한다.

예를 들어, 비행공포증을 보이는 내담자는 비행 상황을 앞두고 예기불안이 커질 것이다. 사회불안장애가 있는 내담자라면 발표를 앞두고 예기불안이 높아진다. 이러한 경우, 내담자가 두려워하는 내용을 그림으로 그리되 반드시 그림 속에 자기 자신을 포함해서 그리도록 한다. 그림을 다 그렸다면 지금 현재의 자신이 그림 속 자신에게 무엇이라 말해 줄 수 있는지, 좋은 친구로서 조언해 달라고 요청한다. 그리고 내담자의 핸드폰으로 녹음한다. 만약 내담자가 조언해 주는 내용이 부족하게 느껴진다면 "그 조언을 들은 그림 속 인물(즉, 내담자)이 무엇이라 느낄까요?"라고 묻고, "어떤 조언을 기대할까요?"라고 묻는다. 몇 번의 문답을 통해 충분히 좋은 조언이 나오면 다시 이 내용을 녹음한다. 마지막으로, 가장 좋은 해법은 내담자 자신에게서 나왔음을 강조해 준다.

그림 자체에 해법을 직접 그려 넣을 수도 있다. 비행기를 타고 가던 중 공황발작을 경험한 이후로 비행공포증이 심했던 P씨[6]가 비행기에 앉아서 오들오들 떨고 있는 자신을 그렸다(그림 11-6 참조). 그림 전체에는 연필로 떨리고 두려운 느낌을 가득 채워 넣었다. 그림 속 자신에게 친구로서 해 주고 싶은 말이 무엇인지 물었더니 "어쩔 수 없어. 조금만 더 참아."라고 했다. 맞는 말이긴 했지만 뭔가 부족하게 느껴졌다. 그렇게 말하니까 그림 속 ○○ 씨는 어떻게 느끼냐고 물었다. 그랬더니 이 고통은 자신만 느끼는 거라며 외롭다고 했다. 필자가 종이인형을 만들어서 그림 속 사람 옆에 앉혀 주었다(그림 11-7 참조). 종이인형이므로 팔을 움직일 수 있었는데, 살짝 당겨서 그림 속 인물의 손을 잡는 것처럼 포개어 주었다. "목적지까지 우리는 함께 가는 거야. 무슨 일이 있더라도 함께. 안전하게 끝까지 날아서 도착하는 것도 함

6) P씨는 30대 후반의 여성으로 서울에서 직장을 다니고 있다. 남편의 직장이 제주도로 바뀐 후 부부는 서로 번갈아 가며 서울과 제주를 오가는 생활을 하게 되었다. 주말 부부로 비행기를 타는 일이 많아진 어느 날, P씨가 비행기 안에서 공황발작을 경험했다. 그 이후로는 비행기 타는 것이 무서워졌다. 다른 장소에서는 공황발작을 경험한 적이 없었고 유독 비행기에서만 그렇다고 했다. P씨는 병원치료를 받으면서 자신이 평소 미술을 좋아하던 터라 미술치료도 받고 싶다고 했다.

[그림 11-6] 비행기 타는 것이 두려운 P씨의 작품

께. 그렇게 함께 가는 거야."라고 말해 주었다. 내담자는 그 말과 이미지에 적지 않게 위안을 받았노라고 했다. 나중에 P씨는 자신과 종이인형 인물 주변으로 노랑과 빨강 후광을 그려 넣었고 보호장막을 두르는 것이라고 했다. 이후 비행기를 탈 때면 자기 옆에 앉은 친구 이미지를 늘 상상하며 떠올린다고 했다. 필자는 P씨에게 이미지가 가진 힘에 대해 설명을 덧붙여 주었다. 암 환자들이 자신의 몸의 암세포를 치료 광선이 내리쬐는 상상을 했을 때 실제로 그 사람들의 면역체계 반응이 달라졌고, 항암치료 부작용이 줄어들었으며, 전반적인 삶의 질이 더 좋아졌다는 보고들이 있다. 이미지로 경험하는 것은 단순한 상상이 아니라 영향력을 가진 마음의 작용이다. P씨는 이미지를 사용하면서 자신감이 조금 더 생긴다고 했다.

[그림 11-7] 친구를 덧붙여서 변형한 이미지

(3) 요가, 걷기, 건강한 수면 등 생활습관 교정과 이미지 활용

복잡하거나 어려운 동작이 아닌 가벼운 동작으로 이루어진 요가는 누구나 할 수 있다. 허리와 골반을 움직이고 풀어 주는 요가 동작과 어깨 근육을 풀어 주는 요가 동작을 꾸준히 하는 것은 불안장애 증상의 완화에 도움이 된다. 이에 더불어 요가할 때의 느낌을 선과 면, 색으로 표현해 보도록 한다. 그렇게 그린 그림은 방 안이나 사무실에 붙여 누고 계속해서 업데이트한다. 그림을 보면서 요가할 때의 이완된 느낌을 다시 경험하기도 하고, 잊지 말고 매일 요가를 해야겠다는 동기를 갖게 되기도 한다.

걷기 역시 요가와 마찬가지로 신체 리듬과 정서 조절에 도움이 된다. 필자는 불안장애 내담자들에게 걷기 숙제를 내주면서 만보기 애플리케이션을 다운로드받으라고 한다. 걸음 수가 나오는 화면을 캡처한 뒤 화면을 꾸미고 자랑하는 것까지가 숙제이다. 미술작업으로 더 발전시키고 싶은 경우에는 걷는 느낌 그림, 걸으며 본 풍경 그림, 완벽한 걷기 상장, 걷기 사진 액자틀 만들기 등으로 확대해서 작업한다.

수면의 질도 불안과 관련될 수 있다. 푹 자고 일어나는 것만 한 보약이 없다. 앞서 소개한 드림캐처와 걱정인형도 수면의 질을 향상시키고자 하는 바람을 담은 것이라 할 수 있다.

참고문헌

대한신경의학회(2017). **신경정신의학**(3판). 서울: 아이엠이즈컴퍼니.

주리애(2014). **미술치료 요리책**(2판). 서울: 아트북스.

Abbott, K. A., Shanahan, M. J., & Neufeld, R. W. (2013). Artistic tasks outperform nonartistic tasks for stress reduction. *Art Therapy: Journal of the American Art Therapy Association, 30*(2), 71–78. DOI: 10.1080/07421656.2013.787214

Bell, C., & Robbins, S. (2007). Effect of art production on negative mood: A randomized, controlled trial. *Art Therapy: Journal of the American Art Therapy Association, 24*(2), 71–75. DOI: 10.1080/07421656.2007.10129589

Bolwerk, A., Mack-Andrick, J., Lang, F. R., Dörfler, A., & Maihöfner, C. (2014). How art changes your brain: Differential effects of visual art production and cognitive art evaluation on functional brain connectivity. *PLoS ONE, 9*(7), e101035. DOI: 10.1371/journal.pone.0101035

Carsley, D., Heath, N. L., & Fajnerova, S. (2015). Effectiveness of a classroom mindfulness coloring activity for test anxiety in children. *Journal of Applied School Psychology, 31*(3), 239–255. DOI: 10.1080/15377903.2015.1056925

Chambala, A. (2008). Anxiety and art therapy: Treatment in the public eye. *Art Therapy: Journal of the American Art Therapy Association, 25*(4), 187–189. DOI: 10.1080/07421656.2008.10129540

Chilton, G. (2013). Art therapy and flow: A review of the literature and applications. *Art Therapy: Journal of the American Art Therapy Association, 30*(2), 64–70, DOI: 10.1080/07421656.2013.787211

Cross, G., & Brown, P. M. (2019). A comparison of the positive effects of structured and nonstructured art activities. *Art Therapy: Journal of the American Art Therapy Association, 36*(1), 22-29. DOI: 10.1080/07421656.2019.1564642

Curry, N. A., & Kasser, T. (2005). Can coloring mandalas reduce anxiety? *Art Therapy: Journal of the American Art Therapy Association, 22*(2), 81-85. DOI: 10.1080/07421656.2005.10129441

Eaton, J., & Tieber, C., (2017). The effects of coloring on anxiety, mood, and perseverance. *Art Therapy: Journal of the American Art Therapy Association, 34*(1), 42-46. DOI: 10.1080/07421656.2016.1277113

Edwards, M. (2012). 융 학파의 분석적 미술치료(Jungian analytic art therapy). In J. A. Rubin (Ed.), **이구동성 미술치료 2판**(*Approaches to Art Therapy: Theory and Technique, 2nd ed.*). (주리애 역). (pp. 119-137). 서울: 학지사. (원저 2001년 출간).

Jaffé, A. (2003). **C. G. Jung의 회상, 꿈 그리고 사상**(*Erinnerungen Träume, Gedanken von C.G. Jung*). (이부영 역). 서울: 집문당. (원저 1963년 출간).

Kapitan, L. (2013). Art therapy's sweet spot between art, anxiety, and the flow experience. *Art Therapy: Journal of the American Art Therapy Association, 30*(2), 54-55. DOI: 10.1080/07421656.2013.789761

Kimport, E. R., & Hartzell, E. (2015). Clay and anxiety reduction: A one-group, pretest/posttest design with patients on a psychiatric unit. *Art Therapy: Journal of the American Art Therapy Association, 32*(4), 184-189. DOI: 10.1080/07421656.2015.1092802

Kimport, E. R., & Robbins, S. J. (2012). Efficacy of creative clay work for reducing negative mood: A randomized, controlled trial. *Art Therapy: Journal of the American Art Therapy Association, 29*(2), 74-79. DOI: 10.1080/07421656.2012.680048

Mossman, K. (2015, July 30). Colouring books used to be fun. When did they get so mindful? [Online News]. *New Statesman*. Retrieved from https://www.newstatesman.com/2015/07/colouring-book-wars

Rosal, M. (2012). 인지행동적 미술치료(Cognitive-behavioral art therapy). In J. A. Rubin (Ed.), **이구동성 미술치료 2판**(*Approaches to Art Therapy: Theory and Technique, 2nd ed.*). (주리애 역). (pp. 293-313). 서울: 학지사. (원저 2001년 출간).

Sandmire, D. A., Gorham, S. R., Rankin, N. E., & Grimm, D. R. (2012). The influence of art making on anxiety: A pilot study. *Art Therapy: Journal of the American Art Therapy Association, 29*(2), 68-73. DOI: 10.1080/07421656.2012.683748

Van der Vennet, R., & Serice, S. (2012). Can coloring mandalas reduce anxiety? A replication study. *Art Therapy: Journal of the American Art Therapy Association, 29*(2), 87-92. DOI: 10.1080/07421656.2012.680047

12장

분리불안장애의 미술치료

단단하고 흔들림 없는 애착을 위하여

박윤미

1. 분리불안장애의 소개

부모나 주요 애착대상으로부터 분리되거나 분리가 예상될 때 느끼는 불안의 정도가 일상생활을 위협할 정도로 지나치고 지속적인 경우를 분리불안장애라고 한다. 분리불안장애가 있는 아동들은 주요 애착대상에게서 분리되거나 주요 애착대상 없이 혼자 있는 것 혹은 주요 애착대상에게 일어날지 모를 위험과 관련된 걱정이 많다. 가령, 괴물이 나타나 엄마를 데려가거나 화재, 교통사고 등으로 가족을 잃는 등의 유아적이고 비현실적인 내용에서 현실적이고 구체적인 내용의 악몽을 반복적으로 경험하기도 하며, 빠른 심장박동, 두통, 복통, 메스꺼움, 구토와 같은 신체증상을 호소하기도 한다. 또한 이것에 수반되어 외출이나 등교를 지속적으로 거부하는 회피 행동이 나타나기도 하고, 애착대상을 졸졸 따라다니기도 하며 애착대상과 분리 시에는 소진, 탈진을 보이기도 한다.

2. 분리불안장애와 미술치료

분리불안장애를 치료하는 접근에는 정신역동치료, 인지행동치료, 미술치료, 놀이치료, 가족치료, 부모-자녀 놀이치료 등 여러 가지 심리치료가 있다. 또한 증상이 심한 경우 선택적 세로토닌 재흡수 억제제(Selective Serotonin Reuptake Inhibitor: SSRI), 벤조디아제핀(benzodiazepine) 등 약물치료도 시도되고 있다.

분리불안장애를 치료하는 접근으로써 미술치료는 미술이라는 비언어적이고 상징적인 매개체를 통해 저항을 줄여 말하기 어려운 것을 표현하게 한다. 또한 자신의 불안을 안전하게 표출하고 정화함으로써 스스로 극복하는 힘을 생기게 하고 갈등을 완화하는 데 도움을 준다. 아울러 아동은 발달적 공포를 이겨 내기 위해 자발적으로 놀이를 이용하기 때문에 미술놀이의 접근은 아동의 발달적 공포를 극복하도록 돕는다.

이 장에서는 분리불안장애가 아동 및 청소년기의 발병률이 성인기에 비해 높고, 치료를 위한 전문적인 도움을 요청하는 경우가 많기 때문에, 특히 아동과 청소년을 위주로 한 미술치료적 접근을 제시하고자 한다. 다만 이 장에서 제시한 접근들은 상당 부분 성인에게도 유사하게 적용될 수 있을 것으로 본다.

3. 분리불안이 있는 아동 · 청소년을 위한 미술치료의 목표와 과정

분리불안이 있는 아동 · 청소년을 위한 미술치료 개입을 위해 다음과 같은 목표와 실행 과정을 가정해 볼 수 있다.

1) 장기 목표

- 과도한 정서적 고통, 퇴행 행동, 기질 폭발을 하지 않고 애착대상과의 분리를 견딘다.
- 분리와 관련된 신체화 증상을 소거한다.

- 외출이나 등교를 거부하는 회피 행동을 소거한다.
- 분리불안 증상에 영향을 주는 핵심 갈등이나 외상을 해소한다.
- 부모는 적절한 부모-자녀 관계의 한계를 설정한다. 또한 분리 시 아동이 분노 폭발을 하거나 부모를 조종하려고 할 때 단호하고 일관된 제한을 한다.

2) 치료 과정

(1) 치료 초기

- 목표: 치료적 신뢰감 쌓기/긴장 이완하기/분리불안 증상의 본질 및 애착관계 점검하기
  - 분리에 관한 두려움과 공포를 표현할 수 있도록 내담자와의 신뢰를 쌓는다.
  - 내담자의 불안이나 공포의 빈도, 정도 등 분리불안 증상의 본질과 애착관계를 점검한다.

분리불안이 있는 아동의 경우, 치료실에 내방하였을 때 엄마와 떨어지지 못하고 지나치게 긴장하고 안절부절못하거나 경직되어 있는 모습을 보인다.

치료 과정 중에는 자발적 놀이 수행이나 언어표현이 어렵고, 치료사가 원하는 방식에 맞춰 잘 보이려 시도하다가도 이내 포기하는 모습을 보인다. 또한 심한 불안으로 자기 문제를 미술작업에 투사하기 어려워하는 경우가 많고, 피해의식이나 적대적 내용이 자주 등장한다. 화장실에 가고 싶어도 참고 있는 경우가 많고, 치료가 끝나는 시간을 기다리거나 반복해서 시계를 보며 종결 시간을 체크하기도 한다.

치료 초기에는 치료사는 우선 아이가 엄마와 분리되어 편안하게 놀이할 수 있도록 도와야 한다. 엄마와 함께 치료실에 들어와 엄마의 무릎 위에 앉아 있다가 엄마 무릎에서 떨어져 바닥에 앉고 점차 엄마와의 거리를 넓혀 나가며, 마침내 아이의 시선이 닿을 수 있는 문밖에 엄마가 앉아 있다가 문을 닫는 점진적 과정으로 아이의 적응을 도울 수 있다. 또한 미술치료 과정에서 엄마와 떨어져 불안한 아이의 마음을 충분히 공감하고 반영하여 아이의 치료 환경에의 적응을 돕고 분리불안에 대한 아동의 상징적인 자기표현을 촉진하도록 한다.

(2) 치료 중기

- 목표: 분리불안으로 인한 부정적 정서 표현하기/애착 증진하기
  - 불안, 공포, 초조함, 무능감 등 부정적 정서를 표현하고 완화한다.
  - 안전하고 신뢰할 수 있는 관계경험 속에서 애착관계를 증진한다.

치료 중기에 접어들면 제한된 놀이를 하던 아동은 점차 미술작업에 익숙해진다. 주 애착대상과 분리된 자발적이고 독립적인 형태의 놀이를 표현하며 미술작업의 영역이 확장되고 다양해진다. 한편 치료사에 대한 부정적 전이로 분노 폭발, 공격적 태도를 보이기도 하는데 이런 과정을 통해 아동은 자신의 갈등 근원을 인식하고 자기 문제를 해결해 나갈 수 있다.

특히 치료 중기에서 치료적 관계와 애착관계 증진의 병합은 아동의 분리불안 극복을 위한 초점이 될 수 있다. 치료사는 아동이 정서적 접촉의 관계경험을 통해 안정애착을 경험하고 자신과 타인에 대한 이해를 넓혀 갈 수 있도록 도와야 한다. 또한 치료사와의 신뢰관계 속에서 아동이 충분히 분리나 상실 또는 위험한 상황에 대한 경험과 그때 느꼈던 갈등, 공포 등을 드러낼 수 있도록 수용과 존중, 공감적 반영을 하며, 아동의 언어적 · 비언어적 반영을 격려하고 지지하도록 한다.

(3) 치료 중기 이후

- 목표: 분리불안 상황에서의 대처기술 습득하기/긍정적 자아개념 형성하기
  - 분리불안 상황에서의 적절한 대처방법을 찾고 실행한다.
  - 긍정적 자기개념을 강화한다.

중기 이후에 접어들면 아동은 주 애착대상과 분리되어 성숙하고 독립적인 모습이나 애착대상 외 타인과의 관계에 대한 욕구를 미술작업에서 표현한다. 또한 놀이과정에서도 공격적 표현이 줄어들고 발달단계나 성역할에 맞는 역할놀이로 전환이 된다.

치료 중기 이후, 치료사는 일관적인 제한 설정과 수용경험을 통해 아동이 분리불안 상황에서의 대처기술을 습득하고 자아의 힘을 강화할 수 있도록 도와야 한다. 분리 상황에서의 대처전략을 함께 생각한 후, 그려 보거나 대처전략이 기입된 카드를 매개로 대처기술을 습득하도록 한다. 또한 역할놀이를 통해 분리불안 상황에서의

대처과정을 실제 시연해 봄으로써 아동이 성취감과 자신감을 경험하도록 지원할 수 있다.

한편 부모에게는 양육기술 습득 및 아동과의 관계 증진을 위해 반영적 경청, 제한 설정, 선택권 제공하기, 격려하기 등의 기술을 알리도록 한다. 부모가 아동의 신호를 정확하게 해석하고 적절한 반응을 하며 양육의 효능감을 실전에서 경험할 수 있도록 돕고, 아동과의 애착과 결속력을 강화할 수 있도록 지원한다.

4. 분리불안이 있는 아동 · 청소년을 위한 미술치료 기법

분리불안이 있는 아동 · 청소년을 위한 미술치료 기법을 몇 가지 소개한다.

1) 모자화

모자화(mother and child drawing)는 대상관계를 이론적 기반으로 하여 엄마와 아동 양자 간의 관계 양상을 이해하는 것에 초점을 둔 그림 검사이다. 모자화는 A4 용지에 연필을 사용해 그릴 수 있고 아동의 발달 연령이나 특성에 맞춰 화지의 크기를 달리 제공하여 실시할 수도 있다. 또한 일반적으로 연필을 사용해 그리지만 아동의 매체에 대한 친숙도나 흥미도, 매체 활용 능력에 맞춰 크레파스나 색연필을 제공하여 진행해도 좋다. 실시과정은 다음과 같다.

❶ 화지와 연필, 크레파스 등의 재료를 제공한 후 "엄마와 아이의 그림을 그려 주세요."라고 말하며 아동이 자유롭게 그리도록 한다.

❷ 그림을 그리는 과정에서 아동이 질문을 할 경우, 가능한 한 치료사의 개입을 배제하고 아동 스스로 자율적으로 표현할 수 있도록 유도한다.

❸ 그림을 다 그린 후에는 표현된 인물상의 나이와 성별, 인물 간의 관계 등에 대해 이야기를 나눈다. 엄마와 아이는 무엇을 하고 있는지, 무슨 생각을 하고 있는지, 함께 시간을 얼마나 보내는지, 함께 있을 때 무엇을 하는지, 그때의 기분은 어떤지, 서로에게 하고 싶은 말은 무엇인지 등이 주제가 될 수 있다.

그림을 그릴 때 불안 수준이 높은 아동은 충동성이나 과잉활동, 산만성이 없어도 반응 시간의 일관성이 대체로 떨어지며 수행 수준이 저조하다. 또한 그림의 형태는 전반적으로 단편화되어 있거나 부정확한 경우가 많다. 자신의 불안과 관련이 있는 부분은 생략하기도 하며, 색을 사용할 경우에는 유채색보다 무채색을 사용하거나 음영을 표현하는 경우도 많다.

인물상의 표정이나 신체 접촉, 눈맞춤의 표현도 주목해야 한다. 표정은 감정과 심상이 직접적으로 나타나며, 신체 접촉과 눈맞춤 정도를 통해 엄마와 아이의 정서적 관계를 살펴볼 수 있다. 가령, 뒷모습을 그리거나 표정을 생략한 채 그린 얼굴은 정서적 결핍 혹은 관계에서의 회피를 시사하며, 엄마는 웃고 있지만 아이는 화나 있는 경우 등 엄마와 아이의 표정이 불일치하는 경우도 관계의 갈등이나 양자 간의 의사소통이 원활하지 않음을 반영한다. 한편 신체 접촉은 어떠한 형태로 이루어지고 있는지를 살펴야 한다. 가령, 포옹한 그림은 손을 잡은 그림보다 더욱 강력한 친밀감을 상징하며, 서로가 함께 안고 있는 것이 한 사람의 일방적 접촉보다 밀접한 관계를 나타낸다. 또한 일방적 접촉은 엄마가 아이를 향하고 있는 것보다 아이가 일방적

[그림 12-1] 10세 남아의 모자화

으로 엄마를 향하고 있는 그림이 더욱 부정적인 의미를 가진다. 눈맞춤의 경우에도 함께 응시하는 경우가 한 사람이 일방적으로 응시하는 경우보다 친밀한 정서적 교류가 있음을 상징하고, 눈맞춤이 없는 경우보다도 아이가 혼자 엄마를 응시하고 있는 경우가 모자간 신뢰관계가 더욱 부정적임을 시사하기도 한다. 분리불안이 있는 내담자의 경우에는 이상화(idealization)한 엄마를 중심으로 그리거나(그림 12-1 참조), 엄마와 아이가 지나치게 밀착되어 있거나 포개어져 있는 경우, 아이가 일방적으로 엄마에게 밀착되어 엄마를 바라보는 경우 등이 종종 등장한다.

모자화에 표현된 상징적 이미지들을 기반으로 분리불안의 원인이 되는 모자의 애착 유형 및 상호작용 패턴, 양육환경 등을 면밀히 탐색해 나가도록 하자.

2) 새둥지화

새둥지화(bird nest drawing)는 위협적이지 않은 투사의 사용을 통해 내담자의 가족관계나 가정의 안정성과 애착 체계를 평가하는 진단도구로, 내담자의 가정과 가족사를 이해하고 애착 관계성, 친밀감 등을 촉진하여 손상된 애착의 치료에 활용할 수 있다.

새둥지화는 A4 용지에 연필과 색연필 등을 사용해 그릴 수도 있고, 점토, 컬러 클레이, 지끈, 모루, 폼폼이, 컬러 종이 접시 등 다양한 매체를 활용해 입체로 만들거나 꾸며 볼 수도 있다. 실시과정은 다음과 같다.

❶ 다양한 재료를 제공한 후 "새둥지를 생각하고 그것과 관련된 이미지를 그려 보세요." 또는 "새둥지를 만들어 주세요."라고 말하며 새둥지를 자유롭게 표현하도록 한다.

❷ 작품이 완성되면 작품을 보고 떠오르거나 생각나는 2~5개 정도의 문장을 만들도록 한다.

[그림 12-2]는 아이 둘을 기르고 있는 성인 여성의 작품으로, 작품을 완성한 후에 다음과 같은 이야기를 전하였다.

긴 시간을 들여 든든한 둥지를 엮는다. 그렇게 공들여 만든 둥지에 소중한 알 3개를 담는다.

알을 품고 돌보는 노랑새,

알을 지키기 위해 노랑새의 고개를 돌려보지만 클레이의 탄성 때문에 자꾸만 제자리로 돌아와 먼 곳을 바라본다.

어쩌면 현실에서 내가 이렇게 먼 곳만 보고 있는 건 아닐까? 알은 엄마의 따뜻한 바라봄을 기다리고 있을 텐데…….

나의 어머니 파랑새는 모서리에 올라서 날개를 한껏 펼치고 둥지를 보호한다.

거칠고 갈라진 파랑새의 날개에 미안함과 안쓰러움이 밀려온다.

그리고 어느 순간…… 파랑새도 나임을 알게 된다.

언제든 가고 싶은 그곳으로 날아가기 위해 힘껏 준비하고 있는 나

불편한 자세로 어떻게든 둥지를 지키려는 나

따뜻한 돌봄은 받지 못하지만 반드시 멋진 새로 깨어날 알까지 모두가 나라는 느낌이 들면서 나의 둥지를 더 아름답게 해 줄 알록달록 보송보송한 솜구슬을 축복처럼 뿌려 준다.

[그림 12-2] 나의 사랑, 나의 가족

[그림 12-3]은 불리불안을 호소하는 17세 여고생의 작품이다. 아빠 새는 엄마 새를, 엄마 새는 깨진 알을 밀착하여 감싸고 있다. 작품을 완성한 후 내담자는 다음과 같이 작품에 대해 이야기하였다. “내가 속상하고 아프고 고통스러울 때 엄마는 설명하지 않아도 내 마음을 감싸고 치유해 주세요. 내 마음은 엄마에게 늘 기대어 있고, 이런 나와 엄마를 아빠는 걱정스레 바라보세요.”

분리불안을 가진 내담자의 경우, 아기 새와 부모 새가 너무 밀착되어 경계가 없거나 둥지만 있고 둥지 안을 비워 표현하는 경우 또는 부모 새 없이 아기 새만 그리거나 아기 새 없이 부모 새만 표현하는 경우 등이 종종 등장한다. 성인의 경우에는 부화(孵化)되기 전의 알이나 깨진 알로 불안과 공포를 느끼는 자신을 표현하기도 한다. 또한 작품을 완성한 후에는 자발성 없이 부모 새에게 전적으로 의존하거나 ‘버림받은 아기 새’ ‘배고픈 아기 새’ 등을 소재로 주 애착대상과의 상실 경험을 이야기하는 경우가 많다.

치료사는 내담자에게 미술작업을 통해 자신의 감정이나 생각을 표현할 기회를 충분히 제공하도록 한다. 또한 내담자가 이미지나 상징을 통해 자신의 불안을 접촉하며 실제 겪고 있는 분리불안 증상이나 공포의 강도, 지속 시간에 대해 탐색하고 통찰할 수 있도록 격려해야 한다. 미술치료 과정에서 안전한 치료 환경 안에서 신뢰

[그림 12-3] 나와 엄마 그리고 아빠

할 수 있는 관계를 이루게 되면 내담자는 의식적 한계를 넘어 보다 창의적이고 치유적인 경험을 갖게 되며, 이 과정을 통해 상처받은 자아(ego)가 치유되고 심리적 재탄생을 돕는 내면아이(inner-child)가 회복될 수 있다(Weinrib, 1983).

3) 감정 그리기

불안 그리기, 불안과 관련된 감정 그리기, 집단 작업을 통해 불안심리 나누기 등을 통해 애착대상과의 분리 상황에서 경험한, 말로는 표현하기 힘들었던 감정을 표현해 보자.

불안과 공포, 슬픔과 허탈감, 우울감, 분노 등의 복합적인 감정을 그리며 내담자는 자신이 두려워하는 상황이나 자극에 노출된다. 이때 치료사는 어떤 것이 현실적이고 어떤 것이 비현실적인 가상의 불안인지를 나누며 내담자가 잘못된 사고나 과잉된 부정적 감정을 발견하고 수정할 수 있도록 유도해야 한다.

한편 심리적 안정을 유도할 수 있는 주제를 그리거나 만드는 활동을 통해 공포와 불안을 견뎌 내고 위협적으로 느껴지는 상황이나 자극에 대처할 수 있는 새로운 방법을 학습할 기회를 제공할 수 있다. 또는 분리불안을 일으켰던 특정 사건을 다른 관점에서 바라보거나 특정 사건으로 예기되는 결과를 재구성하며 각각의 상황에서 느낄 수 있는 감정을 표현하는 작업을 여러 차례 진행해 보는 것도 좋다. 부정적이고 비합리적인 신념을 합리적 신념 체계로 전환하며 감정의 긍정적 변화를 경험할 수 있다.

이때 감정을 표현할 드로잉 매체는 내담자가 직접 선택할 수도 있고 치료사가 제안할 수도 있다. 내담자는 재료의 통제성, 용이성, 촉감 등을 고려해 표현할 매체를 선정하는데, 선택된 매체의 성격은 내담자가 매체 선택 시 가지고 있던 내면적 욕구를 드러내므로 내담자를 이해하는 단서로 활용할 수 있다. 또한 치료사가 매체를 제안할 경우에는 앞서 언급한 내담자의 욕구를 고려하여 제시하되 감정 표현이 용이한 매체를 제시해야 하겠다.

가령, 수채 물감은 통제가 낮아 자기통제감이나 수용력이 낮은 내담자에게는 불안을 가중시키는 매체가 될 수 있다. 그러나 다른 매체에 비해 빠른 표현이 가능하여 느낌이나 감정 등의 즉흥적 · 직관적 표현이 용이하다.

[그림 12-4] Black Hole(캔버스에 아크릴, 임파스토 기법, 40.9×31.8cm)

또 하나의 중요한 점으로, 치료사는 매체별 다양한 표현기법을 충분히 이해한 후 내담자에게 가장 적합한 표현방법을 제안할 수 있어야 한다. 예를 들어, 물감은 다양한 색을 섞기, 물을 통해 농도 조절하기, 물감 튀기기, 번지기, 젖은 종이에 흘리기, 채색한 다음 건조되기 전 소금 뿌리기, 색칠한 후 마르기 전 나이프로 긁어내기, 손끝으로 문지르기 등의 다양한 기법으로 내담자의 감정 표현 및 정화를 도울 수 있다.

4) 애착인형/자아인형

애착인형을 만들어 보자. 애착인형은 아이와의 애착관계 형성을 유도해 분리불안을 해소하고 수면을 유도하거나 정서를 안정시키는 데 도움을 준다. 또한 애착대상과 떨어져 있을 때나 잠자리에 들기 전에 자신의 걱정을 털어놓거나 자신을 지켜준다는 역할을 부여해 심리적 안정감을 느낄 수 있다. 단, 애착인형은 아이가 늘 품에 안고 다닐 수 있기 때문에 피부를 자극하지 않는 부드러운 순면 소재로 만드는 것이 좋고 뾰족하거나 거친 장식물이나 단추 등은 달지 않도록 한다.

또는 자아인형(projection doll) 만들기도 애착관계 증진을 위한 좋은 방법이다. 자아인형을 만들며 자신의 감정이나 기분을 자각할 수 있고, 자신의 표정이나 상태를 자아인형의 얼굴에 그리고 애착대상이 잘 볼 수 있는 곳에 놓아둠으로써 애착대상과의 소통에 도움을 줄 수 있다.

자아인형은 다양한 매체로 만들 수 있는데, 그중에 점토는 아동에게 부드러운 질감을 통해 신체적·심리적 이완 및 친밀감을 경험하게 하고, 퇴행을 통한 부정적 감정 배출을 촉진하여 분리불안이 있는 아동에게 적합하다. 특히 점토매체 중 곡분이 원료인 플라스틱 수지 점토는 손에 붙지 않고 가볍고 부드러워 아동의 조형 작업에 좋다. 또한 건조된 후에는 플라스틱처럼 단단해져 파손에 강하며 매끄럽고 투명하게 건조되어 섬세한 감정 표현도 용이하다.

5) 엄마와 함께 석고붕대 인형으로 상황극 하기

석고붕대로 손가락 인형을 만든 후 엄마와 함께 혹은 가족 모두가 모여 상황극을 해 보자. 상황극을 통해 엄마는 아동의 마음 상태와 자신의 양육태도, 가족 간 상호작용의 형태 등을 인식하게 되며, 아동은 자신에게 당면한 두렵고 공포스러운 상황에 대한 대처방법을 배울 수 있다. 실시 방법은 다음과 같다.

❶ 석고붕대를 손에 붙이기 적당한 크기로 잘라 준비한다.
❷ 석고붕대를 붙일 손가락에 바셀린을 골고루 바른다.
❸ 조각조각 잘라둔 석고붕대를 한쪽 손가락에 대고 따뜻한 물을 2~3번 펴 발라 붙인다.
❹ 물을 묻혀 다듬으면서 원하는 모양을 만든다.
❺ 건조되면 아크릴 물감으로 자신의 모습을 그리고 채색한다.
❻ 완전히 건조시킨 후에 완성된 석고인형을 손에 끼고 상황극을 한다.

이때 치료사는 석고붕대의 매체 특성을 잘 이해하고 있어야 한다. 석고붕대는 빠른 시간에 굳고 건조된 후에는 비교적 형태가 잘 유지되어 여러 번 반복해서 상황극을 실시할 수 있는 장점이 있다. 그러나 석고붕대를 여러 겹 붙이는 것은 반복적으로 통제된 동작과 리듬을 요구하기 때문에 아동의 작업 수준에 맞춰 기술적인 부분

[그림 12-5] 석고붕대로 만든 손가락 인형

을 보조할 필요가 있다.

또한 석고는 물에 닿으면 부드럽게 녹아 접착되고, 굳고 나면 단단해지는 성질이 있다. 빨리 굳고 단단해지는 석고붕대의 성질은 아동이 결합과 유대감을 경험하기 좋다. 그러나 원하는 모양으로 만드는 중에 굳어 버리는 경우가 발생할 수 있으므로 이러한 상황을 참아 낼 수 있는 아동의 능력을 고려하며 접근해야 한다.

한편 엄마와 처음 떨어져 유치원에 갔던 날, 낯선 사람이 자신을 데려가 가족과 떨어지게 되었던 꿈 등 아동이 분리불안을 느꼈던 일상에서의 상황은 상황극의 소재이자 출발점이 될 수 있다. 상황극 속에서 아이가 당시 표현하기 힘들었던 두려움이나 공포 등의 감정을 떠올리고 표현할 수 있도록 유도하고, 그때의 감정을 충분히 위로하도록 한다. 또한 아이가 오해했다면 그 상황이 실제로는 위험한 상황이 아니었음을 이해시키도록 한다.

또는 상황극을 통해 분리불안을 느낄 만한 상황을 미리 경험하게 하는 것도 아동의 증상 완화에 효과적인 방법이 될 수 있다. 가령, 낯선 곳에 가기 전에 집에서 출발하는 장면에서 시작해 이동하고 도착하여 그곳에서 일어날 수 있는 장면으로 극을 전개하며 접근해 나갈 수 있다. 또한 각각의 상황에서 아이로 하여금 용감하고 자신감 있는 말들을 하도록 격려하며 분리불안을 극복하고자 하는 동기와 극복하는 방법을 제안할 수 있다.

한편 상황극을 통해 지나치게 밀착된 모자관계나 아동의 분리불안 문제의 발현에 영향을 주는 가족 체계의 상황이 우회적으로 표현되기도 한다. 이를 통해 엄마는 아이의 감정을 재인식하게 되며 자녀와의 의사소통 및 상호작용의 방식, 패턴 등을 확인할 수 있다. 분리불안이 아이에게 얼마나 큰 근심과 두려움인지를 충분히 이해하고 안정감과 믿음을 준다면 아동의 분리불안은 줄어들게 될 것이다.

참고문헌

Weinrib, E. (1983). *Image of the Self*. Boston, MA: Sigo Press.

13장

사회불안장애의 미술치료

나를 바라보는 '시선'의 변화

이윤희

1. 사회불안장애의 개관

사회불안장애는 불안장애 중 하나로, 다른 사람들 앞에서 사회불안을 경험한 후 상호작용하는 사회적인 상황과 대인관계에서 과도한 두려움과 고통을 반복적으로 겪으며 그러한 상황을 회피하게 되고 이로 인해 사회적 기능이 저하되는 정신적 장애이다(김은정, 2016). 예전에는 대부분의 사회적 상황에서 증상이 나타나는 경우를 '일반화된 사회불안장애'라고 따로 세분화해서 부르기도 했지만 DSM-5로 개정되면서 그러한 분류는 삭제되었다. 대신 수행불안[1]이 있는 경우만을 국한해서 '수행 시에만'이라는 세분화된 분류를 첨가한다.

사회불안장애가 있는 사람들은 자신이 겪게 될 사회적 상황을 예측하면서 신체적 · 인지적 · 행동적인 이상 증상을 보이곤 한다. 이를테면, 빠른 심장박동, 과호

1) 사람들 앞에서 발표를 하거나 무언가 수행해야 할 때 자신의 행동이 잘못되거나 이상하게 보이는 것에 대해 두려워하는 것이다.

흡, 근육 긴장, 목소리와 손발 떨림, 얼굴 붉어짐, 현기증, 위장장애 등의 신체증상을 보인다. 인지적으로는 자신을 향한 타인들의 생각과 평가를 실제보다 훨씬 더 부정적으로 생각하며, 그 결과 사회적 상황을 아예 피해 버리는 회피반응과 같은 행동이 나타난다.

사회불안장애를 경험하는 사람들의 특징 중 하나는 타인으로부터 인정받는 것에 과도하게 신경을 쓰며 좋은 평가를 받고 싶어 한다는 것이다. 하지만 자신이 그렇게 할 수 있을지에 대해서는 스스로 의구심을 가진다. 이들은 타인의 시선을 매우 중요하게 생각하기 때문에 자신에게 나타나는 신체적 증상이나 자신의 행동이 우스꽝스러워 보이지 않을까 염려하며 다른 사람들의 반응을 살핀다. 사회불안장애를 가진 사람들이 느끼는 부끄러움이나 불안의 정도는 일반적으로 사람들이 경험하는 수줍음이나 부끄러움보다 훨씬 더 강렬하고 공포스럽기까지 한 수준이다.

2. 사회불안장애의 미술치료

미술치료는 작업을 통한 감각경험과 이미지라는 비언어적 양식을 통해 자신을 표현하고 탐색하는 기회를 제공한다. 미술치료사는 내담자가 미술작업을 수행하는 과정에서 일시적으로 나타나는 신체증상이나 평가에 대한 생각에 주의를 기울이기보다는 미술표현과 작업과정에 집중하도록 돕는다. 사회불안장애 내담자들은 기본적으로 자신을 둘러싼 환경이 위협적이라고 느끼는데, 주변을 살피느라 자신에게 집중하지 못하던 내담자들이 미술작업에 집중할 수 있도록 돕는다면 그 경험 자체가 상당히 치료적 의미를 지닐 수 있다. 내담자들은 자신의 신체적 증상이나 타인의 반응에 집중할 때보다 자신이 표현하고자 하는 내용과 작업에 집중하는 것이 훨씬 더 의미 있고 결과적으로도 도움이 되는 것이었음을 경험한다. 자신을 표현하는 것, 달리 말하면 자기 생각과 느낌을 드러내 보이는 것이 매우 힘든 사회불안장애 내담자들이지만 이들은 미술치료를 통해 자신을 표현하고 덜 방어적이 되며 창조성과 상상력을 발휘하여 위협적으로 느껴지는 상황을 직면하고 다루게 된다.

미술치료의 접근 방식은 미술치료사가 가진 치료적 접근에 따라 다양하게 나뉠 수 있다. 이 장에서는 정신분석적 미술치료와 인지행동적 미술치료를 중심으로 사회불안장애의 미술치료를 살펴보고자 한다. 특정 치료적 접근 하나만 사용하는 미술치료사들도 있지만 대다수는 내담자에 대한 치료적 개입의 필요성이 무엇이냐에 따라 절충적인 입장을 시도한다. 필자 역시 그러한 편인데, 어디까지나 중요한 것은 내담자가 긍정적으로 변화하는 것이며 내담자에게 도움이 되는 것이라면 무엇이든 통합해서 사용할 수 있다고 믿는다.

다음 사례에서는 필자가 만났던 A씨와의 미술치료 과정을 소개하고자 한다.

3. A씨의 미술치료 사례

A씨는 명문대학에 재학 중인 22세 남학생이다. 그는 사람들 앞에서 발표해야 하거나 말을 해야 할 때마다 얼굴이 화끈거리고 심장이 두근거리며 심한 불안을 느꼈으며, 새로운 사람들을 만나는 두려움과 불편감이 컸고, 특히 이성이나 권위자를 만나는 사회적 상황에 심한 두려움을 느꼈다. A씨는 이러한 문제를 해결하기 위해 대학 내에 설치된 학생 상담실을 가기도 했고, 자신의 문제를 이해하고자 심리학을 부전공하며 관련 강의들을 다수 수강하고 있었다. 그러나 머리로는 이해가 되지만 현실 상황에서는 여전히 나아지지 않았다고 한다. A씨는 정신건강의학과를 내원해서 사회불안장애 진단을 받았고, 자신의 문제를 보다 깊이 이해하고 변화하기 위해 미술치료를 받게 되었다.

1) 불안을 표현하기

A씨가 불안을 느끼는 상황은 발표를 해야 할 때를 비롯해서 말을 한다든가 낯선 사람/이성/권위자를 만날 때이다. 이러한 상황에 대해서 이미 A씨는 여러 번 이야기를 나누었고, 그 상황을 인식하는 자신의 관점에 대해서도 과도한 면이 있다는 것을 알고 있었다. 필자는 조금 다르게 접근해 보기로 했다. 즉, 말로 설명하고 기술하는 것이 아니라 이미지로 표현해 보는 것이다. 심상과 이미지로 표현해 보고, 더 기본적 단위로 내려가서 색으로 표현해 본다면 뭔가 두려운 상황에 대해 우리가 더 많은 것을 알게 될지도 모른다.

다음은 미술치료에서 진행한 대화[2]이다.

치료사: 불안을 느끼는 상황과 불안한 상황 속에 있는 자신을 떠올려 볼까요? 무엇이 떠오르나요?

A씨: (눈물)

치료사: 이미지로 표현해 볼까요?

A씨: (한동안 침묵) 어떻게 표현해야 할지 모르겠어요.

부정적인 이미지에 압도되거나 불안 상황에 대한 감정이 뭉뚱그려져 있을 때는 표현 능력이 있어도 어떻게 표현해야 할지 막막할 수 있다. 이때는 불안 상황에서의 느낌을 연상할 수 있는 상징 또는 단순한 색으로 연결해 볼 수 있도록 안내한다.

치료사: 사람들 앞에서 발표해야 하거나 이성이나 권위자, 새로운 사람들을 만났을 때의 감정과 느낌을 나타내 주는 색을 떠올려 보세요. 어떤 색이 떠오르나요?

A씨: (한참 뜸을 들이다가) 검은색…… 빨간색……이요.

치료사: 검은색과 빨간색을 자유롭게 색칠해 볼까요?

말없이 미술재료만 응시하던 A씨가 마침내 검은색을 화면 가득 칠하기 시작했다(그림 13-1 참조).[3] 그런 뒤 주황색을 들어서 가볍게 터치하듯 검은색 위에 덧칠하고, 다시 검은색으로 낙서하듯 엉클어진 선을 그렸다. 그림을 완성한 뒤에 이미지에 대해서 이야기를 나누었는데, A씨는 자신의 그림 이미지를 보면서 '새빨간 거짓말'이 떠오른다고 했다. 새빨간 거짓말이라는 것은 상당히 개인적인 의미를 지니는 연상 같았다. 아직 추측하기는 이르지만 새빨간 거짓말에 대해 더 작업해 보는 것이 중요할 것 같았다. 필자는 '새빨간 거짓말'이라는 주제로 이미지를 표현해 보면 어떻겠냐고 A씨에게 제안했다. 이번에는 A씨가 그다지 머뭇거리지 않고 작업을 시작

2) 대화의 축어록과 내담자의 작품은 모두 내담자의 동의를 받고 제시했음을 밝혀 둔다.

3) A씨는 전통적인 미술재료(연필, 파스텔, 물감 등의 회화 재료)로 작업하는 것을 부담스러워했다. 한동안 A씨가 작업할 만한 미술재료를 찾다가 컴퓨터 그림은 좀 편하더라는 말에 착안해서 태블릿 PC로 그림을 그리기로 했다. 필자는 아이패드를 제공하고 'procreate' 애플리케이션을 사용해서 그림작업을 하도록 했다. 그 프로그램에서는 미술재료의 특성이 세밀하게 구현된다. 이를테면, 브러쉬의 종류도 여러 가지이고 아크릴이나 펜의 질감도 매우 다르게 표현되며, 손으로 문질러서 번지는 효과도 낼 수 있다. A씨는 이 프로그램에 쉽게 적응했고 이러한 도구로 미술작업을 하는 것을 매우 좋아했다.

[그림 13-1] 새빨간 거짓말

했다.

두 번째 그림은 첫 번째 그림을 복사한 뒤 그 위에 다른 이미지를 더 겹쳐서 그린 것이다. 이번에도 A씨는 검정과 주황을 사용해서 그림을 그렸는데 주황색 입술과 검은 점들을 그렸다. 그리고 화면 왼쪽 아래에 작은 사람을 덧붙여서 그렸는데 검정 바탕을 마치 사람의 그림자와 같이 연결했다.

완성된 작품을 선반에 세워 두고 A씨에게 어떤 느낌이 드는지 질문했다. A씨는 다음과 같이 말했다.

A씨: 좌절감…… 불안하고 슬픈 느낌. 검은색과 빨간색을 보며 왜 새빨간 거짓말이 생각났는지 모르겠어요. 생각해 보니 어렸을 때 엄마가 자주 하셨던 말이었네요. 갑자기 떠올랐어요. 제가 실수를 하거나 잘못을 했을 때 약속을 지키지 못했을 때도 거짓말이 되잖아요. 어쩔 줄 몰라서 당황하고 의기소침해 있는데. 엄마는 "얼굴이 빨개진 것을 보니 거짓말 맞네!"라고 화를 내셨어요. 그 말을 듣고 아무런 말도 못해서 억울하고 마음이 괴롭던 기억이 나요. 저는 거짓말이 너무 싫어요. 거짓말이 되어 버릴까 봐 두려워요. 특히 아빠처럼 책임도 못 지면서 지키지도 못하

[그림 13-2] 다시 그린 '새빨간 거짓말'

면서 말만 하는 사람이 되기 싫어요. 사람들과 현실은 저에게 늘 거짓말만 하는 것 같아요.

한번 이야기가 시작되니 A씨는 거침없이 자신의 이야기를 쏟아 내었다. 필자는 "네." "네, 그렇군요."라고 짧은 대답을 하면서 A씨의 이야기를 따라갔다.

A씨: 사람들의 비난과 시선이 두려워요. 만약 사람들 앞에서 실수하거나 얼굴이 빨개진다면 사람들은 저를 이상하게 생각하거나 거짓된 사람? 뭔가를 숨기고 있다고 생각해서 싫어하고 비웃고 비난할 것 같아요. 생각만 해도 최악이에요.

치료사: 사람들을 만나고 사람들 앞에 서야 할 때마다 그렇게 느껴지는 것이 아닌가 생각되는데, 어떻게 생각하세요?

A씨: 네…… 그런 것 같아요.

우선은 A씨가 자신의 그림을 그린 뒤 자기 이야기를 쏟아 낼 수 있는 것이 가장 중요했다. 어느 정도 충분히 표출하고 표현되었다고 느껴질 때 그림에서 보이는 것들 중 다루지 않은 부분들도 함께 살펴보는 게 의미 있을 것 같았다.

치료사: (왼쪽 아래를 가리키며) 저 작은 사람의 그림자와 검은색 바탕이 연결되어 있네요. 마치 작은 사람의 검은 그림자가 굉장히 커다란 배경이 된 것처럼 보이네요.

A씨: 그러네요. 실제 나보다 나의 어두운 그림자가 배경이 되었네요. 나의 어둡고 두려운 마음이 그림자를 통해서 밖으로 나온 것같이 보이기도 해요. (잠시 혼자 생각하더니) 그림을 그릴 때는 나라고 생각하고 그렸는데 여기서 보니 아빠가 떠올라요. 저렇게 작고 약하고 무능한 아빠…… 부모님은 자주 싸우셨고 결국 책임도 못 지는 무능한 아빠와 엄마는 이혼하셨어요. 엄마는 저에게 아빠에 대한 원망과 비난을 쏟아 놓으셨고 저에게 화가 나실 때마다 저와 아빠가 닮았다는 말을 하셨는데, 그 말이 저를 너무 괴롭게 했어요.

A씨는 아버지에 대한 연상에서 더 나아가서 자신이 사람들 앞에 섰을 때 느끼는 감정이 마치 아버지 같은 모습으로 있는 것과 같다고 했다. 특히 이성이나 권위자 앞에 섰을 때 자신의 모습이 아버지와 닮은 것 같다고 했다.

미술치료에서 그림을 그리고 그 그림을 감상하면서 자유롭게 연상하는 것은 마치 정신분석에서 꿈에서 파생되는 자유연상을 하는 것과 비슷하다. 무엇보다도 A씨에게 억압된 것, 즉 사회불안이라는 문제를 일으키는 내면 갈등이 미술작품을 통해 구체적인 형태로 표현되는 것이 중요했다. 그렇게 표현된 내용은 어쩌면 말로 이야기 나눌 때는 쉽사리 연결되지 않았던 내용들일 것이다. 미술을 통한 표출 과정은 자신이 알게 모르게 무시하려고 했던 생각과 느낌이 지금 현재 자신이 겪는 문제나 자신의 행동과 어떠한 관련성을 지니는지에 대한 통찰을 얻는 데 도움이 되었다.

이러한 표현과 연상, 통찰 과정 전반에서 작품의 느낌을 나눌 때에는 되도록 내담자에게 묻고 내담자가 이야기하도록 하는 것이 좋다. 치료사의 해석은 절대적인 것도 최종적인 것도 아니며 하나의 가설로서 존재한다는 것을 기억해야 한다. 그러므로 언제든지 수정되거나 가감될 수 있는 가설로 사용하되 다른 해석이 가능하다는 변화의 여지를 두는 것이 좋다.

A씨는 어린 시절 부모님과의 관계에서 경험한 것을 이후 맺게 되는 이성이나 권위적 대상과의 관계에서도 무의식적으로 반복하고 있었다. 긴장되는 사회적 상호작용 상황에서 그는 아버지와 동일시하면서 한편으로는 무능한 모습을 가지고 다

른 한편으로는 그런 모습에 괴로워했다. 그리고 이러한 내적 갈등은 분명하게 인식되기보다는 모호한 죄책감과 두려움, 수치심 등으로 발전해서 사회불안장애로 나타났다. A군은 다른 사람들이 자신의 이러한 의도와 가장을 알아차리고 자신을 비난할 것이라고 상상했다.

A씨는 자신의 이런 무의식적 갈등을 통찰하게 되면서 조금 더 여유가 생긴 듯했다.

참고 정신분석적 미술치료

정신분석적 접근에서는 사회불안장애의 이면에 있는 심리 내적인 갈등을 의식화하여 자각하고 이해함으로써 자신의 문제에 대한 통찰을 바탕으로 두려운 사회적 상황에 직면할 수 있도록 돕는다 (Rubin, 2012). 불안의 이면에 있는 내적 갈등을 찾아내는 데 초점을 맞춘다.

공포증은 내적 갈등에 대한 불안 상태가 구체적인 외적 대상에 대한 공포증으로 바뀐 것이다. 위협적으로 느껴지는 내적 갈등이 있을 때 무의식적으로 그것을 억압하게 되는데, 이렇게 무의식에서 억압하면 갈등의 구체적인 내용들이 사라지면서 모호한 신경증적 불안을 경험하게 된다. 이러한 통찰을 통해 불안의 근원을 이해하게 되고 사회불안 이면에 있는 소망과 갈등을 의식화하여 비현실적인 기대나 왜곡된 좌절을 깨닫고 이를 수용하고 현실적이고 적응적인 선택을 할 수 있게 된다. 그러나 자신의 증상에 대한 통찰을 얻었다 하더라도 금방 증상이 좋아지지 않는 경우가 많다. 따라서 이들이 자신의 문제에 대한 통찰을 바탕으로 실제 사회적 상황에 직면할 수 있도록 도와주는 것이 필요하다. 이런 직면 훈련을 하는 데 있어서 정신분석적 미술치료는 불안 자극에 대처하는 보다 더 안전하고 건강한 방법 등을 작품을 통해 깨달을 수 있게 하고, 불안 상황에 직면할 수 있는 용기를 불어넣어 통찰한 것을 행동으로 옮기도록 하는 원동력이 된다.

2) 자신에 대한 생각과 신념 바꾸기

서두에 짧게 언급한 것처럼 필자는 특정 심리치료 접근만을 사용하지는 않는다. 그보다는 필요에 따라 절충적으로 치료적 접근을 취하는 편이다. 이번에 소개하고자 하는 과정은 자신에 대한 이해를 바탕으로 두려운 상황에 직면할 수 있도록 돕는 인지행동적 미술치료이다. 사회불안장애를 일으키고 유지시키고 있는 잘못된 사고 및 지각 양식과 패턴을 알아내고 적응적인 것으로 바꾸는 방법을 배움으로써 두려운 실제 사회적 상황을 직면하는 것과 적응적인 행동 변화를 도울 수 있는 인지행동적 미술치료가 진행되었다.

미술치료에서는 사회불안이 있는 사람들의 부정적 자기상을 감소시키는 방법으로 이미지를 통해 자기를 표현하여 노출시킴으로써 자신이 느끼는 것과 실제로 보이는 모습의 차이를 깨닫게 해 주고, 자신의 부정적 자기상을 좀 더 현실적인 것으로 바꿀 수 있도록 이미지를 사용할 수 있다.

먼저 필자는 A씨가 자신의 모습을 여러 각도로 표현하도록 도왔다.

A씨: 저는 미래를 위해 인턴 경험을 쌓고 싶어서 휴학을 결심하고 면접을 준비했어요. 그런데 인턴 면접 상황에서 얼굴이 화끈거리고 심장이 터질 듯이 두근거리며 심하게 목소리와 손이 떨려서 제대로 면접을 볼 수가 없었어요. 그동안 면접을 위해 준비했던 것을 제대로 이야기해 보지도 못한 채 면접이 끝나 버리곤 했어요. 면접조차 제대로 못하는 사람이라는 생각이 들고, 난 왜 이 모양인지 한심하고 무능한 인간이라는 자책감과 불안감이 들어서 잠을 이룰 수가 없었어요.

치료사: 미래를 위해 휴학까지 결심하고 성실히 면접을 준비했는데 제대로 면접을 볼 수 없어서 많이 속상했겠어요. (잠시 기다렸다가) 지금 말씀하신 불안 상황과 그 후에 자동적으로 떠오른 생각들을 적어 보세요.

A씨는 잠시 생각에 잠기면서 과거의 상황을 회상하는 듯했다. 그때 얼핏 눈물을 보이기도 했지만 이내 집중해서 자기 생각을 적어 나갔다.

A씨: 내 얼굴이 빨개지는 걸 보고 나를 이상하다고 생각할 거야! 사람들이 나에 대해 수군거리겠지? 한심하고 무능하게 생각할 거야. 난 바보야. 망했어. 이제 끝이야. 다 내가 못나서 그렇지. 다 나 때문이야.

치료사: 자동적으로 떠오른 A씨의 생각들은 마치 보이스피싱처럼 A씨 마음속에 가짜 목소리가 돼요. 마음속 보이스피싱에 넘어가면 이런 상황과 관련된 자동적인 생각의 흐름은 이후에 그와 비슷한 상황을 만나게 되면 다시 A씨를 힘들게 만들 수 있어요. 자신을 한심하고 무능한 실패자처럼 여기고 행동하여 결국 자신이 예상했던 대로 몰아갈 수 있어요. A씨의 생각은 타인의 것이 아니라 바로 A씨의 것이기 때문에 마음대로 처리할 수 있어요. 그렇다면 이제 A씨만의 보

이스피싱 처리기를 상상해 볼까요?

A씨: 보이스피싱이라는 말이 마음에 와닿아요. 보이스피싱에 속고 살았구나! 이제는 속지 말아야겠다는 생각이 들어요. 그래서 보이스피싱을 말하는 그 가짜 목소리를 진짜로 바꾸는 보이스피싱 번역기를 그리고 싶어요.

치료사: 와! 가짜 목소리를 진짜 목소리로 바꾸는 보이스피싱 번역기가 있다면 정말 좋겠네요. 그럼 이제 A씨만의 보이스피싱 번역기를 자유롭게 그려 보세요.

참고

내담자에 따라 이러한 제안이 막연하거나 막막할 수 있으므로 말로 설명을 하는 것보다 참고가 될 수 있는 예시 그림을 보여 주는 것이 도움이 된다.

보이스피싱 번역기라면서 A씨가 그린 그림이 바로 [그림 13-3]이다. 이전 회기 그림에서는 새빨간 거짓말로 표현되었던 입술 이미지가 이 그림에서는 진짜 목소리로 바꾸어 주는 보이스피싱 번역기로 바뀌어 표현되었다.

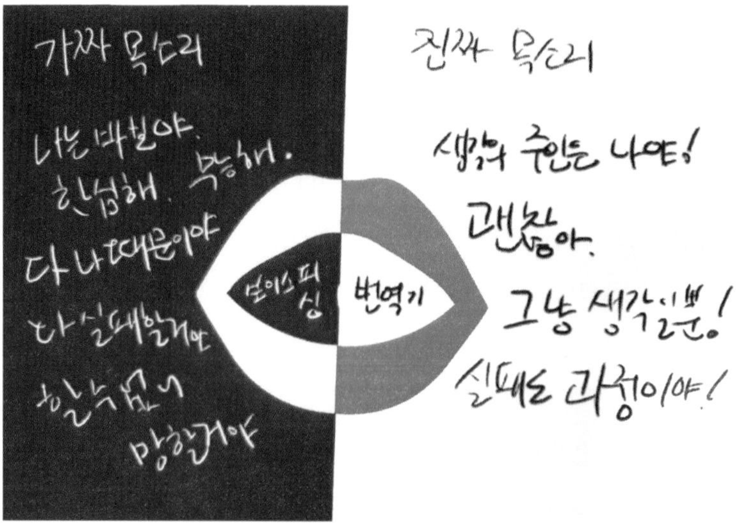

[그림 13-3] 보이스피싱 번역기

치료사: 부정적인 생각과 느낌에 사로잡히게 되면 이성의 목소리에 귀를 닫아 버리게 되는데, 이때 억지로 생각을 바꾸려 하기보다는 A씨가 그린 '보이스피싱 번역기' 이미지를 떠올리고 그 이미지에 잠시 머물러 보세요. 자연스럽게 이성의 목소리에 귀가 열리는 데 도움이 될 수 있어요.

A씨는 미술치료 이전에 여러 상담을 받으면서 비합리적이고 부정적인 생각을 의도적으로 바꾸려고 노력했지만 극심한 불안 증상 때문인지 잘되지 않았다고 했다. 그런데 이미지 작업은 떠올리기 쉬워서 그런지 부정적인 생각에 사로잡힐 때마다 보이스피싱 번역기 이미지를 떠올리니 도움이 되더라고 말했다. 떠올린 이미지에 잠시 머무르는 동안 부정적인 감정과 긴장이 이완되면서 자동적으로 보이스피싱 번역기가 작동되었고 극심한 불안 증상에 도움이 되더라고 했다.

3) 내가 보는 나, 남이 보는 나, 내 인생의 항해사

사회불안장애를 가진 사람은 다른 사람이 자신을 관찰한다고 생각하고 사람들의 시선을 신경 쓰느라 대화에 참여하지 못한다. '밝아 보여야 해' '말도 잘해야 해' '잘 어울려야 해'와 같은 생각을 하면서 실수하게 될까 불안해한다. 만약 실수를 하게 되면 그것을 본 다른 사람들이 자신에 대해 부정적으로 평가할 것이라고 생각한다. 그렇게 생각하게 되는 연결고리는 무엇일까? A씨는 [그림 13-1]과 [그림 13-2]에서 자신의 두려운 마음속에 있는 아버지와 어머니에 대한 상처를 이야기했기에 부모와 연결해서 생각해 보고자 한다.

A씨의 부모님은 매우 불안한 부모였다. 어머니는 A씨에게 자신의 불안감을 전달했다. 타인의 시선을 많이 의식했던 어머니는 A씨를 훈육할 때마다 "이렇게 하고 다니면 남들이 욕해!" "그렇게 하면 네게 거짓말쟁이라고 할 거야!" "이렇게 행동하면 너를 한심하게 볼 거야!" "네가 그러니까 널 무시하지!" 등 A씨의 외모, 표정, 언행에 대해 수치심을 주는 말들을 했다. 이러한 훈육의 영향으로 A씨에게는 다른 사람의 평가에 대한 두려움이 생겨났고 사회에 대한 공포심으로 언제나 다른 사람들을 의식하게 되었던 것 같다. 또한 무능하고 폭력적이고 권위적으로 느꼈던 아버지와 있을 때는 위축되고 경직되고 끊임없이 눈치를 살피며 무조건 부모가 원하는 대로 맞

추어 줘야 한다고 생각했다고 한다. 그러다 보니 자신도 모르게 늘 누군가가 자신을 평가한다고 느끼게 되면서 자신의 기준이나 평가보다는 타인의 기준이나 평가가 더 중요한 사람이 된다.

한 사람의 자아개념은 부모의 영향으로 그 기초가 마련된다고 할 수 있다. 물론 사람은 누구나 부족하고 부모 역시 완벽하지 않은 사람이다. 그러므로 이를 모든 문제의 원인으로 부모를 지목하는 것이 아니라 자신을 이해하기 위해서 연결고리를 찾는 것으로 볼 필요가 있다. 즉, 어린 시절 성장 과정에서 부모의 영향이 크게 작용할 수 있으므로 그러한 영향을 이해하기 위해 부모와 자신의 관계를 돌아보는 것이다. 사족처럼 덧붙이자면, 부모의 영향으로 자아개념의 '기초'가 만들어진다는 것이지 그것이 '완성'은 아니다. 얼마든지 인식하고 고쳐 나갈 수 있음을 기억하자.

부모가 자녀에게 일관성 있게 수용적이고 따뜻하게 대해 주면 아이는 안정애착을 형성하게 된다. 반면 부모가 비일관적으로 자녀를 대하면 아이는 부모가 자신을 사랑하는지 안 하는지에 대한 확신이 없어서 불안을 느끼기 때문에 자꾸만 확인하려고 지나치게 매달리거나 눈치를 보게 된다. 그렇게 성장하다 보면 사람들의 인정과 사랑에 과도하게 집착하고, 사소한 거절에도 예민하게 반응하고 상처를 쉽게 받는다. 혹시 사람들을 만나게 되면 긍정적인 측면은 잘 못 느끼며, 다른 사람들이 자신을 공격하거나 비판하고 있다고 잘못 해석하는 경우가 많다. 그러다 보니 대인관계 상황에서 불안을 잘 느끼고 사람을 만나는 자리를 회피하게 되는 것이다. 즉, 실제로 부정적인 사건이 있어서 불안한 게 아니라 그 상황을 왜곡해서 받아들이고 잘못 해석하기 때문에 불안하고 우울하다는 것이다. 그렇게 잘못 해석하는 사람들은 세상을 '역기능적 시선'으로 보고 있어서 눈이 제 기능을 하지 못하는 것이다.

여기서 중요한 것은 이러한 역기능적인 신념과 부정적인 자기개념이 밀접한 관련이 있다는 것이다. 그런데 일반적으로 자신에 대해서 부정적인 시선을 가진 사람들과 사회불안장애가 있는 사람들의 부정적인 자기개념 인식에는 차이점이 있다. 다름이 아니라 사회불안장애 내담자들의 경우에는 혼자 있거나 사회적으로 편안한 상황에 있을 때는 자신을 긍정적으로 보기도 한다는 것이다. 즉, 사회불안장애를 가진 사람들은 자신이 평가받는 상황에서만 유독 부정적인 자기개념을 갖는다는 것이다.

다시 A씨 이야기로 돌아가자. A씨는 대학 입학 당시 교수님과 학우들을 만나는 자리에 참석했다가 극심한 불안으로 얼굴이 붉어지고 식은땀이 나고 목소리와 손발이 떨리는 증상이 있었고, 자신 때문에 '분위기가 싸해졌다'고 했다. 그런 자신의 모습을 보고 모두가 자신을 이상하게 보았을 것이라는 생각이 들면서 학교를 휴학하려고까지 했다고 한다.

필자는 A씨의 시선이 궁금해졌다. 자신을 어떻게 바라보는지, 자신에 대해 어떤 시선을 가지고 있는지 그림 이미지를 통해 표현해 보자고 제안했다. 이번 작업에서는 A씨가 전통적인 회화 재료로 그림을 그려 보겠노라고 했다.

[그림 13-4]는 다른 사람이 A씨를 바라보는 시선과 자신이 바라보는 자기상이 모두 표현되었다고 한다.

A씨: (내가 보는 나) 절벽 끝에 매달려 있는 얼굴이 시뻘건 사람이 저예요. 절벽 아래는 불길이 치솟고 있어요. 저는 제가 너무 불안하게 보여요. 위험하고 위태로운데 도와줄 수 있는 그 무엇도 없는 공포 속에서 너무 외롭고 무력한 모습이에요. (남이 보는 나) 그림 속에 검은 먹구름과 내리는 비는 '남이 보는 나'예요. 주변을 우울하고 우중충한 분위기로 만드는 먹구름 같은 사람, 비가 추적추적 내리는 찝찝하고 불편한 느낌을 주는 사람, 쓸모없고 귀찮은 사람으로 보일 것 같아요. 분위기를 우중충하고 이상하게 만드는 저를 탓하며, 저 때문이라며 비난할 것 같아요. 당연히 사람들은 저를 싫어하겠죠.

우리는 각자 자신의 인생에서 주인공이다. 아무리 존재감이 있어 보이는 사람도 내 인생에서 그들은 조연이고 단역일 뿐이다. 그들이 주인공처럼 느껴지는 이유는 주인공인 내가 존재감 있게 그들과 관계하고 있기 때문이다. 예를 들어, 어떤 모임을 갖고서 집으로 돌아간 각자는 과연 모임에서 만난 '나'를 얼마나 생각하고 있을까? 우리 각자는 다른 사람들이 나를 어떻게 보았을까에 관심이 있지 정작 타인이 어떤 사람인지에 대한 관심은 상대적으로 그리 중요하지 않다. 마찬가지로 다른 사람에게 있어서 나는 그저 조연이고 단역 등일 것이다. 나의 가치는 남이 평가하는 것이 아니다. 그래서 중요한 것은 다른 사람이 나를 어떻게 보고 있느냐가 아닌 내가 나를 어떻게 보고 있는지, 나를 어떻게 생각하는지, 나를 향한 나의 시선이 어떠한지가 중요하다.

사회불안장애의 인지행동적 미술치료에서는 먼저 이미지로 자기상을 표현하도

[그림 13-4] 시선: 내가 보는 나, 남이 보는 나

록 하고, 그렇게 표현된 부정적 자기상을 수정하여 사회불안을 감소시키고자 한다. 그 과정에서 내담자가 느끼는 것과 실제로 작품에 보이는 모습의 차이를 깨닫게 해 주고, 자신의 부정적 자기상을 좀 더 현실적인 것으로 바꿀 수 있도록 돕는다.

필자는 A씨에게 이미지를 바꾸어 볼 것을 제안했다.

> 치료사: 나의 현실은 즉각적으로도 내가 원하는 대로도 바꿀 수 없지만, 이미지를 보며 이미지로써 도움을 줄 수 있고 내가 원하는 대로 이미지도 바꿀 수도 있어요.

A씨는 [그림 13-4]의 이미지를 바꾸어 재구성해 보는 작업을 시작했다. 그렇게 해서 나온 그림이 [그림 13-5]와 [그림 13-6]이다.

> A씨: 좀 더 비가 많이 내리면 저 아래 불이 꺼질 것 같아요. 그래서 많은 비를 내려서 저 아래 불을 끄고 싶어요.

그렇게 말하고는 A씨는 붓에 물을 많이 적셔서 실제로 비가 내리는 것처럼 붓질을 했다. 상징적으로 불을 끄는 것 같았다. A씨는 불이 꺼지고 나니 불길이 아닌 바다였다고 하면서 놀라워했다. 그러면서 파란색 톤을 여러 겹 칠해서 바다를 그렸다. 그림은 점점 더 풍성해졌다. 먹구름이 사라지고, 붉은 노을빛에 바다도 붉게 물들고, 그림 속 인물의 얼굴도 노을빛에 물들었다. 처음에 절벽으로 묘사되었던 배경은 절벽이 아닌 배로 바뀌었다. A씨는 배로 바뀐 배경에 사다리를 그려 주면 더 안전해 보일 것 같다며 매달려 있는 인물 옆에 사다리를 그려 넣었다.

마침내 그림이 거의 완성되었다. 비가 그치고 나니 무지개가 생겼는데 무지개 빛이 사다리에 모여서 무지개 사다리가 되었다. 다음은 A씨가 자신의 그림을 보며 한 말이다.

> A씨: 아! 이 사람은 이 배의 선장이자 항해사네요! 남이 보는 나는 먹구름이었지만 불을 끄고 무지개가 되었고, 제가 보기에 공포에 떨고 있던 위태롭던 사람은 무지개 배의 선장이 되었어요. 마치 나의 자서전을 그림으로 다시 쓴 것 같아요. 이제는 이 그림처럼 노을빛 따뜻한 시선으로, 무지개처럼 다채로운 시선으로 나를 보고 싶어요.

[그림 13-5] 따뜻한 시선으로: 내 인생의 항해사

[그림 13-6] 다채로운 시선으로: 나를 바라보는 시선의 변화

미술치료는 창작 과정을 통해 아이디어, 영감 및 통찰력을 생성하는 뇌의 일부를 활성화시켜 주어 정체된 문제에 대한 새로운 관점을 발견하는 데 도움이 된다. 따라서 사회불안장애의 경우, 사회적 상황과 그 속에 있는 자신을 다르게 볼 수 있도록 생각의 틀에서 나와서 새롭게 상황과 자신을 다르게 볼 수 있도록 한다. 이러한 과정은 환경에 대한 인식이 위협에서 위협하지 않는 것으로 전환되어 해석되도록 도울 수 있다.

참고 **인지행동적 미술치료**

인지행동치료에서는 개인의 생각과 신념이 사회불안장애를 일으키고 유지시키는 데 중요한 역할을 한다고 본다. 사람들 앞에 섰을 때 사람들이 웃는 모습을 보고 매우 불쾌하고 불안함을 느꼈다고 하자. 이러한 부정적인 경험을 했을 때 그 일에 대해서 어떻게 생각하는가가 긍정적이든 부정적이든 감정과 행동에 영향을 미치게 될 것이다. 이때 생각과 사고 패턴을 스스로 자각하면서 좀 더 적응적인 방향으로 자신의 생각을 변화시킬 수 있다면 자신의 감정과 행동 역시 바람직한 방향으로 바꿀 수 있을 것이다.

미술작업은 본질적으로 감각적 · 정서적이지만 또한 인지적 과정도 포함하고 있다. 어떤 생각과 신념을 가지고 있다면 그러한 부분 역시 미술작업이나 결과물에 반영되기 마련이다. 인지행동적 미술치료 개입을 통해 내담자가 자신의 사고 패턴을 이해하고 자신에게 부정적인 영향을 주었던 인지과정을 변화시키도록 도울 수 있다.

참고문헌

김은정(2016). **사회불안장애(이상심리 시리즈 7)**. 서울: 학지사.

Rubin, J. A. (Ed.). (2012). **이구동성 미술치료 2판**(*Approaches to Art Therapy: Theory and Technique, 2nd ed.*). (주리애 역). 서울: 학지사. (원저 2001년 출간).

외상 및 스트레스 관련 장애

Trauma and Stressor-Related Disorders

외상 및 스트레스 관련 장애Trauma- and Stressor-Related Disorders

외상 및 스트레스 관련 장애의 종류

외상후 스트레스장애 Posttraumatic Stress Disorder(PTSD)	외상성 사건을 겪은 뒤 외상 사건과 관련된 증상, 회피, 감정 변화, 각성 변화를 보인다.
급성 스트레스장애Acute Stress Disorder	외상후 스트레스장애와 주요 증상 및 진단기준은 유사하고, 다만 증상 지속기간이 더 짧다. 외상으로 인한 증상이 외상 노출 후 3일에서 1개월 이내의 단기간으로 지속된다(증상은 외상 후 즉시 시작되더라도 지속되는 것이 최소 3일~1개월).
반응성 애착장애 Reactive Attachment Disorder	애착 외상으로 인해 다른 사람과의 관계를 두려워하거나 회피한다.
탈억제 사회관여장애 Disinhibited Social Engagement Disorder (탈억제성 사회적 유대감장애)*	애착 외상으로 인해 누구에게나 부적절하게 친밀함을 나타낸다.
적응장애Adjustment Disorder	스트레스 사건 후 증상이 3개월 이내에 시작하고, 스트레스 요인이 종결된 후 6개월 이상 지속되지는 않는다.

* 명칭 번역자에 따라 해당 명칭도 사용한다.

외상후 스트레스장애의 진단기준(DSM-5)

아래 기준은 7세 이상에게만 적용하며, 6세 이하 소아는 별도 기준을 사용한다.

A. 실제 죽음이나 죽음 위협, 심각한 상해 또는 성폭력 등을 다음 중 한 가지 이상의 방식으로 경험했다.

1. 외상 사건을 직접 경험한다.
2. 다른 사람에게 외상 사건이 일어나는 것을 직접 목격한다.
3. 외상 사건이 가족, 가까운 친척 또는 친한 친구에게 일어난 것을 알게 된다. 죽음이나 죽음 위협의 경우, 그 사건은 폭력적이거나 사고라야 한다.
4. 외상 사건의 혐오스러운 세부사항에 대해 반복적으로 혹은 지나치게 노출된다(예: 사람의 유해를 수거하는 응급처치 요원, 아동 학대의 세부사항에 반복 노출된 경찰). 단, 이 노출이 일과 관계된 것이 아닌 한 전자미디어, 텔레비전, 영화 또는 사진을 통해 노출된 경우는 적용되지 않는다.

B. 외상 사건 발생 이후, 외상 사건과 관련된 침투 증상이 한 가지 이상 나타난다.
   1. 반복적 · 불수의적 · 침투적으로 떠오르는 외상 사건에 대한 고통스러운 기억
   2. 내용과 정동이 외상성 사건과 관련된 고통스러운 꿈의 반복
   3. 외상 사건이 재생되는 것처럼 느끼고 행동하게 되는 해리 반응(예: 플래시백)
   4. 외상 사건을 상징하거나 유사한 내적 · 외적 단서를 접할 때 심하거나 장기적인 심리적 고통
   5. 외상 사건을 상징하거나 유사한 내적 · 외적 단서에 대해 현저한 생리적 반응

C. 외상 사건 발생 이후 외상 사건에 관련된 자극 회피가 한 가지 이상 지속적으로 나타난다.
   1. 외상 사건과 밀접하게 관련된 고통스러운 기억, 생각, 감정을 회피한다.
   2. 외상 사건과 밀접하게 관련된 고통스러운 기억, 생각, 감정을 생각나게 하는 것(사람, 장소, 대화, 활동, 사물, 상황)을 회피한다.

D. 외상 사건 발생 이후, 외상 사건에 관련된 인지와 감정의 부정적 변화가 다음 중 2개 이상 나타난다.
   1. 외상 사건의 중요 부분을 기억하지 못한다(두부 손상이나 알코올, 약물에 의한 것이 아니라, 해리성 기억상실에 기인한 것).
   2. 자기, 타인, 세상에 대해 지속적이고 과장된 부정적 신념 또는 부정적 기대(예: "나는 나쁘다." "누구도 믿을 수 없다." "세상은 완전히 위험하다." "나의 신경계 전체가 완전히 파괴되었다.")가 있다.
   3. 외상 사건의 원인 또는 결과에 대해 지속적으로 왜곡된 인지를 하고 그로 인해 자기 자신이나 타인을 비난한다.
   4. 지속적으로 부정적인 정서 상태이다(예: 공포, 경악, 분노, 죄책감 또는 수치심).
   5. 주요 활동에 대해 관심과 참여가 현저하게 감소한다.
   6. 다른 사람과 멀어지거나 소원한 느낌이 든다.
   7. 긍정 정서를 경험할 수 없다.

E. 외상 사건 발생 이후, 각성과 반응성의 현저한 변화가 다음 중 2개 이상 나타난다.
   1. (자극이 거의 없는데도) 사람/사물에 대해 언어적/신체적 공격성을 보이는 것으로 드러나는 과민한 행동과 분노 폭발
   2. 무모하거나 자기파괴적 행동
   3. 과잉 경계
   4. 과도한 놀람 반응
   5. 집중하기 어려움
   6. 수면문제(예: 잠들기 어렵거나 수면 유지가 어렵거나 푹 잠들지 못함)

F. 장애(B, C, D, E)의 기간이 1개월 이상이다.

급성 스트레스장애의 진단기준(DSM-5)

A. (외상후 스트레스장애와 동일)
B. 외상후 스트레스장애의 B, C, D, E 기준을 묶어서 다음과 같이 제시한다.
외상 사건 이후, 침습, 부정적 기분, 해리, 회피, 각성 등 5개 범주 중 어디서라도 9개 이상의 증상이 나타난다.
C. 장애의 기간은 외상 노출 후 3일~1개월까지 지속된다.

반응성 애착장애의 진단기준(DSM-5)

A. 아동이 성인 양육자에 대해 정서적으로 위축되고 억제된 행동을 지속적으로 보이며, 아래 두 가지 모두로 나타난다.
   1. 아동이 고통스러울 때 위안을 찾지 않거나 최소한으로 찾는다.
   2. 아동이 고통스러울 때 위안에 대해 반응이 전혀 없거나 최소한으로 반응한다.
B. 지속적인 사회적·정서적 문제가 다음 중 두 가지 이상 나타난다.
   1. 다른 사람에게 최소한의 사회적·정서적 반응을 보인다.
   2. 긍정적 정서가 제한적이다.
   3. 성인 양육자와 위협적이지 않은 상호작용을 할 때에도 이유 없이 짜증, 슬픔 또는 두려움을 보인다.
C. 아동은 다음과 같은 극단적으로 불충분한 양육을 한 가지 이상 경험했다.
   1. 성인 양육자로부터 위로, 자극, 애정 등 기본적인 정서적 요구를 받지 못하는 상태가 지속되는 사회적 방임 또는 결핍의 상태이다.
   2. 안정적 애착을 형성하기 어려울 정도로 주 양육자가 자주 바뀐다(예: 위탁 가정이 자주 바뀜).
   3. 선택적 애착을 형성하기 매우 어려운 독특한 환경이다(예: 양육자 수에 비해 아동 수가 훨씬 많은 기관).
D. 진단기준 C의 양육이 진단기준 A의 문제행동의 원인으로 추정된다.
E. 자폐스펙트럼장애에 해당되지 않는다.
F. 장애가 5세 이전에 나타난다.
G. 아동은 최소한 9개월 이상의 발달 연령이다.

탈억제 사회관여장애의 진단기준(DSM-5)

A. 아동이 낯선 성인에게 적극적으로 접근하여 상호작용하는 행동 패턴을 보이며, 다음 네 가지 중 2개 이상의 증상을 보인다.
   1. 낯선 성인에게 접근하고 그들과 상호작용하는 데 주저함이 없다.
   2. 지나치게 친밀한 언어적 · 신체적 행동을 나타낸다.
   3. 어딘가로 떠났을 때 낯선 상황이라 할지라도 성인 양육자를 찾을 생각을 거의 하지 않는다.
   4. 낯선 성인을 주저하지 않고 기꺼이 따라 나선다.

B. 기준 A의 행동은 주의력결핍 과잉행동장애의 충동성으로 인한 것이 아니고 사회적으로 탈억제된 행동이어야 한다.

C. (반응성 애착장애의 진단기준 C와 동일함)

D. 진단기준 C의 양육이 진단기준 A의 문제행동의 원인으로 추정된다.

E. 아동은 적어도 생후 9개월 이상의 발달 연령이라야 한다.

적응장애의 진단기준(DSM-5)

A. 스트레스 사건에 대한 반응으로, 사건 발생 3개월 이내에 정서적 증상 또는 행동적 증상이 나타난다.

B. 이러한 증상이나 행동이 임상적으로 현저하며, 다음 중 한 가지 이상으로 입증된다.
   1. 증상의 심각도와 발현에 영향을 주는 문화적 요인과 외부 맥락을 고려할 때 스트레스 사건의 강도와 심각도에 비해 고통이 현저하게 심하다.
   2. 사회적 · 직업적 또는 다른 중요 기능 영역에서 현저한 손상이나 고통이 나타난다.

C. 스트레스와 관련된 장애는 다른 정신장애의 진단기준을 만족시키지 않으며, 이미 존재하던 정신장애가 단순히 악화된 것이 아니다.

D. 증상은 정상 애도 반응을 나타내는 것이 아니다.

E. 스트레스 요인이나 그 결과가 끝난 후에는 추가적으로 6개월 이상 증상이 지속되지 않는다.

14장

외상후 스트레스장애의 미술치료

너에게 이렇게 멋진 뒷모습이 있다는 것을 보여 줘서 고마워

김태은

언젠가 그런 말을 들었다.

"자신이 미술치료로 변화되는 것을 경험하거나 미술치료를 통해 내담자가 변화하는 것을 본 사람은 이 일을 확신을 가지고 계속할 수 있다."

이제 독자들과 나누려고 하는 사례는 필자가 미술치료사로 성장하는 과정에서 미술치료에 대한 확신을 가지게 된 사례이다. 감사하게도, 필자는 내담자가 미술치료를 통해 변화되는 것을 생생하게 지켜보았다. 내담자의 이름은 혜원(가명)이라고 부르려고 한다. 혜원이와 필자는 2년 4개월 동안 총 120회기의 개인 미술치료를 했다.

1. 내담자가 되기 전부터 눈에 띄던 여자아이

필자가 혜원이를 봤던 곳은 주로 발달지연을 겪는 아동들을 위해 언어치료와 놀이치료를 제공하는 아동발달 연구소였다. 혜원이는 필자와 치료를 하기 전에도 눈에 띄는 편이었는데, 보호자 없이 스스로 연구소에 들어와 자기 신발을 정리한다든가 접수대 직원에게 인사하는 행동이 다른 아동들보다 어른스럽게 보였기 때문이다. 그런데 연구소 선생님들에게 인사를 할 때 혜원이의 목소리는 조금 특이하게 들렸다. 마치 혼자서 동화구연을 하는 것과 같은 느낌이었다. 보호자에 대한 첫인상도 기억에 남는다. 보호자는 혜원이를 혼자 들여보낸 뒤 한참이 지나서야 연구소로 들어왔다. 그러고는 혜원이랑 멀리 떨어져서 대기실의 다른 보호자와 이야기를 나누거나 아니면 잠깐 눈을 감고 휴식을 취하곤 했다. 혜원이는 계절에 맞게 깔끔한 옷차림이었지만 매번 작은 옷을 입고 왔다. 아마도 부모님은 지난해 그 계절에 입었던 옷을 그냥 챙겨서 입히는 것 같았다. 부모님이 그런 부분에 대해 민감성이 떨어지는 걸까? 아니면 경제적으로 어려운 것일까? 그런 궁금증이 살짝 스쳤다.

2. 필자와 미술치료를 시작하다

그렇게 혜원이를 알고 지내기를 몇 달, 어느 날 혜원이가 필자의 내담자로 의뢰되었다. 미술치료를 시작하기 1년 전쯤 당시 일곱 살이었던 혜원이는 고3 남학생에게 성폭행을 당했다. 혜원이는 소아정신건강의학과에서 외상후 스트레스장애(PTSD) 진단을 받았고 필자가 일하던 연구소에서 1년간 놀이치료를 받았다. 이후 놀이치료사가 바뀌면서 혜원이가 안정을 찾지 못했다고 들었고, 그러한 이유로 필자와 미술치료를 하게 되었다. 우리가 미술치료를 시작한 시기는 성폭행 사건이 발생한 지 1년이 막 지난 때였다.

3. 혜원이의 발달사와 가족 이야기

혜원이의 부모님은 두 분 모두 친모를 잃고 계모 밑에서 자랐다며 원가족에 대한 기억이나 추억을 떠올리는 것을 무척 힘들어했다. 혜원이의 아버지는 4형제 중 막내로 열 살 무렵에 친어머니가 돌아가시고 중학교 때 새어머니가 생겼다. 이후 집에서 갈등이 심한 사춘기를 보냈고, 중학교 과정밖에 마치지 못했다며 아쉽다고 했다. 미술치료사 앞에서 내담자의 보호자로 있을 때 늘 위축된 듯한 인상이었다.

혜원이의 어머니는 자신의 어린 시절 기억이 분노와 슬픔으로 가득하다고 했다. 친어머니에 대한 기억은 없으며, 가출한 어머니를 욕하던 친할머니와 늘 술에 취해 있던 아버지에 대한 두려운 기억뿐이라고 했다. 초등학교를 졸업한 후 도망치듯이 집을 나왔고 아르바이트 자리를 전전하다가 지금의 남편을 만나 가정을 이루었다고 했다. 아이를 출산하고 처음 느낌은 엄마 노릇을 잘 하지 못할까 봐 불안하고 두려운 것이었다고 한다. 여러 사정으로 혜원이가 36개월이 될 때까지 큰형님 댁에서 키워 주었다고 한다. 태어나서 줄곧 큰댁에서 자란 혜원이는 정상적으로 발달하였고 24개월 이후 동네에 있는 가정 어린이집에 다녔는데, 다른 아이들보다 발달이 빠르며 애정 욕구가 큰 편이라는 소리를 들었다고 한다. 만 세 살이 되었을 때 혜원이는 다시 집으로 돌아왔다. 혜원이가 빨리 적응한 반면 부모님은 아이와 함께하는 시간이 어색하고 불편했다고 한다. 혜원이네 집 1층은 부모님이 운영하는 제법 큰 음식점이 있고 2층이 혜원이네 집이다. 부모님이 음식점을 운영하시기에 혜원이는 어린이집이나 유치원이 끝나면 집에서 혼자 노는 시간이 많았다.

일곱 살이던 초겨울에 혜원이가 늦은 시간이 되어서야 집에 돌아왔다. 몸에는 흙과 낙엽이 묻어 있고 머리가 헝클어진 채로 멍하니 서서 과자를 먹고 있어서 어머니가 "너 그 과자 어디서 났어?"라고 물었다. 그랬더니 대답도 없이 선 채로 오줌을 쌌고, 어머니는 놀라서 아이를 데리고 병원으로 가서 검사를 받았다. 어머니는 그때를 떠올리면 가해자를 한 대 때려 주지도 못하고 혜원이를 업고 도망만 다녔던 자신의 행동이 미숙했다며 깊은 후회를 담아 많이 울었다. 성폭행 사건 직후 시행된 심리평가 내용을 요약하면 다음과 같다.

- 산부인과 진단서: 성폭행에 의한 처녀막 파열
- 성폭행 사건 직후 검사한 소아정신건강의학과 종합심리검사 진단: PTSD due to sexual abuse
  - –지능: IQ 70(잠재지능 80~95)
  - –정서: 공포가 '남성'으로 일반화됨
  - –사고: 성적 학대와 관련된 주제를 반복함. 특히 로샤 색채카드에서 정액을 상징하는 것으로 보이는 '거품'이라는 반응을 보임(예: 8번 카드 "거품 벌레. 하얀 덩어리가 거품같이 생겼어요. 거품 벌레라는 이름의 벌레예요."). 사고 정지를 보임("좋아요."–멈춤).

4. 첫 회기: 말은 많이 하는데 소통이 안 되는 느낌

첫 회기에 혜원이는 시간에 맞춰 혼자 미술치료실에 들어왔다. 앞에 있는 필자를 보지 않고 마치 멀리 있는 관객을 향해 외운 대사를 뱉어 내는 연극배우처럼 빠르게 이야기를 했다. 혜원이는 보통 체구에 통통한 얼굴로 밝게 웃으며 많은 이야기를 하고 있었으나 목소리가 작게 떨리고 어깨가 경직되어 보이고 호흡이 가쁘게 느껴지는 등 긴장한 내색이 역력하였다. 몸짓을 섞어 가면서 이야기에 몰입하다가도 갑자기 말을 멈추고 가만히 있다거나 치료사의 존재를 의식하고서 "아무것도 아니에요."라면서 취소 행동을 하는 경우가 많았다.

필자는 혜원이를 좀 더 깊이 이해하기 위해 진단적 그림검사(Diagnostic Drawing Series: DDS)를 실시했다. 혜원이가 그린 세 장의 그림은 외부적으로는 '나는 괜찮아요'라고 이야기하는 것 같았지만 내부적으로는 앞서 혜원이가 행동으로 보여 준 긴장감이 고스란히 담겨 있었다.

혜원이는 그 당시 겨울방학을 맞은 초등학교 1학년 학생이었다. 그런데 처음 써 본다던 각진 파스텔을 다루는 모습이나 '한 장당 15분'이라는 규칙도 잘 이해하고 지키고 주제에 맞춰 그림을 그려 내는 모습에서 기능 수준이 꽤 양호하다는 느낌이 들었다. 사전에 받았던 검사의 결과에는 지능지수가 70이라고 되어 있었지만 분명 그보다는 더 높을 것으로 보였다.

검사 때 그린 세 장의 그림 모두 [그림 14-1]과 같이 색깔 사용이 4개 이상으로 충분한 편이었고, 인물의 머리카락을 제외하면 특이한 색 사용은 없었다. 대체로 잘 통합된 모습을 보여 주며 직선과 곡선이 적당히 잘 섞여 있는 것이 심리적인 기능이 좋은 편임을 느끼게 했다. 공간 사용은 그림이 진행될수록 줄어들었고 특이한 위치는 나타나지 않았다. 세 번째 그림은 감정을 표현해 보라는 주제였는데 '밝은 웃음'이라는 제목과 웃고 있는 인물이 어딘지 모르게 자신이 괜찮다는 것을 강조하는 듯했다. 아마도 혜원이가 긴장된 듯한 자세로 앉아서 땀까지 흘려 가며 제목을 적는 모습을 보지 않았더라면 필자도 그냥 밝은 그림이라고 생각했을 것 같다. 그렇지만 그 모든 모습을 종합해 볼 때 혜원이는 의지적으로 힘주어 '나는 괜찮아요'라고 외치는 것 같았고, 그에 비해 혜원이의 행동이나 말하는 태도는 무척 불편해

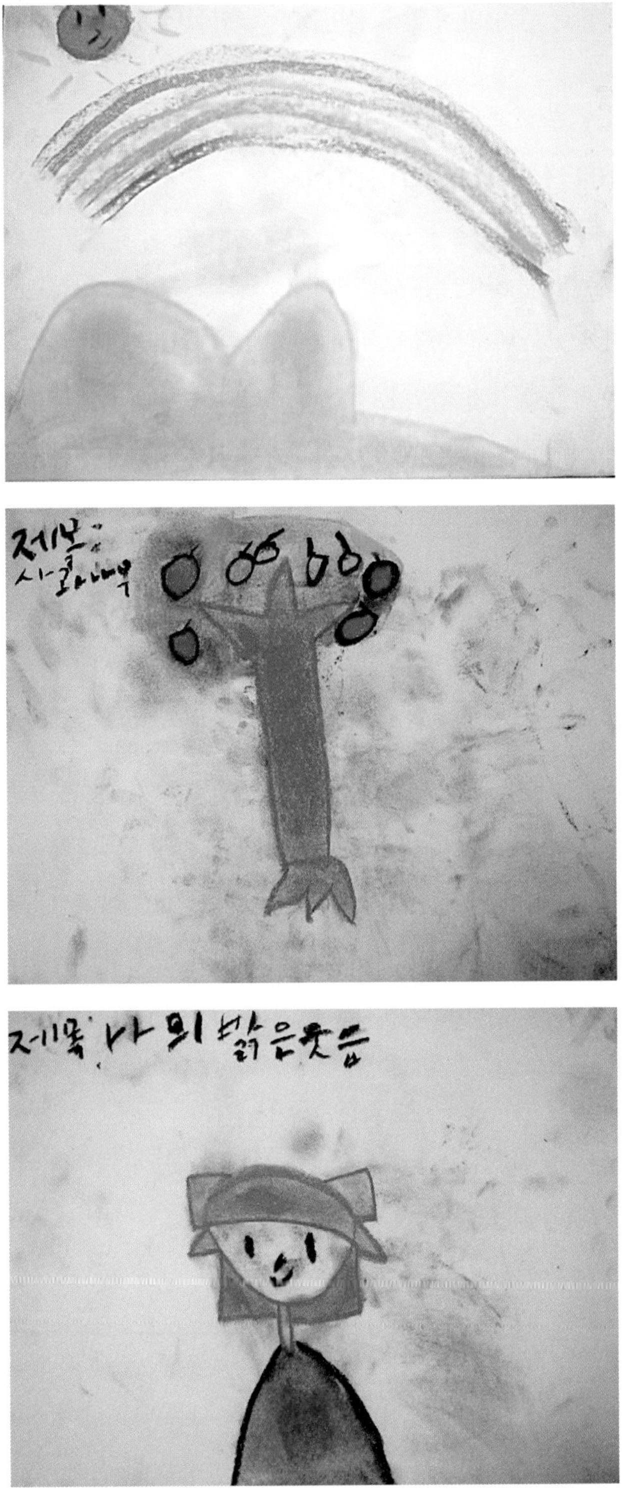

[그림 14-1] 아동의 첫 회기 DDS 그림

보였다. 전체적으로 뭔가 맞지 않고 불안정한 느낌이었다.

5. 그림 안에서 대화가 일어나다

혜원이는 많은 말을 했지만 혼자서 이야기하듯 소통이 된 느낌은 아니었다. 시선도 잘 마주치지 않았는데 눈맞춤을 피하는 것처럼 보였다. 그런데 그것은 부끄러움이 많아서 눈을 피하는 아이들의 것과는 또 다른 느낌이었다. 보호자의 태도도 다소 비협조적이었다. 2회기가 끝날 때까지 보호자는 오지 않았고, 3회기가 끝나고 필자가 보호자를 찾았을 때 혜원이 어머니는 부모상담을 거절하면서 센터 소장님에게 이야기하라고만 했다.

혜원이와의 소통 방법을 고민한 끝에 필자는 한 장의 도화지 안에서 치료사 한 번, 내담자 한 번 돌아가면서 그림을 그리는 작업을 제안했다. 혜원이는 다행히 이 제안을 수용하였고 먼저 8절 도화지에 붉은 보라색으로 뱀의 형태를 그려 넣었다.

혜원: (동화 구연하듯) 뱀이 나타났어요.

치료사: (뱀 그림 옆에 사람을 그려 넣으며) 어머 어쩌지요? 무슨 일이 일어날까요?

혜원: (사람과 뱀 사이에 복잡한 선을 그으며) 큰일 났어요. 뱀이 사람을 공격해요.

치료사: (전화기를 그려 넣으며) 경찰에 신고했으니 경찰이 도와줄 거예요. 112.

혜원: (손으로 입을 가리고 웃으며 치료사가 그려 놨던 사람의 배를 불룩하게 바꾸며) 이미 늦었어요. 여자가 임신을 했어요.

치료사: (아무것도 그리지 못하며) 이제 어떡하죠?

혜원: (임신부 그림 옆에 포대기에 쌓인 아기를 그리며) 응애, 응애, 아기가 태어났어요.

치료사: 이제 어떻게 되나요?

혜원: 아기는 무럭무럭 잘 자라고 뱀은 경찰이 와서 잡아갔대요.

제한적이기는 했지만 그 작업을 통해 혜원이의 생각을 조금 더 알 수 있었다. 5회기까지 지속된 '번갈아 그리기' 작업에서 혜원이는 알을 낳거나 임신하는 등의 이야기를 많이 그렸다. 뱀이 사람을 공격해서 여성이 임신을 한 이야기, 오리의 배 속에 뱀이 들어가서 똥을 싼 이야기, 개구리가 호수 가득 개구리 알을 낳아 올챙이가 되는 이야기 등을 그렸다. 트라우마의 상징으로 볼 수 있는 '뱀'과 '미끈하고 몽글거리는 하얀 거품' 같은 이미지들은 계속 나타났다. 이처럼 성폭행 후 1년의 시간이 지났지만 여전히 성폭행에 대한 상처와 충격이 내면에 남아 있다는 것을 짐작할 수 있었다.

6. 뱀을 가두며 치료사와 아동은 치료적 동맹을 맺다

5회기에 혜원이는 입실하여 자신이 원하는 그림을 그리겠다고 하며 '달팽이는 자웅동체라서 한 몸에 남자랑 여자가 다 있는 것인데 그래도 알을 낳기 위해서는 짝짓기를 해야 한다'고 설명했다. [그림 14-2]와 같이 도화지의 오른쪽에 연두색 달팽이들이 알 낳은 장면을 그려 넣고 왼쪽에는 저녁에 들어갈 달팽이들의 집을 보라색으로 그렸다. 그리고 그림 제목을 '달팽이 마을'이라고 했다. 그다음 좌측 하단에 빨간 눈과 혀를 가진 초록 뱀이 달팽이 쪽으로 오는 것을 그리다가 한참 자신이 그린 초록색 뱀을 멀뚱히 바라보더니 자리에서 벌떡 일어났다. 얼어 버린 상태가 되었고 필자가 "혜원아?" 하고 불렀지만 급하게 뛰어서 문 쪽으로 갔다.

"오늘은 그만해야겠어요." 정신이 나간 듯 낮은 톤으로 말하는 혜원이를 필자가 붙잡았다. 혜원이에게 플래시백(flash back)이 일어난 것 같았다. 순간적으로 고민했다. 아동이 나가겠다고 하니까 그냥 보내야 하는가? 잡아야 하는가? 결정한다면 무엇이 기준이 되어야 하나? 그리고 필자는 아동을 보내지 않는 것으로 결정했다. 필자가 아동을 붙잡은 기준은 하나였다. 아동이 나갔을 때 따뜻하게 안아 주거나 보듬어 줄 보호자가 대기실에 없다는 것이었다!

여전히 얼어붙은 혜원이의 어깨를 조심스레 만지며 "혜원아, 선생님이랑 지금 여기 같이 있어."라고 말했다. 압도된 순간에는 '지금-여기'의 감각을 깨우는 것이 중요하기 때문이다. 치료사의 손길이 혜원이의 어깨와 등에 닿자 정신을 차린 듯한 눈빛이 되었고 조금 더 편안한 표정이 되었다. 필자는 원래 혜원이와 마주 앉아 있었는데 자리를 옮겨 혜원이 옆에 앉았다. 이때 혜원이가 다시 얼어붙지 않도록 치료사의 손을 혜원이 어깨에 조심스레 얹었다.

필자는 혜원이와 같은 위치의 같은 방향에 앉아 그림을 바라보았다. 그리고 "혜

[그림 14-2] 5회기: 달팽이 마을에 뱀이 나타나다

원이 여기 이 뱀이 무서웠나보다."라고 말했다. 그다음 그 뱀 위에 검정색으로 감옥을 그려 뱀을 가둬 버렸다! 물론 대부분의 경우에는 내담자에게 묻지도 않고 미술치료사가 그림에 손을 대지는 않는다. 하지만 치료적 필요에 따라 내담자의 작품을 변형시킬 수도 있다. 이번에 필자가 혜원이 그림에 손을 댄 것은 미술치료사의 든든한 자아를 내담자에게 빌려 준 것이라 생각한다. 혜원이가 그 뱀을 가두는 것을 원했을 것이다. 그것은 너무도 필요한 상징이었다.

혜원이는 감옥에 갇힌 초록뱀을 뚫어져라 바라보더니 필자에게 물었다.

> 혜원: (그림을 바라보며) 뱀을 가뒀어요?
>
> 치료사: 응, 이제 뱀은 나오지 못해. (힘주어 의식적으로 또박또박) 뱀은 감옥에 갇혔어.
>
> 혜원: (치료사를 바라보며) 선생님은 뱀을 이겨요? 선생님은 뱀이 안 무서워요?
>
> 치료사: (내담자를 바라보며) 응, 선생님이 뱀을 가뒀어. (그림 속 감옥 부분을 손바닥으로 치며) 선생님은 뱀이 무섭지 않아.
>
> 혜원: (그림을 바라보며 혼잣말처럼) 선생님이 뱀을 가뒀어.

한 달 만에 혜원이는 필자와 눈을 맞추었다. 3초쯤 되는 그 시간이 필자에게는 무척 긴 시간으로 느껴졌고 그 눈빛의 깊이와 진지함은 무겁게 다가왔다. 마치 '선생님 뱀으로부터 저를 지켜 주세요. 저는 뱀을 이길 수 있는 어른을 찾고 있었어요'라고 말하는 듯했다.

혜원이는 120회기를 마치고 종결하는 날까지 뱀이 여전히 감옥 안에 있는지 확인하며 용기를 얻곤 했다. 그 그림은 혜원이에게 소중한 상징물이 되었다. 그날 이후 미술치료실에는 혜원이가 특별히 보관하는 상자가 생겼다. 상자 겉면에는 '아무것도 없으니 열어 보지 마세요'라고 적혀 있다.

이 회기 이후로 뒤 혜원이는 급격하게 변화하기 시작하였다. 이후에도 종종 '끈적이고 꿈틀거리고 몽글거리는 거품'과 '뱀'이 나오는 미술치료 회기가 있었지만 그 작업에서 지난 시간처럼 뱀에게 공격당하지 않았다. 오히려 치료사와 함께 뱀을 잡으러 가거나 사람들을 뱀으로부터 구해 내는 주제의 작업들이었다. 이렇게 뱀을 이기는 작업과정에서 혜원이는 마치 주문을 외우듯이 특정 노래를 부르거나 특정 동작을 했는데, 필자는 아동의 노래와 동작을 연결하여 하나의 춤과 노래로 만들었다. 그리고 아동이 '뱀을 이기는 놀이'를 제안할 때마다 그림 앞에서 함께 노래하고 춤을 추며 뱀을 이겨 내는 것을 극화하였다. 이 시간은 우리에게 잊지 못할 즐거운 시간들이었고 또 의미 있는 시간들이었다.

PTSD 진단을 받은 아동들과의 치료 작업에서 빠지지 않고 개입해야 하는 것은 신체 작업이다. 몸에 남은 기억, 몸에 쌓인 부정적 기억을 외부로 방출하는 것에 도움이 될 뿐 아니라 노래와 움직임을 통해 외상 생존자는 자신의 호흡과 신체를 가다듬고 지금-여기로 돌아오게 된다. 혜원이 역시 이러한 신체 작업을 통해 초기에 보였던 작고 불규칙한 음성과 바짝 긴장되었던 어깨가 이완되고 목소리도 크게 내고 자연스러운 발성으로 변화되었다.

한편 이렇게 미술치료실에서 보이던 성장과 변화는 아동의 일상생활에서도 긍정적인 변화로 나타나기 시작했다. 혜원이의 자신감이 조금씩 더 커지면서 학업에서도 긍정적인 결과가 나왔다. 2학년 첫 시험에서 좋은 성적을 받았던 것이다. 친구들, 담임선생님, 주변 학부모들까지 혜원이에게 호의적인 관심을 내비쳤다. 이러한 변화가 연속해서 생기자 부모님은 치료사에게 부모상담을 하고 싶다며 문의해 왔다. 필자가 부모님을 만나 보니 두 분 다 부모 노릇에 위축되어 있었고 자신들이 많이 못 배워서 사람들 앞에 나서기 두려웠다고 했다. 심지어 자녀를 '성폭행 피해자'로 만들어 버린(그렇게 생각하지 않도록 최대한 말씀드렸다. 그것은 가해자의 범죄였지 혜원이나 부모의 잘못으로 생긴 일이 아니므로) 못난 부모라면서 죄책감을 드러냈다.

필자는 최대한 부모님을 안심시키면서 과거보다는 미래에 초점을 맞추고 가족이 나아갈 방향에 대해 이야기를 나누었다.

7. 미술작업으로 성폭행 장면을 묘사하다

잠시 좋아지는 듯했던 혜원이는 20회기가 넘어가면서 이전처럼 물컹한 재료를 만지며 몸이 축 늘어지거나 멍하니 생각에 빠지는 모습을 보이기 시작했다. 필자는 너무 무른 재료가 퇴행을 조장하는 것 같아서 그 재료보다는 형태가 구체적으로 나타나고 좀 더 딱딱한 재료를 제안하였다. 이 시기에 혜원이는 치료사의 무릎에 앉으려 한다거나 치료사에게 기대서 '좀 쉬고 싶다'고 말하며 잠을 자려 하는 등 심리적으로 많이 기대기 시작했다. 필자 역시 어디까지 허용하고 어디까지 받아 주어야 하는지 '안전한 경계'에 대해 많이 고민했다. 치료실 안에서의 규칙을 좀 더 이해하기 쉽게 분명하게 정리하면서 허용된 범위 안에서 할 수 있는 것은 맘껏 할 수 있도록 했고, 그 범위를 벗어나는 것은 안 된다고 지속적으로 구분해 주었다. 혜원이는 필자가 규칙을 분명하고 일관되게 제시하자 조금 더 안정감을 느끼는 것 같았다.

24회기에 혜원이는 자신에게 어떤 일이 일어났는지를 구체적으로 보여 주는 듯한 미술작업을 했다. 작은 밀가루 인형으로 성행위 장면을 표현했는데, 손가락 정도 크기의 밀가루 인형 중 작은 인형에는 크고 굵은 남자 성기를 만들었고, 조금 더 큰 형태의 인형에는 큰 가슴과 잘록한 허리를 만들고 손가락을 이용해 배꼽에 구멍을 뚫었다.

[그림 14-3]과 같이 남자 밀가루 인형의 성기를 여성의 배꼽에 끼운 뒤, 혜원이는 "여자가 죽어 가고 있어요."라며 신음 소리를 냈다. 작업이 다 끝난 후 여자와 남자의 하체가 다 잘린 뒤 하늘로 올라간다고 했다. 성폭행을 겪은 아이들의 작업에서 하체를 강조하거나 생략하는 경우들이 있는데 혜원이의 반응도 같은 맥락으로 이해할 수 있었다. 이후에 혜원이에게 오늘 작업이 어땠는지를 묻자, "선생님, 오늘은 다른 날과 조금 다른 것 같았어요. 아주 개운해요."라고 말했다. 필자는 이 작업을 어머니에게 보여 주길 원하는지 물었고, 혜원이는 한참을 고민한 뒤 나중에 보여 주고 싶다고 했다. 작품의 보관 방법을 묻자 혜원이는 종이컵 하나에 2개의 밀가루 인

[그림 14-3] 24회기: 밀가루 인형으로 성행위 장면을 묘사하다. "여자가 죽어 가고 있어요."

형을 넣고 뱀을 가둔 '아무것도 없으니 열어 보지 마세요' 상자에 함께 넣었다.

미술치료실의 기능 중 무척 중요한 것은 내담자들이 남긴 이미지들을 안전하게 보관하는 일이다. 내담자가 떠난 미술치료실에는 언제나 많은 미술작품이 남겨진다. 그 안에는 그들의 삶의 흔적들, 버텨 낸 힘과 지워지지 않는 상처들이 고스란히 담겨 있다. 그런 작품들 속에서 혜원이의 상자는 특별히 더 보호되어야 했다. 아동기에 학대를 겪은 내담자를 만날 때 학대의 증거가 담긴 작품을 잘 보관해 주는 것은 중요하다. 그 시절 그 아픔을 겪을 때 당신은 보호받지 못했지만 '지금-여기'에서 표현한 아픔이 담긴 미술작품은 지금–여기에 있는 미술치료사가 보호하고 지켜내겠다는 하나의 상징이 되기 때문이다.

8. 부모님의 용기 있는 변화에 안정을 찾아가는 혜원이

혜원이와 부모님의 관계는 꼬인 매듭을 풀다가 더 엉키는 것처럼 보일 때도 있었지만 천천히 풀어지고 있었다. 늘 작은 옷을 입고 오는 혜원이가 신경 쓰여 어머니에게 혜원이와 함께 쇼핑하는 것을 제안했다. 그다음 주에 넉넉하게 잘 맞는 옷은 입고 온 혜원이의 모습이 얼마나 당당했는지, 얼마나 사랑스러웠는지 잊히지 않는다. 어머니 역시 딸과 함께 한 첫 쇼핑이 좋았다고 하시면서 '좋은 엄마가 된 것 같아서 마음이 뭉클했고 좋은 엄마라는 것이 대단한 걸 해 주는 게 아닐 수 있겠구나'라고 생각했다며 눈물을 흘리셨다.

한편 부모의 허락으로 혜원이는 (오래된 바람대로) 강아지를 키우게 되었다. 혜원이는 강아지를 동생처럼, 때로는 자신이 키우는 아기처럼 잘 돌보았다. 강아지를 잘 키우기 위해 강아지 관련 서적을 읽는 등, 자신이 어떤 생명을 책임지는 보호자가 된 것에 대해 기분 좋은 책임감을 보여 주었다.

유아기에 성학대를 겪은 아동들의 공통점 중에 하나가 외부로 드러나는 '취약성'이다. 그 취약성은 아동의 내적인 심리적 자원이 결핍된 것이거나 혹은 아동 주변의 가족의 지지와 보호가 충분하지 않은 것에서 비롯된다. 혜원이는 후자에 해당하는 취약성을 가지고 있었다. 하지만 이제부터 혜원이네 가족은 혜원이의 지지망이 되기 위해 훈련하기 시작했다. 그 훈련은 고되지도 않았고 서로에게 기쁨이자 도움이 되었으며 새롭게 많은 추억을 쌓는 시간이었다는 것이 감동적이다.

120회기 동안의 미술치료 과정에서 혜원이가 반복해서 작업했던 주제는 성폭행에 관한 것과 부모에게 버려진다는 것에 관한 것이었다. 성폭행에 대한 작업에서는 주로 '뱀'이 등장했고, 부모에게 버려지는 것에 대한 작업에서는 '고래와 오징어'가 나타났다. "엄마 고래에게 버려진 아기 고래는 배가 고파 굶어 죽어요." 때로는 두 가지가 동시에 나타나기도 했는데, "엄마 고래에게 버려져 총각 오징어에게 시집간 아기 고래는 총각 오징어를 입에 넣기 위해 아기 고래 입을 찢어야 했대요."와 같은 이야기가 그러했다. 그렇지만 이러한 고통을 극복하고 밝은 모습을 그리는 빈도도 차츰 더 높아졌다. 고래 가족이 모두 만나 푸른 바다를 헤엄치는 그림, 가족과 함께 고래를 사냥하는 그림 등이 그 예이다.

60회기가 되었을 무렵, 기관에서 미술치료를 의뢰하며 요청했던 주호소 문제는 대부분 소거된 것으로 판단되었다. 필자가 종결을 의논했을 때 혜원이와 부모님은 미술치료를 통해 좋아진 부분들이 많으니 조금 더 안정적이 될 때까지 치료 기간을 연장하길 원했다.

9. 내 몸에 쌓인 우울을 털어 주세요

혜원이는 자신에게 필요한 것을 꽤 잘 표현하기 시작했다. 학교에서 남자아이들을 볼 때 극도로 예민하게 된다든가 선생님께 특별히 관심을 받고 싶은데 그게 어렵다고 이야기했다. (초등학교 3학년 아동이 자기가 느끼는 불편감을 정확하게 보고하는 것은 매우 인상적이었다.) 우리는 학교생활에서 불편하게 느껴지는 상황 열 가지를 정리하고 그것에 대해 대응할 수 있는 방법을 세 가지씩 만들었다. 일종의 문제해결집을 만든 뒤 매 회기에 학교생활 연습을 하였다.

이후 혜원이가 조심스럽게 도움을 요청했다. 예전만큼은 아니지만 여전히 자신에게 무섭게 떠오르는 생각(전갈, 뱀, 사마귀 등)이 있다고 했다. 그런데 그 생각과 느낌이 '몸'으로 느껴진다며 자신의 어깨와 팔을 손바닥으로 탁탁 쳤다. 그러더니 위아래로 뛰기 시작했고, 자신의 몸에 쌓인 우울이 손으로 이렇게 털어 내면 몸에서 떨어져 버렸으면 좋겠다고 말했다. 이 작업을 하기 위해 미술치료실보다 큰 창문이 있는 치료실로 옮기기를 원했고, 혜원이는 자신의 몸에서 떨어지는 우울을 창밖으로 버리고 싶다고 했다. 큰 창을 열고 손으로 자신의 팔과 다리를 위에서 아래로 쓸어내리며 "떨어져라, 떨어져라."라고 소리쳤다. 그리고 (눈에 보이지는 않지만) 자신의 몸에서 떨어져 나온 우울을 다 쓸어 담아 창밖으로 버리는 행동을 했다. 이것은 어떤 의식(ritual)처럼 보였는데, 그동안 자신의 몸에 남아 있는 '아픈 기억'을 자신의 몸과 분리시키고 있었다.

혜원이는 학교생활에서 힘들다고 했던 일들을 극복해 내며 일상에 적응해 나갔다. 수학을 곧잘 한다고 하더니 수학경시대회에 지역 대표로 나가서 상을 받기도 했고, 예비 스카우트 과정에 들어가서 친구들과 선배들과 함께 캠핑을 가는 것에 도전하기도 했다.

100회기가 넘어가면서 필자의 마음은 종결을 향해 있었다. 종결을 앞두고 심리평가를 다시 해 보는 것도 좋을 것 같았다. 그때는 성폭행 사건 이후 3년이 지난 시기였다. 종합심리검사의 결과 혜원이에게 정서적으로 다소 불안정한 부분이 있으나 지속적인 부모의 지지를 통해 나아질 것으로 기대된다고 했고, 지능검사의 결과는 IQ 130을 넘었다. 필자는 이 결과가 무척 반가웠는데 그것이 사건 직후에 했던 심리검사의 결과와 확연히 다른 결과였기 때문이다.

10. 아동 자신에게 가장 친밀한 대상으로 종결을 준비하다

종결을 앞두고 우리는 혜원이가 안정감을 느끼는 대상인 '강아지'를 주제로 종결 작업을 하기로 했다. 혜원이는 필자가 준비한 강아지 잡지를 사용해서 자신이 원하는 '예뻐져 안 아파 동물센터'를 꾸몄다. 그러고는 아프거나 버려진 강아지를 돌봐주는 센터라고 했다. 그곳엔 강아지들이 원하는 놀이터, 애견수영장, 먹을 것과 장난감이 다 있다(그림 14-4 참조). 그리고 왕따였던 강아지가 왕따 치료를 받고 인기투표에서 1위를 하는 장면을 그려 넣었다.

동물센터에서 만난 우월한 강아지 커플과 좀 모자란 강아지 커플이 생겼고, 그 두 커플이 각각 결혼을 해서 아기를 임신하고 태어날 아기 강아지를 위한 방을 준비하였다. 이곳에는 아기들에게 필요한 모든 것이 준비되어 있다고 했다. 포근한 잠자리, 아기들의 우유만 담아 놓는 전용 냉장고, 아기들이 안정감을 느낄 수 있는 포근한 장난감 그리고 배변 훈련을 시켜야 하는 전용 배변판까지 준비하고 아기 강아지의 이름도 지어 주었다.

"우월한 강아지의 아기와 좀 모자란 강아지의 아기가 함께 잘 지낼 수 있을까?" 하는 필자의 질문에 혜원이는 "사실 강아지들끼리는 모두 다 좋은 친구예요."라고 말했다. 그리고 아기 강아지들이 지내는 방에 밤을 지켜 줄 달과 낮을 지켜 줄 해를 모두 그렸다. 정성껏 두 마리의 아기 강아지를 위해 방을 꾸미다가 가장 마지막에 그려

[그림 14-4] 108회기: 동물센터

넣은 것은 오른쪽 위에 그려진 창문이었다. 붉은색 커튼과 창밖에는 하늘을 나는 두 마리의 학을 그리며 "창밖의 학은 희망과 축하를 보내고 있어요."라고 말했다.

그리고 마침내 약속된 종결의 날이 다가왔다. 혜원이는 평소와 다름없이 입실하여 동물센터 그림작업을 하면서 모든 것이 충분히 준비되었으니 "아무것도 걱정 마세요."라고 말했다. 걱정하지 말라는 말은 혜원이가 필자에게 해 주는 말이기도 했다.

혜원이는 미술치료실에 남겨 놓았던 '아무것도 없으니 열어 보지 마세요' 상자 안의 그림들도 정리했다. 종결 즈음에 그렸던 그림들 중 아기 강아지 방을 그린 그림은 자신이 가져가고, 사료가 충분한 창고 그림은 필자에게 선물해 주었다. 그렇게 자기 작품을 챙긴 혜원이는 평소처럼 인사를 하고 씩씩하게 신발을 신으러 나갔다. 밖에서 기다리던 어머니는 필자의 손을 잡고 눈물을 흘리며 감사하다고 여러 번 말씀하셨다.

혜원이와 어머니의 뒷모습을 보며 필자는 뿌듯하기도 하고 종결이 서운하기도 했다. 필자는 미술치료실로 들어와 혜원이의 온기가 남아 있는 아이가 앉았던 의자에 앉아 120회기를 마감하는 치료사의 반응 작업을 진행했다(그림 14-5 참조).

2년이 넘는 시간 동안 우리가 함께 걸어온 여정을 마치며 필자가 상상했던 그 어떤 장면보다 멋지고 감동적인 마지막 장면을 보여 준 혜원이. 종결임을 알고 뒤돌아

[그림 14-5] "너에게 이렇게 멋진 뒷모습이 있다는 것을 보여 줘서 고마워."

선 그 뒷모습이 이제 새로운 삶의 다른 터전을 찾아 떠나는 새처럼 느껴졌다. 필자는 그동안 그 새에게 '어디 다친 데는 없니?' '날개는 괜찮니?' 하며 품고만 있었는데 그런 필자에게 '이제 혼자 날 수 있어요'라고 말하는 것 같았고 건강한 날갯짓의 새를 바라보는 것 같았다. 그동안 필자가 해야 했던 것을 잡고 있던 나의 양손을 펼쳐 새가 잘 날아갈 수 있도록 하는 것 그리고 그 뒷모습이 얼마나 멋진지 증인이 되어 주는 것뿐이었다.

총 120회기의 미술치료 경험을 통해 본 내담 아동은 성폭행에 대한 외상을 창의적인 미술작업 안에서 안정되게 표출하여 자신의 경험을 재인식하고 일상생활에서의 변화를 이룰 수 있었다. 이 과정에서 부모님도 적극적으로 변화하였는데, 아동은 이에 자신이 보호받고 있다는 느낌과 안정감을 얻었을 것으로 본다. 마지막 4개월 동안의 종결 작업에서는 자신을 상징하는 강아지의 '회복'과 '성장'을 다룬 주제를 통해 자신의 성장을 도모하고 이후 친구들과의 관계를 연습할 수 있었다.

참고문헌

Aideuis, D. (2007). Promoting attachment and emotional regulation of children with complex trauma disorder. *International Journal of Behavior Consultation and Therapy, 3*(4), 546-554. DOI: 10.1037/h0100822

Gil, E. (2011). *Helping Abused and Traumatized Children: Integrating Directive and Nondirective Approaches*. New York: Guilford Press.

Malchiodi, C. (1997). *Breaking the Silence: Art Therapy with Children from Violent Homes* (2nd ed.). New York: Brunner/Mazel.

15장

반응성 애착장애의 미술치료

이제는 안아 달라고 말할 수 있어요

김태은

애착은 어릴 때 발달하는 일종의 정서적 유대감이다. 만약 적절하게 발달하지 않으면, 즉 아이의 욕구가 충족되지 않으면 해로운 형태의 애착으로 발달할 수 있다.

이 장에서는 반응성 애착장애를 진단받은 만 5세 준우(가명)와의 개인 미술치료 과정을 소개하려 한다. 상담소에서 대기하는 엄마들 사이에서 눈에 띄는 미모를 가진 준우의 어머니는 아이 엄마라고 보기 어려울 정도로 젊고 화려하고 아름다웠다. 준우은 그런 엄마를 꼭 닮아 하얀 얼굴에 크고 동그란 눈 그리고 곱슬머리를 가진 귀여운 남자아이였다. 대기실에 앉아 있으면서도 지나가는 사람이 자기 몸에 가까이 닿을 것 같으면 그 사람을 흘깃흘깃 쳐다보고 마음이 불편할 때면 손가락을 하나씩 입술에 갖다 대는 행동을 반복했다. 바로 옆에 엄마가 앉아 있어도 엄마에게 기대거나 어리광 부리지 않고 마치 엄마 옆에 따로 떨어져 있는 '섬'처럼 느껴졌다.

준우의 아버지는 재일교포로 일본에 거주하는 때가 많았다. 그래서 준우는 태어나면서부터 서울과 일본을 오가는 생활을 해야 했는데 이에 불안한 모습을 많이 보였다고 한다. 더욱이 동생이 태어나면서 준우의 불안과 공격적인 행동이 늘어났는데, 아이 돌보기가 어려웠던 어머니는 이런 준우의 반응을 무시하고 억지로 일본 유치원에 보냈다고 한다. 이때부터 준우는 모르는 사람 앞에서는 음식을 먹지 않고 말을 하지 않는 행동이 심해졌고, 미술치료를 받기 5개월 전부터는 "일본 애들은 이상하게 생겼다."며 울며 등원을 거부해 어머니와 갈등이 심해졌다. 준우의 이상 행동이 심해져 진단과 심리치료를 받기 위해 한국에 왔고, 준우는 서울 소재 대학병원에서 종합심리평가를 받은 후 반응성 애착장애의 하위 유형인 억제형으로 진단받았다. 현재 놀이치료를 받고 있으며, 아동이 그림 그리기와 이미지 놀이를 좋아한다는 이유로 미술치료가 의뢰되어 필자가 이 내담 아동을 만나게 되었다. 미술치료 의뢰 당시 주호소는 사회성 없음이었다. 구체적으로 주변의 또래 친구들에게 반응하지 않으며 다가오는 아이들을 거부하거나 모른 척하는 것과 모르는 사람 앞에서 음식을 먹지 않는 것이었다.

1. 준우와의 첫 만남

미술치료사인 필자와의 첫 대면에서 준우는 처음 한발을 디딘 그 자리에서 움직이지 않고 필자를 바라보았다. 미술치료실의 다양한 재료나 다른 아이들이 한 작업에 눈길도 주지 않고 그저 그 자리에 서 있었다. 필자가 조심스럽게 준우에게 다가가자 준우는 고개를 돌려 필자의 시선을 피했다. 준우가 미술치료실에 들어와서 보여 주는 얼어 버린 듯한 신체 반응은 그가 현재 겪고 있는 정서적 경직을 보여 주는 것 같았다. 하지만 다행히 준우는 필자가 제안하는 다양한 이야기에 관심을 보였고 그림으로 보여지는 놀이를 선호했다. 준우에게 무언가를 제안하고 기다려 주면 미술작업으로 천천히 따라왔다.

이런 준우에게 양육자를 향한 양가적이고 대립적인 감정의 표출을 돕고 본인이 흥미를 가지고 자발적으로 진행할 수 있는 미술작업을 지지하며 내적인 분노와 불안을 표출할 수 있도록 도왔다. 더욱이 미술치료실 공간이 준우에게 안전기지가 될 수 있도록 미술치료사는 준우의 불안정한 감정의 흐름에 일관된 태도를 유지하는 것을 중요하게 생각하였다.

첫날 보였던 경직되고 긴장된 몸 상태는 길게 선을 긋거나 컬러점토 작업을 통해 자연스럽게 이완되었다. 10회기가 지나면서 아동의 그림에서 밀도감과 필압, 필력이 강해지는 변화를 볼 수 있었다. 또한 그림 안에서 상상 속 친구 '지민이'를 만들어 갈등 상황마다 지민이 옆에 친구를 만들어 주는 것과 같은 구체적인 해결 방법을 찾으면서 자신의 사회생활을 연습해 나갔다. 준우는 다시 일본으로 돌아가는 것과 일본 유치원에 가는 것을 필자와 연극처럼 놀이하며 새로운 생활을 준비하고 연습했다. 그러한 준비를 통해 두려움과 불안이 설렘과 기대로 변화할 수 있었다. 한편 준우 어머니도 자신을 위한 개인 상담을 받기 시작하였고(준우의 미술치료 13회기 무렵이었다), 아동을 향한 감정을 새롭게 하고 부모로서 자녀와 소통하는 태도를 점검하며 변화하는 기회로 삼았다.

24회기의 미술치료 회기를 주제별로 나누어 보면 '엄마에 대한 양가적인 감정 표출'과 '성장과 기대'로 나눌 수 있다. 이 두 주제를 중심으로 준우의 그림과 미술치료적 개입을 소개하려 한다.

2. 엄마에 대한 양가적인 감정 표출

1) 아기가 엄마에게 버려짐

준우가 미술치료실에 들어와서 초기에 가장 많이 보였던 행동과 말은 "엄마 어딨지?" 하면서 주변을 둘러보는 것과 "엄마가 아기를 버리네." "그래서 아기는 죽어." 이다.

[그림 15-1]은 준우가 두 번째 회기에 그린 그림이다. 오리가 알을 낳고 알 1개만 창밖에 버려서 창밖에 있는 알 하나가 다른 알들과 엄마 오리를 바라보고 있다고 했다. 필자가 버려진 창밖의 알을 돕자고 하자 준우는 그럴 수 없다며, 곧 늑대가 와서 잡아먹을 거라고 말했다. 필자는 다시 "엄마와 알들을 만나게 해 줄 수 없을까?"라고 물었다. 준우는 단호하게 "그럴 수 없어."라고 말하고 오리의 알 중에 한 마리가 알을 깨고 나왔다며 "잘했지?"라고 물었다. 필자도 준우의 말에 지지하며 "참 기특하네, 잘했어."라고 답하자 준우는 기분이 좋은 듯 턱을 치켜들었다.

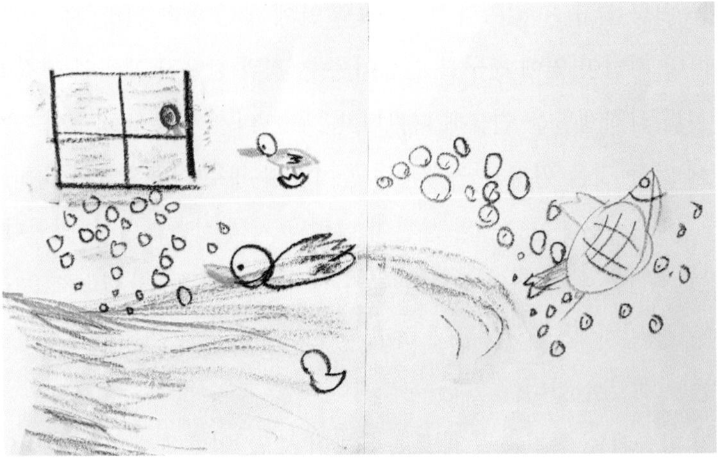

[그림 15-1] 엄마 오리가 알을 낳고 하나의 알을 창밖으로 버린다

치료사: 그런데 엄마가 품어 주지 않고 저기 창밖에 버려진 알은 외로울 것 같아. 선생님 마음이 안타까워.

준우: 엄마는 그래서 돼지가 되어서 벌을 받았대. (환하게 웃으며 그림을 그리기 시작함)

[그림 15-2]의 도화지 중앙에 진한 핑크색으로 그려진 돼지의 모습은 마치 화려한 준우의 어머니처럼 보이기도 했다. 회기를 마치며 준우는 "선생님, 엄마도 아기도 모두 죽었대. 모두 죽었어."라고 말했다. 이러한 말이나 그날 회기에 나타났던

[그림 15-2] 엄마는 돼지가 되어 벌을 받는다

동물과 사람들이 '모두 죽는다'는 표현은 이후 10회기까지 지속적으로 이어졌다.

반응성 애착장애의 특징 중에도 지속적으로 대부분의 사회적 관계를 시작하지 못하고, 발달적으로 적절하지 못한 방식으로 반응하며, 지나치게 억제적 · 경계적이고 심한 양가적 반응을 보이는 억제형의 특징이 미술치료 안에서 그림의 주제로 나타난 것으로 평가된다. 또한 반복되는 주제(엄마와 아이의 헤어짐, 엄마에게 버려짐, 다시 만나지 못하게 됨 등)에서 보이는 관계-거부적인 모습은 내담 아동이 양육자를 향해 가지고 있는 부정적이고 해결하지 못한 복잡한 감정이라고 이해할 수 있었다.

2) '마녀' 상징과 싸우기

준우가 미술치료실에서 자유롭게 걸어 다니고 고개를 돌려 주변을 살피고(그전에는 눈만 흘깃거렸다면) 미술치료 시간에 들어와 인사하고 걸어와서 의자에 앉기 시작한 것은 4회기에 컬러점토로 음식 만들기 작업을 한 뒤부터였다. 준우는 양손으로 컬러점토를 잡고 아래로 꾹꾹 누르고 플라스틱 칼을 이용하여 자르고 그것을 다시 연결하는 작업을 반복했다. 그러면서 경직된 움직임이 풀어지고 표정도 밝아졌다. 점토라는 매체도 이완하는 데에 도움이 되었고, 주제 또한 아동의 허기진 마음을 표현하는 동시에 채우기도 하는 듯했다. 준우는 삼겹살, 피자, 불고기 등 먹고 싶은 것을 만들고 또 자신이 엄마가 되어 필자에게 주고 싶은 음식을 만들어 먹이는 놀이를 했다. 이것은 양육으로 상징되는 먹여 주기(feeding) 놀이였다. 나중에 언젠가 준우 어머니는 미술치료실에서 했던 '음식을 만들고 누군가에게 음식을 먹이는 작업' 덕분에 준우가 일상생활에서도 모르는 사람 앞에서 밥 먹지 않던 문제를 해결할 수 있었다고 말했다.

준우의 미술치료 그리기 주제가 변화하기 시작했다. 이전에는 엄마와 아이가 갈등을 겪다가 결국 버려진 아기가 죽게 되는 주제였다면, 점차 '마녀'라는 인물과 싸우는 주제가 등장했다. 그 '마녀'가 누구냐고 물었을 때 '지민이 엄마'라고 답했다(지민이는 자신과 나이가 똑같은 상상 속 인물이라 한다).

준우는 마녀를 그리고 지민이라는 가상 인물을 내세우면서 자기가 하고 싶은 이야기를 지민이의 입을 통해 들려주기 시작했다. 지민이는 항상 캄캄하고 추운 동네에서 살았다고 한다(이하 준우가 들려준 이야기이다). 지민이는 동생의 분유를 사러간 엄마를 기다리다가 길을 잃었는데 모르는 아저씨가 친절하게 집까지 데려다 주었다. 하지만 지민이는 모르는 아저씨보다 집 안에 있을 '마녀' 엄마가 무서워서 파란 문 앞에서 벌벌 떨고 있었다. [그림 15-3]은 엘리베이터를 타고 6층 집 앞에 올라와서 엄마한테 혼날까 봐 파란 문 앞에서 겁내고 있는 장면이다. 이 그림의 미술 발달단계를 고려해 보면, 지난 그림들(그림 15-1과 그림 15-2 참조)보다 더 퇴행한 것처럼 보인다. 필자는 이러한 퇴행이 준우의 심리적 갈등을 반영한다고 보았다. 즉, 자신의 갈등 상황을 노출하면서 내면의 불편감이 커졌고 그러한 불편감이 그림 그리는 발달 수준에 영향을 미친 것으로 이해했다.

[그림 15-3]에서처럼 지민이가 파란 문을 열지 못하고 무서워하고 있는 상황에서 필자는 "선생님이 지민이의 마녀 엄마한테 가서 우리 지민이가 길을 잃었다고 설명해야겠다. 지민이에게 무서워하지 말라고도 이야기해 줘야지."라고 말해 주었다.

준우는 신이 나서 지민이가 마녀 엄마를 이기는 내용으로 바꿔 그림과 이야기를 전개해 나갔다. 마녀가 점점 커져서 아파트를 무너뜨리면 치료사와 내담 아동은 더 큰 사람이 되어서 마녀에게 '물러가라'라고 소리치며 지민이를 도와주는 '도우미'의 역할을 했다. 이후 회기에서도 지민이의 마녀 엄마는 준우와 필자가 힘을 합쳐 물리쳐야 하는 대상이 되었고, 어느새 준우는 작고 어리지만 마녀 퇴치를 전문으로 하는

[그림 15-3] 문 앞에서 두려움에 떨고 있는 지민이

힘센 장군이 되어 있었다. 어느 날은 밀가루 풀로, 어느 날은 면도크림으로, 어느 날은 밀가루 반죽으로 지민이를 힘들고 무섭게 하는 지민이의 마녀 엄마에 맞서 싸워 나갔다. 준우의 목소리에는 힘이 생겼고 발소리도 커졌다. 마치 미술치료실의 골목대장이 된 것처럼 어깨를 펴고 당당하게 걸어 다녔다. 흥미로웠던 것은 이러한 주제로 작업을 한 뒤에는 준우가 대기실에 있는 어머니에게 다가가 안기기 시작했다는 점이다. 마치 미술치료실 공간에서 지민이의 마녀 엄마를 물리친 것이 자신의 엄마에게 미안한 것처럼.

그러던 어느 날이었다. 회기가 끝난 뒤 준우가 지점토 작업을 하고 손이 잘 닦이지 않은 채로 어머니에게 안기려 했다. 어머니는 "돈도 못 버는 애가 이게 얼마짜리 옷인데 어디다 손을 대려고 해?"라고 준우에게 말했다. 준우는 무표정으로 얼어 버렸고 무안한 듯 흔들리는 눈빛으로 허공을 응시했다. 필자는 준우 어머니에게서 준우의 상상 속 인물인 지민이의 마녀 엄마를 얼핏 본 것 같았다. 심리적인 도움이 필요해 보였던 준우 어머니는 자신의 양육태도와 양육상의 어려움 등을 다루는 개인상담을 따로 받기 시작했다.

3) 엄마에게 사랑받고 싶은 마음

준우는 마녀 엄마가 얼마나 나쁘고 무서운 사람인지에 대해 필자에게 설명하다가도 결국 엄마에게 사랑받고 싶고 외로운 마음을 나타내기도 하였다. 사실 아이가 엄마에게 사랑받고 싶은 것은 너무나 자연스러운 것인데, 이것을 표현하는 것이 어려운 준우를 향해 안타깝고 안쓰러운 마음이 들었다.

[그림 15-4]는 문을 열고 들어와서 동생을 안고 자는 엄마를 바라보는 지민이의 모습을 담은 것이다. 지민이는 지금 어떤 생각인지 묻자 외롭다고 했다.

> 치료사: 그럼 지민이도 엄마 옆에 가서 자 보면 어떨 것 같아?
>
> 준우: 지민이는 엄마한테 가는 길도 너무 멀고 그러기에는 침대가 작을 것 같아서 안 할 거래.

필자도(그리고 아마도 준우도) 지민이라는 상상 속 친구가 준우의 마음을 담아 이야기를 전하고 있다는 것을 알고 있었다. 필자는 지민이의 마음을 헤아려 주며 다섯

[그림 15-4] 외로운 지민이는 엄마가 동생을 안고 자는 걸 멀리서 지켜봐요

살 지민이가 혼자 자는 것은 쓸쓸하고 외로울 수 있다고 말해 주었다. 그리고 지민이에게도 엄마가 필요하다고 말해 주었다. 준우는 지민이에게 [그림 15-5]와 같이 인형을 그려 주었으며, 자신도 사실 혼자 자는데 엄마랑 같이 자고 싶고 엄마가 꼭 안아 주면 좋겠다고 조용히 비밀을 털어놓듯이 속삭였다.

[그림 15-5] 혼자 자는 지민이를 위해 인형을 그려 주어요

한편 준우 어머니에게는 상담이 꽤 큰 도움이 되는 것 같았다. 본인이 계획한 임신이 아니었기에 임신-출산-양육의 모든 과정이 몹시 힘들었고, 거기에다 일본 생활에 적응하는 것도 힘들었다는 점을 토로하며 이해를 받았다. 둘째 임신도 계획에 없었는데 생겨서 삶이 혼란스러웠다는 것을 인정하고, 그 과정에서 심리적으로 힘들었던 것을 자녀에게 분출했다고 인식하게 되었다. 그러면서 특히 준우에 대한 배려가 부족했다며 아이를 향한 미안한 마음을 표하였다. 그렇지만 어머니의 성향이 기본적으로 상냥하거나 관계에 대해 민감한 편이 아니었다. 그래서 실제 아이를 대하는 태도에서 크게 변화된 것은 없었다. 여전히 성가신 것이 있으면 그대로 짜증내는 말투가 튀어 나왔고, 다섯 살 아들을 향해 "그것도 못하지? 그럴 줄 알았어. 내가 널 뭘 믿겠냐?"는 등의 핀잔 주는 말을 했다. 미술치료사인 필자도 준우를 위해 어머니에게 몇 가지의 부탁을 드린 적이 있는데 "아, 선생님 아직 결혼 안 하셨죠?" "선생님은 일주일에 한 번만 얘를 만나니까 그런 말씀을 하시는 거예요. 얘랑 하루 종일 붙어 있어 봐요. 엄마가 먼저 미쳐요." 등의 이야기를 쏘아붙이기 일쑤였다. 두 자녀를 키우면서 심리적으로 지쳐 있는 상태인 것도 있겠지만 사회적 관계를 맺는 방식 자체가 세련된 사람이 아니라는 것을 알 수 있었다. 어머니가 변화하며 아이도 함께 변화하기를 기대하는 것이 어렵게 느껴졌다. 그렇지만 어머니도 어떤 부분을 깨달았다니 비록 태도가 크게 변화하지 않더라도 이전보다는 분명 좋은 점이 있을 것이라고 믿기로 했다. 그리고 아동의 마음의 힘을 키워 이 세상을 꿋꿋하게 살아가도록 도와줘야겠다고 다짐했다.

준우의 자발적이고 적극적인 역할극 놀이는, 정서적으로 돌봄받지 못했던 아동이 임상장면에서 악당을 물리치고 이후 약한 아기를 돕는 영웅 역할극을 통해 정서적 회복을 이룬다(Haen, 2011; Haen & Brannon, 2002)는 드라마치료의 연구결과와 같은 맥락으로 이해할 수 있었다. 초기 경험이 빈약하고 어려움을 겪은 아동들은 믿을 만한 어른과의 안전한 관계를 통해 배워 나가는 것이 중요한데(Armstrong, 2013), 준우가 물리쳐야 하는 마녀와 함께 싸워 나가고 적극적인 도움을 주었던 필자의 모습은 감정을 조율하여 안전감을 얻게 하고 자신의 감정을 주장하는 데 있어 모델이 되어 주었다고 본다.

3. 성장과 기대

이렇게 어머니의 기분에 따라 준우의 감정이 오락가락하면서 거리를 좁히지 못하고 있을 때 즈음, 일본에 있던 아버지가 휴가를 받아 한국에 방문했다. 준우는 아버지의 존재에 큰 힘을 얻고 있었다. 아버지를 미술치료실로 초대했을 때 준우는 미술치료 책상에 필자를 앉히고 아버지와 필자를 서로에게 소개해 주었고, 그동안 자신이 한 작업을 또박또박 자신감 있는 목소리로 설명했다. 준우에게는 아버지의 존재가 지지자원이라는 것을 확인할 수 있었다. 아버지가 왔다 간 이후 준우는 다시금 안정을 찾았고, 더불어 어머니도 말투나 신체 접촉에서 좀 더 좋은 어머니가 되기 위해 노력했다.

준우의 그림은 조금씩 더 변화해 나갔다. 특히 이전에는 어머니를 향한 양가적인 감정(물론 지민이 엄마를 통해서)을 표현했다면 이제는 자신이 문제를 해결하는 이야기로 주제가 바뀌었다. 그중에는 '똥물이 넘치는 방'에서 배를 만들어서 방을 빠져나오는 그림이 기억난다.

우리는 즐거운 작업도 했다. 미술치료실 바닥 면에 전지 5장을 깔아서 체스판을 만들고, 준우가 체스말이 되어서 그 위를 뛰어다니는 작업도 했다. 세상에서 가장 큰 기린을 만들기도 하고 세상에서 가장 큰 뱀을 만들어(실제로 뱀은 미술치료실의 4면을 감쌀 정도로 길게 만들었다) 미술치료실을 가득 채우기도 했다. 뱀을 만들었던 날 준우가 물었다.

> 준우: 선생님, 마녀가 아직도 우릴 공격하면 어떡하지? (이날은 마녀가 지민이를 공격하는 것이 아니라 우리를 공격한다고 말했다.)
>
> 치료사: 음…… 어떻게 될까?
>
> 준우: (뱀을 더욱 길게 만든 뒤) 아무도 안 죽어. 우리는 안 죽는대.

예전에 "엄마도 죽고 아기도 죽어. 죽었대."라고 말하던 준우가 우리 모두 다 산다고 말하는 것으로 미루어 보아 심리적인 변화가 일어나고 있음을 짐작할 수 있었다. 미술치료실 구석구석을 뛰어다니며 앉았다가 일어났다가 필요한 재료를 찾아 쓰고 다시 정리하는 모습들을 보며 미술치료실이 아동에게 안전기지의 역할을 하고 있는 것을 느낄 수 있었다.

아동과 함께 성장에 대해 이야기할 수 있었던 일화가 있다. 준우의 아랫니 하나가 흔들리기 시작했다. 준우는 그것에 대해 무척 불안해했는데, 일본에 있는 아버지가 전화 통화로 흔들리는 '헌 이'가 빠지고 나면 '새 이'가 난다는 알려 주었다. 그리고 그것은 성장한다는 뜻이라고 하자 준우는 무척 기뻐했고, 자신의 헌 이가 빠지고 새로운 이가 나는 것을 기대하게 되었다. 필자 역시 그러한 성장을 강조하며 준우의

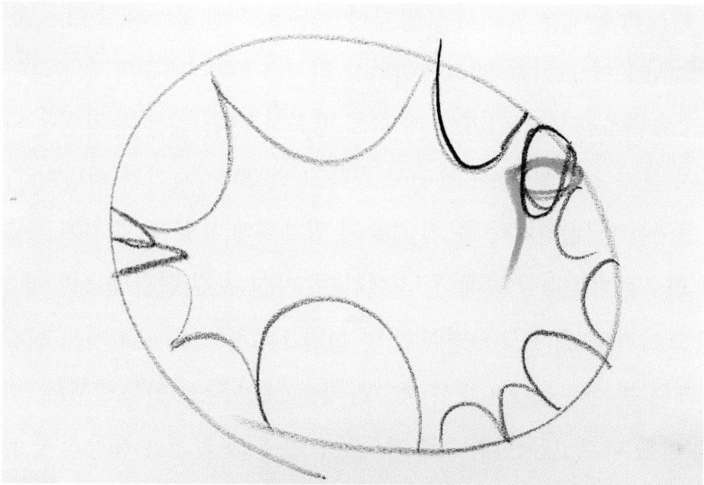

[그림 15-6] 헌 이가 빠지고 새 이가 나는 과정 1

[그림 15-7] 헌 이가 빠지고 새 이가 나는 과정 2

새로운 깨달음과 기대도 칭찬해 주었다. 준우는 '헌 이 줄게 새 이 다오' 노래를 부르며 비슷한 그림을 일곱 장 정도 반복해서 그렸다.

미술치료 회기를 마치고 준우는 손을 씻은 뒤 어머니에게로 가서 "나는 엄마 젖 먹어야겠다." 하며 매달렸다. 이에 어머니는 "아휴, 야, 징그럽다."라고 말했지만 몸으로는 준우를 안아 주었고, 준우도 어머니의 허리를 감싸며 안겼다.

일본으로 다시 돌아가는 것이 한 달 앞으로 다가왔을 때 준우가 먼저 일본 생활에 대한 연습을 할 것을 제안하였다. 준우는 자신이 살던 일본 집을 '도쿄 잉스랑스 맨숀'이라고 했는데 한국 공항에서 출발해서 일본 공항에 도착하고 이후 차를 타고 도쿄 잉스랑스 맨숀에 도착해 엘리베이터를 타고 1층부터 6층까지 올라가는 놀이를 20회기부터 종결하는 24회기까지 매 회기 반복하였다. 일본 유치원을 다시 다니는 것은 어떨지 묻자 친구를 많이 사귀고 싶다고 말했다. 자신의 생일이 가을인데 생일파티에 친구들이 몇 명이나 올 거 같은지 필자에게 물었다. 필자가 잘 모르겠다고 하자 자기 친구들이 100명 넘게 올 것이라며, 자신의 집 현관에 신발이 100개가 놓인 그림을 그리기도 했다. 100명이 오면 신발 100켤레, 즉 200개의 신발이 있어야 한다면서 그림 속 현관에 200개의 동그라미를 그려 넣고 만족해했다. 미술치료 초반, 또래에 비해 마르고 예민함으로 가득했던 준우의 얼굴은 통통하게 볼살이 오르고 아랫니가 하나 빠진 모습으로 활짝 웃고 있었다. 그 모습을 보며 필자도 따뜻하고 기분 좋은 만족스러움을 느낄 수 있었다.

4. 맺는 말

이 사례의 아동은 모자간의 관계에 대한 불안과 내적 분노를 내현화하여 수동-공격적인 패턴을 보이고 있었다. 이러한 내적 불안에 더하여 언어발달의 민감기에 2개 국어를 사용하는 생활 변화를 경험함으로써 스트레스도 상당했을 것으로 보인다. 이때 아동에게 미술치료는 내적 분노를 해소하고 정서적 안정감을 증진시킬 수 있었다. 또한 어머니의 부모교육을 통해 아동에 대한 이해를 도모하고 양육에 대한 심리적 부담을 줄일 수 있었다. 미술치료는 안전한 환경을 제공함으로써 아동이 일상으로 나아가는 데 충실한 연습 공간이 되어 주었다.

오래전의 이 사례를 되돌아보면서 그 시절 미술치료사로서 부족했던 부분을 나누고 싶다. 필자는 내담 아동을 만나는 동안 내담자에게 최선을 다해 공감했기에 내담 아동의 어머니를 부족한 엄마로 낙인찍었던 것 같다. 그래서 마음 안에서 '나는 당신이 못하는 당신의 아이와 이렇게 소통하고 있어요' '나는 당신의 아이를 이해하고 공감해요'라는 자신감이 있었고 거기에서 더 나가서 내담 아동의 엄마를 이해하려는 노력이 부족했다는 것을 이제야 깨닫는다. 애착이라는 문제 그리고 어머니와 자녀 사이의 관계에서 일어나는 것은 양쪽에서 한 발씩 다가와 서로에게 조금씩 가까워지는 것일 텐데, 그 시절 필자는 미처 어머니와 아이 사이에서 지혜로운 중재자가 되지 못했던 것 같다.

애착 관련 어려움을 겪는 내담자를 만날 때 미술치료사가 잊지 말아야 할 것은 먼저 내담자의 안전한 애착대상이 되어 주는 것이다. 하지만 그것에서만 끝나면 안 된다. 내담자가 내면의 힘을 찾아 애착의 대상을 넓혀 나가고 주변의 다른 관계들을 확장할 수 있어야 한다는 점을 기억하면 좋겠다. 또 하나! 미술치료사가 외로울 때 내담자가 치료사를 향해 쏟는 애착에 휘둘리거나 집착하지 말아야 한다. 아마도 그것은 역전이거나 치료사 자신의 미해결된 과제일 것이라 생각된다. 우리 미술치료사가 흔들리지 않고 든든한 안식처가 되기 위해서는 치료사의 외로움은 치료사 개인의 삶에서 해결하는 것이 기본 중에 기본이다.

참고문헌

Armstrong, V. G. (2013). Modeling attuned relationships in art psychotherapy with children who have had poor early experiences. *The Arts in Psychotherapy, 40*(3), 275-284. DOI: 10.1016/j.aip.2013.04.002

Haen, C. (2011). The therapeutic use of superheroes in the treatment of boys. In C. Haen (Ed.), *Engaging Boys in Treatment: Creative Approaches to the Therapy Process* (pp. 153-175). New York: Routledge.

Haen, C., & Brannon, K. H. (2002). Superheroes, monster and babies: Roles of strength, destruction and vulnerability for emotionally disturbed boys. *The Arts in Psychotherapy, 29*(1), 31-40. DOI: 10.1016/S0197-4556(01)00130-7

16장

적응장애의 미술치료

날개를 펴고 날아가시길!

정경림

미술치료에 대한 흔한 오해 중 하나는 놀이나 창의적인 표현을 좋아하는 아동들에게만 미술치료가 유용하지 않겠냐는 것이다. 이러한 오해는 미술치료의 과정에서 핵심이라 할 수 있는 작품 창작에 대해 충분히 이해하지 못하기 때문에 생긴다.

그런 오해에도 불구하고 어렵사리 용기를 내서 미술치료실을 찾은 성인 적응장애 내담자들은 치료의 시작부터 양가적인 불편감을 드러내곤 한다. 미술치료를 받아보고 싶은 마음도 있지만 미술활동은 아동의 놀이 같아서 유치하게 느껴지기도 하고 혹은 초등학교 이후 자신의 삶에서 이미 멀어진 미술에 대한 거부감이 느껴지기도 하는 듯하다. 거기에다 치료사 앞에서 위축되는 마음도 들 수 있고, 그림을 평가받던 학창 시절 미술시간의 기억이 소환될지도 모른다. 특히 적응장애 내담자들의 경우에는 '남들은 다 잘 살고 있는데 왜 나만 이렇지?'라고 이미 잔뜩 주눅이 들어 있는 상태이므로 미술은 적응해야 하는 또 다른 도전의 과제로 여겨질 수도 있다.

이 경우에 미술치료사가 해야 하는 첫 번째 역할은 친절한 안내자가 되는 것이다. 이해하기 좋은 말과 따뜻한 분위기로 미술치료 시간에 하는 작업에 대해 소개해 줄 수 있다. 예를 들어, 미술이 내면을 반영하는 상징적인 표현으로 의사소통의

한 형태라는 점과 언어에 비해 의식적인 방어가 덜해 오히려 더 안전하게 자신을 표현할 수 있다는 것을 전달해 줄 수 있다. 때로는 정보를 나눠 주는 것도 도움이 된다. 이를테면, 스트레스 사건이 감각자료의 형태로 뇌에 저장되고 그 부분에 닿기 위해 미술과 같은 비언어적 감각경험이 도움이 된다는 뇌과학적 정보를 전달하는 것이다. 이러한 방법은 미술에 대해 의심하는 성인 내담자가 안심할 수 있게 돕는 역할을 한다.

1. 무엇이 적응의 문제를 일으키나

우리의 일상은 수많은 변화의 연속선상에 있다. 성인이 되면서 취업전선에 뛰어들거나 대학이나 대학원과 같은 상급학교에 진학을 하기도 한다. 대한민국 남성의 경우에는 어떤 경로든지 거쳐야 하는 군입대가 있다. 직업과 관련해서는 취업의 준비부터 입사, 퇴사, 이직, 전직, 은퇴, 실직 등 새로운 장면을 만나게 되고, 자영업의 경우에도 사업의 유지, 확장, 실패와 같은 변수들이 있다. 비혼이나 기혼 등 결혼에 관한 어떤 입장을 취하든 결혼과 관련된 장면은 개인사에 큰 변곡점이다. 파혼, 이혼, 재혼 등 예측할 수 없는 생활 사건이 있을 수 있고, 그 밖에 물리적인 변화인 이사나 주변인들과 인종, 문화, 종교 등과 같은 가치 갈등이 유발될 수도 있다.

이와 같은 생활 스트레스는 단발적일 수도 있고 반복적일 수도 있다. 이러한 변화들이 적당한 긴장감을 불러일으키고 상황을 재정비하게끔 하여 이전과 변함없이 기능하게 한다면 우리는 이를 '적응했다'고 부른다. 일상에서도 일신상에 변화를 맞이한 지인들에게 우리는 흔하게 "이제 적응 좀 했니?"라고 물어본다. 이 질문에는 변화를 맞이한 당사자가 변화에 크게 동요하지 않고 변화를 수용하며 더 나아가 적절히 잘 대처하고 있는지를 물어보는 것이다.

하지만 유사한 생활 사건으로 인한 스트레스에 대해서도 어떤 사람은 스트레스 상황이 지나면 다시 원래의 모습으로 돌아오지만 또 어떤 사람은 그가 처한 사회적 · 직업적 · 학업적 또는 다른 중요한 영역에서의 현저한 손상으로 일상생활이 어렵고 심한 정서적 고통을 호소한다.

이처럼 스트레스는 한 개인과 그가 처한 환경 간의 상호작용을 반영하는 역동적인 개념이다. 미술치료사는 내담자가 호소하는 스트레스 사건을 단일 범주의 단일 선상에서가 아니라 그가 속한 사회적 · 문화적 환경의 맥락을 고려하여 세심히 들여다보아야 할 필요가 있다. 적응문제를 가진 내담자에 대한 공감은 이러한 맥락에 대한 미술치료사의 이해로부터 출발한다.

이 장에서는 적응장애 진단을 받고 미술치료실을 찾은 성인 내담자의 사례를 살펴보고자 한다. 이들은 각각 결혼과 직장, 학업 문제로 미술치료실을 찾았는데, 살아가면서 우리가 자주 부딪히게 되는 대표적인 생활 스트레스로 찾아온 내담자들이다.

2. 적응문제에 대한 미술치료 개입과 중재

적응에 어려움을 겪고 있는 내담자의 경우 대부분 문제가 자아-이질적(ego-dystonic)[1)]이라서 치료 동기가 높은 편이다. 필자가 만난 적응장애 내담자들은 주변의 가족/지인들의 권유로 치료실을 찾았는데 자기 자신도 버티는 것이 힘들다는 것과 정서적으로 견디기 어렵다는 것을 느끼면서 치료실을 내방하였다.

적응문제를 호소하는 내담자들은 감정적으로 힘든 상태에서 미술치료를 시작한다. 주로 우울한 기분과 불안한 마음이 크고 희망이 없다는 감정도 드러낸다. 이러한 모습과 더불어 전반적인 인상으로 두드러진 것은 '혼란스러움'이다. 여기서 말하는 '혼란스러움'은 들쑥날쑥한 기복이 있는 불안정한 상태가 아니다. 그보다는 내담자가 자신의 상황을 이야기하면서 전체적인 조망을 하지 못하는 것을 말한다. 즉, 내담자 스스로도 자신의 상황이 어쩌다 이 지경에 이르게 되었는지 알다가도 모르겠다는 느낌이기도 하고, 혹은 무너진 현재의 상황을 묘사하는데 이야기가 정리되는 것이 아니라 오히려 더 얽히고 복잡해지기도 한다.

잘 정리되지 않은 내담자의 진술을 내담자 스스로 다시 볼 수 있도록 치료적인 언어로 돌려주는 것을 '반영'이라고 부른다. 반영은 대부분 잔잔한 거울처럼 내담자를 비춰 주지만, 감정적으로 너무 힘든 상태에서 치료실을 찾은 적응장애 내담자의 경

1) 자아 또는 자신이 어떤 상태(욕구, 충동, 생각 등)를 용납할 수 없어서 불편하게 느끼는 것이다. 반대되는 뜻으로는 '자아-동조적(ego-syntonic)'이 있다.

우에는 치료사의 반영을 잘 듣지 못할 때가 있다. 자신의 내면이 너무 가득 차 있어서 치료사의 소리를 들을 여유가 없는 것이다. 때로 치료사의 공감 어린 한마디에 적응장애 내담자는 지금까지 눌러온 모든 것을 쏟아 내기도 한다. 이들은 쉴 새 없이 자신의 이야기만 하기도 하며, 또 어떤 경우에는 한 시간 내내 눈물을 쏟아 내기도 한다. 이때 그들의 감정은 이미 자신의 통제를 넘어서 있다. 이전과 달라진 지금의 상황에 대한 우울감과 다시 예전처럼 살지 못할 것 같은 불안감이 압도하고 있는 그 순간만큼은 언어의 전달력은 힘이 빠져 있다.

다행스러운 것은 미술치료사에게 이런 혼란스러움을 잠시 밀어내고 정서적 환기와 이완을 도울 수 있는 미술이라는 도구가 있다는 것이다. 또 바로 이 시점이 미술치료가 개입할 수 있는 첫 번째 장면이 된다.

치료적 개입의 첫 번째 장면에서 내담자는 정서적 환기와 이완을 얻어야 하고, 미술치료사는 내담자의 현재 상황에 대해 깊이 이해할 수 있어야 한다. 이를 위해 그림검사를 할 수 있는데, 이야기그림검사(Draw a Story: DAS)는 이러한 목적에 부합하는 유용한 도구라고 할 수 있다.

DAS는 심리평가를 위한 검사라는 인상을 주기보다는 스토리텔링을 만드는 색다른 과정으로 느껴지는 그림검사이다. 필자가 만난 대부분의 내담자는 DAS를 신선한 시도이자 재미있는 그림이면서 이야기하다 보니 자신의 이야기를 엄청 하게 되는 것이라고 말했다. 이 기법은 14개의 자극그림을 보여 주고 그중에서 2개를 골라서 그 둘 사이에 어떤 일이 벌어지고 있는지를 그리도록 한다. 제공되는 자극은 복잡하지 않고, 선택해서 그리는 과정도 부담스럽지 않은 것이므로 대부분 쉽게 결과물을 내어놓는다. 그 과정에서 뭔가 완성했다는 작은 성취감도 느낄 수 있다.

3. 적응장애 내담자의 미술치료 사례 1

30대 여성 A씨는 직장에서 유능하다고 인정을 받으며 자신의 직업적 성취에 만족감을 가지고 열심히 생활하고 있었다. 결혼도 순조롭게 진행될 거라 기대했는데 뜻밖에 불거진 상대방의 문제로 파혼하게 되었고, 그 이후에 A씨는 급격하게 자신감을 잃게 되었다. [그림 16-1]은 A씨의 DAS 그림이다. 그림의 내용은 성에 갇혀

[그림 16-1] DAS 그림: 성을 탈출하여 하늘을 나는 공주

있던 공주가 탈출하여 하늘을 나는 꿈을 이루기 위해 열기구를 타고 날아가는 것이라고 했다. 감당하기 어려운 현실을 밀어내고 싶은 A씨의 소망이 담겨 있는 듯하다. 한편으로는 그림에 표현된 대상들이 하나하나 떨어져 있는 모습도 눈에 띄었다. 서로 다른 대상을 통합해서 그리기보다는 따로따로 그린 것을 보니 아직은 전체 문제를 다루거나 큰 시각에서 해결점을 찾는 것은 어려운 듯했다. 게다가 '탈출'이 주된 주제이니 아마도 마음의 짐을 감당하기에 벅찬 상태라서 그냥 다 떠나고 싶다고 이야기하는 듯했다.

때로는 백 마디의 말보다 한 장의 그림이 더 많은 감정을 전달하기도 한다. 감정을 말로 표현하는 것이 더 명쾌하고 정확하게 전달될 것 같지만 그렇지 않은 경우도 많다. 사용하는 감정단어를 잠시 떠올려 보아도 그렇지 않다는 것을 쉽게 알 수 있다. 표현하기 힘든 감정은 말이 아닌 다른 방법을 쓸 때 더 잘 보이기도 한다.

"당신이 누구인지 보여 주는 이미지를 그려 주세요."라거나 "당신의 감정을 선, 색, 면으로 그려 주세요."라고 제안해 보자. 그렇게 해서 완성된 그림은 내담자가 말로 표현하기 어려웠던 자신의 감정을 더 풍부하게 전달할 수 있는 든든한 통로가 될 수 있다. 미술치료에 대한 설명과 상담에 대한 구조화가 이루어졌다고 하더라도 내담자가 하는 첫 번째 미술 경험이 바로 미술치료에 대한 내담자의 인상이 된다.

미술치료가 진행되면서 A씨의 그림도 마음도 일정 부분 변화되어 갔다. 우리는

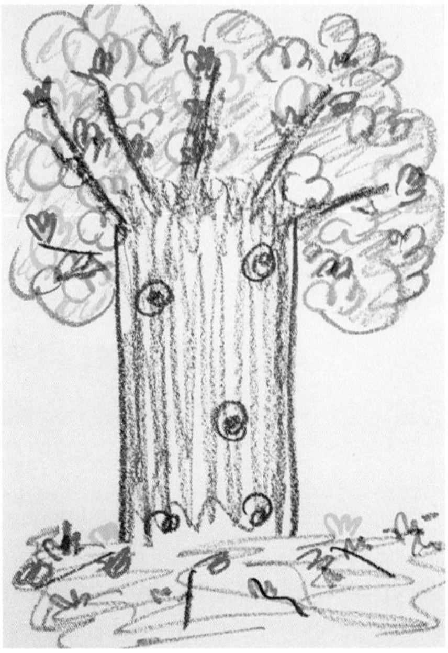

[그림 16-2] 화려한 단풍나무

점차 A씨가 자신을 돌아볼 수 있는 시간에 초점을 맞추었는데, 그림도 A씨에게 거울 같은 역할을 해 주었다. A씨는 자신을 둘러싼 외부 자극에 대해 어떻게 대응하고 있었는지 그림을 통해 깨달았다고 했는데, 특히 그런 깨달음을 도와준 것은 자화상 같은 나무 그림이었다(그림 16-2 참조).

A씨는 이 나무를 그린 뒤 가을에 화려하게 단풍이 든 나무라고 했다. 그런데 그림을 완성하고 보니 다양한 색색가지 단풍잎이 오히려 마음에 걸린다고 했다. 또 가지와 수관에 비해 지나치게 크게 굵은 기둥이 마치 단단하게 무장하고 있는 인상을 준다고 했다. 그림에 나타난 인상과 실제 생활과의 연관성을 탐색했을 때, A씨는 직장에서 무시를 당하지 않으려면 직책이나 감투가 중요하다고 생각했고 더 강한 인상을 풍길 필요가 있었다고 했다. 자신의 나무 그림을 한참 바라보던 그녀는 기둥이 조금 더 슬림해도 충분할 것 같다고 말했다. 지나치게 자신을 몰아세우며 애를 쓰고 산 것 같다며 그렇게 안쓰럽게 살지 않아도 될 것 같다고 이야기했다.

4. 적응장애 내담자의 미술치료 사례 2

40대 직장인 여성 B씨는 지나온 삶에서 큰 실패나 좌절을 경험하지 않았고 앞으로의 삶도 대체로 평탄할 거라고 생각했다고 한다. 가정생활도 안정적이었고 자신이 하는 일에 대해서도 만족스러워했다. 그러던 어느 날 누가 보냈는지 알 수 없는 성희롱이 섞인 메시지를 직장에서 받게 되었다. B씨는 발신인을 찾기 위해 할 수 있는 모든 조치를 취했지만 발견할 수 없었고, 이후의 상황은 좀 더 복잡하게 꼬여 갔다. 결국 견디기 힘들어진 B씨는 정신건강의학과 상담을 받게 되었고 미술치료를 시작하게 되었다.

필자가 만난 B씨의 첫인상은 지적이고 세련된 느낌이었다. 표정은 다소 굳어 있었지만 사용하는 언어나 풍기는 태도에서 차분하고 절제된 느낌이 있었다. 자신이 겪은 어려움에 대해 이야기를 할 때에도 차분한 어조로 감정을 다소 배제한 채 말하는 모습을 보였다. B씨는 왜 그런 일이 자신에게 일어났는지 인정하기 어려워하는 듯했다. 자신의 행동이나 태도에서 무엇이 문제가 되었길래 이런 상황까지 진행되었는지 도저히 알 수 없다고 하면서 한편으로는 미술치료사도 자신을 이상하게 보지는 않을지 신경 쓰는 듯했다.

치료사 입장에서 B씨의 말을 신뢰하는 동시에 B씨가 보지 못하는 어떤 영역들도 이해할 수 있어야 B씨에게 의미 있는 거울처럼 균형 잡힌 치료자 역할을 해 줄 것이다. 하지만 치료사가 내담자의 말에 쉽게 동조하지 않는 모습은 무조건적으로 자기 편을 들어 주길 기대하는 내담자들에게는 실망스럽게 비칠 수도 있다. 특히 B씨처럼 다방면에서 사회적 성취를 이룬 경우에는 자신의 이야기에 전적으로 동조하지 않는 것이 섭섭할 수 있다. 게다가 도움을 받기 위해 치료실을 찾은 상황 자체도 스스로 받아들이기 어려운 것일 수 있다.

치료를 받으러 간다는 것은 누구에게도 유쾌한 경험일 수는 없다. 내담자 입장에서는 치료실에 왔다는 자체가 자신의 문제를 인정하는 모양새가 되기 때문이다. 도움을 구하기로 마음을 먹고 왔다고 하더라도 낯선 이에게 자기 자신을 드러내기란 쉽지 않다. 이에 대해 미술치료사 Schroder는 다음과 같이 언급했다.

> 우리의 말과 행동에는 내담자들과 기꺼이 함께하고 싶다는 진정성이 담겨 있어야 하지만 내담자들이 느끼는 경험의 깊이에 대해 우리는 부분적으로만 인식할 수 있다. …… 중략 …… 우리는 단지 그 고통을 목격하고 듣고 싶어 하며 또 이해하고 싶어 할 뿐이다. 오직 내담자만이 진정으로 그 고통을 느낄 수 있다(Shroder, 2010, pp. 105-106).

Schroder의 말처럼 필자도 B씨의 고통을 목격하고 듣고 이해하고 싶었다. 그러한 바람을 전달하면서 필자는 B씨에게 자신을 표현할 수 있는 이미지를 그려 달라고 요청했다. B씨는 잠시 곰곰이 생각하더니 해바라기를 그렸다(그림 16-3 참조).

그림을 완성한 뒤 중앙의 해바라기를 가리키며 자신을 표현한 것이라고 했다. 화면 중간에 자리 잡고 활짝 피어 있는 모습이지만 바로 아래의 뿌리는 가늘고 흐릿하며 몇 가닥이 뚝뚝 떨어진 채 마치 흙 위로 뿌리가 다 드러난 모습이다. 약해 보이는 뿌리가 큼직한 꽃송이를 지탱하는 것이 위태로워 보였다. 이런 인상을 전하자 B씨가 흐느끼기 시작했다. B씨의 눈물은 지금까지 괜찮은 척 버텨 왔지만 사실은 힘든 부분이 있었다는 의미이기도 했고, 혼자 느끼던 고통을 함께 바라봐 주는 치료사가 있어서 마음 놓고 어린아이처럼 우는 것이기도 했다. 이제 첫발을 내디뎠으니 언젠가는 줄기와 뿌리가 튼튼한 꽃을 자연스럽게 그리게 되는 날이 올 것이다.

[그림 16-3] 위태로운 해바라기

[그림 16-4] 나에게 주는 훈장

B씨 역시 미술치료가 진행되면서 자신에 대한 태도도, 미술작업의 결과물도 변화하기 시작했다. 필자는 B씨가 스트레스 사건과 자신을 조금씩 더 분리해서 바라볼 수 있게끔 도왔다. 어느 날 B씨는 자신에게 주는 훈장을 만들었다(그림 16-4 참조). 열심히 살아온 삶을 인정해 주는 것이라고 말하며 다른 누구보다도 자기 스스로가 자신을 인정해 주고 싶다는 말도 덧붙였다. 꽃의 형상을 한 이 훈장은 가득 찬 색깔 덕분에 이전 그림 이미지보다 훨씬 더 생생해 보인다. 삶을 인정해 주는 훈장이라니, 그런 훈장을 받는다면 정말 감동적일 것 같다. 적응문제를 겪는 내담자에게는 주변의 지지도 필수적이지만 가장 필요한 것은 스스로 주는 자신에 대한 인정 아닐까 싶다. 그 소중한 훈장을 만들었으니 두고두고 이미지가 마음에 기억되기를 기대한다.

5. 성인 적응장애 환자의 미술치료에서 고려할 점

성인의 적응문제를 다룰 때 고려해야 할 몇 가지 사항이 있다. 첫째, 내담자의 현재 상황에서 사용할 수 있는 치료 기간이 어느 정도냐에 따라 치료 계획이 달라질 수 있다는 점이다. 대부분의 내담자는 적응문제가 발생한 조직에 계속 몸담고 있으면서 미술치료도 병행한다. 그 경우에는 따로 회복의 기간에 제한이 있는 것은 아니다. 또 다른 경우는 내담자가 치료를 받기 위해 잠시 그가 속한 조직에서 따로 떨어져 나와 있는 경우이다. 이 경우에는 다소간에 기간 제한이 있어서 시간의 압박을 받는 편이다. 만약 스트레스 상황과는 완전히 단절되었고 심신의 안정과 회복만 도모하면 되는 경우라면 시간의 압박은 훨씬 덜할 것이다. 언뜻 당연한 이야기 같지만 치료 기간이 한정되어 있는 경우 미술치료사는 종종 속도 조절에 실패하게 된다. 제한된 시간 내에 긍정적인 방향의 성과를 내고 치료가 종결되어야 한다는 것은 치료사에게는 부담으로 작용할 수 있고 의도치 않게 내담자에게 압박을 줄 수 있다. 심리적 변화는 때로 천천히, 때로는 그 자리에 머무르며 조금씩 진행되는 것인데, 시간의 압박을 받는 치료사는 내담자를 기다려 주기보다는 끌고 가려고 할 것이다. 그리고 내담자는 치료에 대해서도 압박감과 부담감을 느끼게 될 것이다. 그러므로 사용 가능한 기간을 고려하면서 치료 속도에 대해서도 항상 내담자 중심으로 점검해야 한다. 미술치료 시간에 내담자가 진정으로 자신을 표현하고 자기 모습을 인식하고 깨달으며 변화를 위한 용기를 낼 수 있기 위해서는 치료 진행 과정에서 불필요한 압박을 받지 않도록 섬세한 조율과 중재가 필요하다.

둘째, 미술치료 과정에서 내담자로 하여금 자신의 스트레스를 미술작업으로 표현하도록 촉진시켜야 한다. 불편한 주제라 하더라도 미술로 표현하는 것은 안전하게 드러내는 것이 될 수 있고, 그렇게 드러난 것은 똑바로 마주 볼 수 있게 된다. 불편한 부분들을 그저 말로만 이야기할 때에는 자신도 모르게 이야기 내용을 조금 꾸미거나 각색하게 된다. 그래서 거짓말을 한 것이 아닌데도 묘하게 있는 그대로 표현하는 것을 회피하게 된다. 그에 비해 그림은 좀 더 의도치 않은 솔직담백한 것이 될 수 있다. 그러므로 미술작업을 통해 마음속 불편함과 스트레스를 표현하고 그것을 확인하는 작업은 매우 중요하다. 그 작업이 있어야만 문제의 구조와 원인을 이해하고 그에 대한 대응 전략과 방책을 짤 수 있기 때문이다.

셋째, 상징적인 이미지의 힘을 믿고 사용하도록 한다. 적응문제를 겪게 되면 스트레스 상황에 매몰되어 이전까지 적응적으로 살아온 다른 부분들에 대해서는 놓치게 된다. 내담자가 그렇게 놓친 부분들이 있다는 것을 말해 주어도 적응문제에 풀이 죽은 내담자들은 쉽게 받아들이려 하지 않는다. 이때 우리가 내담자와 인지적으로 논박할 수도 있고 해결중심 기법에서의 예외질문을 던져 답을 얻을 수도 있다. 그러한 방법들도 모두 중요한 통찰을 줄 수 있지만 이미지를 신뢰한다면 그것 자체를 사용할 수 있다. 즉, 내담자 자신이 만든 상징적인 이미지를 더 강력한 증거물로 삼을 수 있다. 앞서 소개했던 훈장 이미지도 내담자가 힘들 때 다시 가져오는 이미지로 사용했음은 두말할 나위 없다.

6. 적응문제의 해결을 돕는 미술치료 기법: 데칼코마니를 활용한 스토리텔링

특정 상황에 사용할 수 있는 특정 기법은 없다. 그렇지만 보편적인 원칙으로 기억해야 할 것들은 있을 수 있다. 이를테면, 미술치료사가 다양한 미술치료 기법에 대해 이해하고 있고 적용할 수 있다면, 전장에 나간 장수가 자신이 어떤 무기를 가지고 있으며 그것을 어떻게 조작해서 사용할 수 있는지를 아는 것과 같다.

미술은 누구나 할 수 있는데 접근성이 높다고 해서 모두가 좋아하는 것은 아니다. 미술에 대한 내담자의 선호나 이전의 경험, 미술에 대한 편견이나 선입견, 성별(예: 그리기 같은 미술활동의 경우 성인 여성에 비해서 성인 남성의 선호도가 상대적으로 더 낮았다) 등이 고려되어야 한다.

지금 소개할 사례는 미술 중에서도 특히 그리기를 선호하지 않는 남성의 경우이다. C씨는 20대 남자 대학원생인데 대학교 때까지 줄곧 학창생활에서 두각을 드러냈다. 놀라운 학업 성취에 힘입어 자연스럽게 대학원까지 진학했는데, 대학원에 진학하면서 학부와 다른 분위기에 적응하기가 어려웠고 학업 성취도 두드러지지 않아서 자신의 능력에 대해 의심하게 되고 자신감을 잃어 갔다.

적응장애로 진단받고 미술치료에 의뢰된 C씨는 답이 정확한 수학을 선호한다면서 정답이 없는 예술, 특히 미술에 대한 선호는 낮은 편이라고 말했다. 비록 C씨가 선호하는 방식은 아니었지만 미술을 통해 자신을 돌아보기로 합의하고 우리는 미술치료를 진행해 나갔다. 얼마 지나지 않아 C씨가 자신의 감정을 인식하거나 표현하는 것을 어려워한다는 것을 알 수 있었다. 특히 모호하게 느껴지는 감정은 C씨에게 아주 어려운 과제와 같은 것이 되곤 했다. 그림을 그려서 이미지로 자신을 표현하는 것도 C씨에게 낯설고 긴장되는 것 같았다. 이런 C씨의 부담을 덜어 주고자 데칼코마니를 하기로 했다. 결과물이 어떻게 나올지 아무도 모른다는 것과 실기 능력이 필요한 작업이 아니라는 점이 C씨에게 편안하게 느껴졌던 것 같다. 부담감을 덜어 내고 나니 C씨도 작업을 재미있어 했다. 필자는 데칼코마니에서 이미지를 찾아보는 것도 좋겠다 싶었다. 하루는 잘 마른 데칼코마니 작품에서 눈에 들어오는 형태를 찾아보자고 제안했다. 그다음에 그 형태를 오려서 다른 종이에 붙이고 하나의 장면을 만들기로 했다.

[그림 16-5]는 C씨가 데칼코마니를 활용하여 완성한 작품이다. '안부 인사'라는 제목의 이 작품은 두 마리 수달이 서로 인사를 나누는 모습이라 한다. "어떻게 지냈니?" "요즘은 물고기도 못 잡아먹고 있어. 넌?" "나는 그럭저럭 지내."라고 말했다. 특별할 것 없는 대화지만 이 작품을 통해 C씨에게 중요한 지지자원을 발견할 수 있었고 그럭저럭 지낸다는 것에 대해서 이야기를 나눌 수 있었다.

이어서 다음 장면은 어떻게 되는지에 대해 물어보았다. C씨는 구름이 걷히면서 햇빛이 비치면 바위에 걸터앉은 수달은 느긋이 햇볕을 쬐고, 다른 한 마리는 다시 물고기를 잡으러 바다로 향할 것이라고 답했다. 어느 쪽에 더 마음이 가느냐고 물었다. '바다로 가는 쪽'이라는 대답이 돌아왔다. 처음부터 한정된 기간 동안 미술치료 작업을 하기로 한 터라 이제 곧 종결을 할 때가 되었다. 필자는 C씨가 자신의 바다로 돌아갈 준비를 하고 있다는 느낌을 받았다. 완벽하게 준비된 것은 아니지만 그는 물고기를 잡으러 바다로 돌아갈 것이다.

[그림 16-5] 안부 인사

종결하던 날 우리는 그 작품을 다시 들여다보았다. 두 마리 수달은 원래 양쪽이 같은 데칼코마니로 나온 이미지이다. 그러니 바다로 향한 수달도, 햇볕을 느긋하게 쬐고 있는 수달도 원래는 하나인 셈이다. 자신의 미술작품이 전달하는 그 메시지는 쉬기도 하고 먹이를 찾기도 하며 자기 자신을 한 번씩 돌아보고 스스로의 안부를 챙겨야 한다는 것이었다. 그리고 그러한 이미지를 찾아낼 수 있다는 것은 자기 목소리와 내면 감정을 충분히 느낄 수 있다는 것이다. 수학도 좋아하겠지만 수학이 아닌 세계, 모호하며 의외의 요소가 가득한 이미지의 세계도 앞으로 누리기를 기대한다.

7. 결론

필자는 적응장애 내담자들과 미술치료를 시작할 때 적응문제는 발달과정에서(또는 삶의 한 국면에서) 자연스럽게 만나는 것이라고 말하며 시작한다. '적응'이라는 단어에 깃든 어감 때문인지 아동이나 청소년 내담자들은 곧잘 안도감을 표현한다. 반면 성인 내담자들은 여전히 적응문제를 큰 것으로 느끼고 부끄러워하거나 숨기고 싶어 한다. 적응문제가 있다고 하면 주변 사람들은 그 사람의 어느 부분이 취약한지 궁금해하고 당사자는 자신이 소속된 조직에서 도태되고 실패한 것처럼 여기는 경우를 종종 본다. 그러나 필자는 적응의 문제가 결코 개인의 책임만으로 설명할 수 있는 것이 아니라고 생각한다. 스트레스에 대한 개인의 취약성을 인정한다고 하더라도 치열하고 경쟁적인 사회구조가 개개인에게 미치는 지대한 영향에 대해서도 다시 한번 깊이 숙고해 볼 필요가 있다. 사회가 복잡해지고 개인에게 요구하는 것이 더 많아지면서 적응장애는 더 늘어날 것으로 보인다. 적응이란 인생의 어떤 특정한 발달단계에서만 요구되는 것이 아니라 전 생애에 걸쳐 지속적으로 필요한 것이 아닐까? 그러므로 적응문제가 모든 연령대에 걸쳐 발생할 수 있다는 점을 염두에 두고 성인 내담자를 미술치료에 초대하면 좋겠다.

참고문헌

Schroder, D. (2010). **유능한 미술치료사 되기**(*Little Windows into Art Therapy*). (오연주 역). 서울: 시그마프레스. (원저 2005년 출간).

신체증상 및 관련 장애

Somatic Symptom and Related Disorders

Mental Disorders and Art Therapy Written by 11 Art Therapists

신체증상 및 관련 장애Somatic Symptom and Related Disorders

신체증상 및 관련 장애의 종류

신체증상장애Somatic Symptom Disorder	한 가지 이상의 신체적 증상을 호소하며 건강염려도 높다.
질병불안장애Illness Anxiety Disorder	건강에 이상이 없는데도 심각한 질병이 있다고 생각하며 불안해한다.
전환장애Conversion Disorder	신체마비나 감각이상과 같이 주로 신경학적 손상을 시사하는 소수의 신체적 증상을 호소한다.
허위성 장애Factitious Disorder (인위성 장애)*	환자의 역할을 하기 위해 신체적·심리적 증상을 의도적으로 만들지만 다른 이득은 없다.

* 명칭 번역자에 따라 해당 명칭도 사용한다.

DSM-IV와 DSM-5의 진단명 비교

DSM-IV

<table>
<tr><th>범주</th><th>정신장애 종류</th></tr>
<tr><td rowspan="6">신체형장애</td><td>신체화장애</td></tr>
<tr><td>통증장애</td></tr>
<tr><td>건강염려증(신체증상 있음)</td></tr>
<tr><td>건강염려증(신체증상 없음)</td></tr>
<tr><td>전환장애</td></tr>
<tr><td>신체변형장애</td></tr>
<tr><td>허위성 장애</td><td>허위성 장애</td></tr>
</table>

→

DSM-5

<table>
<tr><th>정신장애 종류</th><th>범주</th></tr>
<tr><td>신체증상장애</td><td rowspan="3">신체증상 및 관련 장애</td></tr>
<tr><td>질병불안장애</td></tr>
<tr><td>전환장애</td></tr>
<tr><td>신체변형장애</td><td>강박 관련 장애</td></tr>
<tr><td>허위성 장애</td><td>신체증상 및 관련 장애</td></tr>
</table>

표에서 보는 바와 같이 이전에 신체화장애, 통증장애, 신체증상이 있는 건강염려증은 모두 신체증상장애로 진단명이 바뀌었다. 신체증상이 없는 건강염려증은 질병불안장애로 명명되었고, 전환장애는 달라진 점이 없다. 신체변형장애와 허위성 장애의 명칭은 그대로 유지되지만, 정신장애가 속한 범주는 DSM-5에서 다른 범주로 바뀌었다.

신체화

의학적으로 원인을 알기 어려운 신체적 불편감과 증상을 경험하고, 이를 다른 사람에게 호소한다. 질병이 있다고 생각하여 치료를 받으려는 경향을 보인다. 신체화(somatization) 경향이 두드러지게 나타나서 여러 가지 신체증상을 호소하고 적응에 어려움이 있다면 신체증상장애로 진단될 수 있다.

신체증상장애의 진단기준(DSM-5)

A. 고통스럽거나 일상생활에 중대한 지장을 일으키는 한 가지 이상의 신체증상이 있다.
B. 신체증상 혹은 건강염려와 관련된 과도한 생각, 느낌 혹은 행동이 다음 세 가지 중 1개 이상 나타난다.
  1. 증상의 심각성에 대해 편중되고 지속적인 생각
  2. 건강이나 증상에 대해 지속적으로 높은 수준의 불안
  3. 이러한 증상이나 건강염려에 과도한 시간과 에너지를 소비
C. 한 가지 증상을 지속적으로 보이지 않더라도, 증상이 있는 상태가 전형적으로 6개월 이상 지속된다.

질병불안장애의 진단기준(DSM-5)

A. 심각한 질병에 걸렸거나 걸리는 것에 대해 집착한다.
B. 신체증상은 없고, 있다고 하더라도 가벼운 정도이다. 다른 의학적 상태가 나타나거나 의학적 상태가 악화될 고위험(예: 높은 가족력)이 있을 경우, 병에 대한 집착이 지나치거나 부적절하다.
C. 건강에 대해 높은 수준의 불안이 있으며, 개인의 건강 상태에 대해 쉽게 놀란다.
D. 지나치게 건강 관련 행동(예: 반복적인 질병 징후의 확인)을 하거나 부적응적인 회피 행동(예: 의사 예약이나 병원을 회피함)을 보인다.
E. 질병에 대한 집착이 적어도 6개월 이상 지속되는데, 그 기간 동안 두려워하는 구체적 질병은 바뀔 수 있다.

-다음 중 하나를 명시할 것-

진료추구형: 의사를 자주 찾아가고 검사/시술 진행 등 의학적 치료를 자주 이용한다.

진료회피형: 의학적 치료를 거의 받으려고 하지 않는다.

전환장애의 특징

전환장애는 conversion disorder인데, '전환'이라는 이름이 붙은 것은 심리적 갈등이 신체적 증상으로 전환되어 나타난 것이라는 의미가 있다. 기능성 신경증상장애라고 부르기도 한다. 과거에 히스테리 또는 히스테리성 신경증이라 불렸던 병이다. 주요 증상으로는 운동기능 이상이나 감각기능 이상을 보인다.

전환장애의 진단기준(DSM-5)

A. 하나 이상의 변화된 수의적 운동기능 또는 감각기능 증상을 보인다.
B. 임상검사 소견이 증상과 신경학적 혹은 의학적 상태와 불일치하는 증거를 보인다.
C. 증상이나 결함이 다른 의학적 장애 또는 정신장애로 더 잘 설명되지 않는다.

-증상 유형을 명시할 것-
쇠약감이나 마비 동반
비정상적 운동 동반(예: 떨림, 근육긴장 이상, 근경련, 보행장애)
삼키기 증상 동반
언어 증상 동반(예: 발성 곤란, 불분명한 언어)
발작 혹은 경련 동반
무감각증이나 감각 상실 동반
특정 감각증상 동반(예: 시각, 후각 또는 청각 장애)
혼합증상 동반

허위성 장애 vs. 꾀병

허위성 장애는 환자 역할을 하는 것 외에 다른 목적이 없다. 꾀병은 의도적으로 증상을 만들거나 과장하는데, 특정한 이득을 취하고자 하는 목적이 있다.

허위성 장애의 진단기준(DSM-5)

스스로에게 부여한 허위성 장애
A. 분명한 속임수와 관련되어 신체적/심리적 징후나 증상을 허위로 조작하거나 상처/질병을 유도한다.
B. 다른 사람에게 자기 자신이 아프고, 장애가 있거나 상해를 당했다고 한다.
C. 명백한 외적 보상이 없는 상태에서도 속이는 행동이 분명하게 드러난다.
D. 행동이 망상장애나 다른 정신병적 장애와 같은 다른 정신장애로 더 잘 설명되지 않는다.

17장

신체증상장애의 미술치료

마음 대신 몸이 아픈 거라면 표출할 통로를 만들어 주세요

주리애

신체화는 감정을 억압하는 문화, 어린 나이부터 비교와 경쟁이 심한 문화, 스트레스가 높고 개개인의 차이가 무시되는 사회에서 흔히 나타난다. 심리적인 고통을 편히 이야기하지 못하는 분위기에서는 스스로 자신의 상태를 돌보지 않기 때문에 그렇게 쌓인 고통은 결국 몸의 증상으로 나타난다. 정신분석적으로 보면 신체화는 미성숙한 자아의 방어기제이다. 이는 행동화나 투사, 투사적 동일시와 유사한 수준의 방어기제이다. 또 신체화는 자기애적 동일시와 관련되어 있으며, 분리-개별화 과정에서 실패한 환자들에게서 종종 신체화 증상이 나타난다(Lacroix et al., 2001).

아동의 경우 신체화를 겪는 것은 자연스럽고 흔한 일이다. 신체화는 심신이 연결되어 있음을 보여 주는 현상이기 때문이다. 나이가 어릴 때는 자신이 받는 스트레스나 심리적 변화를 제대로 알아차리기 어렵고 표현하기도 어려우므로 스트레스가 지속될 경우 신체화 증상을 쉽게 겪을 수 있다. 예를 들어, 어린이집에 다니기 시작한 미취학 아동이나 학교 적응이 부담스럽게 느껴지는 아동이 배가 아프다거나 소화가 되지 않는다거나 토하고 머리가 아픈 것과 같은 신체화를 보이는 경우를 간혹 볼 수 있다. 청소년이나 성인의 경우에도 신체화 경험은 누구나 겪을 수 있는 것이며 심한 경우가 아니라면 자신의 상태를 돌아볼 수 있게 하는 계기가 되기도 한다.

신체증상 외에 다른 문제(예: 생활 적응의 문제나 대인관계 문제, 기분 문제 등)가 없다면 신체증상장애 때문에 미술치료를 하는 경우는 거의 없는 편이다. 마찬가지로 질병불안장애나 전환장애 등도 그러한 문제를 주호소로 미술치료를 받는 경우는 없다. 신체증상 및 관련 장애를 가진 환자/내담자는 자기 문제의 원인이 심리적인 부분에 있다는 점을 받아들이기 어려워한다. 대부분의 신체증상장애 환자(아동의 경우는 환자 보호자)는 의학적 검사와 병원 치료를 우선적으로 생각하며 내과와 가정의학과를 방문한다. 면밀한 검사 이후에 아무런 이상을 발견할 수 없어서 (신체증상장애 가능성을 염두에 둔 전문의로부터) 정신건강의학과를 방문하라는 조언을 받게 되면 자신을 왜 '미친 사람 취급'을 하냐며 화를 내거나 어이없다고 느낀다. 의사가 자신의 상태를 정확하게 평가하지 못한다고 생각하고 다른 병원이나 한의원으로 가는 경우가 대부분이다.

한편 적응문제와 스트레스 대처, 부정적 감정의 해결, 가족 문제 혹은 대인관계 문제 등을 주호소로 미술치료를 받는 내담자들 중에는 부수적으로 신체증상장애를 보이거나 신체화 증상을 보이는 경우가 더러 있다. 이 문제를 보이는 아동 내담자라면 생활 속에서 어떤 스트레스가 있는지 살펴보아야 한다. 아동이 심리적으로 취약해서 문제가 된 경우도 있지만 의외로 외부 환경의 문제가 더 클 수 있기 때문이다. 예를 들어, 부모와의 관계에서 애착문제가 있거나 부모로부터 성취 지향적인 압박을 받거나 혹은 부부 사이가 원만하지 못해서 아동이 늘 긴장하고 있을 때에도 아동에게 신체화 문제가 나타난다. 따라서 아동의 주변 환경(가족 환경, 특히 부모와의 관계, 학교 내 적응 수준)을 잘 살펴보고 가족 미술치료 회기를 진행하는 것도 고려해야 한다.

청소년 내담자도 역시 부모와의 관계, 친구와의 관계에서 원인이 될 수 있는 갈등을 찾아가야 한다. 성적인 문제거나 숨겨진 일탈의 가능성도 있다. 말을 할 수 없는 종류의 갈등이기 때문에 마침내 신체증상이 나타났다는 점을 고려해야 한다. 말이 통하지 않는다고 느껴도 그 갈등과 스트레스로 신체증상이 심하게 나타날 수 있다. 예를 들어, 고등학생 내담자 Z군은 특정 종교를 고집하는 부모와의 갈등이 심해서 몸의 여기저기가 아팠다. 그 부모님은 사회적으로 존경받는 분들이었는데 자신들의 종교에 있어서는 매우 엄격하고 철저하셨다. 그 종교의 입장에서 보면 존경받을 분들이셨고 사회적인 봉사와 기부에서도 남다른 선행을 많이 하셨다. 자기 자녀도 종교 안에서 신실하고 거룩한 삶을 살기를 기대했는데 Z군은 종교에 대한 믿음이 없었고 자꾸만 종교생활을 강요하는 부모님께 답답함이 커지고 있었다. 또 다른 내담자 중학생 P양은 질병불안장애 증상을 보였다. 어린 시절부터 외모에 관심이 많았던 P양은 사춘기에 접어들면서 자신의 외모에 문제가 있으므로 성형을 해 달라고 집착했고, 신체의 어디가 계속 아프다며 혼자 병원을 다니기 시작했다. 그렇게 방문한 어느 내과에서 '심하면 ~하게 될 가능성도 있습니다'라는 이야기를 들은 뒤로는 자신이 그 병에 걸린 것이라며 통곡을 하기도 했다. P양은 부모와의 관계가 피상적이었고 어린 시절 경험했던 아버지의 폭력 때문에 마음에 응어리가 있었다. 이와 같이 청소년 내담자가 신체증상을 보이는 경우에는 기본적으로 개인 미술치료를 통해 쌓아 둔 마음의 응어리를 표현할 수 있도록 안전한 공간을 제공해야 한다. 그런 다음 부모와의 관계를 포함해서 실생활에서 변화시킬 수 있는 부분을 하나씩 바꾸어 가는 것이 좋다.

성인 내담자의 경우 신체증상장애가 있다면 자신의 상태에 대한 병식이나 통찰, 치료동맹을 형성하게 될 가능성이 낮은 편이다. 대개 신체증상과 관련해서 자신만의 설명 방식[기(氣) 운행의 문제라거나 삼재 등]이 있으며 현대의학은 그러한 부분까지 잘 포착하지 못한다고 말한다. 이미 여러 군데의 병원과 한의원을 전전한 경력이 있다. 미성숙한 방어기제를 사용하고 있으며, 자신을 돌아본다거나 증상의 심리적 원인을 이해하고 그러한 결과에 대해 자신의 책임을 인정하려 들지 않는다. 억눌린 감정의 표출이나 신체상(body image) 그림을 그리더라도 그림으로 무엇을 새롭게 깨닫게 되거나 미술치료사의 촉진이 도움이 되는 경우가 별로 없다. 그럴 때에는 신체증상 완화라는 문제로부터 초점을 옮겨서 내담자의 삶의 궁극적 목표(예: 행복)라는 주제로 작업해 나갈 수 있다. 마치 어린아이에게 못하는 부분을 지적하는 것보다는 잘한다고 격려해 주며 도와주는 것이 훨씬 더 도움이 되는 것과 비슷하다. 다만 미술치료사의 지지와 격려가 내담자 성격의 건강하지 않은 측면과 병리적으로 결합하는 것은 아닌지 미술치료사가 스스로 점검하고 확인할 수 있어야 한다. 신체증상을 자주 보이는 사람들은 주변 사람을 조종하기 위해 몸이 아픈 경우가 있다. 조종하는 사람들은 자신이 옳고 힘이 있다는 것을 무의식적으로 확인하려 한다. 미술치료사는 그러한 권력 싸움에 휘말리지 말고 내담자에게 조종당해서 끌려

다니지 말아야 하며, 내담자에게 있는 건강한 면과 협력하면서 미술치료를 진행해 나가야 한다.

1. 신체증상장애의 미술치료 연구

Plecity 등(2009)은 신체화 문제를 보이는 환자들에게 미술치료를 실시한 뒤 표준화된 질문지와 면접을 통해 그 효과를 검증하였다. 총 26명의 환자가 평균 16회기의 미술치료를 받았다. 그 결과, 신체화 증상이 유의미하게 감소했고 긍정적인 정서도 증가했다. 환자들은 자신이 현재 겪는 심리적 이슈나 문제를 자신의 미술작품에 표현했는데, 주로 상징적인 방식으로 표현했고, 특히 그림에 사용한 색깔에 의미를 부여했다. 환자들은 자신의 문제를 미술작업을 통해 표현하는 것을 가장 중요하게 여겼고, 미술을 통한 창의성 증진이나 심리적 이완은 그다지 중요하게 여기지 않았다.

Theorell 등(1998)은 신체화 문제를 가진 환자들과 장기 미술치료를 했고 그 경과와 효과를 추적 관찰했다. 평균 2년 정도의 미술치료 기간 동안 최종 24명의 환자(여자 22명, 남자 2명)가 미술치료를 받았다. 주로 감정 표현의 어려움을 겪고 있었고 미술치료를 통해 점진적으로 이 부분을 개선해 나갔다. 첫해에는 주로 감정적인 혼란을 많이 보였지만 시간이 지나면서 차츰 우울이나 불안 관련 감정의 조절과 처리가 향상되었다. 약 2년간 미술치료를 받은 이후에는 신체화 증상도 감소하였고 직장에서의 기능과 활동도 더 좋아졌다.

Oster 등(2014)은 낮병원에 온 신체증상장애 환자들이 미술치료 경험을 어떻게 느끼는지 조사했다. 환자들과 심층면접을 한 뒤 그 내용의 질적 분석을 하고, 그림에 대해서는 평가 체계를 사용한 구조적인 분석을 했다. 그 결과, 대부분의 신체증상장애 환자는 미술치료 시간에 자신의 갈등을 주로 표현하고 다루었다는 점을 확인할 수 있었다. 거의 모든 환자가 미술치료를 통해 도움을 받는다고 보고했고 기분과 정서가 향상되었다고 말했다.

2년 뒤 Oster 등(2016)은 외래의 집단 미술치료에 참여한 만성적인 신체화 문제를 가진 환자들이 느끼는 변화와 치료 요인에 대해 조사했다. 최소 6개월 이상 미술치료를 받은 30명의 환자를 면접하고 증상에 대해서도 평가한 결과, 거의 대부분의 환자에게 건강 상태가 향상되었음을 확인했다. 치료 요인을 살펴보았을 때 감정을 표현하고 의사소통이 된다는 점도 중요했지만 미술이 주는 기분전환과 즐거움도 중요한 요인이었음이 드러났다.

이러한 연구결과들을 종합하면 미술치료를 통한 갈등의 표출과 감정의 처리가 신체증상을 완화하고 자신의 삶에 보다 더 잘 적응할 수 있도록 도움이 된다고 결론 내릴 수 있다.

2. 신체증상장애를 위한 미술치료 기법

1) 첫 번째 기법: 이야기 만들기

아동, 청소년, 성인 모두에게 적용할 수 있는 미술치료 기법은 그림 이야기 만들기이다. 필자는 인터넷에서 찾은 동물 사진을 활용하곤 한다. 다양한 표정을 짓고 있는 강아지 사진이 활용도가 높다. 외로운 표정의 강아지나 비 오는 날 바깥에 홀로 있는 강아지, 다친 강아지, 해가 저무는 노을을 바라보고 있는 강아지 등의 사진을 보여 준 뒤 하나를 선택해서 그 강아지의 이야기를 만들어 보자고 한다. 딱히 떠오르는 것이 없다고 말하면 "이 강아지는 몸이 아파. 그런데 강아지에게는 남들이 모르는 자신만의 비밀이 있어. 그 비밀을 그려 줄 수 있겠니?"와 같은 말을 덧붙이기도 한다.

대체로 털이 많은 동물이 아동에게는 애착을 좀 더 상기시키는 편이다. 강아지, 토끼, 병아리, 곰 등이 그러한 동물의 예이다.

사진을 제시하지 않고 몇 개의 단어를 들려주고 이야기를 만들어 보자고 요청할 수도 있다. 시간과 공간에 대한 단어, 환상을 불러일으키는 단어, 특별한 힘을 지닌 단어 등이 도움이 된다. 예를 들면, '아주 오랜 옛날'이라거나 '사람들이 잘 모르는 아주 먼 세상'과 같은 문구는 그 자체로 공상과 상상력을 자극한다. "'아주 오랜 옛날에'로 시작되는 이야기를 만들어 보자."

그 외에 마법사의 돌/지팡이, 보물, 공룡, 태풍, 말하는 도마뱀, 유니콘, 지혜로운 나무, 힘들지만 씩씩한 공주, 숲에 혼자 남은 어린 새 등 다양한 이야기 소재를 제시

[그림 17-1] 화산이 폭발해서 쥐가 도망가는 이야기

할 수 있다.

Silver의 이야기그림검사(DAS) 기법도 이야기 만들기로 사용할 수 있다. 그림검사로 사용할 때에는 제시되는 그림자극 중에서 2개를 선택하도록 하지만, 이야기 만들기로 사용한다면 그런 제한을 두지 않아도 된다. [그림 17-1]은 10대 후반 청소년 내담자가 그렸는데, 화산이 폭발해서 두려워하며 도망가는 쥐떼라고 한다. 그림 속의 쥐가 되어서 지금 느껴지는 것을 말해 달라고 요청한다. 그리고 화산이 되어서 말한다면 무슨 말을 할지 그것도 말해 달라고 한다. 자기 삶 속에서 그림 속 쥐/화산처럼 느껴졌던 순간 혹은 그러한 대상에 대해 묻고, 그때 자신의 마음과 몸의 상태에 대해서도 묻는다. 이처럼 그림과 실생활을 연결하는 작업을 해 나가면서 내담자가 표현하지 못하고 쌓아 두고 있던 부분을 섬세하게 찾아 나간다.

2) 두 번째 기법: 가족 미술치료

신체증상장애를 보이는 가족 구성원이 있다면 모든 가족을 한 자리에서 만나서 가족 미술치료 회기를 하는 것은 더할 나위 없이 도움이 된다. 끝까지 치료에 저항하는 경우(예: 정말 바빠서 시간을 낼 수가 없다, 학창 시절 그림을 너무 싫어해서 미술치료는 받을 수 없다 등)만 아니라면 분명 도움이 되는 치료 개입이다.

큰 도화지에 협동해서 하나의 작품을 만드는 것처럼 공동의 과제를 제시하게 되면 가족 내의 의사소통 방식을 훨씬 더 생생하게 볼 수 있다. 미술작업이라는 경험을 통해 가족 구성원들은 서로의 다른 면을 발견하기도 한다. 평소 가족 내에서 말이 없는 편이었던 사람이 의외의 활약을 하며 자신의 속내를 말하는 경우도 있다.

대체로 신체증상장애 내담자의 미술치료는 장기에 걸쳐서 진행되기보다는 단기적인 경우가 많다. 그러므로 가족 미술치료 회기로 단기로 진행될 것이라는 점을 염두에 두고 가족 간의 역동에서 약점이나 병리적인 면에 초점을 맞추기보다는 긍정적인 면과 조화에 초점을 두는 것이 좋다.

주제 1: "우리 가족은 배를 타고 여행을 가고 있습니다. 그런데 폭풍우를 만나서 배가 난파되었습니다. 이름 모를 무인도에 도착하게 되었는데요. 이 무인도에는 우리 가족만 상륙했습니다. 섬의 풍경을 완성해 보세요." (최소 2절 크기의 종이에 섬의 윤곽만 그려서 제시한다.)

→ 그림을 그리면서 서로의 상호작용에 대해 느꼈던 점들을 이야기한다. 미술치료사는 자신이 관찰했던 상호작용의 특징들을 거울에 비춰 주듯 담담하게 정리해 준다. 평가로 느껴지지 않게 이야기해 주되 가족 구성원이 모두 충분히 이야기할 수 있도록 교통정리를 하며 돕는다.

주제 2: "우리 가족은 모두 장점과 단점을 가지고 있습니다. 각자의 장점과 단점을 가족 내에서 품어 주고 조화를 이룰 수 있습니다. 여기에 있는 돌멩이를 2개씩 선택하세요. 하나는 자신의 장점을 상징적으로 그려 주고, 다른 하나는 자신의 단점을 상징적으로 그려 주세요. 다 그리셨으면 모두 모아 주세요. (모두 모은다.) 장점 돌멩이만 다 빼 주세요. 어떤가요? 다시 돌멩이를 원위치에 놓고 이번에는 단점 돌멩이만 다 빼 주세요. 어떤가요?"

→ 돌멩이가 다 모여 있을 때와 일부분을 뺐을 때 어떻게 다르게 느껴지는지 느낌을 정리한다. 실생활에서 가족 구성원의 '저런 부분만 없었으면' 하는 마음과 연결해서 이야기 나눈다.

[그림 17-2] 우리 가족 3명이 그린 각자의 장점과 단점

3) 세 번째 기법: 감정의 표현

감정 표현은 신체화 문제를 가진 내담자에게 미술치료가 해 줄 수 있는 가장 핵심적인 치료 개입이라 본다(Lacroix et al., 2001). 막힌 감정이 흘러나올 수 있도록 미술이 하나의 통로이자 목소리가 되어 주는 것이다. 내담자에게 무엇이든 그리고 싶은 것, 칠하고 싶은 것을 원하는 대로 하도록 한다. 떠오르는 것이 없다면 최근에 마음에 담아 뒀던 것을 그려도 된다. 갈등을 그려도 되고 자신의 꿈이나 소망을 그려도 된다. 그리기가 싫다면 조형 작업을 해도 된다. 그렇게 충분히 표현하고 난 다음 작품을 두고 연상해 나간다. 작품 이미지와 인상에서 떠오르는 것의 이름을 하나하나 불러 가면서 연상을 따라가다 보면 신체증상이 어떠한 의미였는지에 대한 단서를 발견할 수 있다. 미술치료 시간에 작업하면서 감정을 표현하게 되면 이전에 둘로 나뉘었던 것들, 즉 몸의 증상과 억압된 감정이 연관성을 가지고 있음을 경험하게 된다.

감정 작업을 하다 보면 대체로 신체증상장애 내담자들에게는 '오래 쌓인 한' 같은 감정을 만나게 되곤 한다(그림 17-3 참조). 그럴 때에는 감정 표현만으로 끝내지 말고 그림을 바닥에 두고 그 주변을 걷기라도 하면서 몸을 움직여야 한다. 한(恨), 분노, 원망 등의 감정이 주된 것으로 나올 때에는 감정에 매몰되지 않도록 몸과 머리를 조금 더 사용하도록 촉진하는 것이 좋다. 몸을 움직이는 숙제도 제공하도록 하고(예:

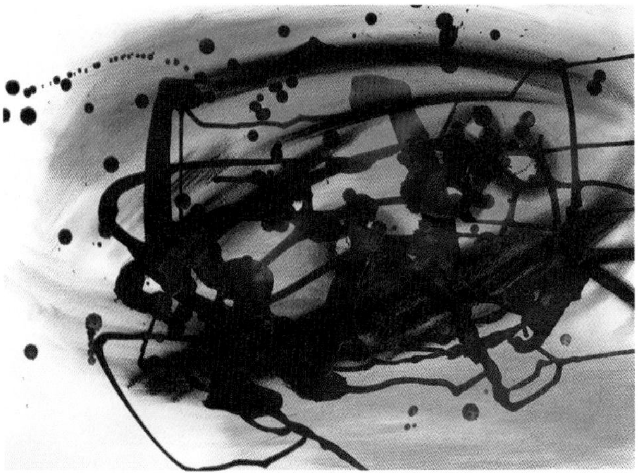

[그림 17-3] 너무나 억울하고 화가 나던 그때 감정들

"하루에 1시간 이상 산책을 함으로써 마음의 면역력이 높아지고 부작용이 없는 항우울제 효과를 누려 봅시다. 산책 한 시간으로 체내의 세로토닌이 높아진다면 왜 안 하겠어요?") 글을 쓰도록 한다. 글을 쓰는 것은 논리를 사용하는 것이 아니라 하더라도 생각과 사고를 개입시키는 것이므로 감정에 휘둘릴 때 균형을 잡을 수 있도록 하는 힘이 된다.

4) 네 번째 기법: 신체상 그림

사람을 그리는 인물화, 자기 자신을 그리는 자화상(얼굴만 그리든, 상반신만 그리든, 혹은 전신을 그리거나 추상적으로 표현하든), 신체 이미지를 중심으로 작업하는 신체상 그림 등은 모두 신체증상장애 내담자에게 도움이 되는 주제이다. 주의를 집중해서 자신의 몸을 부분부분 떠올리며 느껴 본 뒤 그렇게 느낀 몸 전체를 그림으로 그리는 것이 신체증상장애 내담자를 더 깊이 이해할 수 있도록 도와준다는 연구결과도 있다(Kalisvaart et al., 2018). 전신 신체화는 내담자가 자신의 몸에 대해 평소와 다른 시각적인 방식으로 느끼고 생각할 수 있는 기회가 된다. 몸의 외곽선이 그려진 도화지를 제공해도 되고 내담자가 직접 자신의 신체 외곽선을 그리고 거기에 통증을 비롯한 여러 감각과 느낌을 덧붙이는 방식으로 작업해도 된다(그림 17-4 참조). 신체상 그리기 기법에 대한 보다 자세한 설명은 18장 '급식 및 섭식장애의 미술치료'에 제시되어 있다.

[그림 17-4] 내 몸에서 느껴지는 감각과 느낌, 통증

5) 다섯 번째 기법: 치유의 강에 몸을 담그는 상상

마지막으로 제시하는 작업은 특정 이미지를 떠올리는 것이다. 주로 자연의 치유력에 기대는 이미지들인데, 조금 더 상상력을 보태어서 치유 효과를 강조해도 좋다. 태양과 바람, 물과 흙, 불 등을 치유해 주는 매개체로 상상한다.

주제 1: "눈을 감으세요. 당신은 지금 따뜻하고 밝은 태양이 내리쬐는 곳에 앉아 있습니다. 아프고 지친 몸을 쉬게 해 주세요. 태양의 밝은 빛이 당신 몸을 감쌉니다. 빛은 당신에게 에너지와 힘을 가져다줍니다. 당신 몸도 빛 속에서 함께 빛납니다."

주제 2: "눈을 감으세요. 당신은 지금 치유의 강물 앞에 서 있습니다. 그 강물은 들어오는 모든 사람의 몸과 마음을 회복시킵니다. 강물 속으로 들어가기로 합니다. 한 발씩 한 발씩 물 안으로 들어갑니다. 물 안은 경사가 깊지 않아서 안전합니다. 물살도 세지 않고 잔잔합니다. 어느새 당신은 물 안으

[그림 17-5] 치유의 강물에 몸을 담그다

로 들어와서 적당한 곳에 앉습니다. 상반신이 충분히 잠기고 기분도 좋습니다."

주제 3: "눈을 감으세요. 당신은 지금 당신이 가장 좋아하는 야외의 어느 지점에 앉아 있습니다. (다음 내용은 내담자와 이 작업을 하는 시기의 계절에 맞추어서 내용을 변경하면 된다.) 날씨가 조금 더웠는데 지금 앉은 곳은 기분 좋은 정도로 선선합니다. 어디선가 바람이 불고 있습니다. 꽃향기가 실려 오는 것 같기도 합니다. 어쩌면 이 바람은 몸과 마음의 아픈 곳을 어루만지는 치유의 바람인 것 같습니다. 잠시 바람에 몸을 내맡겨 보세요."

3. 맺는 말

신체증상장애는 그때그때 풀지 못한 마음의 고통이 층층이 쌓이면서 생기는 몸의 반응이다. 의학적으로는 신체의 문제가 없지만 당사자에게는 분명히 느껴지는 고통이 있고 불안함이 있다. 미술치료 개입은 자신의 몸에 대해서 감각적인 차원에서 느껴 볼 수 있도록 안내하며 억눌렸던 마음의 표출 통로가 되어 준다. 내담자가 심리적으로 초보적인 방어기제를 사용한다는 점을 감안해서 지지적인 태도로 숨겨진 그들만의 이야기와 감정의 표현을 도와주고 관계의 향상을 촉진하는 것이 필요하다.

참고문헌

Kalisvaart, H., van Busschbach, J. T., van Broeckhuysen-Kloth, S. A., & Geenen, R. (2018). Body drawings as an assessment tool in somatoform disorder. *The Arts in Psychotherapy, 59*, 46-53. DOI: 10.1016/j.aip.2018.03.005

Lacroix, L., Peterson, L., & Verrier, P. (2001). Art therapy, somatization, and narcissistic identification. *Art Therapy: Journal of the American Art Therapy Association, 18*(1), 20-26. DOI: 10.1080/07421656.2001.10129452

Oster, J., Poetsch, S., Danner-Weinberger, A., & von Wietersheim, J. (2014). Patients' experiences and picture processes during the art therapy in a psychosomatic day hospital. *Psychotherapie, Psychosomatik, Medizinische Psychologie, 64*(2), 70-75. DOI: 10.1055/s-0033-1355401

Oster, J., Moser, A. S., Danner-Weinberger, A., & von Wietersheim, J. (2016). Helpful factors of ambulant art therapy in the group and changes of experiences in psychosomatic patients. *Psychotherapie, Psychosomatik, Medizinische Psychologie, 66*(2), 82-87. DOI: 10.1055/s-0035-1569408

Plecity, D. M., Danner-Weinberger, A., Szkura, L., & von Wietersheim, J. (2009). The effects of art therapy on the somatic and emotional situation of the patients: A quantitative and qualitative analysis. *Psychotherapie, Psychosomatik, Medizinische Psychologie, 59*, 364-369. DOI: 10.1055/s-2008-1067573

Theorell, T., Konarski, K., Westerlund, H., Burell, A. M., Engström, R., Lagercrantz, A. M., Teszary, J., & Thulin, K. (1998). Treatment of patients with chronic somatic symptoms by means of art psychotherapy: A process description. *Psychotherapy and Psychosomatics, 67*(1), 50-56. DOI: 10.1159/000012259

급식 및 섭식장애

Feeding and Eating Disorders

Mental Disorders and Art Therapy Written by 11 Art Therapists

급식 및 섭식장애Feeding and Eating Disorders

급식 및 섭식장애의 종류

신경성 식욕부진증Anorexia Nervosa	거식증으로, 체중 증가와 비만에 대한 극심한 공포로 인해 비정상적 저체중을 보인다.
신경성 폭식증Bulimia Nervosa	폭식증으로, 폭식행동+보상행동(예: 구토)의 증상을 보인다.
폭식장애Binge-Eating Disorder	보상행동 없는 폭식행동이 증상으로 대부분 과체중이나 비만이다.
이식증(異食症)Pica	영양분이 없는 물질이나 먹지 못할 것(예: 흙, 머리카락)을 적어도 1개월 이상 지속적으로 먹는다. 지적장애를 동반하는 경우도 많다.
반추장애Rumination Disorder	음식물을 반복적으로 되씹거나 토해 내는 행동을 1개월 이상 보인다.
회피적/제한적 음식섭취장애 Avoidant/Restrictive Food Intake Disorder	6세 이하의 아동이 지속적으로 먹지 않아 1개월 이상 심각한 체중 감소가 나타나는 경우이다.

신경성 식욕부진증의 진단기준(DSM-5)

A. 필요한 양에 비해 음식 섭취를 제한함으로써 연령, 성별, 발달적 궤도와 신체건강 수준에 비추어 현저한 저체중 상태가 된다.
B. 현저하게 저체중인데도, 체중 증가와 비만해지는 것에 대해 극심한 두려움을 지니거나 체중 증가를 방해하는 행동을 지속적으로 한다.
C. 체중과 체형을 경험하는 방식에 문제가 있고, 체중과 체형이 자기평가에 과도한 영향을 미치거나 현재 저체중의 심각성을 인식하지 못한다.

-다음 중 하나를 명시할 것-

제한형: 지난 3개월 동안 폭식 혹은 하제를 사용하지 않는다.

폭식 및 하제사용형: 지난 3개월 동안 폭식 혹은 하제를 사용한다.

신경성 폭식증의 진단기준(DSM-5)

A. 반복적인 폭식 삽화는 다음 두 가지 특징이 있다.
   1. 일정한 시간 동안(예: 2시간 이내) 대부분의 사람이 비슷한 상황에서 비슷한 시간 동안 먹는 것보다 분명하게 더 많은 양의 음식을 먹는다.
   2. 폭식 삽화 동안 먹는 것에 대한 조절 능력을 상실했다고 느낀다(예: 먹는 것을 멈출 수 없으며, 무엇을 또는 얼마나 많이 먹어야 할지 조절할 수 없는 느낌).

B. 체중 증가를 억제하기 위한 반복적이고 부적절한 보상행동(스스로 유도한 구토, 설사제, 이뇨제, 관장약, 기타 약물의 남용 또는 금식이나 과도한 운동 등)이 나타난다.

C. 폭식행동과 부적절한 보상행동이 모두 평균적으로 적어도 주 1회 이상 3개월 동안 나타난다.

D. 체형과 체중이 자기평가에 과도한 영향을 미친다.

E. 이러한 장애가 신경성 식욕부진증 상태에서만 나타나는 것이 아니다.

폭식장애의 진단기준(DSM-5)

A. 반복적인 폭식 삽화는 다음 두 가지 특징이 있다.
   1. 일정한 시간 동안(예: 2시간 이내) 대부분의 사람이 비슷한 상황에서 비슷한 시간 동안 먹는 것보다 분명하게 더 많은 양의 음식을 먹는다.
   2. 폭식 삽화 동안 먹는 것에 대한 조절 능력을 상실했다고 느낀다(예: 먹는 것을 멈출 수 없으며, 무엇을 또는 얼마나 많이 먹어야 할지 조절할 수 없는 느낌).

B. 폭식 삽화는 다음 다섯 가지 중 3개 이상이 관련된다.
   1. 정상보다 훨씬 더 빨리 먹는다.
   2. 배가 불러 불편할 정도까지 먹는다.
   3. 배고프지 않아도 많은 양의 음식을 먹는다.
   4. 너무 많은 양을 먹는 것이 부끄러워서 혼자 먹는다.
   5. 먹고 나서 자신에 대해 혐오감, 우울감, 심한 죄책감을 느낀다.

C. 폭식행동에 대해 현저한 고통을 느낀다.

D. 폭식행동이 평균적으로 주 1회 이상 3개월 동안 나타난다

E. 폭식행동이 신경성 폭식증의 경우처럼 부적절한 보상행동과 함께 나타나지 않아야 하며, 신경성 식욕부진증 또는 신경성 폭식증 상태에서만 나타나는 것이 아니다.

18장

급식 및 섭식장애의 미술치료

자화상이 당신에게 좋은 거울이 되어 줄 거예요

주리애

필자가 처음 만났던 급식 및 섭식장애 환자는 거식증으로 진단을 받은 만 10세 소녀 A양이었다. 섭식장애가 젊은 여성에게 많고 대체로 청소년기나 성인기 초기에 시작되긴 하지만 만 10세 거식증 환자를 만날 것이라고는 예상하지 못했다. 그런데 며칠 관찰하다 보니 A양의 거식증이 강화될 수밖에 없겠구나 싶었다. A양이 입원한 뒤 얼마 지나지 않아 입원 병동에 있는 모든 환아, 특히 남자아이들은 모두 A양의 말에 고분고분하며 A양의 비위를 맞추려고 애쓰는 게 보였다. 아동병원의 정신건강의학과 입원병동에는 다양한 환자가 있었는데, 행동 제어가 잘 되지 않는 ADHD 남자 환아가 몇 명 있었다. 치료진의 말에 종종 콧방귀를 뀌며 따박따박 말대답을 하는 이들이 A양의 말은 무엇이든 고분고분 잘 들었다. 그렇잖아도 거식증은 환자가 자신의 문제를 자아-이질적인[1] 것으로 보지 않아서 치료에 협조적인 태도를 보이

1) 자아-동조적인 병의 경우 병 자체나 병의 증상 및 결과물을 환자가 간절히 원한다. 환자의 초점은 건강함의 회복이 아니라 특정 결과물이며, 그 결과물은 환자의 바람이나 소망을 충족시켜 주는 강력한 것이다. 그래서 환자들은 자신의 병을 치료해야 한다는 것을 머리로 이해하면서도 치료의 진행을 은근히 방해하고 치료 과정에 협조하지 않는다. 그에 비해 자아-이질적인 병은 경험하는 증상/결과물이 자아가 원하는 것이

지 않는데, 저렇게 인간관계 권력까지 가지게 된다면 변화하는 길은 더 멀어지겠구나 싶었다. A양은 너무 어린 나이에 육체적 매력으로 다른 사람을 조종할 수 있다는 걸 경험하고 있었다.

2주가량의 입원 기간 동안 A양은 총 다섯 번 미술치료에 참여했다. A양은 미술치료 시간에 예쁜 공주 그림만 그렸다. 찰흙과 색찰흙은 손에 묻는다고 더럽다며 싫어했다. A양이 더럽다며 찰흙을 싫어하면 그 미술치료 집단 내에 있는 모든 환아가 자신들도 그 작업을 하지 않겠다며 뒤따라서 함께 거부했다. 준비된 재료가 마음에 들지 않는다면 어떤 작업을 해 보겠냐고 물었을 때 집단원들은 약속이라도 한 듯이 모두 A양만 쳐다보았다. A양이 '그림 그리기'를 하고 싶다고 하자 모두들 자기도 그림을 그리고 싶다고 했다. 결국 그 회기에서 환아들은 필자가 처음 보는 몰입감과 열정을 보여 주며 그리기에 몰두하였다. 이전 회기에서 그리기를 썩 즐겨 하지 않던 남자아이들도 아주 열심히 그림을 그렸다.

A양은 미술치료에서 심리적인 변화를 경험하기 전에 퇴원을 했다. 입원 기간에 음식물이랑 약을 몰래 버리다가 치료진에게 발각되기도 하고 음식을 거부해서 결국 링거를 맞기도 했다. A양에게 먹거나 먹지 않는 행위는 치료진과의 주도권 싸움 같았다. 그런 모습을 보면서 필자는 여러 가지 생각을 하게 되었다. '먹는다/먹지 않는다'의 의미는 무엇인가, 개인이 자유의지로 결정할 수 있는 것의 한계는 무엇인가, 궁극적으로 살거나 살지 않는 것도 본인이 결정할 수 있는 것인가 등의 생각이었다. 그 당시 그런 의문에 대한 답을 찾은 것은 아니었다. 생명을 가진 유기체가 그렇게까지 스스로를 위험에 빠뜨린다는 것이 이해가 될 듯하면서도 받아들이기 어려웠던 것 같다.

1. 섭식장애 환자를 이해하기

필자는 섭식장애 문제를 주호소로 가진 환자들을 만나기도 하고 혹은 다른 심리

아니며 환자는 이 상태를 바꾸고 싶어 한다. 그래서 치료를 대하는 자세도 훨씬 더 적극적이며 협조적이다. 결국 정신장애를 자아-이질적으로 느껴야 병을 치료하는 데 환자가 힘을 보탤 수 있다는 뜻이 된다.

적 문제로 치료실을 찾았는데 섭식장애 문제도 가지고 있던 사람들과 미술치료를 했다. 그런 과정에서 느꼈던 점을 정리하면 다음과 같다.

첫째, 섭식장애 환자들의 병식(病識)과 치료동맹의 가능성은 대체로 낮았다. 거식증 환자들에게 굶어서 깡마른 몸매는 그들이 간절히 원하는 것이다. 입원한 환자들은 치료진이 자신을 돕는 것이 아니라 오히려 방해한다고 생각한다. 거식증 문제의 파생 결과가 얼마나 심각한 것인지, 신체와 정신이 얼마나 피폐해지는지, 심지어 자신이 생명을 잃을 수도 있다는 것에 대해서는 깊이 생각하지 않고 먹는 것 때문에 살이 찔까 봐 두려워하기만 한다. 치료진 앞에서는 음식물을 먹는 척하다가 치료진의 눈을 피해서 다른 데 뱉어 버리곤 했다. 이들은 거식증이 심각한 문제라는 것을 인정하지 않는 것이 아니라 정말로 문제의 심각성을 전혀 모르는 것 같았다. 병식이 없으니 치료동맹의 가능성도 낮을 수밖에 없었다.

둘째, 섭식장애 환자들의 문제는 결코 단순하지가 않다. 거의 모든 경우에서 성격 문제(혹은 문제 가능성)와 정서적 불안정성이 나타난다. 위축되고 우울해하는 경우가 많았지만 그보다는 과민하고 쉽게 짜증내거나 불안정한 모습이 두드러진다. 자기개념과 관련된 여러 가지 측면도 상당히 부정적이거나 불안정한 상태이다. 겉보기에 화를 잘 내고 고집이 센 사람들도 그 이면에는 연약한 자아와 평가에 예민하고 취약한 모습을 가진 경우가 많다. 감정은 분화가 덜 되었거나 조절되지 않는 경우가 많다. 주지화하며 자신의 감정과 접촉되지 않는 경우도 흔한 편이다.

셋째, 섭식장애 환자들의 가족관계를 살펴보면 대체로 부모의 관심이나 보살핌이 좀 부족했던 것을 볼 수 있다. 자녀의 나이가 어리다면 부모의 사랑과 관심은 아동이 먹는 것, 흡수하는 것과 상징적으로 닮았다. 그래서 사랑을 못 받으면 허기진다는 표현도 사용하는 게 아닐까? 그런데 거식증 환자들에게 물어보면 자기 가족을 안정적이고 응집적이며 갈등이 없고 양육이 비교적 잘 되는 것으로 지각한다. 정말로 안정적인 가족일 수도 있고 혹은 거식증 환자들 중 완벽주의적인 성향을 지닌 사람이 많기 때문에 실제 상태를 부인하거나 미화해서 이야기하는 것일 수 있다. 그러한 경우라면 환자의 자존심이 그만큼 부서지기 쉽다는 것을 헤아려서 지지적인 태도로 환자와 작업을 이어 가야 한다.

2. 섭식장애의 미술치료

섭식장애 환자 치료에서 미술치료의 중요성은 점점 커지고 있다. 섭식장애 환자를 위한 입소치료시설에 대한 조사 연구에서 미술치료는 모든 입소치료시설에서 사용되고 있었다. 그리고 미술치료는 마사지나 음악치료, 춤치료, 요가, 명상, 레크리에이션보다 더 많은 시간 동안 제공된다고 보고되었다(Frisch, Herzog, & Franko, 2006).

거식증 환자에 대한 치료를 미술치료사 혼자서 진행하는 경우는 많지 않다. 거식증이 상당한 정도로 진행되었다면 입원치료를 바탕으로 의료진과 함께 치료팀이 되어서 미술치료를 하게 된다. 혹은 통원치료를 하면서 미술치료를 받는 경우도 있다. 미술치료만 단독으로 하는 경우는 내담자가 섭식장애 진단을 받을 정도로 심각한 것은 아닌데 정서적 문제와 생활 적응문제가 심각하고 이에 더불어 살찌는 것에 대한 공포로 비정상적인 식생활을 보이는 경우일 것이다.

전체 치료팀과 함께 미술치료를 하는 경우라면 미술치료사는 중점적으로 다루어야 할 치료적 관건이 무엇인지를 치료팀과 계속해서 의사소통하며 조정해 가는 것이 좋다. 일반적으로 미술치료는 감정의 문제와 자기개념과 관련된 자각을 촉진하는 것을 담당한다. 그리고 미술치료는 거식증 환자가 치료에 대한 의욕을 잃어버리거나 동기가 저하될 때 마음에 위안을 주고 다시 용기를 내도록 하는 역할도 담당한다. 전체 치료의 틀 내에서 미술치료가 환자에게 덜 엄격하고 덜 엄중한 치료로 느껴지기 때문이다. 환자에게 심리적으로 여유와 위안이 필요할 때 미술치료는 웃음과 눈물의 시간이 되기도 한다.

이 장에서는 섭식장애 환자(혹은 섭식 문제를 가진 내담자)를 위해 사용할 수 있는 두 가지 미술치료 기법을 소개하려고 한다.

3. 섭식장애 환자를 위한 미술치료 기법

1) 첫 번째 기법: 매일매일의 감정 흔적

먼저 섭식 행동과 태도를 바꾸기 위해 건강한 식생활에 대해 분명히 알려 준다. 먹는 것을 거부하면 몸은 비상상황에 돌입하게 되고, 그때부터는 섭취하는 음식을 주로 저장하는 쪽으로 몸이 변화된다. 따라서 자신이 원하는 몸을 가지길 원한다면 시간이 좀 걸리더라도 건강하게 먹고 적당하게 운동하는 것이 필요하다. 치료 기간 동안 환자는 매일 '식사일기'를 적도록 한다. 매일매일 먹은 것, 마신 것, 활동, 감정 등을 기록한다. 이러한 기록에 더해서 미술치료 분야에서는 '그림일기'를 사용한다.

(1) 그림일기

아트 저널링(art journaling)이라고도 알려진 그림일기 기법은 우리가 어렸을 때 쓰던 그림일기보다 더 자유롭고 이미지 중심이라고 생각하면 좋다. 미술치료에서 사용하는 그림일기는 하루 일과의 기록이라기보다는 그날의 감정을 표현하고 정리하는 것이라고 할 수 있다(그림 18-1 참조). 먼저 자신이 좋아하는 사이즈의 노트를 선택한다. 선이 그어지지 않은 노트라야 그림 그리기가 편하다. 그다음 되도록 하루 중에 정해진 시간에 그림일기를 채워 가도록 한다. 꼭 글을 쓰지 않아도 된다. 글이 전혀 없어도 되고, 아니면 한두 마디 정도의 단어를 첨가하는 것으로 충분하다. 하루의 감정을 되돌아보면서 기록으로 남기고 싶은 감정을 대변해 줄 수 있는 색깔을 선택한다. 오늘 하루를 색으로 표현한다면 무엇이었을까? 그 페이지를 색깔로만 채워도 된다. 혹은 낙서처럼 뭔가를 그리고 싶다면 낙서만 남겨도 된다. 버리기에는 아깝고 어디에 소장해야 할지 모를 작은 물건이 있다면 그것을 붙여도 좋다.

그림일기는 자신을 위한 기록이므로 내용이나 표현방식에 대한 제한이 없다. 몇 번 하다가 중단하지만 않는다면 분명히 도움이 되는 방법이다. 필자의 내담자 중에는 일주일에 한 번씩 가져오는 그림일기로 항상 4절 스케치북 한 권을 다 그려서 가져온 분이 있었다. 그 열정에 필자는 매번 놀라곤 했다. 그 내담자는 몇 주간을 그렇게 작업하고 나더니 이제 좀 속이 시원해졌다고 하면서 작은 노트를 마련해서 그림

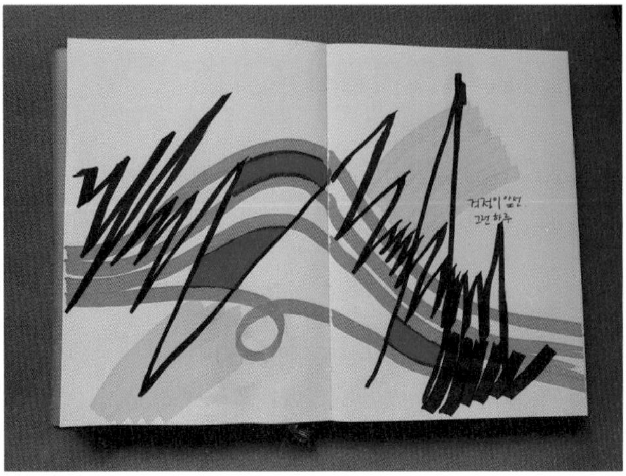

[그림 18-1] 자유롭게 감정을 그린 그림일기

일기 작업을 이어 나갔다.

(2) 젠탱글

그림일기가 자유로운 방식으로 하루 동안 느꼈던 감정을 표현하도록 돕는 기법이라면, 젠탱글(zentangle)은 차분하게 감정을 추스르는 그림작업이다. '젠(zen)'이라는 단어는 동양의 '선(禪)'을 표기한 영어단어이다. 선 혹은 선불교에서는 고요한 가운데 깨달음을 얻기 위해 참선, 호흡, 명상 등을 사용한다. 미술치료 분야에서 젠탱글을 사용할 때 종교적인 의미는 없지만 마음의 평화를 구하기 위해 심신을 수양한다는 목적에서 큰 틀은 동일하다고 할 수 있다.

섭식장애 환자들은 심리적으로 불안정하고 기분이 수시로 바뀌거나 흔들릴 때가 많아서 그림일기보다 젠탱글 기법이 더 맞는 경우가 있다. 대체로 그림일기는 '감정의 표출'에 더 무게를 싣고 젠탱글은 '감정의 수렴'에 무게를 싣는다.

젠탱글 기법에서는 작은 정사각형 네모 안에 반복되는 선으로 패턴을 그려 넣는다. 작은 네모 안에 패턴을 반복해서 그리는 것은 의외로 마음을 차분하게 해 준다. 특정한 의미를 부여하지 않는 선을 그리는 것 그리고 반복되는 패턴을 그리는 작업은 고도로 복잡했던 마음을 쉬게 해 준다. 마음이 이리저리 흔들리며 갖가지 상념이 생길 때 작은 종이와 펜을 들고 패턴을 그리는 젠탱글은 꽤 도움이 된다.

[그림 18-2]와 [그림 18-3]은 필자가 먹물로 그린 것이다. 반복되는 패턴에서 조

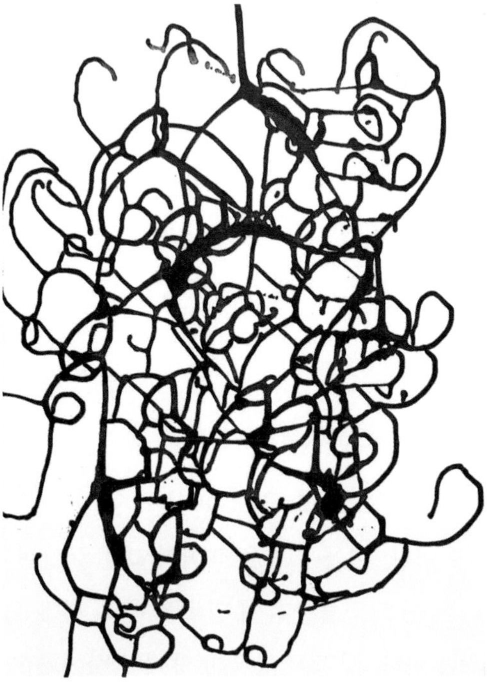

[그림 18-2] 젠탱글의 변형: 복잡한 먹물 선 그림

[그림 18-3] 젠탱글의 변형: 단순한 먹물 선 그림

금 더 자유롭게 작업해 보았다. 마음이 쉰다거나 생각이 차분해지는 면에서는 비슷한 종류의 기법으로 소개해도 될 것 같다.

필자는 미술치료를 할 때 내담자에게 도움이 될 것 같은 기법에 대해 알려 주기도 하고 책이나 유튜브 화면을 소개해 주기도 한다. 요즘 내담자들은 유튜브 동영상을 알려 줬을 때 특히 도움을 받았다. 최근에 젠탱글 책도 국내에 몇 권 출간되었고 유튜브에도 관련 자료가 많아서 소개해 주기도 좋다. 유튜브에서 'zentangle'이라는 키워드로 찾아볼 수 있다.

(3) 동그라미 선화

동그라미 선화는 동그란 점으로 그림을 그리는 것인데 이것은 호주 원주민들의 그림에서 얻은 아이디어이다. 이들은 점을 찍어서 그림을 그린다. '애보리지널 아트(aboriginal art)'로 알려진 이 그림들은 원주민들이 후속 세대에게 전달해야 하는 내용을 상징적으로 담은 것이다. 사막이 많은 토양에서 살아가면서 땅과 풍토에 대한 선조의 지식, 생존에 관한 이야기들을 그림에 담고 있다. 필자는 원주민 화가들이 그림을 그리는 것을 옆에서 참관했던 적이 있다. 그때 젠탱글과 만다라가 떠올랐었는데, 둥근 형태가 기본적이면서 신성한 형태라는 점에서 만다라와 유사했고, 반복

[그림 18-4] 호주 원주민의 점 그림

해서 계속 패턴을 생성하는 점은 젠탱글을 닮았다.

동그라미 선화는 붓을 사용해서 점을 찍어도 되고, 편평하고 동그란 면을 가진 막대를 사용해도 된다. 스탬프 찍기[2)]를 적용해도 된다. 면봉을 사용하는 것도 의외로 재미있는 효과를 보인다. 색깔 바꾸기도 쉽고 동그란 형태로 찍는 것도 쉽다. 한 점 한 점 찍으면서 완성되어 가는 그림은 작은 것들이 모여 결과물을 이루는 인생과도 닮았다. 실제로 동그라미 선화를 그렸던 내담자 중 1명인 B씨는 이 작업이 마치 산을 오르는 느낌 같다고 했다. 올라갈 때는 언제 다 올라가지 싶은데 한 걸음 한 걸음이 모여서 어느새 산을 다 올라가는 것처럼 그림도 그러하다고 했다. 그러면서 자신의 하루하루가 모여 자기 삶 그 자체가 되는데 자신은 너무 아무렇게나 점을 찍듯 살았다며 앞으로는 좀 더 소중하게 하루를 대하고 싶다고 했다. B씨는 처음 동그라미 선화에 대해 필자에게 들었을 때 그런 것을 한다고 뭐가 달라지겠냐고 말했다. 기껏해야 점 그림인데 그런 것을 그린다고 달라지겠냐고 하면서 말이다. 그래도 한번 해 보자는 필자의 제안에 B씨는 마침내 점 그림을 시작했고, 본인의 기대보다도 훨씬 더 재미있다고 했다. B씨는 면봉으로 물감을 찍어서 그림을 그렸는데 그 느낌이 재미있고 점찍기도 쉽다며 좋아했다. 나중에는 꽤 큰 작품을 만들어서 집 안에 장식해 두었다고 했다. 그러고는 한 점 한 점이 모두 자신이 걸어온 노력의 시간들인 것 같아서 볼 때마다 새삼 뭉클하다고 했다.

참고

그림일기 등은 치료 회기 외의 개인 시간에 작업할 수 있다. 그림일기나 젠탱글, 동그라미 선화 등은 일반적으로 환자/내담자의 개인 시간에 하도록 한다. 그런 다음 작업 결과물을 가져와서 미술치료 회기 시간 내에 이야기를 나누는 방식으로 진행한다. 이 방식의 장점은 내담자가 원하는 만큼 충분한 시간을 들여서 작업할 수 있다는 점 그리고 일주일에 한 번 진행하는 미술치료 회기의 간격을 내담자가 충분히 버틸 수 있게 해 준다는 점이다.

2) 스탬프 찍기처럼 한다면 다양한 색깔의 인주를 사용하도록 한다. 빨강과 검정 외에 노랑, 분홍, 보라, 초록, 파랑, 갈색 등이 있다.

2) 두 번째 기법: 자화상

두 번째 소개할 기법은 자화상이다. 섭식장애 환자들에게 딱 한 가지 미술치료 개입만 한다면 필자는 주저 없이 자화상을 선택할 것이다. 그만큼 자화상이 중요하다. 섭식장애 환자는 누구보다도 자기 자신에 대해 신경 쓰고 생각을 많이 하는 것 같지만 아이러니하게도 자기 자신을 제대로 느끼지 못하는 사람들이다. 언변이 화려한 섭식장애 환자들도 있고 표현이 어눌하거나 부족한 환자들도 있는데 어느 쪽이든 꼭 자화상을 그려 보아야 한다. 말로 이야기하던 자신과 그림으로 표현하는 자신은 정말 다르다는 것을 보게 된다.

섭식장애 환자들과 자화상 작업을 할 때 몇 가지 방법이 있는데, '신체상 그림(body image)'과 '상징적인 자기 자신(symbolic self)'을 만드는 것은 꼭 해 보기를 추천한다.

(1) 신체상 그리기

자기의 신체상 그림은 다음과 같은 방식이 있다.

표 18-1 신체상 그림 방식

신체상 크기	신체상 특징	그림 방식
실제 크기 신체상	신체 외곽선을 본뜸	종이를 바닥에 둔 뒤 그 위에 사람이 눕는다. 자신이 원하는 자세를 취하라고 한 뒤 몸의 외곽선을 본떠서 그려 준다. 그다음 원래 누웠던 사람은 본떠진 모습의 사람을 꾸미거나 색칠한다.
	키 높이만 맞춤	벽면에 종이를 붙여 둔 뒤 그 사람의 키 높이만 표시한다. 그다음 나머지는 자유롭게 사람 모습으로 그린다.
자유로운 크기 신체상	신체 외곽선이 있음	내담자에게 신체 외곽선이 그려진 A4 용지~8절 종이를 제공하고 그 인물을 자신이 원하는 대로 그리도록 한다.
	신체 외곽선이 없음	자신의 모습을 그리는데 머리끝부터 발끝까지 전체 인물을 그리도록 한다.

이 방법들은 각각의 장점과 힘든 점이 있다. 우선 실제 사이즈를 쓰는 경우에는 작업과정에서 상당한 에너지가 필요하다. 크기 자체가 주는 압도적인 느낌이 있으므로 내담자가 자신의 작품을 보면서 느끼는 반응도 좀 더 격렬할 때가 많다. 청소년 섭식장애 환자들의 경우에 신체 외곽선을 본떠서 작업하면 '하는 과정'에서 매우 좋아하고 '결과물'은 매우 싫어한다. 몸을 움직이면서 작업하는 것이라서 그것 자체로 내담자들은 좀 더 생동감을 느끼는 것 같다. 필자가 느끼기에 특히 요즘 청소년들은 셀카나 사진 찍기에 익숙한 세대이다 보니 자세를 잡아서 자기 몸 전체가 미술작업의 일부가 된다는 것에 대해 흥미로워한다. 신체 외곽선 그리기 방법은 집단에서 집단원들끼리 서로 해 줄 수도 있고, 개인 미술치료 회기라면 내담자가 자세를 취하고 미술치료사가 본을 떠 줄 수 있다. 본떠진 그림은 실제 신체 사이즈보다 항상 크다(그리고 바로 이 점 때문에 결과물을 매우 싫어한다). 옷을 입은 채 본을 뜨기 때문이기도 하고 본을 떠 주는 사람이 다른 사람의 몸을 건드리지 않도록 여유를 두고 본을 뜨기 때문이다.

필자는 신체 본뜨기에서 외곽선이 크게 나온다는 것을 알기 때문에 조금 더 신경써서 외곽선을 그린다. 그런데도 C양과 작업했을 때 정말 엄청나게 큰 외곽선이 그려졌다. 변명하자면 그때가 겨울이어서 내담자가 입은 옷 때문에라도 더 크게 외곽선이 그려졌다. C양은 거의 울상이 되었고 필자도 뭔가 많이 미안해지려 했다. 그때 필자는 약간은 임기응변과 같은 순발력으로 이렇게 말했다.

"여기 그림의 보디라인은 네 아우라일 수도 있잖아."

그 말에 C양도 필자도 갑자기 분위기 전환이 되었다. 그러면서 우리는 눈에 보이는 크기의 차이에 대해 이야기를 나누게 되었다. 그리고 자신이 지각하는 것과 다른 사람들이 지각하는 것의 차이, '다른 사람들은 이렇게 볼 거야'라고 어둡게 예상하는 것 등에 대해 이야기 나눌 수 있었다.

필자뿐 아니라 다른 미술치료사들도 섭식장애 환자들과 신체 본뜨기를 자주 한다. 그리고 실제보다 크게 본이 떠졌을 때 그것을 보면서 지각 차이와 느낌에 대해 이야기를 나누곤 한다. 중요한 것은 미술작업과 결과물이 내담자로 하여금 자신에 대해 돌아보고 자신의 문제와 관련해서 깊이 생각해 볼 터전이 되어야 한다는 점이다.

사족으로 덧붙이자면, 전신상으로 그림을 그릴 경우 흔히 사용하는 회화도구(색연필, 크레파스, 마커 등)로 이미지를 채워 넣는 것은 추천하지 않는다. 면적이 넓어서 전부 칠하면서 채워 넣다 보면 노동처럼 되기 때문이다. 집중하고 싶은 일부분에 그림을 그린 뒤 나머지는 간략하게 그리거나 티슈페이퍼/실/반짝이/구슬/뿅뿅이/깃털 등의 조형재료를 써서 콜라주를 하는 것이 좋다.

(2) 신체상 그리기 방법의 변형

신체상 그림을 그릴 때는 사실적으로 그리지 않아도 된다. 사실적인 그림을 그리는 이유는 신체 이미지 왜곡을 보이는 섭식장애 환자들에게 자신의 머릿속 이미지를 확인할 수 있도록 하기 위해서이다. 다른 치료적 개입을 위해서라면 사실적 묘사에만 얽매일 필요가 없다.

변형된 방법으로 필자가 추천하는 것은 신체 외곽선을 본 뜬 다음에 중요한 추상적 주제와 결합해서 사용하는 것이다. 먼저 본을 뜬 전신상을 벽면에 붙이고 내담자로 하여금 마주 서도록 한다. 그런 뒤 앞에 보이는 사람의 어디가 가장 아픈지, 아픈 부위를 그림으로 표시해 보자고 제안한다. 그 아픔이 어떻게 느껴지는지 특별히 색깔을 몇 가지 골라서 표현해 볼 수 있고, 아픔의 강도나 형태를 떠올려서 그림에서도 선과 형태로 나타낼 수 있다고 덧붙여 준다. 주제는 필요에 따라 바꿀 수 있다. 아픈 부위를 표시하는 대신 가장 소중한 마음이 자리 잡은 곳을 그려 보라고 할 수도 있다.

이 방법은 전신상을 본떠서 사용하지만 그 전체를 채우는 것이 아니라 일부분만 집중해서 사용한다는 점이 포인트이다. 전체를 채우지 않으니 그리기가 힘들지 않으면서, 환자에게 치료 초점을 발견할 수 있게 하는 좋은 방법이 된다. 대체로 거식증 환자들에게 자기 몸 중에서 가장 아픈 곳을 선택해서 칠해 보라고 하면 마음이 자리 잡은 곳을 상징하는 가슴을 선택하는 경우가 많다. 그리고 치료적 대화는 아픈 가슴에 대한 이야기로 시작한다.

(3) 자화상을 사용한 미술치료 사례

이 사례는 신경성 식욕부진증 진단을 받고 병원치료와 더불어 미술치료를 받았던 20대 중반의 여성 D씨의 사례이다. D씨는 1주일에 한 번씩 개인 미술치료를 받았고 치료 기간은 1년 2개월가량이었다. D씨의 첫인상은 예민하고 지적인 느낌이었고 목소리가 작았지만 자신에 대해 설명을 잘하고 깔끔하고 예의 바른 모습이었

[그림 18-5] 저는 미쉐린 타이어 모델과 닮았어요

다. 몇 번의 만남을 통해 D씨에 대해 알게 된 것은 생각이 많은 편이며 분석하거나 논리적으로 설명하기를 좋아하고 자신에 대해 이야기할 때도 종종 주지화한다는 점이었다. 감정을 잘 못 느끼거나 감정을 이야기하는 것을 어려워하는 것 같았다.

찰흙 작업을 하기 시작한 것은 그림작업에서도 주지화하는 느낌을 받았기 때문이었다. D씨는 빠르고 간략하게 스케치하듯 그림을 그리고, 조곤조곤 그림에 대해 설명하며 자신의 생각을 길게 말하곤 했다. 조금 더 원초적인 재료를 사용해 보면 어떨까 하는 제안에 D씨는 모험 같지만 해 보겠다고 했다. 그러고는 찰흙으로 자화상을 만들었다(그림 18-5 참조). 자신이 미쉐린 타이어 모델을 닮아서 찰흙작품도 그렇게 만들었고 했다. 그 당시 D씨는 160cm가 넘는 키에 41~43kg 정도의 몸무게를 보였다.

그다음 주 회기에는 어떤 모습이 되고 싶은지 D씨가 바라는 자신을 만들자고 제안했다. 그렇게 해서 나온 작품이 [그림 18-6]이다. 이번 자화상은 마르고 가느다란 몸매에 가슴과 엉덩이가 강조되었다. 그런데 팔다리가 너무 가늘다 보니 세워 두는 것이 불가능했다. 결국은 앉은 자세로 마무리 짓게 되었다. 지난주의 자화상을 가져와서 두 작품을 나란히 두고 바라보기로 했다. 말없이 작품을 물끄러미 바라보던

[그림 18-6] 바라는 내 모습. 그런데 서 있지를 못해요

D씨는 원하는 모습의 자화상이 홀로 서 있지 못하는 게 눈에 띈다고 했다. 그러면서 성공과 애정을 얻는 가장 중요한 요인이 날씬한 몸매라는 믿음으로 꾸준히 밥을 굶었는데, 그것을 얻는 대신 서 있을 수도 없을 만큼 힘과 건강을 잃은 게 아닌가 싶다고 했다. 필자는 D씨의 통찰을 지지해 주며 선택할 수 있다고 격려했다.

그 이후에도 D씨는 굶어야 하는 게 아닌가 하는 걱정을 자주 표현했고, 그러다가 건강이 나빠질 거라는 우려도 함께 이야기했다. D씨가 자신의 살을 강조하기 위해 코일링 기법을 사용한 것에 착안해서 필자는 라인 클레이를 써 보겠냐고 제안했다. 라인 클레이는 가느다란 긴 선처럼 생긴 찰흙인데 열두 가지 색이 있다. D씨는 라인 클레이를 무척 좋아해서 그 이후로 미술작업은 대부분 그것을 사용해서 진행되었다. 또 다른 자화상을 만들었던 작업에서 몸통을 먼저 만들고 그 위에 검은색과 청색 라인 클레이를 둘렀다(그림 18-7 참조). 이 작품은 색깔 차이 때문인지 검정, 파랑 라인 클레이가 마치 그 인물을 옥죄고 있는 사슬 같아 보였다. D씨는 그 작품을 만들고는 라인을 두른 것이 마치 '링'처럼 느껴진다며, 동남아에서는 놋쇠로 된 링을 목에 걸어서 목의 길이를 늘리는 부족이 있지 않냐고 했다. 우리는 그 링의 의미에서 시작해서 D씨가 두려워하는 '배둘레햄(D씨의 표현이다)'의 의미도 반복해서 이야

[그림 18-7] 링을 두른 자화상

기를 나누었다.

D씨는 라인 클레이 작업을 계속 이어 나갔는데 더 이상 지방층을 묘사하는 것에 머물지 않고 조금씩 변화된 모습을 보이기 시작했다. 때로는 자기 마음이라면서 마음을 찌르는 생각과 시선들을 묘사하는 데에 라인 클레이를 썼다. 우리는 마음을 찌른다는 그 라인 클레이 각각을 이름 붙여 보았고("여기 파랑 긴 선은 '너 같은 건 가치 없어'라고 말하는 목소리예요."), 그렇게 붙인 이름들을 논박해 보기도 했다("파랑에게 그렇지 않다고 말해 주세요. 파랑의 이름을 다르게 붙여 보세요. 반대되는 이름을 불러 보세요.").

몇 달 뒤 D씨는 자신의 심장과 심혈관이라면서 핑크색 라인 클레이를 꽂았다(그림 18-8 참조). 완성된 작품을 보면서 D씨는 나비 같다고 했다. 우리는 나비에 대해 연상하고 떠오르는 것을 찾으면서 나비야말로 형태가 변화하는 대표적인 생명체라는 것에 동의했다. D씨는 나비의 변태가 자신에게도 이루어지기를 희망하기 시작했다. 그러면서 애벌레를 만들기도 하고 나비를 만들기도 했다. [그림 18-9]의 애벌레는 거대하고 당당한 모습이었다. 여전히 목과 몸통에는 링을 두르고 있었지만 옥죄는 느낌보다는 장식에 가까웠다. 이때 D씨의 연상은 링이 나무의 나이테 같다는

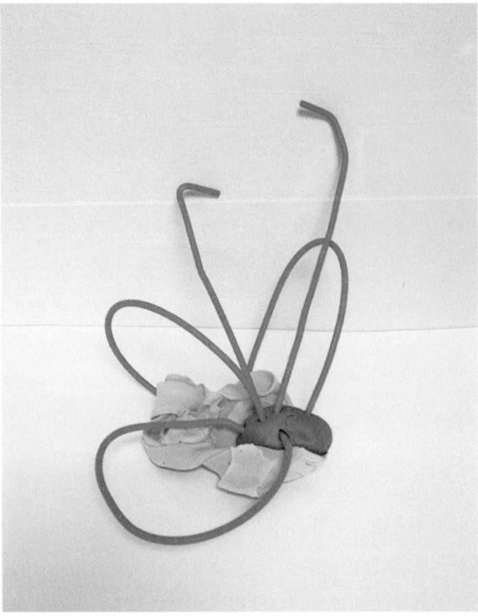

[그림 18-8] 나비가 된 심장

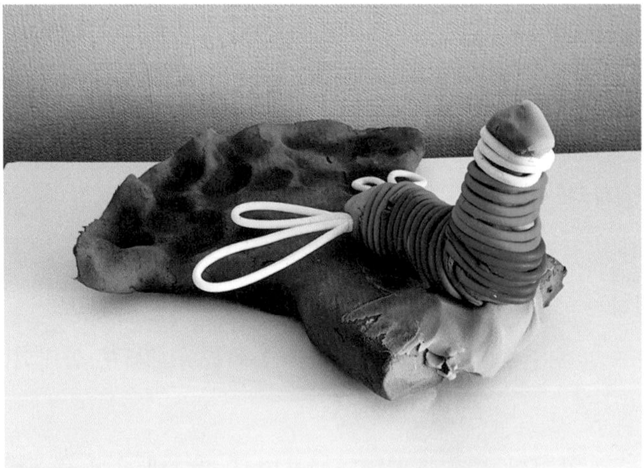

[그림 18-9] 애벌레로 묘사한 자화상

것이었다. 필자는 애벌레와 나비, 나이테라는 상징이 정말 D씨에게 딱 맞는 표현이라고 느꼈다. 흔들리기도 했지만 D씨는 조금씩 더 성장하고 있었다. 49kg이 되던 날, D씨는 건강하지 못했던 예전의 자기에게 49제를 지내는 것 같다고도 말했다.

미술치료를 종결하던 날은 따뜻한 5월의 봄날이었다. D씨는 자신이 만든 나비를

[그림 18-10] 나뭇잎에 앉은 나비

화분 위에 올려놓아 봤노라면서 사진을 보여 주었다(그림 18-10 참조). 필자가 감동을 받자 나중에 종결 선물로 그 사진을 보내 주었다.

참고문헌

Frisch, M. J., Herzog, D. B., & Franko, D. L. (2006). Residential treatment for eating disorders. *International Journal of Eating Disorders*, *39*(5), 434-442. DOI: 10.1002/eat.20255

수면-각성장애

Sleep-Wake Disorders

Mental Disorders and Art Therapy Written by 11 Art Therapists

수면-각성장애Sleep-Wake Disorders

수면-각성장애의 종류

불면장애Insomnia Disorder	수면시작 불면증, 수면유지 불면증, 수면종료 불면증의 증상을 보인다.
과다수면장애 Hypersomnolence Disorder	최소 7시간 이상 잤는데도 과도한 졸음을 보이며 수면에 문제가 있다.
수면발작증Narcolepsy (기면증)*	깬 상태에서 갑자기 저항할 수 없는 졸음을 느껴 수면에 빠지게 되는 경우이다.
호흡-관련 수면장애 Breathing-Related Sleep Disorders	수면 중의 호흡장애로 인하여 과도한 졸음이나 불면증이 유발되는 경우이다.
일주기 리듬 수면-각성장애 Circadian Rhythm Sleep-Wake Disorders	수면-각성 주기의 변화로 인해 과도한 졸음이나 불면이 반복되는 경우이다.
수면이상증Parasomnias (사건수면)*	A. 비REM수면 각성장애 1. 몽유병(수면 중 보행, sleep walking type) 2. 야경증(수면 중 경악, sleep terror type) B. 악몽장애 C. REM수면 행동장애
초조성 다리 증후군 Restless Legs Syndrome (하지불안증후군)*	수면 중 다리의 불쾌한 감각 때문에 다리를 움직이고 싶은 충동을 느낀다.

* 명칭 번역자에 따라 해당 명칭도 사용한다.

불면장애의 진단기준(DSM-5)

A. 수면의 양이나 질이 불만족스럽고, 다음 중 한 가지 이상의 증상과 관련된다.
   1. 수면 시작이 어렵다.
   2. 수면 유지가 어렵다(자주 깨거나 깬 다음에 다시 잠들기 어렵다).
   3. 이른 아침에 잠을 깨서 다시 잠들기 어렵다.

B. 수면문제는 사회적 · 직업적 · 교육적 · 학업적 · 행동적 또는 다른 중요 기능 영역에서 현저한 고통이나 손상을 유발한다.

C. 수면문제가 적어도 주 3회 이상 발생한다.

D. 수면문제가 적어도 3개월 이상 지속된다.

E. 수면문제는 적절한 수면 기회가 주어졌음에도 불구하고 발생한다.

19장

수면장애의 미술치료

단잠을 그리고(drawing), 희망을 꿈꾼다(dreaming)

정경림

수면장애에 대한 분류체계는 세 가지로 미국정신의학회(American Psychiatric Association)에서 2013년에 발간한 DSM-5, 세계보건기구에서 1990년에 승인하고 1994년부터 사용하기 시작한 ICD-10, 미국수면의학회(American Academy of Sleep Medicine)에서 2014년에 발간한 ICSD-3가 있다. 이 장에서는 수면장애 중에서도 가장 많은 유병률을 보이는 불면증에 대해 주로 다루고자 한다.

1. 들어가며

살면서 누구든지 새하얗게 지새운 불면(不眠)의 밤에 대한 경험이 있다. 바로 코 앞에 닥친 시험이나 발표, 취업을 위한 면접 등 부담과 압박감에 밤새 뒤척인 기억들이 떠오를 것이다. 혹은 소풍을 앞두고 설레던 마음에 금세 잠이 못 들어 늦잠을 자면 어쩌나 걱정하던 어린 시절이 기억날지도 모르겠다. 전자의 압박감에서건 후자의 설렘에서건 편히 푹 자지 못한 불쾌감은 다음날에 영향을 미쳤을 수 있다. 살면서 일회성으로 지나가는 이런 불면은 다음날 다시 정상적인 수면을 취하면서 사라진다. 반면 어쩌다 한 번 있는 일회적인 것이 아니라 불면의 밤이 지속된다면 어떻게 될까? Shakespeare의 비극『맥베스(Macbeth)』에서 맥베스가 던컨 왕을 죽이고 한 말을 되새겨 보자.

> 누가 외치는 소리를 들은 것 같소. '더 이상 잠들지 못할 것이다! 맥베스는 잠을 죽여 버렸다'라고. 그 순진한 잠을, 엉클어진 근심 걱정을 말끔히 정돈해 주는 잠을, 매일의 삶을 마무리시키는 잠을, 힘겨운 노동의 피로를 씻어 주고, 상처 입은 마음을 진정시키는 대자연이 주는 최고의 음식이자 인생의 향연에서 가장 영양이 풍부한 잠을…… (Shakespeare, 2013, pp. 48-49).

400여 년 전에 Shakespeare가 잠에 대해 언급한 이 인용문에서 우리는 잠이 제공하는 순기능을 파악할 수 있다. 인간은 평생 자신에게 주어진 시간 중 약 1/3을 수면에 할애한다. 이렇게 할애된 수면은 낮 시간의 활동으로 소모되고 손상된 신체와 중추신경계를 회복시켜 주는 기능을 한다. 수면에 문제가 생긴다면 신체 건강은 물론이거니와 개인의 삶의 질이 급격히 나빠질 것은 자명하다.

2. 무엇이 불면증인가

불면증에 대한 다양한 정의가 있지만 일반적으로는 적절한 수면을 취할 기회와 환경이 주어졌는데도 잠이 들기가 어렵거나 수면 중 자주 깨서 잠을 유지하기가 힘들거나 원하는 시간보다 너무 일찍 깨는 증상이 나타나는 것으로 정의한다(American Academy of Sleep Medicine, 2005). 두 번째로 수면의 질이 불량한 경우를 포함한다. 임상 및 연구자들은 불면증의 정의에 피로, 졸림, 기분의 변화, 인지기능 장애, 사회직업적 장애와 같은 수면곤란과 관련된 주간 증상을 세 번째 기준으로 포함시킨다(김린, 2015). 기간으로 분류하면 불면증 증상이 3개월 이상 지속되지 않으면 급성 불면증 혹은 단기불면증이라고 하며, 3개월 이상 지속되면 만성 불면증이라고 한다. 대략 성인의 30~40% 정도가 불면증 증상을 경험하며, 이들 중 10~15%는 3개월 이상 지속되는 만성적인 불면증을 보인다(서수균, 2016).

2013년 DSM-5가 개정되기 이전에는 불면증을 원인적 귀속에 따라 이차성(secondary insomnia)과 원발성(primary insomnia)으로 나누었다. 이차성 불면증은 다른 질환의 증상으로 내과적 · 정신건강의학적 원인 또는 약물이나 물질의 영향으로 발생하고, 원발성 불면증은 이런 원인이 없이 그 자체가 유일한 증후일 때를 말한다. 그러나 실제로는 원발성과 이차성 불면증의 감별이 쉽지 않다. 이차성 불면증이라면 원인 발생과 동시 혹은 직후에 불면증이 생겨야 하며, 원인이 사라지면 불면증도 사라져야 하지만 그렇지 않은 경우가 흔하다(김석주, 2020). 2013년 개정된 DSM-5에서는 이러한 현실을 반영하여 원인적 귀속에서 벗어나 내과적 · 정신건강의학적 장애와의 공존 상태가 존재한다면 그것을 따로 명시하도록 하였다.

그 밖에 수면 환경, 예컨대 침실 내 소음, 냄새, 조명 등이 불면증을 유발하는지와 평소 수면을 방해하는 물질이나 약을 사용하는지도 살펴보아야 한다. 카페인, 알코올, 니코틴은 불면증의 흔한 원인으로 잘 알려져 있다.

3. 미술치료에서 불면증 다루기

불면증 치료와 관련하여 2006년 발표된 미국수면의학회의 비약물치료 지침을 살펴보면 불면증 인지행동치료(Cognitive Behavioral Therapy for Insomnia: CBT-I)를 권고하며, 특히 만성 불면증에서는 가장 먼저 시행할 치료로 CBT-I를 강력하게 권고하고 있다(Morgenthaler et al., 2006). CBT-I는 자극 통제, 수면 제한, 이완법, 역설적 의도, 수면 위생 교육[1] 등으로 구성되어 있다. 최근에는 디지털, 웹 기반 등으로 불리는 인터넷 기반의 ICBT-I에 대한 연구도 증가되고 있는 추세이다(Drerup & Ahmed-Jauregui, 2019; Ritterband et al., 2017).

미술치료 현장을 살펴보면 실제로 불면증 그 자체를 해결하기 위해 내원하는 경우의 내담자는 흔치 않다. 대부분의 경우는 우울감과 불안감 등으로 내원하여 불편

1) 자극 통제는 잠자리에서 수면 외에 다른 행동을 못하게 하는 기법이며, 수면 제한은 잠자리에 있는 시간을 제한하고 기상 시간을 정하는 기법이다. 이완법은 근육이나 호흡 이완을 통해 생리적 각성을 낮추는 훈련이며, 역설적 의도는 일부러 자지 않으려고 노력하는 기법이다. 수면 위생 교육은 수면에 도움이나 방해가 되는 환경과 습관에 관한 교육이다.

감을 호소하는 내용 안에 관련 증상으로 불면증이 드러나는 경우가 흔하다. 이런 이유로 그간 불면증은 미술치료에서 주된 관심 분야가 아니었고 불면증을 주된 주제로 진행된 연구도 다른 인접 분야에 비해 활발하지 않은 편이다.

그러나 주목해야 할 점은 불면증 자체가 주된 호소이든 그렇지 않든 미술치료사가 현장에서 만나는 대다수의 내담자는 심리적인 문제로 불면증 증상을 동반하는 경우가 매우 흔하다는 것이다. 예컨대, 우울장애, 외상후 스트레스장애, 불안장애는 수면 부전을 진단기준으로 요구하며 학자들은 불면증이 우울증의 예측인자이고 또한 불면증이 심리적 장애의 위험인자로 작용한다고 설명한다(Harvey, 2001). 이런 이유에서 미술치료사들은 내담자들의 불면 증상을 확인할 필요가 있으며 또 회기 내에서 이를 적절히 다루어 줄 수 있어야 한다. 더불어 불면증 기저의 원인이 신체적 질환에 기인한 경우이거나 심각한 물질남용과 관련된 경우라면 반드시 관련 전문기관으로 의뢰하여 기저질환에 대한 치료가 선행되도록 해야 할 필요가 있다.

4. 불면증 내담자의 미술치료 사례

A씨는 우울감과 극심한 무기력감을 주된 호소로 내원한 20대 여성이다. 직장에서는 유능함을 발휘했고 다양한 예술적 재능을 지닌 사람이었으나 오래된 가정불화 끝에 갈등이 깊어지면서 스스로 모든 사회적 관계를 단절하고 대부분의 시간을 집에서 보내고 있었다.

미술치료를 시작하게 된 계기에 대해 물었을 때 어머니의 권유가 큰 비중을 차지하며 일부는 자신의 의지가 있다고 했는데, 그녀는 처음 접하는 낯선 상황에 다소 경직되고 경계하는 인상이었다. 낯빛은 창백하고 기분은 가라앉아 있으며 어조는 고저 없이 일정했다. '뭐가 뭔지 모르겠다. 어떻게 해야 할지 모르겠다'고 말하면서 자신도 가늠하기 어려운 실체 없는 두려움에 조용히 동요하는 것 같았다. 상담실 내에서 오고가는 언어적인 대화가 그녀를 더 불안하게 하는 인상이었다.

무거운 공기를 밀어내고 이 상황을 정서적으로 환기시킬 필요가 있었다. 내담자가 혼란스러워하는 상황에서는 치료사의 명확한 요청이 오히려 내담자의 부담을 덜어 줄 수 있다. 그녀에게 색이나 형태, 질감으로 자신을 표현할 수 있는 이미지를

[그림 19-1] 얼굴을 가리고 우는 모습

그려 달라고 요청했다.

가지런히 색색별로 정돈된 회화도구(색사인펜, 색연필, 크레용 등)와 부담스럽지 않는 크기의 도화지(8절 도화지 사이즈)는 낯선 상황에서 아직 시선을 고정하기 어려운 그녀에게 편안히 시선을 둘 수 있는 안전지대로서의 역할을 한다. 또한 자신을 표현할 적절한 감정단어를 찾는 것이 쉽지 않은 낯설고 혼란스러운 상태에서는 작업과정에서 침묵이 자연스럽게 수용되는 미술작업을 하면서 안전한 느낌을 가지게 된다.

자신을 표현할 수 있는 이미지로 그린 [그림 19-1]은 얼굴을 가리고 우는 모습이라고 했다. 표정은 애써 침착한 것 같지만 유독 강조된 눈물방울이 인상 깊었다. 강조된 눈물방울에 대해 이야기를 나누면서 A씨는 손으로 얼굴을 가리고 울고 있지만 실은 누군가가 자신의 고통을 알아봐 주었으면 하는 것 같다고 했다. 때로 그림은 언어보다 더 선명하게 말하고자 하는 바를 전달한다.

A씨는 우울감과 무기력감을 주된 호소문제로 내원하였지만 이로 인해 쉽게 잠들지 못하는 불면 증상도 있었다. 이후 미술치료가 진행되면서 A씨의 수면문제를 함께 살펴보았다. A씨는 잠을 자야 하는데 잠이 잘 오지 않고 머리가 멍한 날이 많다고 했다. 머리가 멍하다는 것이 구체적으로 어떤 의미인지 이해하고자 이를 이미지로 표현해 볼 것을 제안했다.

[그림 19-2]는 A씨가 잠이 오지 않는 멍한 상태를 표현한 그림이다. 완성된 그림

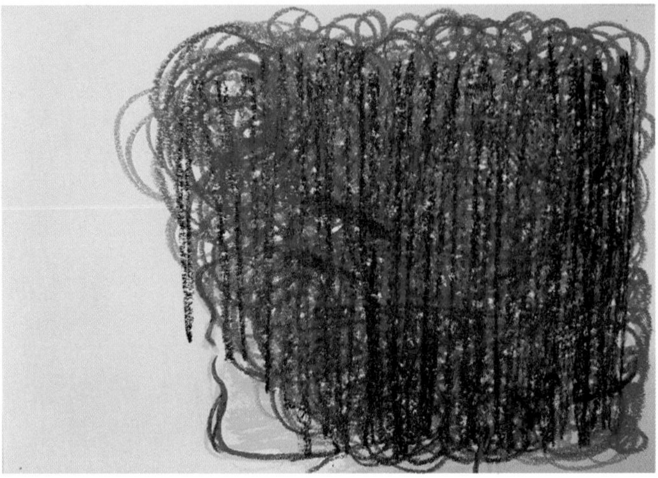

[그림 19-2] 잠이 오지 않는 멍한 상태

을 보고 우리는 잠이 오지 않는 멍한 상태에 대한 언어화된 진술과 그것을 이미지로 표현한 것 간에 얼마나 차이가 있는지 새삼 놀라지 않을 수 없었다. 그림에 나타난 이미지는 멍하다기보다는 뭔가 가득 찬 모습이고 복잡하고 거대한 덩어리로 느껴졌다. 옆모습의 여성 얼굴을 먼저 그리고 복잡한 형태의 스퀴글로 덮은 후 다시 검정색으로 일정하게 아래위로 그어 완성하였다. A씨는 이 그림에 대해 복잡한 생각을 풀어 놓으면 수습이 되지 않을 것 같아 그것을 억지로 눌러 놓은 것이라고 했다. A씨를 잠 못 이루게 한 실체를 이미지로 보고 나니 그녀가 홀로 고군분투했던 수많은 밤의 고통이 고스란히 전해지는 것 같았다.

이 그림은 우리가 좀 더 깊이 이해하면 좋겠다 싶었다. 그래서 A씨와 미술치료를 하는 동안 이 그림을 볼 수 있게 벽에 세워 두고 미술치료 작업을 이어 나갔다. 이후 이 그림에 대해 우리가 내린 결론은 어디가 처음인지도 모르게 엉클어진 실타래를 풀어내는 데 에너지를 쏟지 말고 그녀가 지금부터 할 수 있는 일을 시도하자는 것이었다. 경우에 따라서는 굳이 낱낱이 풀어헤쳐서 확인할 필요가 없을 수도 있다. 또한 우리 앞에 놓여 있는 내담자의 이미지를 있는 그대로 함께 바라보는 것만으로도 미술치료사의 역할이 충분할 때도 있다.

5. 도움이 되는 기법과 매체

앞의 사례에서 보았듯이 미술치료사의 관심은 불면에 영향을 주고 있는 내담자의 정서에 관한 것이다. 임상장면에서 미술치료사의 치료 목표는 호소하는 주된 문제(A씨의 경우에는 우울과 무기력감)에 초점을 맞추어 해결해 나가는 것이고, 파생된 문제 혹은 부차적인 문제는 상대적으로 중요성이 덜하다. A씨의 불면은 '잠도 잘 못자요'라는 수준이었으므로 부수적인 것이었던 셈이다. 그러나 불면이 부수적인 증상이라고 할지라도 매일 밤 잠을 청하기 위해 사투를 벌이는 내담자의 입장에서는 생존의 문제일 수 있다. 내담자가 다음 회기까지 치료사 없이 보내야 하는 불면의 일주일을 위해 몇 가지 기법을 회기 중 다루어 보고 일상에서 적용할 수 있도록 내담자를 훈련시키는 것이 필요하다.

임상장면에 있는 미술치료사라면 누구라도 이해하겠지만, 실제로 어떤 증상에 어떤 기법이 적합하다고 주장하기는 매우 어렵다. 다만 임상의 경험이 쌓이면서 미술치료사는 상황적 판단을 할 수 있다. 다음에서 언급하는 기법 역시 그런 맥락에서 이해해 주기를 바라며 소개하는 기법들은 근거기반(evidence-based)이 아닌 필자의 경험에 기반하고 있다는 것을 밝힌다.

잘 자지 못하는 사람들은 잘 자는 사람들에 비해 수면과 관련된 부적응적 인지를 더 많이 가지는 경향이 있고 그러한 인지가 불면증을 지속시키는 경우가 많다(Carney & Edinger, 2006). 예를 들어, '잠을 충분히 자지 못하면 내일 일에 지장이 생길 텐데'라는 생각이 자주 든다고 가정하자(실제 불면증 내담자를 만난다면 내담자가 수면과 관련해서 어떤 사고를 가지고 있는지 반드시 확인할 필요가 있다). 충분히 잠을 자지 못해 불안해진 내담자는 일의 비능률과 실수에 더 주의를 기울이며 수면과 관련된 자신의 생각을 증명할 수 있는 증거들을 수집하는 데 집중한다. 이렇게 선택적으로 모아진 내용들은 수면에 대한 자신의 부정적 사고를 더 흔들림 없이 탄탄하게 만든다. 이러한 부정적 사고를 멈추고 보다 합리적인 대안적 사고를 하기는 쉽지 않다. 사고는 머릿속으로 이루어지는 것이며 실체가 없어 더 통제하기 어렵다. 그러니 이제 실체가 있는 미술이 활약을 할 차례이다.

1) 기법 1: 사고에서 감각으로 전환하는 '전환스위치'

전환스위치라고 이름을 붙여 본 이 작업은 특별한 모양, 특정한 패턴이 요구되지는 않는다. 다만 내담자의 이해를 돕기 위해 치료사가 자신을 위한(꼭 수면과 관련된 부정적 인지가 아니라도 된다. 누구나 자신을 괴롭히는 불안한 사고 하나쯤은 가지고 있다) 전환스위치를 만들어 보고 이를 샘플로 보여 주어도 괜찮다. [그림 19-3]에 제시된 예시 작업에서는 가벼우면서도 손에 묻지 않고 다양한 발색이 가능한 점성이 높은 클레이를 사용했다. 다양한 클레이 종류를 내담자에게 소개해 주고 경험하도록 한 후 원하는 종류로 작업해도 좋다.

클레이는 다른 어떤 재료보다도 원초적이며 감각적이다. 클레이를 만지고 주무르면서 충분히 몰입한 내담자는 어느 순간 자신이 부정적 사고와 잠시 거리를 두었다는 것을 알아챌 수 있다. 이렇게 여러 차례 클레이를 경험하게 되면 감각자극이 부정적 사고의 침투를 잠시 멈출 수 있게 한다는 것을 이해할 수 있다. 이후 클레이의 특성이 내담자의 손에 익을 무렵 감각작업에서 형태를 만들어 내는 시각작업으로 작업의 목적을 바꾼다.

클레이로 원하는 모양을 만들고 이를 잘 말리고 나면 내담자 자신에게 가장 적절한 양의 부피와 크기로 특정한 형태를 가지게 된다. 형태를 만들어 내기 위해 내담자는 작업과정에서 힘을 조절하는 경험을 하게 되고 조절의 시각적 결과물을 획득

[그림 19-3] 전환스위치

하게 된다. 점성이 강하고 물컹물컹한 클레이가 이제 통제 가능한 상태로 내담자 자신 앞에 놓이게 된다. 완성된 전환스위치는 수면과 관련된 부정적 사고를 잠시 멈추게 하고 다른 사고와 활동으로 전환하게끔 하는 자신만의 상징의 장치가 된다. 부연하자면, 수면에 대한 부정적 사고를 애써 눌러 억제하거나 없애려고 하는 것이 아니라 스위치를 눌러 부정적 사고를 하고 있다는 것을 스스로 인지하게끔 하고 잠시 멈추었을 때 다른 사고와 행동으로 전환해 보도록 하는 중간 매개 역할이 주된 목적이다.

내담자가 완성된 작품을 집으로 가져가기 전에 잠을 이루지 못하는 상황에서 전환스위치를 어떻게 활용할 수 있는지를 치료실에서 사전에 시뮬레이션해 보는 것이 필요하다. 전환스위치는 수면에 대한 부정적 사고 주변으로 공간을 만들어 내고 주변을 살펴보게 하는 여유를 가지게 한다. 이후에는 굳이 애써서 잠들려고 하지 않고 치료실에서 사전에 약속하여 목록화해 둔 가벼운 다른 활동들을 해 보도록 한다 (예: 침대에서 일어나 따뜻한 물 한 잔 마시기, 부담 없는 컬러링을 해 보기 등).

2) 기법 2: 불안을 담아 두는 '종이액자'

종이액자라고 이름 붙인 이 기법은 정서에 대한 통제감을 가지도록 해서 불면 증상 완화에 도움을 주기 위한 방법이다. 불안과 불면은 순서 없이 동시에 나타나거나

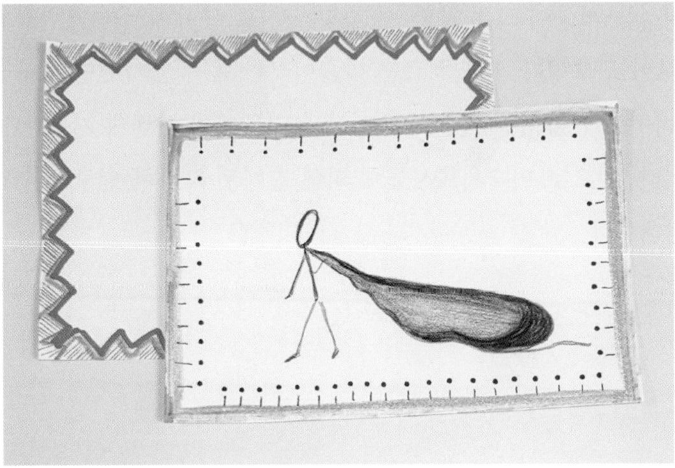

[그림 19-4] 종이액자

불안 발생 이후 불면이 나타난다. 수면에 대한 부정적 사고 역시 불안을 낮추기 위해 잠들려고 애쓰면서 서서히 생긴다. 종이액자는 흔히 사용할 수 있는 도화지(180g 이상의 두께감 있는 것을 추천한다)를 엽서 크기 정도로 잘라 가장자리 테두리에 액자틀을 그리거나 만들어 사용한다. 액자라는 형태를 사용해서 불안이라는 정서를 안전하게 담아 두고(container) 불면에 영향을 미치는 정서와 거리를 두어 보는 경험을 하는 것이 목적이다.

회기 중에 종이액자를 만들고 불면에 영향을 주는 불안을 그 액자 안에 그리는 작업을 해 본다. 혹은 내담자와 함께 여러 종류의 액자틀을 만들어 집으로 가져가 활용해 보도록 할 수도 있다. 또 다른 방법으로는 잠을 쉽게 이루지 못하는 밤에 내담자 스스로 액자틀을 만들고 수면에 방해가 되는 불편한 감정들을 글이나 이미지로 표현하도록 격려해 볼 수도 있다.

6. 결론

수면은 다양한 채널을 통해 인간에게 중요한 신호를 준다. 정신장애의 위험인자나 정신장애의 진단기준으로 또는 관련 신체질환의 증상으로도 나타난다. 특히 불면증은 유병률이 매우 높고 만성으로 진행되는 경우 개인의 삶의 질에 미치는 영향이 상당하다. 그럼에도 불구하고 수면장애는 다른 기타 정신장애에 비해 관심과 연구에서 차지하는 비중이 크지 않다. 특히 미술치료 분야에서는 단편적으로 연구물들의 수만 보아도 그렇다. 미술치료는 미술이라는 독특한 자신만의 도구를 가지고 있다. 시각적이고 감각적인 미술의 특성이 수면문제에 어떻게 기능할지는 아직 미지의 세계이다. 앞으로 미술치료사들에 의해 진행된 다양한 연구가 수면문제에 기여하기를 기대한다.

참고문헌

김린(2015). 불면증 치료개념의 변화. **대한의사협회지, 58**(4), 321-329.

김석주(2020). 불면장애 진단과 치료의 최신 지견. **신경정신의학, 59**(1), 2-12.

서수균(2016). **불면증**. 서울: 학지사.

American Academy of Sleep Medicine. (2005). *The International Classification of Sleep Disorders: Diagnostic & Coding Manual* (2nd ed.). Westchester, NY: American Academy of Sleep Medicine.

Carney, C. E., & Edinger, J. D. (2006). Identifying critical beliefs about sleep in primary insomnia. *Sleep, 29*(3), 342-350. DOI: 10.1093/sleep/29.3.342

Drerup, M. L., & Ahmed-Jauregui, S. (2019). Online delivery of cognitive behavioral therapy-insomnia: Considerations and controversies. *Sleep Medicine Clinics, 14*(2), 283-290. DOI: 10.1016/j.jsmc.2019.02.001

Harvey, A. G. (2001). Insomnia: Symptom or diagnosis? *Clinical Psychology Review, 21*(7), 1037-1059. DOI: 10.1016/s0272-7358(00)00083-0

Morgenthaler, T., Kramer, M., Alessi, C., Friedman, L., Boehlecke, B., Brown, T., Coleman, J., Kapur, V., Lee-Chiong, T., Owens, J., Pancer, J., & Swick, T. (2006). Practice parameters for the psychological and behavioral treatment of insomnia: An update. An American academy of sleep medicine report. *Sleep, 29*(11), 1415-1419. DOI: 10.1093/sleep/29.11.1415

Ritterband, L. M., Thorndike, F. P., Ingersoll, K. S., Lord, H. R., Gonder-Frederick, L., Frederick, C., Quigg, M. S., Cohn, W. F., & Morin, C. M. (2017). Effect of a web-based cognitive behavior therapy for insomnia intervention with 1-year follow-up: A randomized clinical trial. *The Journal of the American Medical Association Psychiatry, 74*(1), 68-75. DOI: 10.1001/jamapsychiatry.2016.3249

Shakespeare, W. (2013). **맥베스**(*Macbeth*). (한우리 역). 서울: 더 클래식. (원저 1606년 출간).

성기능장애

Sexual Dysfunctions

Mental Disorders
and Art Therapy
Written by 11
Art Therapists

성기능장애 Sexual Dysfunctions

성기능장애의 종류

성기능장애 (성기능 부전)*	남성 성욕감퇴 장애 Male Hypoactive Sexual Desire Disorder
	발기장애 Erectile Disorder
	조기사정 Premature (Early) Ejaculation(조루증)*
	사정지연 Delayed Ejaculation(지루증)*
	여성 성적 관심/흥분 장애 Female Sexual Interest/Arousal Disorder(불감증)*
	여성 절정감 장애 Female Orgasmic Disorder
	생식기-골반 통증/삽입 장애 Genito-Pelvic Pain/Penetration Disorder

* 명칭 번역자에 따라 해당 명칭도 사용한다.

여성 성적 관심/흥분 장애의 진단기준(DSM-5)

다음 여섯 가지 특성 중 3개 이상을 보인다.

1. 성적인 활동에 관심이 없거나 줄어들었다.
2. 성적인 생각이나 공상이 없거나 줄어들었다.
3. 성적 활동을 시작하는 경우가 없거나 줄어들었고, 상대방의 시도를 받아들이지 않는다.
4. 거의 대부분의 성적인 만남에서 성적 활동을 할 때 성적 흥분이나 쾌감이 없거나 줄어들었다.
5. 내적 · 외적인 성적 단서에 대해 성적인 관심이나 흥분이 없거나 줄어들었다.
6. 거의 대부분의 성적 만남에서 성적 활동을 할 때 성기 또는 성기가 아닌 곳의 감각이 없거나 줄어들었다.

생식기-골반 통증/삽입 장애의 진단기준(DSM-5)

다음 네 가지 중 1개 이상의 어려움이 지속적으로 반복해서 나타난다.

1. 성교 시 질 삽입 어려움
2. 성교 시 뚜렷한 성기 또는 골반 통증
3. 성기 또는 골반 통증에 대한 뚜렷한 공포 또는 불안
4. 질 삽입을 시도할 때 골반 하부 근육의 뚜렷한 긴장

20장

성기능장애의 미술치료

J씨의 이야기

김현진

이 사례는 우울과 부부관계, 원가족과의 갈등 문제를 해결하고자 2년간 주 1회 미술치료를 받았던 여성의 사례이다. 2년간의 미술치료 과정에서 중요했던 변화의 순간을 살펴보고자 한다. 무엇보다 자신의 사례를 독자들과 나눌 수 있도록 허락해 준 J씨에게 고마움을 전한다.

1. J씨의 소개

J씨는 40대 초반의 여성으로 직장생활을 하던 중 지금의 남편을 만나 결혼한 지 3년째에 접어들었다. J씨는 결혼생활이 전반적으로 만족스럽다고 했지만 남편과의 성관계를 부담스럽고 불편하게 느껴서 그 부분이 늘 남편에게 미안하다고 했다. 그리고 원가족과의 관계에서 오래된 갈등이 있었는데 그런 부분도 좀 더 해결하기를 원했다.

J씨의 성장 과정은 이러하다. 고학력자인 J씨의 부모님은 양육과정에서 엄격하신

편이었고 종교적 신념과 태도를 매우 강조하셨다. 아버지는 회피적이시고 무관심한 편이었고, 어머니는 매사 통제적인 편이셨다. J씨 집안은 대체로 부유한 편이었지만 아버지의 잦은 사업 실패로 가세가 점점 기울기 시작했다. J씨와 한 살 차이가 나는 남동생은 성인이 되면서부터 아버지의 빚을 갚아 나가야만 했다. 이 과정에서 남매는 많이 힘들었고, J씨는 빚을 지고도 무책임한 아버지의 태도에 분개했다. 한편 J씨가 남편과 교제를 하던 무렵 어머니와 동생의 반대가 몹시 심했다. 동생은 J씨에게 배신감을 드러내며 J씨의 결혼이 '(원가족인) 가정을 깨는 행위'이자 이기적으로 '짐'을 자신에게 떠맡기는 것이라며 비난했다. 어머니 또한 J씨의 남편이 기대했던 조건을 갖춘 사윗감이 아니라는 이유로 J씨를 방에 감금할 정도로 반대하며 양가의 상견례조차 거부하고 결국 결혼식에도 참석하지 않았다.

우여곡절을 딛고 J씨는 마침내 결혼하게 되었다. J씨와 남편은 종교적인 이유로 혼전 순결을 유지했고 신혼 초기에는 부부의 성관계가 잘 이루어지지 않았다. 이후에도 J씨는 자신을 위해 여러 가지 방법으로 배려하는 남편의 노력에도 불구하고, 부부관계를 할 때 성적인 감흥을 느끼지 못하고 오히려 긴장되거나 아플까 봐 두려움을 느꼈다. 남편은 J씨의 상태를 이해해 주고 기다리며 함께 방법을 찾아가자고 했지만 시간이 갈수록 J씨는 남편에게 미안하고 부담감이 커졌다.

2. 미술치료 과정

미술치료를 받기 전에 J씨는 우울증 진단을 받고 약물치료를 병행하면서 심리치료를 1년 이상 받았다고 한다. 하지만 J씨가 느끼기에 상담의 진척이 없어 그만두었고 지인의 권유로 미술치료를 선택하게 되었다. 종합심리검사의 결과에서는 만성적인 기분 저하 및 높은 우울감, 부정적인 신체상과 성적 트라우마 경험의 가능성이 시사되었다. J씨는 성에 대한 관심과 흥분이 결여되어 있었고 성교에 대한 공포와 불안이 높았다. 성 관련 장애의 범주에서 보면 여성 성기능장애 영역에서 성적 관심/흥분 장애와 생식기 삽입 장애의 주요 진단기준들을 충족하는 상태였다.

필자는 J씨와의 미술치료 과정에서 성기능장애 문제에 영향을 미칠 수 있는 정서적 · 발달적 측면과 외상 및 가족관계에 대해 다양하게 탐색했다. 아울러 성교 통증장애의 경우 의학적 문제가 있을 수 있으므로 J씨가 진료받은 산부인과 소견도 참조했다.

미술치료를 시작하면서 J씨의 강점으로 느꼈던 것은 미술작업과 미술매체에 상당한 호기심과 흥미를 가지고 있다는 점 그리고 그간의 상담 경험으로 치료 규칙을 잘 알고 있었으며 매 회기에 적극적인 태도로 임한다는 점이었다. 또한 J씨는 자신의 치료적 저항에 대한 통찰이 충분히 있었고 그 내용에 대해 솔직하게 전달하는 능력도 있었다. 그리고 J씨는 미술 창작 과정에 집중할 뿐만 아니라 결과물을 보면서 스스로 해석하고 그 의미를 찾아가는 과정을 잘 활용하는 내담자였다.

치료 초기 과정에서 J씨는 자신에게 가혹할 만큼 평가적이고 사소한 일조차 완벽히 해내야 하는 숙제처럼 여기는 역기능적 신념들을 발견했다. 가족을 벗어나 자신의 행복을 찾아 결혼했음에도 불구하고 J씨의 심리적 환경은 여전히 고통스럽고 전쟁 같았던 과거 삶의 한가운데 있었다. 필자는 이러한 신념의 원인과 관련이 될 수 있는 과거 사건을 다뤄 나가면서 구체적인 상황을 그림으로 그려 보기도 했고, 다양한 감각재료를 활용해 감정을 표현하도록 유도했다. 또한 J씨가 자신의 작품을 근거로 진술한 자신의 모습을 탐색할 수 있도록 촉진해 나갔다.

J씨는 회기 내에서 힘들었던 과거의 사건들을 다룰 때면 울었다 웃었다를 자주 반복하며 감정을 쏟아 냈다. 그럼에도 불구하고 자신의 작품 이미지를 두고 이야기할 때 필자에게 감정이 충분히 전달되지 않을 때가 종종 있었다. J씨는 나레이터처럼 이야기를 정리 · 요약해서 기술해 주는 태도를 취하곤 했다. 진정한 감정이 접촉이 된 순간에는 자신은 곧바로 멀리 물러나 버린다는 느낌이 들었다. 필자는 J씨의 태도에 대해 공감하면서도 이 느낌에 대해 J씨에게 전달했다. J씨는 “누구나 생각과 마음이 일치하기를 원하지만 어렵잖아요. 저의 건강하지 못한 생각을 알지만 항상 마음이 따라가지 못하는 것 같아요. 미술작업의 과정이 그 간극을 좁혀 주는 강한 접착제 같은 역할을 하는 것 같아요.”라고 했다. J씨는 좋든 싫든 간에 자기 작품이 자신의 상태를 분명히 드러내는 것은 부인할 수 없음을 고백했다. 이는 문제해결을 위해 그 상황에 직면하도록 종용하는 이미지의 강력함을 시사한다. 필자는 J씨가 자신의 감정을 세분화해서 인식하고 진정한 욕구를 자각할 수 있도록 촉진해 나갔다. 이 과정은 마치 주먹을 꽉 쥔 손을 찬찬히 풀어 나가는 느낌이었다.

필자는 J씨가 창작물에 대한 성취감을 가질 수 있도록 격려해 나갔다. J씨에게 원하는 미술매체가 무엇인지 선택할 수 있도록 촉진하고, 자유롭게 쓸 권리를 자각시키면서 '허용'의 상징적인 과정에 익숙해지도록 했다. 치료 회기가 거듭되면서 J씨의 작품 이미지들은 J씨가 고단했던 삶을 감당하기 위해 어떻게 자신의 감정과 욕구를 억제하고 거세해 왔는지 여실히 보여 주었다. 치료 회기를 통해 J씨는 병적으로 융합된 가족의 상태, 그로 인해 자신의 삶에 끼치는 부정적 영향을 살펴 나갔다. 또 종교적 신념에서 비롯된 성에 대한 관념들이 자신의 감정 표현을 차단시켜 왔음을 자각했다. 그리고 성추행 관련 기억들을 탐색해 나가면서 중요한 사건으로 여기지 않았던 자신의 태도를 성찰했다

필자는 J씨가 자신의 욕구를 인식해 나가는 데 도움이 될 수 있는 몇 가지를 생활 속에서 실천하도록 이끌었다. 물론 J씨에게는 이 또한 자칫 숙제가 될 수 있으므로 주제에 대한 느낌과 생각 그리고 방법을 충분히 나누었다. 이렇게 나누는 자체가 또한 치료적 주제로도 충분히 활용되었다. J씨는 감정 그림일기, 매월 1회씩 자신에게 선물하기, 나만을 위한 요리 만들기 등을 실천했다. 신체 탐색과 이완을 위해서는 자신의 몸 그리기, 몸이 긴장한 곳을 집중적으로 그리기, 음악 들으며 그림 그리기, 탈의를 한 채 몸을 움직인 후 이미지로 그려 보기 등을 시도했다. 성문제를 다루기 위한 구체적인 방법으로는 회기 내에서 성관계 전후 맥락을 자세히 탐색하면서 성관계 시 느낌이 어떤지 등을 작품으로 표현하도록 했다. 그리고 부부의 성생활을 다루는 동영상 보기와 육체적 교감 향상을 위한 도구 사용하기, 부부간 오일 마사지해 주기 등을 권유했다. J씨는 이런 방법을 적용하면서 자신의 신체적 · 성적 반응에 대해 함께 이야기를 나누었고, 우리는 이 경험을 주제로 작품으로 연결해 나갔다.

이제 J씨의 작품을 구체적으로 보면서 미술치료 과정에서 만났던 중요한 대목들을 기술하고자 한다.

1) 감정의 채널

J씨는 유년 시절을 떠올리면 항상 눈물부터 난다고 한다. 그녀는 눈시울을 붉히면서 생애 첫 기억으로 초등학교 학예회 때 가면을 쓰고 있던 순간의 편안함을 떠올렸다. 그 순간을 표현하기 어렵지만 '뭔지 모르게 안심이 되고 방해받지 않는 느낌 비슷한 것'이라고 했다. 이후로는 이와 비슷한 감정을 느껴 보지 못했다고 덧붙여

[그림 20-1] 두려움

설명했다. 또 어머니가 인형을 사 주려고 했는데 형편을 염려해서 원하던 인형을 고르지 않았던 여섯 살 때의 기억을 말했다. 어렴풋이 떠오른 기억이지만 어린 나이에 가정을 걱정한 자신의 모습에 아련한 슬픔이 느껴진다고 했다. 필자는 이와 관련된 주요 에피소드를 다루며 감정 탐색을 확장해 나가면서 J씨가 평소 칼에 베일 것 같은 두려운 생각에 자주 시달리고 있다는 것을 알게 되었다.

한 회기에서 필자는 '가장 두려운 순간'을 그리도록 권유했다. [그림 20-1]은 J씨가 두려운 감정을 표현한 작품이다. J씨는 검은색 아크릴을 선택한 후 그림을 순식간에 그렸다. 이미지를 보면서 자유연상을 유도했을 때 J씨는 만일 벼랑 끝에 있으면 이런 느낌이 들 것 같다고 했다.

이후 두려움과 연관된 감정과 관련된 실제적 장면을 다루어 나가면서 J씨는 자신이 원하는 재료로 표현하는 작업을 꾸준히 했다. J씨는 정체되어 있던 자신의 감정들—분노, 죄책감, 억울함—을 미술작업을 통해 안전하게 표출해 나갔다. J씨는 대부분의 감정을 위협적인 것으로 느껴 회피, 억제, 억압 및 분리시키면서 불안이나 무력감으로 키워 오게 된 역동을 이해해 나갔다. J씨는 은연중에 즐거움을 회피해 온 자기처벌적인 행동들을 토로하기도 했다. 우리는 감정 탐색 작업을 통해 감정의 채널을 만들어 줘야 자신이 비로소 감정의 주인이 될 수 있고, 이는 삶의 엄청난 자원이 될 수 있음을 나누었다. J씨는 자신의 마음이 병들 수밖에 없었던 것은 '머리로만 삶을 버텨 온 결과'라며 눈물을 흘렸다.

2) 감정 불구자

[그림 20-2]는 J씨가 '엄마의 울타리와 나'를 그린 것이다. J씨는 자신을 그림 화면 중간 영역에 검은 오일 파스텔로 '헝클어져 있는 모습'으로 표현하였다. (J씨가 자신의 어머니를 표현한 것에 비해 몹시 초라하고 빈약한 이미지였다.) J씨는 완성된 작품을 보면서 어머니와 자신이 너무 붙어 있는 것 같다며 불편한 느낌이라 했다. 어쩌면 어머니가 옆에서 자신을 보호해 주는 것 같아 보일 수도 있지만 실상은 다르다고 했다. 실제의 어머니는 초라해 보이는 것을 싫어해서 자신의 옷차림새 등 외모에 대한 지적만 주로 했지 J씨가 어떤 곤란한 상황에 있는지, 자신의 기분이 어떤지는 단 한 번도 물어본 적이 없다며 적개심을 표현했다. J씨는 어머니가 자신이 어려울 때 다 알면서도 모른 척하고 매번 방치한 것을 생각하면 지금도 몹시 화가 난다며 모녀간에 소통다운 소통은 전혀 없었다고 하면서 울먹거렸다.

J씨는 오늘 센터에 오면서 버스에서 좋은 의도로 친절함을 베풀었는데 상대방이 오히려 자신을 오해하는 상황을 겪었다고 했다. 항상 자신은 그 상황에서 아무런 생각을 하지 못하는 것 같고(이후 J씨는 모든 감각이 '마비된 순간'이라고 말하였다) 상황이 지나고 한참 후에야 자신이 무슨 일을 겪었는지 깨닫게 된다고 한다. 그땐 이미 자신을 항변하기에는 늦은 상태여서 억울해서 우는 경우가 가끔 있다는 이야기를 했다. J씨는 자신은 어쩌면 자신이 어떤 감정 상태인지도 모르는 '감정 불구자'일 수 있

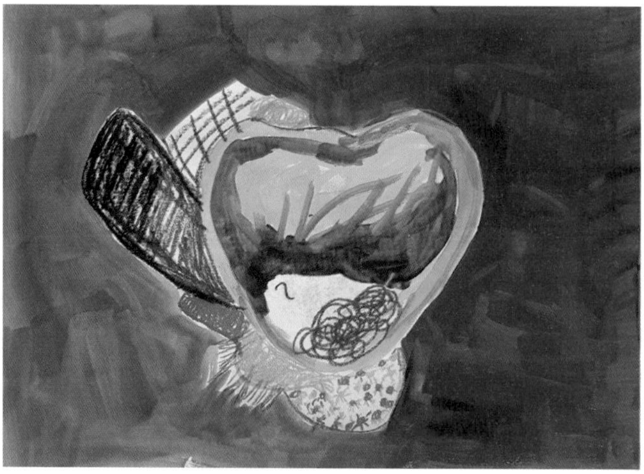

[그림 20-2] 엄마의 울타리와 나

다고 했다. 이후의 회기에서 우리는 J씨의 유사 경험을 토대로 J씨가 갖게 된 신념들과 대인관계 양상을 계속 다뤄 나갔다.

3) 초자아–자아–원초아

필자는 J씨에게 Freud의 삼원 성격구조이론을 설명했다. J씨는 쉽게 이해했고 즉각적으로 자신의 삶 속에 대입해 초자아–자아–원초아의 역동을 살펴보았다. 그리고 J씨 자신이 생각하는 역동의 양상을 상징적인 이미지로 그려 냈다(그림 20–3 참조). 그림을 보면 그림 상단의 파란색 선은 자아이고 아래 부분이 원초아로 화면의 대부분을 차지하고 있었다. J씨는 얇은 층의 파란색 자아가 자신의 '각양각색의 넘치는 욕구들'을 차단하고 감당하고 있는 것으로 표현했다. 이들의 역동을 보고 J씨는 스스로 놀라는 눈치였다(파란색 띠의 자아가 자신의 넘치는 원초아를 잘 덮고 있는 것 같다고 말했다).

자아의 화면 맨 위 중간에 위치한 검은 부분을 초자아로 표현한 것인데, J씨는 마음속에 있는 초자아가 가혹한 판단자로서 자신의 정당한 즐거움을 박탈해 온 것 같다고 했다. 그러면서 하나님이 남편은 어떤 상황에도 지켜 줄 것 같은데 자신은 지켜 주지 않을 것 같다며, 그 이유는 뭔가 자신이 늘 '잘못하고 있는 듯한 느낌' 때문이라 했다. 그 느낌은 '자신을 용서할 수 없다는 느낌' 같은 것이라고 덧붙여 설명했다.

[그림 20–3] 초자아–자아–원초아

우리는 이와 연관된 과거의 상황들을 탐색해 나갔다. J씨는 중학교 때 새벽에 공부하면서 성경을 먼저 읽지 않았던 것에 대해 끊임없이 죄책감이 들었다고 한다. 이 생각은 J씨를 평생 따라다녔다. 고등학교 때는 하이틴로맨스 책(그 당시 청소년에게 유행하던 연애소설)을 보면서 성욕 비슷한 것을 느낀 적이 있는데, 매우 불편했으며 무료감을 달래려고 책을 본 자신의 행동 자체도 싫었다고 했다. 그리고 결혼 전에 19금 영화에서 남자의 성기를 본 적이 있는데 당시 매우 죄책감을 느꼈고 그 뒤에는 성욕을 느끼는 것 자체가 자신에게 죄책감으로 다가왔다고 고백했다.

J씨는 자신에게는 늘 죄책감과 쾌감이 붙어 있는 것 같으며 둘은 '콤비'인 것 같다고 했다. 추후 회기에서 J씨는 자기처벌적인 생각과 행동들을 깨달아 갔고 결혼 후에는 자신이 현재 돈을 벌고 있지 않은 것을 이기적인 행동처럼 느끼고 있다며 괴로움을 토로했다. 하지만 그동안 열심히 살아온 J씨를 공감하자 자신은 이제까지 살아오면서 무슨 일을 하든 쓰러지기 전까지는 무조건 견뎌야 한다는 생각에 사로잡혀 있었던 것 같다고 말했다. 우리는 여러 회기 동안 J씨의 삶 속에서의 초자아, 자아, 원초아의 각 역할과 기능을 다루어 나갔다. 때로는 의인화해 이야기를 나누면서 구체적으로 탐색해 나갔다.

4) 성추행

치료 중기로 접어들면서 J씨는 어린 시절 여러 번 성추행을 당한 사실을 이야기했다. J씨는 그 사건의 중요성을 깊이 이해하지 못하고 있었고, 우리는 상당 회기 동안 성추행 상황을 구체적으로 다루어 나갔다. J씨는 그 경험들이 현재의 삶에 끼친 영향을 작품으로 표현해 나갔다.

J씨가 초등학교 3학년 때 친구의 집 근처에서 놀고 있는데 갑자기 군인이 뒤에서 끌어안고 중요 부위를 만졌다고 회상했다. 친구의 집 부근은 군부대 근처였는데 자신은 무서워서 꼼짝달싹 못했고 그 뒤 기억은 없다고 했다. 엄마에게 말한 기억은 전혀 없고 다만 친구 집을 더 이상 가지 않았는데 어쩌면 늘 그런 고통을 겪었을지도 모르는 친구를 생각하면 죄책감을 가졌을 뿐이라고 했다. 또 한번은 수영장 코치가 가슴을 더듬은 적이 있지만 상황을 파악하지 못해 저항도 못했다고 한다. J씨는 당시 누군가에게 알려도 아무도 자신을 도와주지 않았을 것이며 설명을 한다고 해

도 이해 자체를 못할 것이라고 했다. 다만 자신이 할 수 있는 것은 결혼해서 아이를 낳으면 아이를 절대 수영장에 안 보내겠다는 다짐이었다는 것이다.

J씨는 자신이 힘든 상황에 처해 있을 때 부모님에게 알리지 못하는 것도 힘들었지만 자신이 표현하면 부모님이 힘들어할 것 같아서 더 힘들었다고 한다. 결국 자신이 아무것도 할 수 없다는 것에 대한 무기력감과 끝이 없는 절망감이 밀려오고 '나 혼자 힘들어야지' 하는 생각으로 마무리 짓기가 일쑤였다고 한다.

5) 나의 욕구

필자는 J씨와 삶의 욕구에 대해서 탐색해 나갔고 J씨는 자신의 욕구들을 그려 나갔다. J씨는 남편과 민속촌을 간 장면과 가지고 싶었던 화장품 등을 그렸다. J씨는 그때 '처음으로' 너무 행복했고 이렇게 행복을 누려도 되는지 반문하면서 그 순간 또 눈물이 났다고 했다. 자신의 삶은 '하고 싶은 것'은 무시한 채 '해야 하는 것'으로 점철되었다고 했다. 생활비를 더 많이 감당하는 동생에게 미안했고, 동생은 한 푼이라도 아끼려고 하는데 혼자서 누릴 수는 없었다고 고백했다.

J씨는 미술치료를 하면서 사고 싶었던 식자재를 구매하기 시작했다고 했다. 치료사가 말한 '잘 놀 수 있는 방법을 찾는 것'이 대단한 것이 아님을 깨달으며 즐기게 되었다고 하였다. 성적 욕구를 충족하기 위해서 남편과 야한 영화를 보며 부부관계를 시도하기도 했다. 영화가 신체의 반응을 크게 촉진시키지는 못했으나 처음으로 목구멍이 간지러운 듯한 느낌이 생겨났다고 덧붙였다. 필자는 천천히 자신의 몸과 교감하면서 그 느낌을 토대로 남편과 성적인 라포를 형성해 나갈 것을 권유하였다. J씨는 조급한 마음은 치료에 도움이 되지 않음을 잘 이해하고 있으며 언젠가는 이루어질 수 있다는 생각을 가지고 편안한 마음을 유지하려고 노력한다고 했다.

6) 그림자

J씨와 함께 싫고 불편한 사람의 모습이 어떤 모습인지 탐색하면서 자신의 반대 모습이 어떨지를 상상하고 그려 보도록 유도했다. J씨는 보석이 달린 찢어진 청바지를 입은 화려한 여성의 모습을 그린 뒤 그림 속에처럼 '조리 샌들'을 신은 여성이 정말

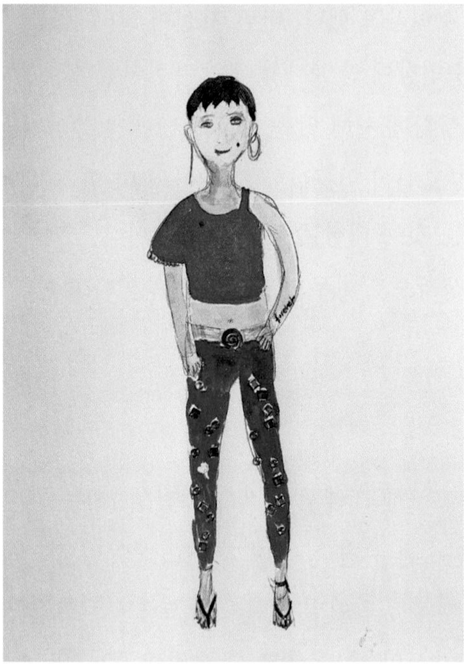

[그림 20-4] 나와의 반대되는 모습

보기 싫다고 했다. 필자는 J씨에게 이런 차림새를 자신이 하게 되면 어떨 것 같은지 물어보니 기가 막힌다는 표정을 하면서 경악했다. 우리는 J씨가 이런 차림새를 하면 기분이 어떨지 그리고 이런 사람의 성격이 어떨지에 대해 이야기 나누면서 편견과 욕구 그리고 삶의 가치관 등을 주제로 대화를 나누었다.

J씨와 작업을 해 나가면서 J씨는 매우 상상력이 풍부하고 창의적인 부분이 많다는 것을 발견할 수 있었다. J씨의 내면에는 스스로 인식하지 못한 보물이 가득 찬 상자가 있다. 언젠가는 J씨가 스스로 그 보물 상자를 열고 성숙을 향한 통합의 매체로 사용하길 기대한다.

7) 토마토와 100점 인간

'한 주간 생활 나누기'에서 J씨는 토마토로 인해 몹시 힘든 일이 있었다고 했다. 토마토를 값싸게 잔뜩 구입해서 정리를 위해 냉장고를 열고 토마토를 어떻게 넣어야 할지 고민하다가 결국 울게 되었다는 것이다. 냉동시켜야 할 토마토와 냉장시켜야 할 토마토를 분배하면서 벌어진 일이었다. J씨는 어느 정도의 양을 냉동시켜야 할지 고민하다가 신선한 토마토를 빨리 먹어 치워야 하는 것이 '옳은 일'인 것 같아 더 많은 양을 냉장시키려다가 낭비하는 기분이 들어 다시 냉동실로 옮기기를 여러 번 반복했다고 했다. 어떻게 하는 것이 최적의 양이 될 수 있는지를 계속 가늠하다가 불현듯 이렇게 선택을 못하고 작은 일상에도 힘들어하는 자신이 한심해서 갑자기 서럽게 울기 시작했다고 한다. 일의 경중 없이 매사 최선을 찾고 완벽해야 한다는 생각을 하고 있는 자신의 문제가 분명히 인식되면서 자신이 완벽의 감옥에 갇혀 있는 느낌이 들었다는 것이다.

J씨는 언젠가 본 영화에서 일을 많이 한다고 자신의 문제가 해결되는 것은 아니라는 말이 떠오른다며 어릴 때부터 쉬는 것을 몰랐고 쉬는 것을 죄악시했던 자신의 태도를 이야기했다. 집안일을 하는 데도 맹목적이고 기계적으로 일을 하는 편이라 남편이 자신의 성격을 잘 이해해 줘서 많이 도와준다고 하였다. 한번은 남편이 일을 도와주고 있을 때 남편에게 새로운 일을 부탁했는데 남편이 직장 상사보다 더 부려먹는다고 농담한 적이 있다고 한다. 그 말에 J씨는 전 직장에서 자신의 일을 타인에게 떠넘긴다는 오해로 비난을 받은 장면이 떠올라 격하게 화를 내며 울었다고 한다. J씨의 전 직장 업무의 성격상 숫자 하나만 틀려도 큰 문제가 발생할 수 있었다. J씨에 비해 다른 직원들은 긴장이 적은 편이었고 J씨가 지나치게 완벽하려 한다며 J씨를 비난했다고 한다. J씨는 일의 과정상 책임 소재는 자신에게 돌아올 것이 명백한데 비난 일색이었던 전 직장 동료들을 원망했다. J씨는 전 직장에 관련된 일들을 더 나눈 뒤 자신의 깊은 상처를 색점토로 표현해 나갔다. J씨는 자신이 잘하는 것은 당연하게 여기고 못하는 것은 엄청 혹독하게 다루는 자신의 태도를 자각하면서 '100점 인간'이 되어야 한다는 생각을 해 온 것 같다고 말했다.

8) 몸

J씨는 집에서도 자신의 몸을 그리기, 몸과 말하기, 셀프 저널링 등의 창작 활동을 꾸준히 병행했다. 신체 자각과 이완을 위해 음악을 듣고 자유롭게 몸짓을 하거나 운율에 따라 이미지를 표현하는 작업을 해 나갔다. 한번은 J씨가 눈을 감고 양손에 미술매체를 쥐고 음악소리에 의해 촉진되는 내면의 역동을 그렸다(그림 20-5 참조).

[그림 20-5] 비트음악에 맞춰

이 작업을 하면서 J는 멜로디에 집중하면서도 무의식중에 가사에 집착해 반복적으로 외우려고 하는 자신을 발견했다며 놀라기도 했다.

어느 날 치료 회기에서 J씨에게 눈을 감고 호흡으로 긴장 해소를 유도한 뒤 자신의 몸을 상세히 시각화하며 관찰하도록 촉진했다. J씨는 자신의 몸과 교감하기 시작했으며 자궁을 보았을 때 다이아몬드 형태의 불빛이 느껴진다고 벅차했다. 하지만 심장에 다가가는 순간 박동 소리가 도저히 느껴지지 않는다며 울먹거리기도 했다. J씨는 신체 탐색을 끝낸 후 감정반응을 그림으로 그리며 오직 쉬는 것을 죄악시해 온 자신의 태도를 다시 자각했고, 아직은 몸이 '열릴 준비가 되지 않은 것 같다'고 고백했다. 이후 다양한 미술매체를 활용해서 지속적으로 몸과 느낌, 작품으로 창조적으로 연결·확장해 나갔다. 필자는 J씨가 자신의 몸과의 교감 경험을 기반으로 남편과 성적인 라포를 형성해 나갈 것을 권유했다.

9) 스위치

[그림 20-6]은 J씨가 부부관계 시도 시 자신의 느낌을 탐색하고 표현한 상징적 이미지이다. J씨에 의하면 그 순간은 마치 주사바늘처럼 날카로운 것이 침입해서 자신의 몸을 찌를 것 같은 극도의 두려움에 압도된다는 것이다. J씨는 주사기로 그 느낌을 표현하면서 파란색과 검은색으로 자신의 긴장감과 두려움을, 빨간색으로 고통

[그림 20-6] 부부관계 시 느낌 그리기

과 피 등을 연상했다. J씨는 그 느낌들을 자발적으로 확장시켜 나가면서 어머니 이야기와 연관 지었다.

결혼 전 남편을 못마땅하게 여기던 어머니는 남녀 간의 스킨십에 관해 죄악시하면서 '더럽다'는 식의 뉘앙스로 말을 했다. 그 당시 J씨는 남편과의 스킨십이 진전되고 있던 터라 수치심을 느꼈다고 한다. J씨는 결혼 전에는 예비 신랑과 키스 정도까지만 바람직하다고 생각하고 있었다. 그러나 데이트 중 남편이 신체를 쓰다듬어 눈물부터 났고 난처해하던 남편에게 각서까지 쓰게 했다고 한다. J씨는 다시 돌이켜 보면 이때 눌러 놓은 '스위치'가 결혼 후에도 아직도 작동을 하고 있는 것 같다며 재차 강조했다. 우리는 자신의 신체적 반응과 관련된 J씨의 신념들, 부부간의 신체적 교감의 중요성, 섹스의 의미에 대해 이야기 나누어 나갔다.

10) 확성기

어느 회기에서 J씨는 남편의 얼굴을 그렸다. 그런데 갑자기 의미심장한 얼굴로 그림 그리기를 멈추며 더 이상 그릴 수가 없다고 했다. 그 이유는 남편 얼굴을 그리려는데 자꾸 동생의 얼굴이 되어 간다며 경직된 상태로 멍하니 있었다. J씨는 사실 처음부터 동생과 안 닮게 그리리라 작정하면서 그리기 시작한 의도를 털어놓으며 당황스러워했다.

[그림 20-7] 동생의 얼굴(4절 흰색 도화지, 오일 파스텔, 색연필)

J씨는 남동생과 쌍둥이처럼 자랐다. 집안 사정이 어려워지면서 남매는 서로 더욱 더 의지하면서 버텨 나갔다고 했다. 죽을 때도 같이 죽자는 다짐을 할 정도로 둘은 친밀했다. J씨는 동생과 함께 부모님 흉을 보며 서로에게 부모 역할을 해 주었던 것 같다고 기억했다. 성인이 되면서 동생은 J씨의 미성숙함을 이유로 자신의 월급까지 관리하려는 통제적인 행동을 보이기도 했다고 한다. 특히 "엄마가 반대하는 결혼을 하는 것은 가정을 깨는 행위야."라고 소리쳤던 동생의 목소리가 마음에 확성기처럼 울리는 것 같으며 그럴 때면 자신이 마치 죄인이 된 것 같고 죄책감에 숨이 막힌다고 했다.

J씨는 어떤 행동을 하다 보면 동생의 목소리가 들리는 것 같고 동생의 영향권에서 자유로워지고 싶다고 토로했다. 이윽고 J씨는 남편에게 미안한 마음이 든다며 남편의 모습을 제대로 쳐다봐야겠다고 했다. 추후 회기에서 남편의 느낌을 다뤄 나가면서 J씨는 차차 남동생에 대한 양가감정과 복잡한 상호작용이 J씨의 부부관계를 설명하는 의미 있는 요인임을 자각해 나갔다.

11) 죄책감 없는 휴식

치료 2년째에 J씨는 자신에게 집중하면서 사는 것에 익숙해져 갔다. 더 이상 J씨는 뭔가를 해야만 한다는 생각으로 자신을 들볶지 않는다. 현재의 순간을 충전의 시간으로 죄책감 없이 '삶의 휴식'을 즐기고 있다. 가족으로부터 자신을 보호하는 것도 역시 배워 가고 있는 중이다.

우리는 치료적 진전에 대해 함께 탐색했다. J씨는 언젠가부터 자꾸 떠오르곤 했던 '칼 이미지'가 덜 떠오르고 최근에는 사라졌다고 했다. 아직까지 부부관계 시 성적 흥분이 잘 되지 않아 뚜렷한 진전은 없지만 남편과의 스킨십이 다양해졌고 서로의 몸에 대해 알아 가고 있는 중이라고 했다. 간지러움과 시원함을 더 자주 느끼게 된다고도 했다. J씨가 흥분감을 간지러움으로 감각하지는 않은지를 두고 몸의 반응에 대해 구체적으로 이야기를 나누기도 했다. J씨는 어쩌면 자신이 흥분을 무의식적으로 안 느끼려고 하는 것인지로 모른다는 말을 했다. J씨는 이렇게 자신이 생각하지 못했던 것 혹은 생각하기 힘든 것을 생각해 나가야만 하는 과정이 치료가 되는 과정 같다며 말했다. 덧붙여 또 하나 분명한 사실은 자신의 작품 이미지가 자신의 감정을 명료하게 해 주는 것 같다고도 했다. 의무적인 것으로서가 아니라 남편과 스킨십을 하고 싶다는 욕구가 자연스럽게 드는 것이 큰 발전인 것 같다고도 했다.

거듭된 회기의 진행으로 J씨가 지닌 성적인 어려움은 심리적인 요인이 크게 작용하고 있는 것임이 분명해졌다. J씨의 성 행동과 태도에 영향을 미치는 것은 종교적 신념뿐 아니라 아동기의 누적된 트라우마, 미해결된 성추행 사건들, 융합된 가족관계, 특히 남동생과의 의미 있는 관계 양상 등 여러 원인이 작용함을 알 수 있다. 따라서 성문제는 단순한 단일 요인이 있을 수 없고 종합적이고 다각도에서 살펴봐야 한다.

3. 맺는 말

미술치료에서 내담자가 과거의 주요한 상황을 기억하고 현재 이 순간에 떠올려 상징화하고 이미지를 표현해 내는 창작 과정은 단순한 시각적 산물만이 결과가 아니다. J씨에게 미술치료 과정은 회피해 왔던 심리적 현실의 수용뿐만 아니라 성숙을 향한 자기 자신과 새로운 관계를 맺는 기회가 되고 있다. J씨가 고단했던 삶 속에서 살아남기 위해 거세되었던 감정과 강렬한 욕구들이 시각적 작품을 통해 드러났고, 이는 그녀에게 그간 살아온 삶의 증거가 되어 자연스러운 수용을 촉진시켜 나갔다. J씨는 그 증거들의 핵심적 의미를 찾아가는 시공간을 초월한 깊은 심리적 체험을 통해 자신의 내적 현실과 외적 현실을 재통합해 나갔다. 지금도 J씨는 진정한 삶의 주인이 되기 위해 한 걸음씩 나아가고 있다. J씨가 내딛는 걸음을 응원한다.

파괴적, 충동조절 및 품행장애

Disruptive, Impulse-Control, and Conduct Disorders

파괴적, 충동조절 및 품행장애Disruptive, Impulse-Control, and Conduct Disorders

파괴적, 충동조절 및 품행장애의 종류

적대적 반항장애 Oppositional Defiant Disorder	과민하게 화를 내고, 논쟁적이고 반항적인 행동, 복수심이 두드러진다.
간헐적 폭발장애 Intermittent Explosive Disorder	언어적 공격 행위, 재산파괴와 신체 공격 등의 공격적/파괴적 행동을 보인다.
품행장애Conduct Disorder	비행 행동, 폭력, 방화, 가출 등의 문제행동을 보인다.
방화증Pyromania (병적방화)*	불을 지르고 싶은 충동이 통제되지 않아서 방화를 반복적으로 저지르는 경우이다. 방화는 금전적인 이득이나 범죄 은폐, 복수심의 표현 등을 위한 것이 아니다.
도벽증Kleptomania (병적도벽)*	훔치고 싶은 충동으로 남의 물건을 반복적으로 훔치는 경우이다. 돈이 부족하거나 물건이 필요해서 훔치는 것이 아니라 훔치는 행위 자체 때문에 훔친다.

* 명칭 번역자에 따라 해당 명칭도 사용한다.

적대적 반항장애의 진단기준(DSM-5)

A. 분노/과민한 기분, 논쟁적/반항적 행동, 복수심 등의 양상이 형제자매가 아닌 1명 이상과의 상호작용에서 나타난다. 다음 여덟 가지 증상 중 4개 이상, 적어도 6개월 이상 나타난다.

분노/과민한 기분

1. 성질을 자주 낸다.
2. 신경질적이고 쉽게 짜증을 낸다.
3. 화난 상태이며 분개한다.

논쟁적/반항적 행동

4. 어른과 자주 논쟁을 벌인다.
5. 어른의 요구나 규칙을 따르기 거부한다.
6. 고의로 타인을 짜증나게 만든다.
7. 자신의 실수나 잘못된 행동을 다른 사람 탓으로 돌린다.

복수심

8. 지난 6개월 중 2회 이상 악의적이거나 복수심을 보인다.

간헐적 폭발장애의 진단기준(DSM-5)

A. 공격적 충동을 통제하지 못해서 반복적으로 돌발 행동을 보이며, 다음 중 하나로 나타난다.
  1. 언어적 공격(예: 짜증, 신랄한 비난, 논쟁이나 말싸움) 또는 물리적 공격이 평균 주2회 3개월 동안 나타난다. 여기서 물리적 공격은 재산파괴 또는 동물/사람에게 상해를 입힌 결과로 이어지지는 않는다.
  2. 재산파괴 또는 동물/사람에게 상해를 가하는 행동이 지난 12개월 동안 3회 이상 나타난다.

품행장애의 진단기준(DSM-5)

A. 나이에 걸맞는 사회적 규범이나 다른 사람의 권리를 침해하는 행동이 지난 12개월 동안에 다음 열다섯 가지 기준 중 3개 이상 나타난다. 그중 1개 이상은 지난 6개월 이내에 나타난 것이다.

사람과 동물에 대한 공격
1. 자주 다른 사람을 괴롭히거나 협박하고 겁준다.
2. 자주 싸움을 건다.
3. 다른 사람에게 심한 신체 손상을 주는 무기(야구방망이, 벽돌, 깨진 병, 칼, 총)를 사용한다.
4. 사람에게 신체적으로 잔인하게 대한다.
5. 동물에게 신체적으로 잔인하게 대한다.
6. 피해자가 보는 앞에서 도둑질을 한다(강도, 지갑 날치기, 강탈, 무장 강도).
7. 다른 사람에게 성적 행동을 강요한다.

재산파괴
8. 심각한 피해를 입히고자 고의로 불을 지른다.
9. 다른 사람의 재산을 고의로 파괴한다(방화는 제외).

사기 또는 절도
10. 다른 사람의 집, 건물 또는 자동차에 침입한다.
11. 물건이나 호의를 얻기 위해 혹은 의무를 피하려고 자주 거짓말을 한다.
12. 피해자와 마주치지 않고 가치 있는 물건을 훔친다(매장 물건 훔치기—단, 무단침입은 하지 않음, 문서위조).

중대한 규칙위반

13. 13세 이전부터 부모가 금지하는데도 자주 외박한다.
14. 부모나 부모 대리인와 같이 살면서 최소한 2회 이상 가출하거나 상당히 긴 기간 동안 1회 가출한다.
15. 13세 이전부터 자주 학교에 무단 결석한다.

21장

품행장애의 미술치료

불안정에서 안정으로

김재훈

아동과 청소년에게서 보이는 품행장애의 발병 원인은 다양하지만 대부분의 경우 경제적 어려움, 부부간의 불화, 이혼의 스트레스 등 가정에서 그 원인을 찾아볼 수 있다. 품행장애 아동과 청소년들은 행동문제와 함께 다양한 어려움을 겪는다. 예컨대, 낮은 자아존중감, 우울 증상, 낮은 학업 성취, 사회성 결여 등으로 인한 대인관계에서의 어려움 및 왜곡된 사고 등의 문제를 가지고 있다. 특히 품행장애로 인해 공격적이며 사회성이 부족한 청소년 중 50% 이상은 성인기가 되어 반사회성 성격장애, 성폭력 등의 범죄 행위로 이어지는 것으로 나타났다. 품행장애의 발병률을 살펴보면 남아(6~16%)의 경우 여아(2~9%)보다 높은 비율을 보이며 연령이 낮을수록 성별에 따른 차이가 크지만, 고등학교 시기가 되면 성별에 따른 차이가 거의 없다.

품행장애 아동은 학령기 초반에는 주로 가정 내에서 비순응적이고 반항적인 행동을 보이며, 고등학교 고학년이 되면서 가정에서보다 학교와 친구들 사이에서 관계 갈등, 거짓말, 욕설과 같은 문제행동이 나타난다. 이러한 공격성은 학교생활에서 또래관계나 교사와의 관계를 악화시키며 사회적 고립을 초래하게 된다. 결국 품행장애 청소년들은 일탈된 또래와 계속 어울리거나 게임중독 등으로 이어진다.

1. 내담자 정보

내담자 D군은 12세 남학생으로 다소 작은 키에 말끔하게 옷을 입고 있었다. 어머니께서 신청서를 작성하시는 동안 D군은 발로 테이블을 툭툭 치면서 집에 가고 싶다고 칭얼거리고 있었다. 잘은 들리지 않았지만 다소 거친 표현을 하는 듯하였고, 어머니는 익숙한 듯 별다른 대응이 없었다. 어머니는 많이 지쳐 있는 모습이었다. 아버지의 약물중독, 외도, 폭력 행동 등으로 인하여 부부관계에 심각한 문제가 있었으며 이러한 환경은 D군으로 하여금 지속적으로 불안함을 경험하게 하고 있었다.

어머니에 따르면 D군은 친구들과의 관계에서 언어적으로나 신체적으로 친구들을 먼저 공격하는 모습을 자주 보이고 있었다. 최근에 D군은 친구들과 장난을 치는 중 자신을 놀리거나 마음대로 행동하지 못하는 경우 친구들을 갑작스럽게 때리는 등 신체적 폭력성이 점점 심해지고 있었다. D군은 학교, 학원, 친구들 사이에서 항상 화를 내고 욕을 하는 아이로 인식되고 있었다. 이뿐만 아니라 학교나 학원 선생님에게도 심한 욕설과 손으로 밀쳐 내고 침을 뱉는 행동 등을 보이는 일이 자주 발생하였다. D군은 이러한 문제로 센터 방문 2개월 전 종합병원에서 품행장애 진단을 받고 2회기 정도의 심리치료를 받았으나 거리가 멀다는 이유로 도중에 그만두었다고 하였다.

D군은 학교에서 학업 분위기를 저해하는 학생으로 인식이 되어 있어 사소한 행동에도 지적과 징계를 받는 경우가 잦았다. 또한 학원 선생님이나 과외 선생님은 D군을 가르치는 것을 거부하는 경우가 많았다. D군이 또래 친구들과 함께 놀거나 다양한 외부 활동을 함께 하려고 해도 친구들이나 친구 부모님들 사이에서도 폭력적인 아이, 위험한 아이로 인식되어 있어 자연스럽게 혼자 시간을 보내는 시간이 많아졌다. 이러한 일들이 잦아지다 보니 학교에서의 교우관계뿐만 아니라 자연스럽게 학업 성취도 낮아지면서 D군의 자존감이 매우 낮아졌으며, 대부분의 시간을 휴대폰 게임을 하면서 혼자 보내고 있었다.

2. 주호소 문제와 치료 목표

D군이 현재 경험하고 있는 가장 큰 불편함은 학교생활에서 이루어지는 친구들과의 관계였다. 친구들과 공감을 형성하지 못하여 상대방의 입장과 의도를 이해하는 데 어려움이 있다 보니 오히려 자신이 왕따를 당한다고 생각하고 있었다. 또한 D군은 부모님이 자신의 요구를 들어주지 않을 때면 크게 소리를 지르거나 욕을 하는 등의 행동을 통해 자신에게 관심을 끌고 있었다. 하지만 이러한 상황이 발생할 때마다 부모님은 D군에게 처벌을 가하여 D군의 문제행동을 진정시키고 있었다.

D군은 자신의 행동, 언행 등이 불합리하게 차단되거나 지적을 받는다고 생각하고 있었다. 특히 자신의 행동에 대한 반성이나 죄책감을 느끼지 못하고 친구 탓이나 선생님 탓으로 돌리고 있었다. D군은 자신의 행동이 인정받지 못한다는 것을 인식하고 지속적으로 과장되고 공격적인 행동을 통해 관심을 유발하는 모습도 보였다. 결국 D군은 자신을 제외한 모든 타인은 자신을 공격하거나 비난할 것이라는 왜곡된 신념으로 상대방의 입장이나 의도를 부정적으로 해석하고 받아들이며 공격적인 행동을 통해 자신을 방어하고 있었다. 결과적으로 타인의 관심을 끌기 위한 D군의 공격적인 행동은 오히려 타인과의 건강하지 못하고 부정적인 관계를 맺는 경험으로 이어지고 있었다.

이와 같이 품행장애 청소년들은 심리적인 미성숙과 역기능적 인지구조로 인해 문제행동 등을 일으킨다. 자신의 문제행동으로 인하여 일상생활에서 부정적인 사건 등을 경험하면서 자연스럽게 자신에 대한 낮은 기대감, 학습된 무기력 등에 영향을 받게 된다. 이로 인하여 품행장애를 경험하는 아동·청소년들은 일반 아동·청소년들과 달리 역기능적 사고로 인한 부정적인 행동, 공격성 등의 문제행동을 보이게 된다. 결국 이러한 역기능적 사고는 역기능적 신념으로 연결되어 문제행동이 나타나게 된다.

필자는 D군과의 미술치료 회기에서 미술매체를 사용하여 함께 할 수 있는 다양한 활동을 통해서 건강하고 안정적인 관계를 맺는 것을 최우선으로 하였다. 이를 위해서 상호 간에 지켜야 할 규칙을 정하고, 규칙 준수 여부에 따라 적절한 보상과 처벌을 일관되게 제공함으로써 타인과의 관계에서 안정감을 경험하고 신뢰감을 형성할 수 있도록 하고자 하였다. 필자는 이러한 환경을 제공하면 D군의 안정적인 관계 형성을 통해 낮아진 자존감을 회복시킬 수 있다는 강한 믿음이 있었다.

D군에게 미술매체를 사용하는 활동을 하면서 자신의 순서를 기다리거나 감정을 제어하고 적절하게 표현하는 것과 같은 사회적 행동기술을 습득하게 하였으며, 이러한 학습을 통해 D군이 미술치료실 밖에서 충동적이고 공격적인 표현방법을 긍정적인 방법으로 표현할 수 있는 방법을 학습시키고자 하였다. 이와 함께 부모님의 상황으로 인하여 D군의 행동 변화가 발생하기 전 치료를 중단할 수 있을 것으로 판단되었다. 이에 대비하여 D군의 문제행동의 큰 원인 중에 하나인 환경을 개선해 주기 위한 전략을 세우는 것이 필수적이었다. D군은 가정과 학교 등에서는 '항상 갈등 상황을 유발하는 아이'라는 낙인이 찍혀 있었다. 이러한 가정과 학교 내에서의 부정적인 평판을 개선하고 이러한 문제행동에 가장 큰 영향을 주고 있는 가정 내의 환경을 개선하기 위한 접근을 동시에 진행하였다.

3. 미술치료 과정

1) 타인과의 관계 형성을 위한 정서중심적인 접근: 농구경기

먼저 정서중심적인 접근을 통해서 타인과 관계를 형성하고 그 관계 속에서 안전하게 자신의 감정을 표현할 수 있는 안전한 환경을 제공하고자 하였다. 무엇보다도 필자는 D군과의 건강한 관계 형성을 통해 치료사에 대한 믿음 그리고 더 나아가 아직 경험해 보지 못한 성인과의 관계 속에서 안전함, 신뢰를 경험할 수 있는 환경을 조성하려는 노력을 하였다. D군에게 성인은 자신을 공격하는 대상이 아닌 믿을 수 있는 대상으로 자신이 표출하는 감정에 일관되게 반응하는 성인이 있다는 것을 경험하는 것이 필요하였다. 하지만 그 관계나 환경을 유지하기 위해서는 정해진 약속을 지켜야 함을 경험하도록 하는 것을 목표로 세웠다.

이 과정에서 D군의 공격적인 행동에 명료하고 일관된 태도로 반응해야 하는 것은 필자에게 쉽지 않은 도전이었다. 내담자와 건강한 관계를 형성하기 위하여 치료 초기에 설정한 규칙을 지키지 않음에도 불구하고, 치료사가 관대함을 보인다면 오히려 내담자에게 잘못된 정보를 전달하는 것이기 때문이었다.

D군은 새로운 공간에서 낯선 필자와 마주하면서 불안해하는 모습을 보이고 있었다. 다양한 매체를 소개해 주고 원하면 언제든지 사용할 수 있음을 이야기해 주었으나 아무런 관심을 보이지 않았다. D군는 나지막하게 "그림 그리는 거 싫어요."라고 이야기하였다. 이에 필자는 "그렇구나? 선생님은 D군이 그림 그리는 것 싫어하는지 몰랐는데 이야기해 줘서 고마워."라고 대답해 주었다. 이어서 필자는 D군에게 그림을 그리지 말자고 제안을 하였고 좋아하는 운동을 물어보았다. D군은 "농구랑 축구 좋아해요. 근데 애들이랑 하면 짜증나요."라고 이야기하였다. D군은 운동을 좋아하지만 친구들과 함께 할 때 불편함을 경험하고 있었고 그런 이야기를 하는 동안 화가 난 듯 보였다.

필자와 D군은 농구경기를 하기로 하였다. 필자는 D군에게 농구경기에 앞서 경기에 필요한 농구공과 농구대를 만들기로 하였다(그림 21-1 참조). 기존의 장난감 농구공은 탄성이 심해서 강하게 던질 경우 주변 물건에 손상을 입힐 수 있으며, 플라스틱 농구대는 D군이 공격성이 심해지면 사용할 수 있는 잠재적인 무기로 판단되었기 때문에 이들을 대체할 것들이 필요하였다.

또한 농구경기에서 지켜야 할 규칙을 정하고 기록으로 남겼다. 예를 들어, 경기 중 상대방에게 욕하지 않기, 때리지 않기, 공을 상대방이나 농구대가 아닌 곳에 던지지 않기 등이었다. 이러한 규칙은 언제든 확인할 수 있도록 종이에 적어 잘 보이는 곳에 붙어 두었다. 이를 통해 주어진 규칙을 잘 따르면 보상(농구경기를 계속할 수 있음)을 받고 그렇지 않으면 불이익(농구경기를 중단함)을 받는 경험과 타인은 자신의 의견과 생각에 무조건 반대하는 것이 아니며 자신이 주어진 규칙을 지키지 않을 때 불이익을 당하게 된다는 경험을 하게 하였다. 자칫 경쟁적인 활동이 D군의 폭력 행동, 돌발 행동을 자극할 수 있다는 판단에 해당 농구경기는 서로 경쟁하는 것이 아니라 함께 정해진 시간 내에 목표한 점수를 득점하는 방식으로 진행하였다.

다음으로, 필자는 D군과 농구경기를 하기 위한 우리만의 농구공과 농구대를 만들기 시작했다. 하지만 D군은 자신이 의도한 대로 만들어지지 않자 만들던 것들을 던지며 "바보같이 이런 걸 왜 만들어!"라며 짜증을 냈다. 필자는 D군에게 도움이 필요할 때 도움을 요청하는 방법을 알려 주고 필요시 적극적으로 도움을 제공하였다. 이를 통해 D군은 혼자 해결하지 못하는 문제가 발생하면 상대방에게 도움을 요청해서

[그림 21-1] D군의 농구공과 농구대

문제를 해결할 수 있으며, 불편한 감정이 해소되는 경험을 하였다. D군은 조금이라도 생각대로 만들어지지 않으면 쉽게 화를 내거나 혼잣말로 욕을 하였다. D군은 네 번의 회기를 통해 어렵사리 자신만의 농구공과 농구대를 완성하였다.

농구공과 농구대가 완성된 후 열일곱 번의 회기 동안 농구경기를 하였다. 필자와 D군이 함께 정해진 점수를 채워 가는 경기임에도 불구하고 D군은 자신이 더 많이 넣으려고 노력하였으며 자신이 득점을 하지 못하는 것을 참지 못하였다. 매번 자신이 득점을 하지 못할 경우 소리를 지르거나 농구공을 벽에 세게 던지고 자신이 득점할 때까지 계속 던지려고 하는 등 규칙에서 벗어나고 공격적인 행동을 하였다. 그럴 때마다 필자는 규칙에 정해진 것과 같이 농구경기를 중단하였고 왜 게임이 중단되었는지를 설명하고 함께 작성한 규칙을 보여 주었다. 이를 통해 공격적인 행동이 멈춰지면 다시 농구경기를 시작하였으며, 공격적인 행동이 멈추지 않을 때는 회기를 바로 종료하였다. 이를 통해 누군가를 이기는 것이 중요한 것이 아니며 누군가와 함께 즐거운 활동을 하기 위해서는 규칙을 지켜야 하고 폭력적인 행동은 도움이 되지 않는 것을 경험하게 하였다. 초반에는 경기를 진행할 수 없을 정도로 규칙을 지키지 못했다. 그럴 때마다 필자는 '다음 번에는 오지 않겠구나'라고 생각하곤 하였다. 하지만 D군은 꾸준히 미술치료 회기에 참여하였으며 10~11회기가 지나자 D군의 행동에 약간씩 변화가 생겼다. 자신이 계획한 것처럼 진행되지 않았을 때 보이던 D군의 공격적인 행동이 확연하게 줄어들었다. D군의 공격적인 행동이 조금씩 줄어들면서 미술치료 회기를 재구조화하였다. 10회기가 지나면서 기존의 40분 농구경기에서 5분씩 줄여 나갔다. 초반에 5분 정도 진행했던 마무리 시간에 5분씩 추가하였고, 그 시간에 D군이 자신의 감정을 바르게 표현할 수 있는 활동을 추가하였다.

2) 감정을 바르게 표현하기 위한 인지적 접근: 감정 이모티콘

품행장애를 가진 아동들의 경우 자신의 감정 들여다보기, 다른 사람의 기분 알려주기, 역할 연기 및 행동 시범 보이기 등을 통해 친사회적 행동을 증가시킬 수 있다. 이에 필자는 D군과 함께 최근 가정, 학교, 친구관계에서 경험한 일들에 대해서 살펴보고 그에 따라 D군이 경험한 감정을 살펴보고자 하였다. 즉, D군이 경험하는 감정과 그에 알맞은 표현을 하는지 살펴보고, 만약 그렇지 않다면 자신의 감정에 맞게 표현하는 방법을 연습하였다.

이를 위해 감정 이모티콘을 만들고 각각의 감정에 알맞은 표현 행동을 시범 보였으며, 이를 D군이 관찰하고 적절하게 자신의 감정에 맞는 표현을 하는 연습을 하였다. 이와 같은 활동을 통해서 D군이 외부로부터 자극을 받고 이를 인지하는 과정에서 발생하는 역기능적 사고를 변화시킴으로써 D군의 적절치 않은 문제행동을 감소시키고자 하였다.

D군은 자신의 감정을 구체화하는 것을 어려워하였다. 필자는 감정카드를 사용하여 D군이 명확하게 구분하고 표현할 수 있는 세 가지를 선택하게 하였고, 각각의 감정을 표현하는 이모티콘을 만드는 작업을 진행하였다. D군은 A4용지 위에 오일 파스텔을 사용하여 감정에 맞는 표정을 표현하고자 하였지만 쉽지 않았다. 필자가 각각의 감정을 색으로 표현할 수 있다고 설명을 하자, D군은 '빨간색-화난, 갈색-기쁜, 검정색-우울한'을 선택하여 A4용지에 그려진 원 위에 색칠하였다(그림 21-2 참조). 이렇게 만들어진 감정 이모티콘은 농구경기 중에 발생한 감정을 돌아보고 정리하는 데 사용되었다. 농구경기 중 필자가 기록한 D군의 특이 행동(예: 골을 넣는 것을 실패했을 때 이를 꽉 깨무는 장면, 눈을 심하게 비비는 모습 등)에 대해서 설명하고 그때 느꼈던 감정을 이모티콘으로 표현하도록 하였다. 처음에는 자신이 만든 감정 이모

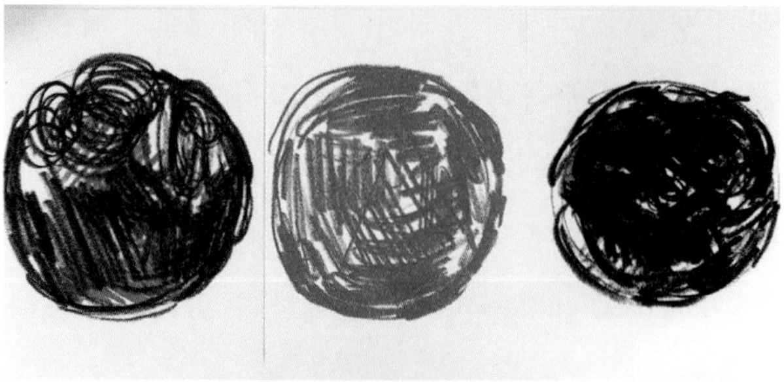

[그림 21-2] 감정 이모티콘

티콘을 얼굴에 대고 보여 주는 것으로 자신이 경험한 감정을 표현하였다.

필자는 경기 중 필자가 득점하지 못했을 때의 상황을 설명하고 그 당시 필자가 느낀 감정을 이모티콘으로 설명하였다. "(빨간색 가면을 내밀며) 선생님은 꼭 득점하고 싶었는데 실패해서 선생님 자신에게 화가 났어요." 이렇게 감정을 시범적으로 표현하는 방법을 통해서 D군이 모방할 수 있도록 도와주었다. D군은 농구경기 중 경험한 다양한 감정에 대해서 감정 이모티콘을 통해 표현하기 시작하였다. 어느 날인가 D군이 더 많은 감정 이모티콘을 만들자고 제안하였다. "선생님, 좀 더 많은 이모티콘이 필요해요!" 필자는 감정카드를 보여 주며 감정 이모티콘으로 만들고 싶은 감정카드를 선택하게 하였고, D군은 3개의 감정(외로운, 미안한, 슬픈) 이모티콘을 추가로 만들었다(그림 21-3 참조).

농구경기 시간이 거의 없어진 회기 후반부터 가정, 학교, 또래관계에서 경험한 감정들을 표현하는 연습을 시작하였다. 아직 상대방에 대해 부정적인 감정이 사라지지 않았지만 신체적 · 언어적으로 나타난 공격 행동은 점점 감소하고 있었다.

미술치료실, 농구공, 농구대는 D군에게는 단순히 놀이의 장소와 도구가 아닌 타인과의 관계에서 즐거움을 경험할 수 있는 상징적인 장소와 상징물이 되어 가고 있

[그림 21-3] 추가된 감정 이모티콘

었다. D군은 농구공과 농구대를 집으로 가지고 가고 싶어 하였고, 마지막 회기에 필자는 농구공과 농구대를 D군에게 선물을 하면서 미술치료를 종결했다.

3) 안정적인 환경을 조성하기 위한 체계적 접근

D군이 경험하는 또 다른 어려움은 그동안 지속된 공격적인 행동으로 인한 '낙인'으로, 이 역시 해결해야 할 문제였다. D군이 규칙을 지키고 자신의 감정을 긍정적으로 표현하고, 타인을 공감하는 등의 행동 변화와 함께 D군에 대한 주변의 인식이 개선된다면 타인에 대한 신뢰감 회복, 낮아진 자존감 향상 등을 기대할 수 있었다.

가장 먼저 D군의 양육자에게 D군이 보이는 공격적인 문제행동의 원인, 적절한 개입방법 등을 설명하여 D군이 경험하는 어려움을 이해할 수 있도록 하였다. 이와 함께 일관성 있는 방법으로 양육할 수 있는 방법을 제시해 줌으로써 부모의 행동 변화를 통해 D군의 환경을 변화시키는 것이 필요하였다. 이와 함께 부모의 부부관계, 가족 구조 및 체계에 대한 개입을 통해 D군이 처해 있는 부정적인 환경으로부터의 원인을 제거하고자 하였다.

또한 D군의 경우 하루 일과 중 많은 시간을 학교와 학원에서 보내고 있었다. 앞서 언급한 것처럼 이미 해당 기관에서는 D군이 문제를 일으키는 아이라는 인식이 강하게 자리 잡고 있다 보니 조그마한 행동에도 지적을 받는 억울한 일들이 발생하고 있었다. D군은 상담센터에 방문하기 얼마 전에 학교에서 발생한 친구와의 다툼으로 심리상담을 받거나, 전학을 가야 하는 상황에 처해 있었다. 이에 필자는 치료사로서 D군이 경험하고 있는 상황을 학교 측에 설명하여 D군에 대한 이해를 시키고자 하였다. 이를 통해 D군은 문제를 일으키는 공격적인 아이가 아닌 도움이 필요한 아이라는 인식을 갖게 하였다. D군의 부모님, 담임선생님, 교감선생님과 함께하는 자리를 마련하여 D군의 문제행동에 대한 원인을 설명하고 각자의 위치에서 도움을 줄 수 있는 방법에 대해서 구체적으로 설명을 하였다. 담임선생님은 D군의 학급에 널리 퍼져 있는 D군에 대한 부정적인 인식을 개선할 수 있도록 하였으며, 교감선생님을 통해 학교 내 선생님들이 D군에 대해 문제를 일으키는 아이에서 도움이 필요한 아이로 그 시각을 전환할 수 있도록 하였다.

미술치료사들은 종종 자신의 역할 범위에 대해서 치료실 이내의 범위로만 국한해서 생각한다. 그 이상을 넘어서는 것은 부적절하다고 생각하는 경향이 강하다. 그렇게 본다면 필자가 취한 행동도 적합한 행동이었는지 의문스러울 수 있을 것이다. 비록 그것이 D군을 위한 행동이었다고 하더라도 말이다. 하지만 미술치료가 심리치료의 한 분야임을 감안할 때 '사회정의 및 옹호(Social Justice & Advocacy) 상담/심리치료'의 관점에서는 당연히 취해야 할 행동이다(Hocoy, 2005; Karcher, 2017). 사회정의 및 옹호의 관점에서는 치료사는 내담자의 문제를 해결하는 것뿐만 아니라 내담자의 문제를 둘러싼 제반 현상을 변화시키기 위한 행동을 실천해야 함을 강조한다. 예컨대, '내담자 역량강화 활동' '내담자 옹호활동' '지역사회 협업' '사회체제 옹호활동' '공공정보 제공 활동' '사회적 옹호활동' 등의 범위 안에서 내담자가 경험하고 있는 호소 문제를 해결할 수 있는 수준의 활동을 해야 한다고 명시하고 있다(Toporek, Lewis, & Crethar, 2009). 필자는 D군을 위해서 타인과의 긍정적인 관계 형성 및 경험, 자신의 감정 인식 및 건강하게 표출하기와 같이 D군 스스로 호소 문제를 해결할 수 있는 '역량강화 활동'을 실시하였다. 또한 '지역사회 협업'의 맥락에서 치료사로서 D군의 문제와 그 해결의 어려움을 내담자가 속한 공동체인 가족 구성원과 학교, 학원 등의 기관에 알리고, D군의 문제를 해결하기 위해 이들과의 협업을 시도하였다. 이렇듯 미술치료사의 역할과 범위에 대한 치료사들의 인식이 확대될 필요가 있다. 이러한 인식의 확대는 아동의 내적인 요인과 아동을 둘러싼 환경적인 요인 모두 고려해야 하는 품행장애 아동의 공격 행동 개입에 유용하게 적용할 수 있을 것이다.

참고문헌

Hocoy, D. (2005). Art therapy and social action: A transpersonal framework. *Art Therapy, 22*(1), 7-16. DOI: 10.1080/07421656.2005.10129466

Karcher, O. (2017). Sociopolitical oppression, trauma, and healing: Moving toward a social justice art therapy framework. *Art Therapy, 34*(3), 123-128. DOI: 10.1080/07421656.2017.1358024

Toporek, R. L., Lewis, J. A., & Crethar, H. C. (2009). Promoting systemic change through the ACA advocacy competencies. *Journal of Counseling and Development, 87*(3), 260-269. DOI: 10.1002/j.1556-6678.2009.tb00105.x

물질 관련 및 중독성 장애

Substance-Related and Addictive Disorders

Mental Disorders
and Art Therapy
Written by 11
Art Therapists

물질 관련 및 중독성 장애Substance-Related and Addictive Disorders

물질 관련 및 중독성 장애의 종류

물질 관련 장애	물질사용장애Substance Use Disorder	특정 물질을 과도하게 사용해서 개인적 고통과 사회적 부적응이 초래된다.
	물질 유도성 장애Substance-Induced Disorder 물질중독Substance Intoxication 물질금단Substance Withdrawl 물질/약물 유도성 정신장애 Substance/Medication-Induced Mental Disorder	특정 물질을 섭취할 때 나타나는 부적응적 심리 상태이며 좌측에 기재된 세 가지로 나뉜다.
비물질 관련 장애	도박장애Gambling Disorder	

물질 관련 장애에 해당되는 물질

알코올, 타바코, 카페인, 대마계의 칸나비스, 환각제, 흡입제, 아편류, 진정제/수면제/항불안제, 흥분제, 기타물질

물질 관련 장애 진단명의 예

진단명을 사용할 때, 상단의 표에서 '물질' 부분에 해당되는 특정 물질 명칭을 적는다. 예를 들어, 문제가 된 물질이 알코올이라면 대표적인 진단명으로는 다음 세 가지를 들 수 있다.

- 알코올 사용장애Alcohol Use Disorder
- 알코올중독Alcohol Intoxication
- 알코올금단Alcohol Withdrawl

알코올 사용장애의 진단기준(DSM-5)

A. 알코올 사용 문제가 다음 열한 가지 증상 중 2개 이상 12개월 이내에 나타나며, 현저한 손상이나 고통을 초래한다.

1. 알코올을 의도했던 것보다 더 오래 혹은 더 많이 마신다.
2. 알코올 사용을 줄이거나 통제하려 하지만 실패한다.
3. 알코올을 사고 마시고 숙취에서 깨는 데 많은 시간을 허비한다.
4. 알코올을 마시고 싶은 갈망이 강렬하다.
5. 반복적인 알코올 사용으로 인해 직장/학교/가정에서 주된 역할을 제대로 수행하지 못한다.
6. 알코올 사용으로 인해 사회적/대인관계적 문제가 반복해서 발생하지만 계속해서 알코올을 마신다.
7. 알코올 사용으로 인해 중요한 사회적/직업적 활동 또는 여가 활동을 포기하거나 줄인다.
8. 신체적으로 위험한 상황에서도 반복적으로 알코올을 사용한다.
9. 알코올 때문에 생겼거나 악화되는 지속적인 신체적/심리적 문제가 있음을 알면서도 계속해서 알코올을 마신다.
10. 다음 중 하나의 방식으로 내성이 나타난다.
    취하기 위해서는 훨씬 더 많은 양의 알코올이 필요하다.
    같은 양의 알코올을 마시는 것으로는 알코올 효과가 현저히 감소한다.
11. 다음 중 하나의 방식으로 금단이 나타난다.
    알코올의 특징적인 금단 증후군이 나타난다(하단에 따로 제시함).
    금단 증상을 줄이거나 피하기 위해서 알코올을 마신다.

–다음의 경우를 명시할 것–

경도: 2~3개 증상에 해당될 경우

중등도: 4~5개 증상에 해당될 경우

고도: 6개 이상 증상에 해당될 경우

알코올중독의 진단기준(DSM-5)

A. 최근에 알코올을 마셨다.
B. 알코올을 마시는 동안 또는 그 직후에 현저한 문제행동 또는 심리적 변화가 발생한다(예: 부적절한 성적/공격적 행동, 정서적 불안정, 판단력 손상).
C. 알코올을 마시는 동안 또는 그 직후에 다음 여섯 가지 증상 중 1개 이상이 나타난다.
   1. 불분명한 언어
   2. 운동조정장애
   3. 불안정한 보행
   4. 안구진탕[1)]
   5. 집중력이나 기억력의 손상
   6. 인사불성 또는 혼수

알코올금단의 진단기준(DSM-5)

A. 오랜 기간 많이 마셨던 알코올을 끊었다(혹은 줄였다).
B. 알코올을 끊고(줄이고) 몇 시간 혹은 며칠 이내에 다음 여덟 가지 증상 중 2개 이상이 나타난다.
   1. 자율신경계 항진(예: 발한, 분당 100회 이상의 맥박수)
   2. 손 떨림 증가
   3. 불면
   4. 메스꺼움 또는 구토
   5. 일시적인 환시, 환청, 환촉 또는 착각
   6. 정신운동성 초조
   7. 불안
   8. 대발작

1) 눈이 무의식적이고 빠르게 움직이는 것으로, 안구 떨림 증상이 나타난다.

도박장애의 진단기준(DSM-5)

A. 임상적으로 현저한 손상 또는 고통을 일으키는 도박 행동을 지속적으로 반복해서 보인다. 다음 아홉 가지 증상 중 4개 이상이 지난 12개월 이내에 나타난다.

1. 원하는 흥분을 얻기 위해 돈을 늘려서 도박하고자 하는 욕구
2. 도박을 줄이거나 중단하려 하면 초조해지고 짜증 낸다.
3. 도박을 조절하거나 줄이거나 중단하려는 시도가 반복해서 실패한다.
4. 종종 도박에 집착한다.
5. 괴롭다고 느끼면 종종 도박을 한다.
6. 도박으로 돈을 잃으면, 이를 만회하기 위해 다시 도박을 한다.
7. 도박을 숨기려 거짓말을 한다.
8. 도박 때문에 중요 관계, 직장, 교육/직업 기회를 잃거나 위태롭게 한다.
9. 도박으로 인해 발생한 심각한 재정문제를 해결하기 위해 다른 사람에게 돈을 빌린다.

22장

알코올 사용장애의 미술치료

술이 술술 넘어가고 가족은 점점 멀어지고

김지연

중독장애는 알코올이나 약물과 같은 특정 물질에 대해 과도한 남용과 의존 증상을 보이는 정신장애이다(한국중독정신의학회, 2019). 특히 알코올은 향정신성 물질 중 유일하게 법적 규제 없이 구매가 가능하기 때문에 누구라도 쉽게 접근할 수 있는 물질이다. 게다가 알코올은 고대로부터 사용해 온 물질로 인간의 생활 깊숙이 자리한 친숙한 물질이기에 이를 사용함에 있어서 거부반응이 없다. 구매의 용이성과 친숙함 때문에 사람들은 정서적 · 신체적 안정을 위해서 쉽게 알코올을 가까이하고 결국에는 자신도 모르는 사이에 중독에 빠지게 된다.

알코올에 중독되면 성격이 변화하고 충동적이며 파괴적인 모습을 보인다(안영실, 임혁, 2010). 이러한 모습은 중독자 자신뿐만 아니라 가족 그리고 사회 전반에 걸쳐 여러 문제를 야기하기 때문에 치료가 반드시 필요하다. 오늘날 알코올중독 환자를 치료하기 위해 가장 활발하게 사용되고 있는 치료 방법에는 약물치료와 심리치료가 있다. 알코올중독 환자를 위한 심리치료에는 인지행동치료, 동기강화치료, 개인정신치료, 집단 치료, 가족치료, 12단계 촉진치료가 있다(Gabbard, 2016). 그러나 안타깝게도 아직까지 알코올중독 환자를 대상으로 하는 미술치료는 활성화되지 못하고 있어서 앞으로 미술치료사들의 활발한 활동이 기대되는 분야이다.

심리치료의 일환인 미술치료는 그림을 활용하여 긴장감을 완화하고 말로 표현하기 힘들었던 일련의 생각이나 감정을 자유롭게 표현하며 개인의 내적 통찰력을 향상시킬 수 있다는 장점이 있다. 이러한 미술치료의 장점은 낮은 자존감, 고도의 긴장감, 감정 및 사고 표현의 어려움, 낮은 대처능력 등 알코올중독 환자의 심리적 문제를 해결하는 데 도움이 된다(Halužan, 2012). 단, 알코올중독 환자의 친중독성 사고는 그림만으로 해결될 수 없다. 그러므로 이를 합리적인 사고로 변화시킬 수 있는 현실적이고 구체적인 미술치료 프로그램과 질문을 준비하여야 할 것이다.

1. 언제 미술치료를 하는가

삶의 긴 시간 동안 반복한 행위가 뇌에 저장되어 자동적으로 반응하는 알코올중독 환자를 대상으로 미술치료사는 무엇을 할 수 있을까? 이 질문에 대답하기에 앞서 미술치료를 언제 할 것인가를 생각해 볼 필요가 있다. 왜냐하면 알코올중독은 중독 단계에 따라 환자의 상태나 치료적 접근 방법이 달라질 수 있기 때문이다. 중독은 4단계로 나뉘는데(안영실, 임혁, 2010), 치료를 받기 위해 움직이기 시작하는 시기는 보통 3단계 이상이다. 3단계는 중대한 위기 단계로 알코올중독 환자에게서 나타나는 폭언, 폭력, 거짓말, 갈망 등과 같은 모든 부정적인 행동이 나타나는 시기이다. 이 단계에 이르면 가족 간의 관계는 무너지고 환자는 주변 사람들로부터 거의 고립된다. 이들의 이미지는 술을 좋아하고 자주 마시는 '술꾼'에서 '알코올중독 환자'로 전환되고, 결국에는 가족이나 주변 사람들에 의해서 병원에 입원하게 된다. 이때부터 알코올중독 환자의 치료가 시작된다. 치료는 개입, 해독, 재활 단계로 나누어서 진행된다(민성길, 2016). 개입은 환자가 스스로 자신의 병을 인식하고 치료에 적극적으로 협조하도록 설득하는 단계이다. 해독은 말 그대로 알코올을 해독하는 시기로, 이 시기에는 금단 현상이 나타난다. 이 두 시기에 미술치료사가 직접 환자를 만나서 치료에 개입하는 일은 거의 없다. 그러나 재활 시기가 되면 미술치료사의 일이 많아진다. 이 시기에 미술치료사는 여러 미술작업을 통해 환자들의 단주 동기를 고취시키고, 환자가 술의 힘을 빌리지 않고도 일상 스트레스에 대처할 수 있도록 대처능력 향상을 꾀하며, 우울이나 불안과 같은 부정적인 감정을 스스로 다룰 수 있도록 돕는다. 물론 퇴원 후 지속적으로 미술치료를 희망하는 경우는 정신역동적 입장에서 개인의 내면을 탐색하는 미술치료를 진행할 수 있다. 그러나 정신역동적 치료를 할 때 오직 술을 추구하는 환자의 무의식적 욕구만을 탐색할 경우 기대할 만한 효과를 얻지 못할 수도 있다(Gabbard, 2016)는 점을 기억하고 좀 더 체계적인 접근을 시도하는 것이 바람직하다.

2. 어떻게 미술치료 개입을 할 것인가

구체적인 미술치료 기법인 주제에 대한 질문은 참으로 난감한 질문이다. 왜냐하면 미술치료의 특정 기법이 알코올중독 환자에게 좋다고 확인된 적이 없기 때문이다. 그러므로 미술치료사가 할 수 있는 일은 알코올중독 환자들이 가지고 있는 문제에 초점을 맞추고 그들을 위한 개별적인 치료 개입을 준비하는 것이다.

알코올중독 환자를 대상으로 미술치료를 할 때는 먼저 그들을 위한 전반적인 치료 목표를 설정하는 것이 바람직하다. 알코올중독 환자의 미술치료 목표는 다른 치료 방법의 목표와 동일하게 '재발 방지'와 '사회로의 복귀'로 하는 것이 적합하다. 이는 알코올중독이 완치가 불가능한 질환으로 아무리 오랜 기간 단주를 하였다고 할지라도 특정 자극이 주어졌을 때 다시 술을 마실 가능성이 높기 때문이다(Urschel, 2009). 재발 방지와 사회로의 복귀라는 미술치료의 목표는 유발 요인을 제거하고 대처능력과 사회성을 향상함으로써 이루어질 수 있다.

미술치료 전반에 걸친 목표가 정해지면 다음으로는 각 회기별로 어떤 주제를 선택할지 생각해야 한다. 주제를 선택할 때는 그들이 가지고 있는 문제가 무엇이고 어떤 요인에 의해서 알코올중독이 발생했는지를 살피는 것이 중요하다. 알코올중독은 생물학적 · 사회문화적 · 심리적 요인에 의해서 발생하는데 이 중 심리적 요인이 중대한 영향을 미친다고 알려져 있다(한국중독정신의학회, 2019). 알코올중독 환자들이 술을 마시는 심리적 원인은 우울, 불안과 같은 정서적 고통과 일상 스트레스를 감당하지 못하고 이를 회피하기 위해서이다(Urschel, 2009). 이 외 자아기능, 초자아기능, 자기애에 문제가 발생해도 알코올 의존도는 높아진다(Gabbard, 2016). 알코올중독은 낮은 정서 조절 능력, 대처기술 부족, 사회성 부족, 문제성 부모, 자아기능 저하, 낮은 자기애, 열등감 등에서 발생하기 때문에 이를 조절할 수 있는 대처능력을 개발하거나 발생 요인을 제거함으로써 치료가 가능하다.

미술치료는 특히 정서문제를 다룰 수 있는 방법과 범위가 넓다. 그중 어떤 주제를 선택해서 어떤 방법으로 알코올중독 환자의 문제에 접근할 것인가는 치료사의 선택에 달려 있다. 예를 들어, 감정 파이를 그리라고 한다면 알코올중독 환자는 그림을 그리지 못할지도 모른다. 왜냐하면 감정을 회피하는 일만 해 보았을 뿐 감정을 직면하는 일은 해 보지 못했기 때문이다. 또한 이들은 알코올에 의해 뇌기능이 손상되었기 때문에 특히 재활 초기에는 감정을 표현하는 일에 매우 둔감하다(Gabbard, 2016). 따라서 감정 그림을 그릴 때는 좀 더 섬세한 접근이 필요하다. 환자가 자신의 감정을 환기하고 경험할 수 있도록 하기 위해 미술치료사는 환자와 함께 그들이 느낄 수 있는 여러 감정에 대해 충분한 이야기를 나누어야 한다. 이때 감정이란 인간에게 생기는 자연스러운 현상으로 선택 가능한 것이 아니라는 사실을 설명해 주는 것이 좋다(Gabbard, 2016). 그림이 완성되면 감정 자체에 대한 평가보다는 있는 그대로의 감정에 대해 이야기하며 자신의 감정에 친숙해지도록 기회를 제공한다. 이러한 과정을 통해 환자는 자신을 알코올로 이끄는 유발 원인을 다룰 수 있게 된다.

알코올중독 환자와 미술치료를 할 때 접근 방법은 거의 유사하다. 이들은 마치 어린아이처럼 자신이 가진 문제를 어떻게 다루는지 알지 못한다. 따라서 미술치료를 하는 동안 환자가 직면한 문제를 재경험하고 대처방안에 대해 이야기를 나누는 것이 좋다. 대처방안은 꼭 문제 제거를 목적으로 하지 않아도 된다. 문제를 피하는 것 또한 좋은 방법이다. 예를 들어, 술을 보면 마시고 싶은 충동이 심한 사람은 유발인자인 술을 모두 버리는 그림을 그리는 것도 좋은 방법이다. 가족 문제를 바라보는 시선도 마찬가지이다. 자유롭게 가족이 있는 그림을 그리도록 하고 그 그림에 나타난 상징들을 함께 이야기해 볼 수 있다. 알코올중독 환자들은 이미 가족과의 불화가 심화되어 있기 때문에 환자의 역기능적인 가족관계는 그림에 그대로 드러난다. 알코올중독 환자들은 가족과 환자 사이가 먼 그림을 그리거나 다른 가족으로부터 고립된 그림을 그린다. 미술치료에서는 그림 속 대상들 간의 거리감이 대상 간의 심리적 거리감을 상징한다(박현주, 2011). 따라서 거리감을 느끼는 대상과 그 원인에 대해 이야기를 나누고 가족 간의 문제를 해결할 방안을 찾아봄으로써 환자의 치료에 도움을 줄 수 있다.

음주 상태와 그렇지 않은 상태를 그림으로 재현해서 비교해 보는 것도 도움이 된다. 각각의 다른 종이에 만취한 상태의 자신과 맑은 정신이었을 때의 자신을 그림으로 그리고 난 후 각 상태에 따른 상황을 표현해 본다. 끝으로, 이 두 그림을 서로의 옆에 놓고 둘 사이의 차이를 시각적으로 비교하며 작품에 대해 이야기를 나눈다. 이 방법은 알코올중독 환자에게 상당히 큰 자극제가 된다. 상상만으로도 지각과 인지가 일어나는 사람도 있지만 알코올중독 환자처럼 기억, 인지 등 사고기능에 문제가 있는 사람은 시각적 증거를 가지고 문제를 바라보는 것이 상상에만 의존하는 것보다는 더 도움이 된다. 두 그림에 나타난 상황을 비교하면서 상황을 변화시킬 수 있는 선택권이 환자 자신에게 있음을 알리고 술에 있어서는 불가항력이라는 환자의 친중독적 사고가 옳지 않다는 것을 이해시킨다. 그리고 합리적 사고에는 어떤 것이 있는지 대화를 나누면서 사고의 변화를 유도한다.

같은 맥락에서 선택에 따른 결과를 그림으로 그려 볼 수도 있다. 예를 들어, 가족과의 관계를 그림으로 그리는데, 술을 마셨을 때의 가족관계와 술을 마시지 않았을 때의 가족관계를 한 회기 동안에 그린 뒤 이를 비교해 보는 것이다. 완성된 그림을 비교하면서 환자의 선택이 미치는 영향을 간접적으로 경험해 본다.

알코올중독 환자가 입원하는 병원에서 미술치료를 실시할 때는 작업 주제를 은유적인 것보다는 명확하고 현실적인 주제로 제시하는 것이 좋다. 왜냐하면 알코올중독 환자에게 나타나는 사고 및 인지장애가 재활 초기에 충분히 회복되지 않았을 가능성이 있기 때문이다. 은유적 주제는 환자의 창조적 사고에 도움을 줄 수 있지만 알코올중독 환자처럼 인지기능 문제가 발생한 경우에는 충분한 효과를 기대하기가 어렵다. 따라서 보다 구체적이고 현실적인 주제를 통해 현실을 회피하고자 하는 환자에게 스스로의 문제를 직면하고 이를 해결하는 연습의 기회를 제공하는 것이 바람직하다.

3. 알코올중독 환자는 무엇을 그리는가

지금부터는 필자의 경험을 바탕으로 현장의 소리를 전달하고자 한다. 한 가지 아쉬운 점은 한 환자의 변화를 꾸준히 관찰할 수 있는 작품을 제시할 수 없다는 사실이다. 알코올에 중독된 환자가 금단 증상을 이기고 재활을 시작하면 결코 단시간 내에 재활에 성공할 수 없다. 그러나 병원에 입원한 환자의 대부분은 일정 기간이 지나면 퇴원하여 외래치료를 시작하거나 다른 기관으로 옮기기 때문에 한 기관에서 장기적으로 치료하는 것은 제한적인 편이다. 따라서 각기 다른 3명의 환자의 그림을 소개하고 이들의 그림이 지니는 상징과 의미를 이야기하고자 한다.

1) 홍만섭: 우리 가족은 강 건너 먼 곳에

홍만섭(가명) 씨가 만취한 상태에서 가족에게 자주 폭력을 휘두르고 기물을 파손하자 견디지 못한 가족이 만섭 씨를 입원시켰고, 만섭 씨는 입원한 상태에서 집단미술치료에 참여하였다. [그림 22-1]은 가족화이다. 그림에서 보이는 것처럼 만섭 씨는 강을 사이에 두고 자신과 집을 그렸다. 그림 속에서 가족은 모두 집 안에 머물고 있고 자신은 강 건너에서 집을 바라보고 있다. 강에는 배가 없어서 환자는 강을 건널 수가 없다. 만섭 씨와 가족 사이의 거리감에 대해서는 가족이 자신을 병원에 입원시켰기 때문에 발생한 것이라며 문제의 원인을 가족에게 전가했다.

필자는 만섭 씨에게 가족의 품으로 돌아갈 방법에 대해 질문했다. 만섭 씨는 강에 배가 없어서 갈 수 없고 가족에게 가기 위해서는 강이 없어져야 하지만 있던 강이

[그림 22-1] 우리 가족

어떻게 없어지냐며 이제 가족에게 돌아갈 방법이 없다고 했다. 그러더니 강이 있어서 이제 자신을 간섭할 사람이 없다면서 오히려 잘 됐다고 했다. 모든 것이 잘 되었는데 계속 집을 바라보는 이유에 대해 다시 묻자 만섭 씨는 대답을 하지 못하고 눈물을 보였다. 결국 함께 있던 집단원 중 1명이 "술만 끊으면 돼요. 그림 속 강은 물이 아니라 술인 듯하네요."라고 만섭 씨를 대신하여 답했다. 집단원의 말처럼 만섭 씨의 그림은 술이라는 거대한 강을 사이에 두고 멀어져 버린 가족과의 거리감을 여과 없이 보여 주었다. 입으로는 가족과 거리를 두는 것이 좋다고 말하면서도 가족이 살고 있는 강 건너 집을 바라보는 그림에는 가족을 향한 만섭 씨의 그리움이 숨어 있었다.

2) 이동화: 나의 집은 쓰레기통

이동화(가명) 씨는 17세로 학교를 자퇴한 상태였다. 만취한 상태에서 친구들과 한 싸움이 문제가 되어 입원이 결정되었다. 미술치료 회기의 작업 주제는 나의 집이었다. 미술치료에서 집은 가정을 상징하기 때문에 집 그림을 통해서 가정에 대한 동화 씨의 생각을 이해하고자 하였다. 동화 씨는 집이라는 주제를 받고 망설임 없이 그림을 그렸는데 집을 쓰레기통으로 표현하였다. 그림을 설명할 때도 동화 씨는 자신의 집을 쓰레기통 같다고 말했다. 쓰레기통에서 사는 기분에 대해서는 더럽다고 짧게 답했다. 더럽다는 감정의 의미를 좀 더 구체적으로 묻자 동화 씨는 기분이 나쁘다로 정정하였다.

[그림 22-2]만을 보면 동화 씨의 가정은 매우 문제가 많은 것처럼 보인다. 그러나 알코올장애 환자의 경우 친중독적 사고를 가지고 있기 때문에 동화 씨의 말이나 그림을 액면 그대로 받아들이는 것은 바람직하지 않다. 그보다는 집을 쓰레기통이라고 생각하는 이유와 구체적인 증거, 집에서 일어날 수 있는 최악과 최선의 상황, 집에 대한 재평가, 현실적으로 쓰레기통 집에서 발생 가능한 문제, 환자의 생각이 부정확하면 그 이유는 무엇인지 등에 대해 이야기를 나눔으로써 환자의 부정확하고 비합리적인 사고에 변화를 주어야 한다.

이러한 질문은 Urschel(2009)가 알코올중독 환자의 사고의 정확성을 평가하기 위해 사용했던 여섯 가지 질문을 미술치료에 활용한 것이다. 이 질문에 대해 동화 씨

[그림 22-2] 나의 집, 쓰레기통

는 자신의 집이 쓰레기통 같다고 느끼는 구체적인 증거로 경제적 어려움을 제외하고는 제시하지 못했다. 동화 씨는 가난한 환경이 자신에게는 쓰레기통과 같다고 주장했다. 일어날 수 있는 최악의 상황은 부모님께 구타당해 죽는 것이라고 했고, 최선의 상황은 자신의 잘못을 용서받는 것이라고 답했다. 그러나 실제로 부모님께 학대를 받거나 심하게 구타당한 기억은 없었다. 부모님께 용서받지 못한 기억이라고 해야 가벼운 체벌과 긴 설교 정도였음에도 불구하고 동화 씨는 부모님이 자신을 심하게 구타할지도 모른다고 생각하고 있었다. 부모님께 용서받지 못한다면 어떤 결과가 생길 것 같은지 물어보자 집에서 쫓겨날 거라고 했다. 하지만 실제로 동화 씨의 부모가 그를 내쫓거나 나가라고 말한 적은 없었고, 동화 씨가 가출해서 그 부모가 아들을 찾아다녔던 기록은 있었다. 동화 씨는 자신의 음주 행위를 합리화하기 위해 부모님이 가학적 태도를 취할 것이라는 친중독적인 사고를 하고 있었다. 집을 그렸던 미술치료 회기를 마치면서 동화 씨는 자신의 집이 생각만큼 나쁜 것 같지는 않다고 인정했다. 그러나 쓰레기통이라는 말은 바꾸지 않았다.

3) 강금자: 나의 인생 지도-5년 후 술 끊기 도전

공존질환으로 우울증 진단을 받은 강금자(가명) 씨는 남편과 이혼 후부터 술을 마시기 시작했다. 금자 씨는 2남 1녀의 자녀를 두고 있는데 자식들의 권유로 입원을 하게 되었다. 필자가 금자 씨와 함께 작업했던 미술치료 주제는 '나의 인생 지도'이다. 이 주제는 출발지부터 도착지까지 인생의 지도를 그려 보는 것이다. 출발지는 현재 시점이고 도착지는 단주를 유지하고 있는 5년 후의 자신의 모습이었다. 그리고 출발지와 도착지 사이에 단주를 방해할 만한 요소를 5개 선정하고 유발인자를 어떻게 극복할지에 대해 이야기를 나누도록 했다.

금자 씨가 선택한 유발인자는 외로움, 남자, 술, 고독, 가을이었다. 금자 씨는 외로움을 이기기 위해서 취미 활동을 시작할 것이고 남자에 대한 관심은 자녀에게로 옮길 것이라고 했다. 그리고 극복 방법에 대해서는 다음과 같이 말했다. 술의 경우에는 집 안에 모든 술을 없애고 술을 파는 곳에는 가지 않을 것이라 했다. 고독은 친구를 만나고 일을 하면서 극복하겠다고 했다. 그러나 가을은 극복하지 못했다. 금자 씨는 가을이 되면 이유 없이 더 고독해져서 견디기가 힘들다고 말하며 가을을 이길 방법은 없다고 했다. 금자 씨는 끝까지 답을 구하지 못했고 결국 단주로 가는 길

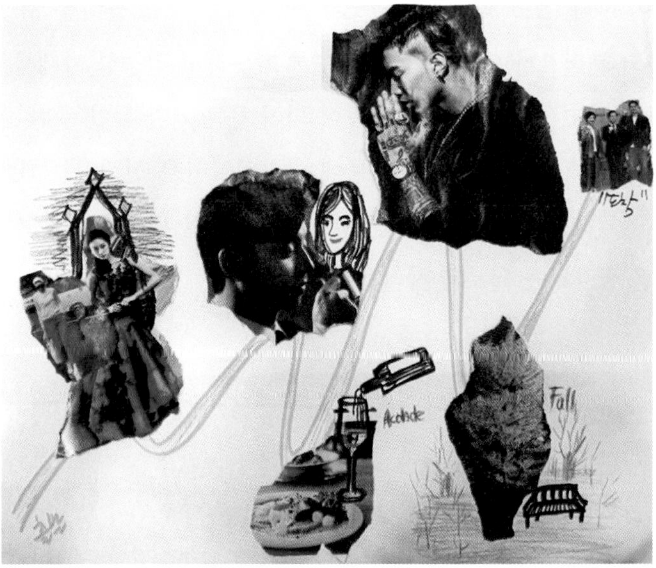

[그림 22-3] 나의 인생 지도-5년 후 술 끊기 도전

을 완주하지 못했다. 알코올 유발인자인 가을을 제거하지 못하는 금자 씨의 행동은 재발 가능성을 시사했다. 아마도 금자 씨는 '가을'이라는 상징과 관련하여 깊은 이야기를 가지고 있을 것이다. 그러나 시간관계상 금자 씨의 '가을'에 대해서는 더 깊은 이야기를 나누지 못했다. 모쪼록 자기 내면의 가을을 조금 더 들여다보고, 그것을 품을 수 있는 시간이 생기기를 진심으로 빌어 본다.

4. 맺는 말

알코올중독 환자의 미술치료는 단순히 그림만 그리는 것보다는 다양한 질문을 통해서 환자 스스로 자신의 왜곡된 생각을 직면하고 대처방안까지 세워 보는 구체적이고 체계적인 방법이어야 한다. 그러나 친중독적인 사고에 익숙한 알코올중독 환자의 특성상 시각적 자료를 바탕으로 구체적인 질문을 해 오는 미술치료 시간이 힘들어서 회피하고 싶어질 수도 있다. 실제로 다른 정신장애를 가진 환자에 비해 방어가 강해 치료적 접근이 어려운 것이 사실이다. Gabbard(2016)는 알코올중독 환자의 치료 성공 여부가 환자의 치료 참여 수준에 비례한다고 했다. 그러므로 미술치료사는 환자의 참여를 독려하기 위해서 환자에게 초점을 맞춘 미술치료 개입을 생각하고 준비해야 한다. 또한 환자가 스스로의 행동과 사고를 돌아볼 수 있는 의미 있는 질문을 하되 불필요한 언쟁이 되지 않도록 따뜻하고 진중한 자세를 유지해야 한다. 무엇보다도 알코올중독 환자는 중독이 되어 가는 기간 동안 주변 사람들로부터 인정받지 못하고 공감받지 못했기 때문에 미술치료사를 신뢰하는 데 시간이 필요하다는 점을 기억하고, 알코올중독 환자에 대한 편견을 버리고 깊은 사랑과 이해로 그들의 마음을 공감하는 일부터 시작해야 할 것이다.

참고문헌

민성길(2016). **최신정신의학(제6판)**. 서울: 일조각.

박현주(2011). **미술치료 진단기법의 이해**. 경기: 양서원.

안영실, 임혁(2010). **임상 실제에서의 알코올중독 치료**. 경기: 양서원.

한국중독정신의학회(2019). **중독정신의학**(제2판). 서울: 아이엠이즈컴퍼니.

Gabbard, G. O. (2016). **역동정신의학**(*Psychodynamic Psychiatry in Clinical Practice*). (이정태, 채영래 공역). 서울: 하나의학사. (원저 2014년 출간).

Halužan, M. (2012). Art therapy in the treatment of alcoholics, alcoholism and psychiatry research. *Journal on Psychiatric Research and Addictions, 48*(2), 99–105. Retrieved from https://hrcak.srce.hr/101346

Urschel, H., III (2009). *Healing the Addicted Brain*. Naperville, IL: Sourcebooks, Inc.

23장

도박장애의 미술치료

토끼가 되고 싶었던 거북이, 잘못된 확신을 변화시키다

이윤희

이 장에서 필자는 도박 문제를 가진 내담자와 2년 반이 넘는 시간 동안 미술치료를 통해 만났던 이야기를 나누고자 한다. 도박에 빠진 사람을 변화시키는 것은 상당히 어려운 일이라고 알려져 있지만 모든 사람이 그렇지는 않다. 도박에 빠지게 된 중요한 사건이 있었다면 미해결 과제였던 것을 좀 더 이해하고 정리하는 것이 도움이 될 수 있다. 감정과 충동성을 조절하는 방법을 잘 알지 못했다면 그러한 방법들을 하나씩 연습해 나가는 것이 도움이 된다. 자신의 미래를 조망할 수 없었기 때문에 도박에 빠지는 악순환이 반복된다면 자신에 대한 평가와 미래 조망을 새롭게 하며 의미를 찾아가는 것으로 순환의 고리를 끊고 나올 수 있다.

그러한 변화가 가능하다는 것을 보여 준 D씨의 이야기를 시작하려 한다. D씨의 미술치료 과정은 크게 세 매듭으로 나누어서 중요한 순간들을 중심으로 정리하였다.

1. D씨의 소개

D씨는 직장을 다니는 35세 남성이다. D씨는 도박으로 많은 돈을 딸 수 있을 것이라 믿으며 한동안 도박에 빠져 있었다. 시간이 지나면서 도박으로 돈을 버는 것은 불가능하다는 것을 알았지만 도박을 그만두기 어려웠다. 경제적 손실이 커서 감당할 수 없는 상태가 되었는데도 도박을 끊기가 어려웠고, 문제가 생기거나 기분이 나쁠 때면 그 상태를 벗어나기 위해 오히려 더 도박을 했다. 결국 개인 파산도 겪었고 가족들에게 거짓말을 해서 돈을 빌리곤 했다. D씨는 이와 관련하여 복잡한 심리적인 요인이 있었고, 도박을 하지 못할 때는 게임이나 쾌락적인 활동에 탐닉하는 등 교차중독 위험성 또한 매우 높았다. D씨의 가족은 이러한 문제가 반복되자 심각하다고 느꼈고, 심리적인 부분에서 변화가 가능한지 물어보면서 필자에게 미술치료를 의뢰했다. 비록 D씨가 자발적으로 미술치료를 시작한 것은 아니었지만 이내 본인도 미술치료의 필요성을 인정하고 꾸준히 치료 회기에 참석하였다.

2. 첫 번째 매듭: 해결되지 않은 슬픔과 상실, 그리고 그 속에 품은 역설적 희망

도박에 빠지기 전 D씨에게는 무거운 마음의 짐이 있었다. 다름 아닌 어머니의 자살을 방치했다는 죄책감이었다. 우울증을 앓던 D씨의 어머니는 집에서 목을 매달아 자살했다. 그날은 공휴일이었고 D씨가 집을 나서려는데 어머니가 죽고 싶다는 말을 했다. 으레 자주 하는 말이라 생각해서 무심코 평소처럼 대답하고 밖에 나왔는데 몇 시간 뒤 형에게 전화가 왔고 어머니의 자살 소식을 듣게 되었다. 그 소식은 너무나 충격적이어서 그저 멍해지는 느낌이었다고 한다. 혹시 자신 때문에 자살하신 건 아닌가 싶은 마음도 들었고, 그냥 집에 일찍 들어갔으면 어머니를 살릴 수 있었을 것 같다는 죄책감도 들었다. 이후 자신도 자살충동을 느껴서 빌딩 옥상을 서성이곤 했다고 한다. 어머니의 우울증은 어렸을 때부터 자신이 목격한 아버지의 무능과 폭력, 외도로 인한 것이라고 생각되었고, 만약 누군가 먼저 죽어야 한다면 아버지가 먼저 갔어야 했다는 생각까지 들 정도로 아버지에 대한 분노와 원망이 크게 느껴졌다. 도박에까지 빠지게 된 데에는 어머니의 자살과 그로 인한 죄책감, D씨 자신의 우울증이 영향을 미쳤다.

D씨는 무표정한 얼굴에 다소 건조한 말투로 어머니의 죽음 이후 눈물이 나지 않는다고 했다. 이처럼 말로는 표현할 수 없는 감정이라면 그 감정의 물꼬를 미술치료를 통해 터주는 것이 도움이 된다. 그런 다음 구체적인 대상을 그리는 것보다는 선과 색으로 추상적인 작업을 제안하는 것이 도움이 될 것이라 보았다. 작업이 진행되면 치료에 대한 기대와 치료사에 대한 신뢰관계도 차츰 더 커질 것이다.

1) 감정의 물꼬 트기 1: 대신 울어 주세요

D씨에게 느껴지는 감정을 물어보면 알 수 없는 감정이라는 대답을 하곤 했다. 어머니의 죽음 앞에서도, 그 이후로도 눈물이 나지 않았고 울고 싶어도 울 수가 없었다고 했다. 정말 슬픔의 한가운데에는 눈물이 없다. 아무것도 못하고 힘없이 그저 머물러 있는 것이다. D씨는 눈물이 없는 슬픔의 한가운데에 머물러서 한없는 무기력과 무능감을 경험하고 있었다. 그래서 울고 싶어도 울 수 없는 D씨를 대신해서 울어 줄 수 있는 재료로 물감을 준비했다.

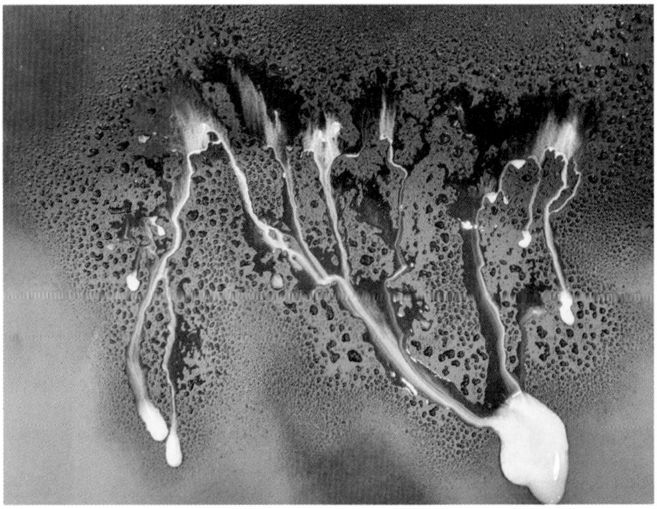

[그림 23-1] 대신 울어 주세요

미술작업에 대해 설명한 뒤 D씨에게 울고 싶은 마음속의 색과 눈물을 상징하는 색을 선택해 달라고 했다. D씨는 검은색 도화지와 흰색 물감을 선택했다. 분무기로 물을 뿌려서 도화지를 젖게 한 뒤 D씨는 붓에 물감을 묻혀 도화지에 찍어도 보고 선을 긋기도 했다. 물과 물감이 섞이며 번지는 느낌을 관찰하며 눈물이 흐르듯 물감이 움직이게끔 도화지를 이리저리 기울여 보기도 하였다(그림 23-1 참조). (이러한 물감 작업은 경직된 D씨의 이완을 도울 수 있다.) 필자는 이 작업에 대해 그림이 D씨를 대신해서 울어 주는 작업이라고 설명해 주고 그 눈물을 느끼며 공감해 보도록 하였다.

D씨는 "눈물이 외롭기도 하고 따뜻하게도 느껴졌어요. 천천히 번지는 눈물이 좋으면서도 시원하게 울어 주었으면 하는 마음이 느껴졌어요."라고 말했다. 울 수 있는 기회를 놓쳐서 울 수 없을 때 충분히 울지 못해서 올라오는 분노가 있다. 마치 당시에 했어야 했는데 하지 못한 말이 목에 걸렸을 때 느끼는 후회와 답답한 분노처럼 말이다. D씨는 물감이 대신 울어 준 것이 따뜻했고 고맙고 시원했다며 처음으로 눈물을 글썽였다.

2) 감정의 물꼬 트기 2: 물길을 열어 주세요

D씨는 물감을 사용한 감정 작업을 여러 번 반복했다. 어느 날은 자신의 작업을 보며 "눈물이 어디로 가야 할지⋯⋯ 삼키고 싶은 건지, 흐르고 싶은 건지, 눈물이 길을 찾지 못하고 길을 잃은 건지 길을 잃은 게 아니라 길이 없는 것 같네⋯⋯."라고 혼잣말을 했다. 그 길들의 차이점에 대해 묻자 "알고 가니까 정해진 길, 모르고 가니까 나의 길, 새로운 길?!"이라 답했다. 그러면서 방향을 모르면 자신이 정할 수 있겠다며 새로운 길을 가고 싶다는 말을 덧붙였다.

눈물의 흔적도 지나온 '길'이고 앞으로 걸어갈 '길'도 되겠다는 말을 나누며 D씨는 도화지에 눈물의 흔적을 '길'로 만들어 주고 싶다고 했다. 도화지에 가득 물을 뿌리고 붓으로 물감을 떨어뜨리다가 마치 놀이를 하듯 도화지를 들어서 이리저리 기울이며 물이 흐르는 방향을 조절해 갔다. 그러고는 붓으로 물길을 따라 선을 그었다(그림 23-2 참조).

"마치 이 붓이 막다른 홍해 앞에서 홍해를 가른 모세의 지팡이 같아요. 새 길을 내어 주는! 도화지에 붓이 닿자마자 물길이 열리니까요. 그 물길은 신의 기적이죠. 나

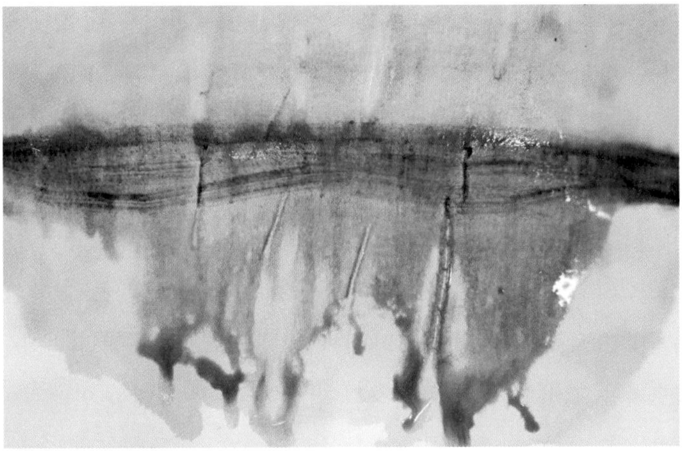

[그림 23-2] 물길을 열어 주세요

에게는 왜 기적이 일어나지 않는 건지, 늘 기적을 꿈꿨는데…… 그 기적의 지팡이를 이미 내가 가지고 있었는데…….”라고 말하며 한동안 말없이 눈물을 흘렸다.

마침내 D씨는 자신의 방어를 허물고 눈물을 흘릴 수 있었다. 울고 싶어도 울 수 없었던 사람에게 미술이 대신 울어 주었을 때 진정으로 다시 울 수 있는 물꼬를 터 줄 수 있다. D씨의 말처럼 신이 주신 치료제, 눈물의 기적이었다.

3) 감정 편지 쓰기: 전하지 못한 마음

D씨가 어머니에게 전하지 못한 마음을 편지로 쓰면서 자신의 감정도 담아서 보내기로 했다. 먼저 자신의 감정을 나타내는 색상지를 선택하도록 하였다. 그리고 그 색상지 위에 자신의 감정을 그림과 글로 자유롭게 담아 보도록 하였다. D씨는 편지를 읽어 주며 그림에 대한 설명도 함께 해 주었다. 형식적이고 표면적으로만 대했던 아들이었던 것이 내내 어머니께 미안한 마음이었고 어머니께 자신의 월급을 맡기는 것으로 자식 도리를 다했다고 생각했다고 했다.

“더 중요한 게 있었는데 그때는 몰랐어요. ……(중략)…… 어머니에게 진심으로 대하는 게 더 중요했는데……. 엄마 미안해요. 엄마 죄송해요.”

어머니께 D씨의 진심이 오롯이 전달된다면 어머니는 뭐라고 답장을 보내올 것 같냐고 물었다. D씨는 하염없이 눈물을 흘리다가 떨리는 목소리로 말했다. “엄마가 미안해. 엄마도 후회해. 진심으로 대하고 싶었다는 그 진심으로, 그 무엇보다 중요하고 가치 있는 네 인생과 네 자신을 진심으로 대해 주었으면 좋겠다."

"엄마가 돌아가신 후 도박으로 많은 돈을 따서 부자가 되는 상상을 하며 도박에 점점 빠져들었어요. 많은 돈을 잃어버릴수록 더욱 도박을 멈출 수 없었어요. 그런데 이제 알겠어요. 도박으로 잃은 건 돈뿐만이 아니었어요. 더 중요한 것, 더 소중한 것을 잃었어요. 도박으로 내가 잃어버린 건 돈이 아니라 내 인생, 나 자신이었어요."

어머니의 죽음으로 D씨는 생활 전반에서 미성숙하고 충동적인 변화들이 나타났었다. 특히 도박을 접하면 접할수록 점점 더 욕구 좌절에 대한 인내력이 낮아지고 경험으로부터 배울 수 있는 능력이 떨어지면서 다시 도박에 빠지는 악순환에서 벗어나지 못했다. 그러나 미술치료를 통해서 D씨의 가장 큰 변화는 자신의 외상경험의 의미가 변화하게 되었다는 것이다.

4) 감정 편지 보내기: 의식의 서약식

애도작업의 마지막 순서로 그 편지를 어머니께 보내고 싶은 형태로 만들어서 보내 주는 의식(ritual)을 진행하기로 했다. D씨는 비행기로 접어서 날려 보내고 싶다고 했다. 정성스럽게 종이를 접어 비행기를 만들었다. 필자는 이 비행기를 어디서 날려 보내고 싶은지 물었다. D씨는 어머니가 돌아가셨을 때 올라갔던 옥상을 이야기했다. 그 옥상은 수천 번을 서성이며 자살충동을 느꼈던 장소였다. 도박으로 빚독촉에 시달릴 때, 감당할 수 없는 마음의 고통이 올라올 때마다 올라가게 되는 옥상에서 아무런 희망 없는 삶을 마감하고 싶었던 자신의 절박했던 마음도 함께 떠나보내고 싶다고 했다. 필자는 비행기를 날릴 때 하고 싶은 말이 있느냐고 물었다(이것은 일종의 의식의 서약서와 같은 역할을 한다).

"떨어지는 것이 아니야! 날아가는 거야!"

3. 두 번째 매듭: 자기이해와 수용을 통한 도박 충동 및 욕구 대처

D씨는 자신을 무가치하고 어리석고 실패자이고 매력도 없다고 평가절하했다. 이

성과 또래 집단의 거절을 두려워하여 사회적 접촉도 피할 때가 많았다. 자신의 긍정적인 특성이나 재능을 확인하고 인정하는 능력이 부족했으며, 부정적인 관심 추구(도박, 게임, 쾌락적인 활동들 탐닉) 방식으로 행동 발산을 하였다. D씨가 자신을 바라보는 시선을 바꾸기 위해서는 자신을 이해하는 것과 수용하는 것이 필요했다.

1) 직선의 마음, 곡선의 마음, 보이고 싶지 않지만 알아주었으면 하는 내 마음

D씨는 생각이 꼬리를 물며 끝없이 맴돌다가 결국 자신에 대한 비난으로 결론 내

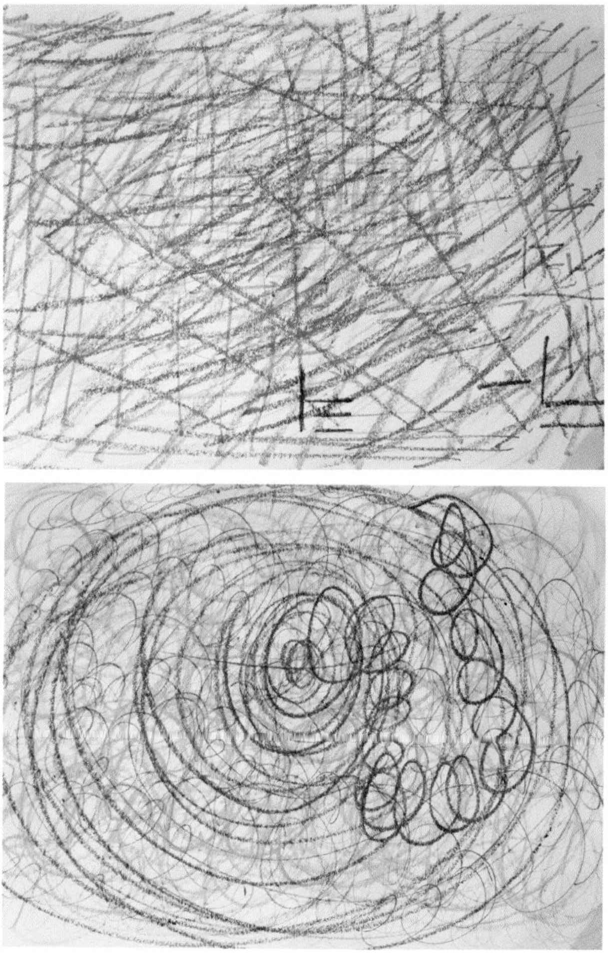

[그림 23-3] 직선의 마음(위), 곡선의 마음(아래)

기를 반복하게 된다고 하였다. 생각이 많아질수록 마음은 더욱 뒤엉키고 복잡하게 느껴진다. D씨가 부정적인 생각의 틀로부터 나오는 것을 돕기 위해 감각 수준에서의 기본적 작업부터 해 보기로 했다. 형태가 없는 단순한 직선과 곡선을 긋는 것은 생각을 비울 수 있는 작업이기도 하고 손이 가는 대로 감각 움직임 자체에 몰입할 수 있는 작업이기도 하다.

먼저 직선부터 시작했다. 처음에는 연필로 짧은 선을 긋기 시작해서 점차 다양한 방향으로 직선을 그어 나갔다. 다음 장에는 좀 더 선이 과감해지며 크레파스로 다양한 색의 직선을 가득 채워 갔다. 곡선을 그릴 때에도 처음에는 연필로 시작해서 다음 장에는 크레파스로 다양한 색의 곡선을 화면 가득 채워 갔다(그림 23-3 참조).

이번에는 원형의 캔버스를 준비했다. 그 캔버스가 D씨의 마음이라 생각하고 자유롭게 직선과 곡선으로 마음을 담아 보라고 했다. D씨는 연필, 색연필, 사인펜, 크레파스 등을 사용하여 화면을 가득 채워 갔고 때로는 나이프로 색을 긁기도 하였다(그림 23-4 참조). 완성된 작품에는 '보이고 싶지 않지만, 알아주었으면 하는 내 마음'이라는 제목을 붙였다. 그것이 어떤 마음인지 묻자 용서받고 싶은 마음, 용서하고 싶은 마음이 느껴진다고 했다. 그러면서 용서를 생각해 본 적도 없는데 그런 마음이 표현된 것에 대해 놀라는 기색이었다.

[그림 23-4] 보이고 싶지 않지만, 알아주었으면 하는 내 마음

2) 보이는 나, 보이지 않는 나

사람들은 삶에서 경험한 것을 바탕으로 자기 이미지를 만들어 간다. D씨는 자신의 불행한 삶의 경험과 자신을 분리하지 못하고 자신에 대해 왜곡된 평가와 과도한 비난을 하였다. 자신에게 이러한 일이 벌어지는 것을 자책하며 이러한 불행한 삶의 경험이 자신의 전부라고 생각했다. 이러한 D씨의 부정적인 자아상을 변화시키기 위해서 다양한 관점에서 자신을 표현하고 이해할 수 있도록 '보이는 나, 보이지 않는 나'를 콜라주로 작업하였다.

도화지를 4영역으로 나누어서 첫 번째 영역(왼쪽-위)에는 남도 알고 나도 아는 나의 이미지, 두 번째 영역(오른쪽-위)에는 남은 알고 나는 모르는 나의 이미지, 세 번째 영역(왼쪽-아래)은 남은 모르는데 나만 아는 나의 이미지, 네 번째 영역(오른쪽-아래)에는 남도 모르고 나도 모르는 나의 이미지를 표현하기로 했다.

D씨는 1영역에 대해 자신의 하얀 이미지만 보여 주려고 하고 있어서 남들도 나의 하얀 얼굴을 보고 있을 것 같다고 했다. 2영역에 대해서는 사람들은 자신을 조용한 사람으로 보인다고 하는데, 자신은 잘 모르겠다고 했다. 3영역에서는 검은 비밀을

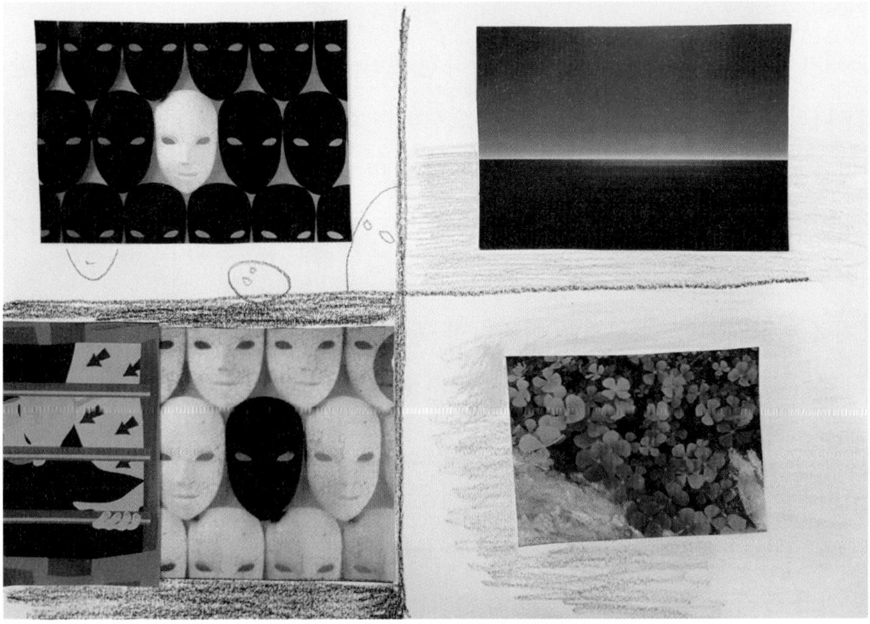

[그림 23-5] 보이는 '나', 보이지 않는 '나'

숨기고 있어서 검은 얼굴을 하고 있으며 비정상적이고 불안정하고 무능력하고 무가치한 '나'는 씻을 수 없는 많은 죄를 지어서 갇혀 있다고 했다. 4영역을 만들 때 처음에는 암흑, 무덤, 죽음을 상징하는 이미지를 찾으려고 했는데 상담 중에 나눴던 이야기가 떠올랐다고 했다. "내가 갖고 싶지만 갖고 있지 않은 것에 대한 것이었는데, 저에게 행복과 행운은 없는 것 같다고 했을 때 같아요. 행복의 세잎 클로버와 행운의 네잎 클로버에 대한 이야기였는데, 당연한 것들을 감사하며 만족할 수 있다면 행복해지고 나만의 고유함을 발견할 수 있다면 행운을 찾게 된다는 말이 생각났어요. 그래서 남도 나도 모르는 나의 이미지로 세잎 클로버와 네잎 클로버를 선택했어요."

이렇게 작업한 여러 종류의 '나' 중에 어느 하나만 진짜 '나'가 아니라 이 모두가 '나'일 것이다. 하지만 심리적으로 힘든 상태에서는 '남은 모르는데 자신만 아는 나'를 진짜 나라고 생각하는 경우가 많다. 그래서 더 숨기려 하고 더 부정적으로 느끼게 된다. 우리는 미술작업에 나타난 여러 모습을 보면서 전체의 나로 통합하는 과정에 대해서도 이야기를 나누었다.

3) 나를 변화시킨 인생 사건

D씨가 미술치료 과정에서 조금씩 달라진 모습을 보이며 실생활에서도 그러한 변화가 나타나고 있었다. 긍정적인 방향으로의 변화에 대해 보다 적극적으로 강화하고 칭찬해 주는 시간을 마련하고 싶어서 '나를 변화시킨 인생 사건'을 제안했다. D씨에게 자신을 변화시킨 인생 사건을 떠올려 보고 각 인생 사건을 상징하는 이미지를 그려 보도록 했다.

"저를 변화시킨 인생 사건은 어머니의 죽음과 도박, 미술치료예요. 그래서 어머니의 죽음은 병원 마크로 표현했고, 도박은 칼로 표현했고, 미술치료는 십자가로 표현했어요."

우리는 그림 이미지를 보면서 이미지의 공통 요소와 느낌을 나누었다.

"그리고 보니 신기하게 모두 플러스(+) 모양이네요."

필자가 플러스의 의미에 대해 묻자 D씨는 인생 사건을 통해서 깨닫고 배운 것이라고 말하며 힘 있는 목소리로 설명했다. "첫 번째는 병원을 상징하는 마크인데요.

어머니는 우울증을 앓고 계셨고 결국 자살을 하셨는데 우울증이 그렇게 무서운 병인지 몰랐어요. 그리고 저도 마음의 병에 걸려서 도박에 빠졌고요. 우울증도 도박 중독도 마음의 병이 얼마나 무서운지 경험했는데 이 사건을 통해 마음 건강의 중요성을 알았으니 마음을 플러스 하라는 의미 같아요." "두 번째는 도박이에요. 처음에는 십자가를 거꾸로 그려서 호언장담하던 베드로가 예수님을 부인했던 것을 참회하며 십자가형에 죽을 때 거꾸로 매달아 달라고 했던 것처럼 저도 도박에 빠져서 가족을 배신한 거죠. 베드로처럼 죄책감과 후회, 참회의 마음을 표현하려고 했어요. 그런데 그리다 보니까 칼처럼 보이는 거예요. 그래서 도박이 나를 위협하고 파괴시켰다는 의미로 칼 모양으로 그렸어요. 그래서 이 사건으로 배운 것(플러스)은 호언장담하던 베드로처럼 도박을 해도 빠지지는 않을 거라고 착각하고 과신했던 잘못된 확신이에요. 이제는 깨닫게 되었어요. 돌이켜 보니 결심만으로는 도박을 끊을 수 없었어요. 진정한 회심이 먼저 되고서야 끊을 수 있었다는 것을 오늘 이야기하면서 깨닫게 되네요."

거기까지 말하고는 D씨는 목이 메는 듯 잠시 침묵했다. "인생을 바꾼 세 번째 사건은 미술치료를 하게 된 것이에요. 떠오른 이미지로 구원의 십자가가 생각났어요. 미술치료를 받기 전에는 '난 망한 인생'이라고 생각했어요. 어떻게 해야 할지, 어떻게 살아야 할지도 모르겠고 막막하고 무기력하기만 했죠. 솔직히 이미 끝났다고 생

[그림 23-6] 나를 변화시킨 인생 사건-같은 모양 다르게 보기

각했어요. 어느 날 '끝에서 시작하기'라는 주제로 미술치료를 했을 때가 있었는데, 당시에 당황스러울 정도로 깜짝 놀라고 충격이 있었고 이후부터 지금까지도 계속 영향을 주더라고요. 점과 선의 반전을 직접 그리면서 경험하고 나니까 그동안 제가 가지고 있던 고정관념들이 리셋된 것 같았어요. 이후로 '끝'이라는 생각이 더 이상 들지 않았어요. 이렇게 미술치료를 통해서 배운 것(플러스)은 저에게 '다음'이 생겼다는 거예요."

4. 세 번째 매듭: 재발위험 대처 및 부정적 정서 관리, 새로운 길로 나아가는 걸음을 끝까지 응원하기

D씨는 분노, 두려움, 슬픔, 죄책감, 혐오와 같은 부정적 정서를 회피하려 했고 이러한 느낌이 들면 게임이나 도박으로 해결하려 했다. 도박 행동이 재발하지 않도록 하기 위해서는 감정을 관리하는 힘을 키울 필요가 있었다. 무엇보다 부정적 정서를 있는 그대로 느낄 수 있고 감정과 행동을 분리시킬 수 있는 힘이 필요했다.

필자는 D씨에게 어두운 감정이 다가오더라도 재빨리 없애려고 하기보다는 자신의 감정을 반겨 주며 경험하는 것이 중요함을 설명했다. 부정적 정서 상태가 길어지면 부정적 감정 자체가 자신이 되어 버리곤 한다. 그래서 자신도 빨리 없애 버려야 하는 부정적인 존재로 인식된다. 재빨리 없애려고 하기 전에 부정적으로 인식된 나의 감정에 관심을 가지고 충분히 적절하게 느껴 주고 따뜻한 시선으로 보아 주는 것이 중요하다.

1) 이미지로 감정 공감하기

수용할 수 없고 부끄러운 '나', 소외되고 상처 입은 '나'를 어떻게 따뜻한 마음의 온기로 안아 줄 수 있을까? 충동 통제와 욕구 대처 역량을 어떻게 향상시킬 수 있을까? 말로 표현할 수 없는 감정과 수용할 수 없는 부정적 감정을 이미지로 표현하고, 이미지로 표현된 감정을 이미지로 공감할 수 있다. 또한 이미지는 문제해결의 상상력을 제공한다.

[그림 23-7] 마음의 길이 보여요

필자는 D씨에게 자신의 부정적 감정의 색(색종이)을 선택하고 색종이 위에 그 감정의 모양을 그려 보게 했다. 그 후 형태로 그려진 감정을 오려서 도화지에 붙여서 구성하고 표현된 감정을 온전히 구체적으로 느끼고 감정의 이름을 지어 주게 했다. 그리고 그 느낌에서 도화지에 구성된 나의 감정에 반응하여 자신에게 선물을 준다는 방식으로 도움이 되거나 힘을 줄 수 있는 색과 모양을 그린 후 오려서 꾸미기를 하게 했다.

"한없이 높고 깊은 산을 오르락내리락 하는 감정이라서 이름을 '등산'이라고 했고 탈출할 수 없을 것 같은 미로 같은 감정이라서 이름을 '수수께끼'라고 했어요." "등산 감정에게 필요한 것으로 뾰족한 산꼭대기를 감싸 주고 싶어서 동그라미를 붙여 주었어요. 나를 향한 뾰족한 비난을 동그라미로 공감해 주고 감싸 주었어요." "탈출할 수 없을 것 같다는 절망감이 있어요. 탈출을 시도하려고 생각에 생각을 끝없이 하는 것 같아요. 그런데 그럴수록 더 꼬이기만 해요. 미로 속에 있으면 길이 보이지 않지만 위에서 보면 길이 보이잖아요? 그래서 생각의 미로 속에 있지 말라고 세모난 지붕을 만들어서 덮어 주었어요. 생각이 쉴 수 있도록 미로가 아닌 집이 된 것 같아요." "마음을 공감해 주고 생각은 쉬게 하니까 미로 같던 마음의 길이 보여요."

2) 매체를 통한 '나와 환경'의 조화

D씨는 자신의 성격과 환경에 대한 불만이 컸다. 자신의 성격적인 문제로 인해 환경에 부적응해서 부정적 정서를 경험하는 것 같다고 했다. 자기를 있는 그대로 이해하고 환경과 조화를 이룰 수 있으려면 어떻게 해야 할까? 부정적 정서의 순기능을 경험하여 긍정적 정서로 돌릴 수 있는 매체 작업을 진행하였다.

여러 매체를 충분히 탐색한 후 그 경험과 특성을 나누고 D씨의 성격과 가장 닮은 매체를 선택하도록 했다. D씨는 파스텔의 특성과 자신이 매우 비슷한 것 같다고 했다. 유약하고 우유부단하며 쉽게 좌절하고 분명하지 못하고 존재감 없이 작고 빈약하다고 했다. 환경에 영향을 많이 받으면서도 환경에 안착하지 못한다고 했다. 파스텔의 좋은 특성은 없냐고 묻자 부드럽고 잘 섞인다는 점인데, 그렇지만 자기 색의 존재감이 없고 아무리 노력해도 선명도와 표현의 한계가 있다고 했다. 그리고 집착할수록 더러워지는 것이 자신과 똑같다고 했다(D씨는 좋은 특성을 질문했음에도 안 좋은 점을 더욱 강조했다).

필자는 파스텔과 상반되면서도 장점은 유지하고 단점은 보완해 줄 수 있는 매체를 선택해 보라고 했다. 마침내 D씨가 물감을 선택한 뒤 부드럽고 잘 섞이지만 선명하고 표현도 다양하게 할 수 있고 파스텔과 달리 화려하고 선명한 존재감이 있는 것 같다고 했다. 필자는 파스텔이 환경에 안착할 수 있도록 필요한 윤활제로 '물'(매체로서 치료적 개입)을 선택했다고 말해 주었다.

분무기를 이용하여 촉촉해진 도화지를 D씨에게 건네주었다.[1] 무엇인가 의도적으로 그리려 하지 말고 재료 탐색을 했을 때와 같이 탐색하고 느끼며 재료와 놀이하듯이 자유롭게 표현하도록 하였다. D씨는 파스텔로 화면을 채워 가기 시작했다. 촉촉하게 적셔진 도화지와 파스텔이 만나니 파스텔의 색은 선명하고 분명해졌다. 가루도 날리지 않고 온전히 도화지에 안착되었다. 물감으로 표현을 더해 나갔다. "윤활제 하나로 파스텔은 생기가 생기고 존재감이 생기고 도화지와 겉돌지 않고 도

1) 물에 적신 도화지를 제공하는 것은 내담자에게 치료사가 도화지를 제시하면서 테두리를 그어 건네주는 테두리 기법과 같이 조형 활동을 자극하고 동기를 부여할 수 있으며, 빈 도화지나 작업에 대한 공포를 줄일 수 있어서 자아가 허약한 대상에게 사용하면 좋다.

[그림 23-8] 올챙이에서 개구리가 되는 과정

화지에 스며드는 느낌이 재미있고 신기하고 정말 좋았어요." "그동안 생각해 보니 돈을 벌 수 있다거나 생계를 위해, 취업을 위해 필요한 것만 해야 한다고 생각했던 것 같아요. 돈을 벌면서도 재미있을 수 있는 것을 찾다 보니 도박을 하게 되었던 것 같아요. 꼭 돈 때문이나 생계 때문이 아니어도 괜찮은데…… 아니, 돈과 생계가 아닌 것도 살아가는 데 중요한 건데 그것을 정말 몰랐었어요. 윤활제가 이렇게 중요하고 필요한 것인지 미술치료 작업을 하면서 확실히 경험하고서야 알게 되었네요." D씨에게 물과 같은 윤활제가 무엇인지 물었다. D씨는 좀 더 생각해 봐야겠다고 했다. 이후 D씨는 윤활제가 '감성'이라는 생각이 들어서 난생 처음 노래 학원을 다니기 시작했다고 했다.

D씨는 표현된 작품에 대해 이리저리 돌려보면서 한참을 생각하더니 물감으로 2개의 점을 찍어 주며 말했다. "올챙이가 개구리로 변화하고 있는 것처럼 보여서 눈을 그려 주었어요. 음…… 이 그림을 보고 있으니 올챙이가 올챙이에서 개구리로 변하고 있듯이 저도 변하고 성장하는 중인 것 같다는 생각이 들어요."

3) 부정적 정서의 날씨

D씨의 부정적 정서를 날씨로 표현하고 은유적으로 대처방법을 찾을 수 있도록 날씨 콜라주 작업을 하였다.

[그림 23-9] 부정적 정서의 날씨: 희망이 전제인 기다림

"해는 쨍쨍한데 소나기가 엄청나게 퍼붓고 있어요. 그래서 날씨가 흐린 건지 맑은 건지 이게 뭐지라며 알 수가 없는데, 엄청난 해일처럼 파도가 나를 집어삼켜서 허우적거리고 있는 감정이에요." 필자가 "바닷가에서 수영하기 위해 나서려는데 해는 쨍쨍하고 하늘도 맑은데 소나기가 내리고 있고 파도가 매우 높은 날씨라면 어떻게 해야 할까요?"라고 물었다. 잠시 생각에 잠기더니 D씨는 이렇게 대답했다. "소나기가 그칠 때까지, 파도가 잠잠해질 때까지 기다려야겠죠." "소나기는 오래 내리지 않는데도 잠시도 기다리지를 못하는 것 같아요. 더 조급해지고 기다려야 한다는 게 불안한 것 같아요."

우리는 기다림에 대해 미래에 대한 조망과 더 나은 내일을 보며 단기적 쾌락을 포기하는 것에 대해 이야기를 나누었다.

4) 부정적 정서를 변화시키는 이미지 재구성

부정적 정서의 날씨 작업에 이어서 그 날씨 속에 있는 사람이 어떻게 위험한 상황에서 빠져나올 수 있었는지를 이미지로 구성해 보도록 했다.

"허우적거리던 사람이 다행히도 구명조끼를 입고 있어서 물속에 빠지지는 않았어요. 그러다 나룻배를 만나서 구출되었어요. 그런데 나룻배는 너무 느린 것 같아서 모터를 달았으면 좋겠다는 생각이 들어서 모터 이미지를 붙였어요."

구출된 이 사람의 마음은 어떤지 물었다. "처음에는 살 수 있겠다는 희망이 생겼다가 걱정과 불안한 마음이 들어서 빨리 갈 수 있는 모터를 달고 빨리 가고 싶은 마음이에요." 이 사람이 물에 빠지지 않았던 이유가 구명조끼를 입고 있어서라고 했는데, 그가 구명조끼를 입고 있었던 이유를 묻자 안전 때문이기도 하고 불안해서 입고 있었던 것 같다고 했다. D씨와 함께 적절한 불안과 압도된 불안에 대해서 나누었다. '불안'이라는 것이 무조건 부정적이지만은 않다. 적절한 불안은 자기를 방어해 주고 위험성을 감지해서 큰 사고를 막아 줄 수 있다.

모터를 달고 빨리 가고 싶다고 했는데, 왜 처음부터 모터 달린 보트가 아닌 나룻배를 선택했는지 물었더니 잠시 당황하는 기색이 보였다. "그리고 보니까 그렇네요?! 빨리 달리고 싶지만 나는 빨리 달릴 수 없는 매우 느린 나룻배라고 생각했나 봐요." "그리고 육지가 안 보이니까 육지와 너무 멀리 떨어져 있어서 표류되면 어떻게 하나 생각하고 조급해져서 걱정한 것 같아요." 육지가 눈에 보이기 원한다면 눈에 보이게 그려 보도록 하였다(전체적인 배경을 그림으로써 거시적으로 상황을 바라볼 수 있도록 해 준다).

"처음부터 모터 달린 보트가 아닌 나룻배로 해 놓고선 빨리 갈 수 있는 모터를 달고 싶었던 건, 무조건 빨리 가는 게 좋은 것이고 빠르면 무조건 이길 수 있다고 생각

[그림 23-10] 이미지의 재구성: 끝에서 시작해서 끝까지

하며 살고 있어서인 것 같아요." "저는 토끼가 되고 싶은 거북이였던 것 같아요. 이제는 동화 속 거북이처럼 변하고 싶어요." "예전 상담 시간 엄마의 답장이 생각나네요. 그 무엇보다 중요하고 가치 있는 건 소박한 나의 걸음인데…… 나와 나의 인생을 진심으로 대해 주는 것이란 속도와 상관없이 끝까지 포기하지 않고 걷는 소박한 나의 한 걸음 한 걸음을 진심으로 알아주는 것이겠죠."

토끼가 거북이와의 경주에서 졌던 진짜 이유는 거북이를 보고 달렸기 때문이지 않았을까? 만약 거북이가 토끼를 보고 달렸더라면 경주를 시작하지도, 끝까지 달리지도 못했으리라. 토끼와 거북이 이야기에서 필자에게 의미 있게 느껴졌던 것은 거북이가 토끼를 이겼다거나 토끼가 거북이에게 졌다는 반전보다는 거북이가 끝까지 갔다는 것이다. 그런 거북이의 걸음처럼 포기하지 않고 걷겠다고 다짐하는 D씨의 걸음을 진심으로 응원한다.

5. 전체 매듭: D씨의 변화

D씨에게 도박의 의미는 상실과 무력감, 불확실성, 통제할 수 없는 것에 의해 압도당하는 것을 방어하기 위한 것이었다. 미술치료를 시작한 후에도 6개월 동안은 여러 번의 도박 행동이 있었다. 하지만 차츰 자신의 문제를 이해하고 심리적인 변화를 겪으면서 도박 행동을 하지 않게 되었고, 미술치료를 받는 2년 동안 한 번도 도박을 하지 않은 상태가 유지되었다.

그 외에도 D씨에게는 소중한 변화가 생겼다. 저축을 해 본 적이 없다던 D씨는 저축을 하기 시작하였고 지속적으로 빚을 갚아 나갔다. 또한 운동과 독서 모임에 참여하기 시작했는데 즐거운 사회적 관계가 늘어났다고 했다. 최근에는 노래 배우기에도 도전하고 있다. 이전에는 이성교제나 결혼에 관심이 없기도 하고 포기했다고 했지만, 지금은 새롭게 마음이 가는 사람이 생겼다고 한다. 가장 큰 변화는 자기개념이 긍정적으로 변화하였으며 자신에 대한 진정한 관심이 생겼다는 것이다. 미술치료를 시작한 후 2년 동안은 단도박을 위한 치료 목표에 집중하여 치료하였으며, 지금은 재발 방지와 새로운 상담 목표를 가지고 2020년 현재까지도 만나고 있다.

신경인지장애

Neurocognitive Disorders

신경인지장애Neurocognitive Disorders

신경인지장애의 종류

주요 신경인지장애 Major Neurocognitive Disorder	치매로, 하나 이상의 인지적 영역에서 과거의 수행 수준에 비해 심각한 인지적 저하가 나타난다.
경도 신경인지장애 Mild Neurocognitive Disorder	인지기능이 상당히 저하되었지만, 일상생활을 독립적으로 영위할 수 있는 경우이다. 심각도 측면에서 상대적으로 경미한 수준이다.
섬망Delirium	의식이 혼미해지고 주의력이 현저하게 감소했고, 인지기능에 일시적인 장애가 발생한 경우이다. 환경에 대한 현실감각이 감소해서 급격히 혼란스러운 모습을 보인다.

주요 신경인지장애의 특징

치매로 인한 변화는 인지적 저하, 기억력 저하, 언어 및 시공간 기능의 저하가 대표적이다. 그 외에 폭력적으로 변하거나 분노 조절에 실패하고 초조해하거나 충동적이 되는 등 전반적인 행동 변화를 보이기도 한다. 치매의 대표적인 원인은 알츠하이머병(퇴행성 신경정신질환)이며, 그 외에 뇌혈관 질환, 루이소체병 등이 있다. 외상성 뇌손상이나 우울증으로 인한 치매(가성치매)도 있다.

주요 신경인지장애의 진단기준(DSM-5)

A. 하나 이상의 인지 영역(복합 주의력, 실행기능, 학습과 기억, 언어, 지각운동 또는 사회인지)에서 이전 수행 수준보다 현저한 인지저하를 보인다.

1. 현저한 인지저하가 있다고 환자 본인이나 정보제공자 혹은 임상의사가 염려한다.
2. 표준화된 신경심리검사 혹은 정량화된 임상평가에서 현저한 인지저하가 나타난다.

B. 인지 결함 때문에 독립적인 일상생활이 어렵다(계산서 지불이나 투약 관리 등 복잡한 일상생활 활동을 하려면 도움을 받아야 한다).

경도 신경인지장애의 진단기준(DSM-5)

A. 하나 이상의 인지 영역(복합 주의력, 실행기능, 학습과 기억, 언어, 지각운동 또는 사회인지)에서 이전 수행 수준보다 낮은 인지저하를 보인다.
   1. 경도의 인지저하가 있다고 환자 본인이나 정보제공자 혹은 임상의사가 염려한다.
   2. 표준화된 신경심리검사 혹은 정량화된 임상평가에서 경도의 인지저하가 나타난다.

B. 인지 결함이 독립적인 일상생활을 방해하지 않는다(계산서 지불이나 투약 관리 등 복잡한 일상생활 활동을 할 수 있지만, 이를 위해서 많은 노력이나 보상 전략, 적응이 필요할 수 있다).

섬망의 진단기준(DSM-5)

A. 주의력 장애와 의식의 장애가 나타난다.
   주의력 장애: 주의를 기울이고 집중하고 유지 및 전환하는 능력이 감퇴된다.
   의식의 장애: 주변 환경을 파악하는 지남력[1]이 감퇴된다.

B. 그러한 장애는 단기간(몇 시간이나 며칠) 동안 발생하면서 주의력과 의식에 변화가 생기며 하루 동안에도 증상의 심각성이 변화한다.

C. 추가적인 인지장애(기억 결함, 지남력 결함, 언어 결함, 시공간 능력 또는 지각 능력 결함)를 보인다.

D. 진단기준 A와 C는 다른 신경인지장애로 설명되지 않고, 혼수상태와 같이 심각하게 각성이 저하된 상태에서 발생한 것이 아니다.

1) 시간, 장소, 상황, 환경을 인식하는 능력으로, 영어로는 orientation이다. 오늘이 며칠인지, 여기는 어디인지 등을 아는 것을 말한다.

24장

치매의 미술치료

몰입의 흔적이 주는 위안 그리고 행복

오미영

1. 치매에 대한 이해

치매는 누구나 걸릴 수 있는 뇌의 질병으로 우리나라 노인 10명 중 1명이 앓고 있는 비교적 흔한 질병이다. 치매의 가장 흔한 형태인 알츠하이머병으로 인한 치매는 기억력, 사고력 및 행동상의 문제를 보이며 치매 사례의 60~80%를 차지하는 것으로 추정된다. 치매 증상은 개인의 인생사나 경험, 기질, 성격, 건강 상태에 따라 조금씩 다르게 나타나고, 발병하고 진행되는 속도도 개인에 따라 다르다. 다음 사례는 치매가 발생하고 진행되는 모습을 보여 준다.

A씨는 만 62세의 여성으로 고교 졸업 후 20대 초반의 나이에 결혼하여 2남 1녀의 자녀를 둔 전업주부이다. 감정 표현이 풍부하고 사교적이었던 A씨는 오랜 기간 아파트 부녀회장을 역임하고 종교 활동에도 참여하는 등 사회 활동에 적극적이었다. A씨에게 이상 행동이 나타난 것은 약 3년 전으로, 마트에 가서 구입한 물건을 다시 구입하고, 반응 행동이 느려지며, 말수가 줄어들고, 침울해하는 등의 증상으로 나타났다. 처음에 가족은 나이 들며 자연스럽게 호소하는 건망증[1]으로 대수롭지 않게

받아들였으나 항상 다니던 길을 헤매는 일이 자주 일어나는 등 증상이 심해지면서 심각함을 인식하게 되었다. 시간이 경과하면서 A씨는 별일이 아닌 상황에도 화를 자주 내고 남편의 외도를 의심하기 시작했으며 외도의 흔적을 찾기 위해 온 집 안을 뒤지는 행동을 하곤 했다. 그러면서 남편에게 폭언을 하거나 폭행을 하는 등 거친 말과 행동을 보였고, 자신의 말을 믿어 주지 않는 가족에게 서운해하고 억울해하며 가족과의 관계에서 지속적인 갈등 상황을 일으키곤 하였다.

2. 치매의 미술치료

미술치료는 치매 환자와의 미술활동을 통해 신체감각을 살리고 잔존기능을 보존·발전시키며 정서를 순화하는 데 도움을 주고 다양한 표현과정을 통해서 심리적 욕구나 충동, 갈등의 해소를 돕는 효과적인 치료적 접근이다. 미술치료가 치매의 진행 속도를 늦추고 삶의 질을 회복하는 데 도움을 줄 수 있는 특성은 다음과 같다.

첫째, 미술치료 과정에서 작품을 완성하기 위해 수행하는 다양한 활동은 치매 환자의 잔존기능을 보존하고 병의 진행 속도를 줄이는 데 효과적이다. 알츠하이머병 환자와 정상인을 대상으로 한 연구에 따르면, 읽기와 수놓기 등의 활동을 40대에서 60대에 걸쳐서 적극적으로 한 사람들의 경우 치매에 걸릴 위험도가 적어졌다(Friedland et al., 2001). 특히 수동적으로 활동하는 경우보다 적극적으로 활동에 임할 경우 치매 예방 효과가 더 높았다. 연구자들은 중등도 이상의 알츠하이머병 환자도 특정 활동이나 재능에 대해 규칙적이고 적극적으로 수행함으로써 그 기능이 최대한 발휘되고 대체로 잘 남아 있었다고 보고했다.

둘째, 미술치료에서 작품을 구상하고 작업을 계획하며 재료를 선택하고 수행하는 과정은 부정 정서를 완화시키고 자신의 변화과정을 수용하는 데에 도움을 준다. 미술활동은 재료의 선택 및 결합을 통해 이루어지는 창조의 과정이며, 생각과 작업

1) 건망증과 치매 초기를 구별하는 것은 어렵다. 일반적으로 건망증의 경우 일부분을 일시적으로 망각하지만 치매의 경우는 대화를 나눈 사실이나 경험 자체를 완전히 잊어버리는 일이 흔하다. 건망증은 잠시 깜박하고 생각나지 않다가 시간이 흐른 후 생각해 보면 다시 생각나기도 하지만, 신경을 쓰고 집중해서 대화를 나누었어도 아무것도 기억나지 않는 증상이 반복적으로 나타나게 된다면 이는 치매에 가깝다.

을 통한 경험을 만들어 나가고 연결시키는 과정이다. Kahn-Denis(1997)는 치매의 각 단계마다 미술치료를 적용하는 보편적인 근거는 미술매체가 가지고 있는 감각적이고 자극적인 속성에 기인하는 것이라 했다. 환자들은 다양한 미술재료를 '탐구하며' 매체의 감각적인 특성에서 쾌감을 발견하는데, 그 과정에서 얻은 감각자극은 외부로부터 오는 정보와의 균형을 맞추는 데 이용될 수 있다. 또한 치매 환자는 증상이 심해지면서 스스로에 대한 취약함, 사회나 가족 구성원으로서의 역할 부재 등으로 인해 소외감과 박탈감, 우울감을 겪게 되는데, 미술작업을 통한 창조적 경험은 이러한 부정 정서를 완화시키고 자신의 변화과정을 수용하는 데 도움을 준다.

셋째, 미술치료에서는 작업의 결과물이 존재한다. 즉, 환자들이 창작하는 시간 속에서 경험한 것들이 작품으로 남기 때문에 단기 기억상실로 어려움을 겪는 환자들에게 매우 효과적인 치료적 접근이다. 치매의 두드러진 증상 중의 하나는 인지기능 소실에 의해 발생하는 단기 기억상실이다. 미술치료 경험의 결과물을 통해 환자들은 잃어버린 시간 속에서 자신의 삶의 흔적에 대한 단서를 찾고 기억을 회복하는 계기를 얻을 수 있다. 혹 지난 작품에 대한 기억을 회복하기 쉽지 않더라도 자신의 이름과 날짜를 남김으로써 자신이 지난 시간 속에서 삶을 충실하게 보냈음을 아는 것은 매우 중요하다. 물론 치매를 앓는 환자가 작품을 만들어 나가는 과정에서 일어난 자신의 선택과 몰입의 기억, 감정의 순간들을 하나하나 기억해 낸다는 것은 불가능할 것이다. 그러나 자신이 만든 작품 앞에서 기억되는 단편적인 순간이나 감정의 기억은 그들에게 매우 특별한 경험이 될 수 있다.

넷째, 미술작품이 가지는 시간적 영속성은 치매 환자에게 미술활동에 참여하고자 하는 동기를 부여하고 성취감을 주어 환자의 삶의 질을 높여 줄 수 있다. 치매는 주로 노년기에 발병하는데, 이 시기의 중요한 발달 과업 중의 하나는 자신의 삶에 대한 통합감(Erikson & Erikson, 2019)을 획득하는 것이다. 또한 많은 사람이 자신의 삶의 흔적을 후손에게 유산으로 남기고 싶어 하는 욕구를 가진다. 이러한 욕구는 환자의 작업과정에 대한 진념과 동기를 제공함과 동시에 자신의 작업 결과에 대한 성취감을 배가시킨다. 이와 같이 미술치료의 다양한 치료적 효과는 치매의 진행 속도를 늦추고 환자의 삶의 질을 높이는 데 영향을 줄 수 있다.

3. 치매의 미술치료 접근

1) 영역별 접근: 인지 영역

(1) 인지기능 유지시키기

Silver(2003)는 그림의 관찰을 통해서 공간 개념과 계열적인 순서에 대한 개념, 부류의 개념을 발달시킬 수 있다고 하였다. 시각자료를 통한 시공간 구성 등을 익혀 의식 혼돈을 예방하고 지남력을 유지시킨다. 또한 미술치료 활동은 집중력과 주의력, 기억력이 요구되기도 하고 의사소통의 기회가 제공되기도 한다. 미술치료 과정은 치매 환자의 활동력을 강화시켜 주고 퇴화되는 뇌 세포에 자극을 줌으로써 기능을 유지하도록 돕는다.

치료사는 환자의 기능 수준에 맞도록 미술치료의 과정을 계획할 수 있다. 작업의 내용을 이해하는지, 순서를 알고 따라 하는지, 작업이 끝나고 그 과정을 기억하는지를 살펴보며 주의력과 집중도를 활성화시킨다. 또한 지난 회기 작품의 내용과 이어서 작업하거나 그 내용을 질문함으로써 최근 기억의 재생을 도울 수 있다. 일상생활의 원활한 유지를 위해 수첩이나 노트에 사진이나 그림과 함께 가족이나 친구에 대한 정보를 기록해 둘 수도 있고, 찬장이나 서랍 등 앞에 그 내용물을 묘사하는 그림을 그려 붙이는 등의 작업도 가능하다.

(2) 감각 활성화를 통한 현실 인식 능력 높이기

오감을 활성화시키는 활동을 제공함으로써 환경과 접촉하여 신체적 · 사회적 · 심리적 기능을 원활하게 한다. 이 경우 환자의 감각기능 상태를 미리 알고 있는 것이 매우 중요하다. 치매 환자는 대체로 신체적 노화 또는 쇠퇴의 과정에 있기 때문에 모든 감각기 활성화를 위한 활동이 효과적일 수는 없다. 참여하는 환자의 집중력 정도나 잔여기능 정도를 감안하여 간단하고 구체적인 활동을 만들어야 한다.

음악 감상 후 느낌을 그림으로 표현하거나 색이나 단어를 보여 주고 떠오르는 느낌을 그려 보게 할 수 있다. 제철 과일을 맛보고 색과 연결시켜 표현하도록 해 볼 수도 있다. 자극에 대해서 감각기를 통한 반응을 할 때 즉각적인 반응과 자극에 대한 연상반응이 동시에 일어날 수 있는데, 이를 통해 환자와 많은 이야기를 할 수 있는 기회가 생기기도 한다.

현실 인식을 위한 활동으로는 달력 만들기, 시계 그리기 활동 등이 있다. 달력 만들기는 매달 새롭게 작업하여 기념일이나 집안 행사 등을 미리 표시해 놓을 수도 있고, 그날을 알아볼 수 있도록 매일 아침에 표시해 볼 수도 있다. 시계 그리기 활동 같은 경우 숫자를 순서대로 인지하고 치료사와의 만남 시간, 식사 시간 등에 대해 이야기 나눌 수 있다.

2) 영역별 접근: 정서 영역

(1) 과거 회상으로 자신의 삶 되돌아보기

치매가 야기하는 변화를 느끼며 사는 것은 익숙하지 않은 많은 정서를 불러일으킨다. 스스로 통제력을 상실하고 있는 것처럼 느껴지기도 하고, 이러한 감정 때문에 슬픔, 불안, 우울, 분노를 느낄 수도 있다. 이러한 감정은 정상적인 반응이다.

회상은 지나간 삶의 사건들과 경험들을 되돌아보는 것이다. 과거를 돌아보는 것이 늘 즐거운 일은 아니지만 미술치료 과정에서의 회상은 훈련된 치료사에 의해 대개 유익한 방향으로 유도된다. 회상을 통해 그들은 과거에서 현재까지의 일들을 돌아봄으로써 자신의 삶에 의미를 부여할 수 있고, 자신의 경험들과 생각들을 정리해 보는 기회를 갖게 된다. 또한 집단 치료를 통한 회상 작업은 동시대의 사람들과 과거를 나누는 과정을 통해 소외감을 줄이고 친밀함을 느끼게 할 수 있다.

회상 작업을 할 때는 다양한 재료를 준비하고 과거의 기억을 떠올릴 수 있는 자극들을 충분히 준비하여 효과적으로 회상에 임할 수 있도록 한다. 치료사들은 몇 년 단위로 사회적 이슈가 되었던 사진이나 기사들을 주제별로 분류하여 가지고 있는 것이 좋다. 그리고 자신이 가지고 있는 자료에 대한 내용을 알고 있어야 하고 이를 적절히 사용해야 한다. 가능하면 공통적으로 관심을 가질 수 있는 주제를 선정하고 반감을 불러일으킬 수 있는 주제는 피한다. 또한 생애주기로 나누어 개인사를 바탕으로 한 회상 작업을 할 수도 있다. 개인사를 바탕으로 할 때는 사진이나 옷, 영화, 잡지 또는 개인 소장품을 사용하여 과거에 얽힌 경험을 떠올리게 한다.

(2) 미술활동을 통한 몰입 경험으로 만족감 높이기

치매 환자에게 적극적이고 규칙적인 두뇌 활동은 긍정적인 정서를 유지하는 데도 중요하다. 초기 발병 환자의 경우 진단을 받고 우울감에 빠지기 쉬운데, 이러한 우울감으로 인해 심리적으로 위축되는 것은 물론 스스로 활동에 제한을 두는 일이 생긴다. 활동에 수동적이 되고 사회적인 참여가 줄어들면 치매 증상이 더 악화될 수 있다. 개인의 성격이나 성향에 따라 각자 흥미 있는 활동이 다르겠지만 미술활동의 경우 재료와 활동이 다양하기 때문에 선택할 수 있는 폭이 넓다. 특히 다른 어떤 활동보다 자신의 의지가 필요하고 적극성을 촉진시킬 수 있기 때문에 치매 환자에게 꼭 필요하다고 생각된다. 그들은 여전히 창의적이고 개인 성장에 대한 욕구가 있다. 과거에 사용했던 익숙한 물건이나 재료에 관심을 보일 수도 있고, 새로운 미술매체에 대해 더 큰 호기심과 관심을 보일 수도 있다. 따라서 다양한 재료를 목적에 맞게 적용할 수 있어야 한다.

가벼운 움직임과 동작을 포함한 활동을 계획하기도 한다. 헝겊에 콩이나 쌀 등의 곡물을 넣어 꿰맨 주머니를 만들어 서로 가볍게 던지기 놀이를 할 수도 있고, 깃발을 만들어 깃발 들기 게임을 할 수도 있다. 이러한 움직임을 포함한 활동은 신체 협응과 유연성, 집중력 등을 포함해 즐겁고 유쾌한 기분을 들게 할 수 있다. 또한 만다라 색칠하기, 잘 그려진 그림 본 위에 색칠하기 등 몰입이 쉽게 일어날 수 있는 작업들도 충분히 만족감을 줄 수 있다. 필자가 만난 요양시설에 거주하는 치매 환자 한 분은 거동이 불편해서 휠체어를 타고 다녔다. 그 환자는 미술치료 시간 외에도 미술실에 혼자 내려와 꽃이 있는 달력을 보고 꽃그림을 그리곤 했다. 미술실에서 보내는 시간에 대해 물었을 때 미술작업이 주는 행복감에 대해 한참 이야기하던 모습이 눈에 선하다.

3) 치료형태에 따른 접근

(1) 개인 미술치료

개인 미술치료는 치매 발병으로 인해 정서적으로 너무 힘든 상태이거나 다른 사람들에게 지나치게 공격적인 반응을 보일 경우 혹은 집단 내에서 너무 소극적인 경우 선택된다. 사례개념화의 틀 안에서 환자를 살펴보고, 현재 증상의 단계와 정서 상태, 소근육 기능과 운동능력 정도, 관계 양상과 행동 특성까지 고려하여 접근한다. 특히 미술활동을 하면서 사용하는 감각기 기능과 더불어 미술적 성향 등을 파악하여 그에 맞게 치료가 진행되어야 한다. 미술활동이나 재료의 선택 등에 있어 맞춤형 치료를 실시함으로써 개인의 만족도를 높이는 게 필요하다.

(2) 집단 미술치료

집단 미술치료는 치매 환자를 위한 주간 보호시설, 단기 보호시설, 간호요양원, 치매병원 등 다양한 시설에서 많이 진행되고 있다. 시설을 이용하면 혼자 고립되지 않게 살아갈 수 있는 장점이 있으나 개성이나 개인적인 역할이 줄어드는 환경이 되다 보니 자긍심이나 자신의 가치에 대한 상실감도 일어날 수 있다. 이로 인해 정서적인 위축감이나 우울감 등이 더 심해질 수 있다. 그러므로 자신의 재발견, 자긍심의 회복, 집단의 장점을 최대한 이용하는 프로그램을 구성해야 한다. 집단원들이 동일한 주제로 그림을 그리거나 협동 작업을 함으로써 집단에 친밀감을 느끼게 하고, 공감할 수 있는 과정을 통해 정서적 교류를 가능하게 한다. 특히 집단 미술치료 프로그램을 계획할 경우 가능하면 전체 활동 안에 전시를 포함하길 제안한다. 집단 참여의 동기를 높일 수 있고 전시 기간 동안 가족을 초대할 수 있는 기회를 만드는 등 여러 가지 긍정적인 자극을 줄 수 있다.

4. 치매 환자를 위한 미술치료 기법: 선 작업

그림을 그리는 데는 시간이 필요하다. 선 하나에도 시간이 담겨 있다.

— 팝아트 화가 David Hockney(Field, 2016)

우리나라 노인분들은 특별한 경우를 제외하고 성장하는 과정에서 미술활동을 할 기회가 많지 않았다. 그리고 초기 치매 환자들은 보통 우울을 경험하기 때문에 심리적으로 상당히 위축되어 있다. 그러다 보니 미술치료를 권할 경우 그림 실력이 없다고 하거나 미술을 할 줄 모른다고 하면서 활동하기를 거부하는 경우가 종종 있다. 그러나 초기 단계에서 우울증이 심해질수록 알츠하이머병의 인지기능장애가 더 빠르게 진행되기 때문에 이 시기에 자발적인 의지를 가지고 적극적으로 규칙적인 작업을 하는 것이 더욱더 필요하다. 쉽고 혼자 있을 때도 시도해 볼 수 있는 활동, 임상현장에서 필자가 가장 많이 하고 즐겨 하는 활동을 소개하고자 한다.

선 작업의 장점은 다음과 같다. 선은 2개의 점, 시작과 끝을 연결해 준다. 시작에서 끝으로 가는 과정 안에서 무수히 많은 움직임을 만들 수 있다. 선 안에서 경계를 만들고 규칙을 만들고 질서를 만들고 자유를 누릴 수도 있다. 선을 만들어 내는 과정에서는 집중과 몰입이 비교적 쉽게 일어난다. 목적성을 가진 선은 형태를 이루는데, 우연하게라도 모양이 만들어지는 걸 발견하게 되면 자연스럽게 주의집중이 일어난다. 이 과정에서 자신을 조절하고 통제하는 느낌을 갖게 된다. 또한 선은 형태를 만들기 전 단계지만 선 자체로도 여러 가지 모양을 가지고 있다. 직선, 곡선, 짧은 선, 긴 선, 굵은 선, 가는 선 등이 있다. 선은 매끄러울 수도 있고 거칠 수도 있으며, 끊어진 느낌을 줄 수도 있고, 규칙적이거나 불규칙한 느낌을 줄 수도 있다. 선의 가능성은 무한하다.

1) 자 없이 선 긋기

오른쪽에서 왼쪽으로, 왼쪽에서 오른쪽으로 방향을 달리하며 작업할 수 있고, 오른손, 왼손 작업으로 사용하는 손을 달리해 볼 수도 있다. 처음에는 자유롭게 시작하고, 좁게, 넓게 간격을 규칙적이고 일정하도록 작업을 안내할 수도 있다. 들숨과

[그림 24-1] 선 긋기(오른쪽에서 왼쪽, 오른손, 8절)

날숨을 긋는 선과 함께 통제하며 호흡을 가다듬어 보기도 한다(그림 24-1 참조). 선을 그을 때 되도록 각 선은 겹치지 않도록 한다. 환자의 증상에 따라 시작점과 끝점의 길이가 한 화지에서 달라질 수 있다.

2) 시작점과 끝점을 연결하여 선 긋기

화지에 시작점과 끝점을 만들어 자유롭게 선을 연결한다. 작품 '준비 시작'(그림 24-2 참조)처럼 자유롭게 시작점과 끝점을 연결할 수도 있고, '시작과 끝'(그림 24-3

[그림 24-2] 준비 시작(오른손, 8절)

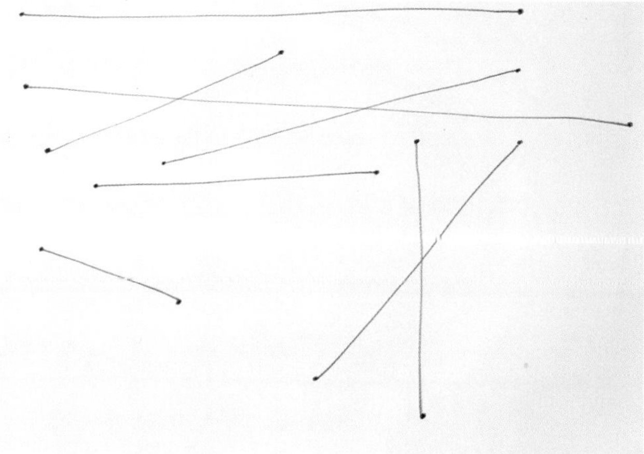

[그림 24-3] 시작과 끝(오른손, 8절)

참조)처럼 누군가와 짝을 이루어 게임처럼 즐길 수도 있다. 그리고 치료사가 구체적으로 시작과 끝점에 대한 과제를 줄 수도 있다. 예를 들어, 첫 번째 시작점과 끝점의 연결은 곡선이어야 하고, 두 번째 시작점과 끝점은 직선이어야 하는 등 선의 모양을 다양하게 제시한다.

3) 형태로 면을 채워 보기

도형으로 화지를 채워 본다. 동그라미, 사각형, 세모, 스스로 만들어 낸 형태까지

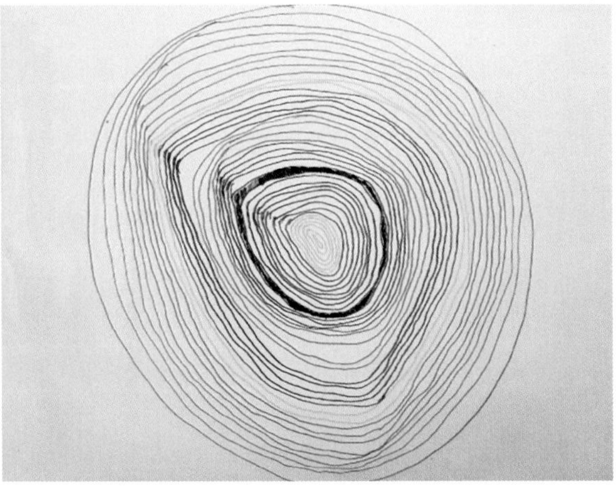

[그림 24-4] 동그라미 속 동그라미(오른손, 4절)

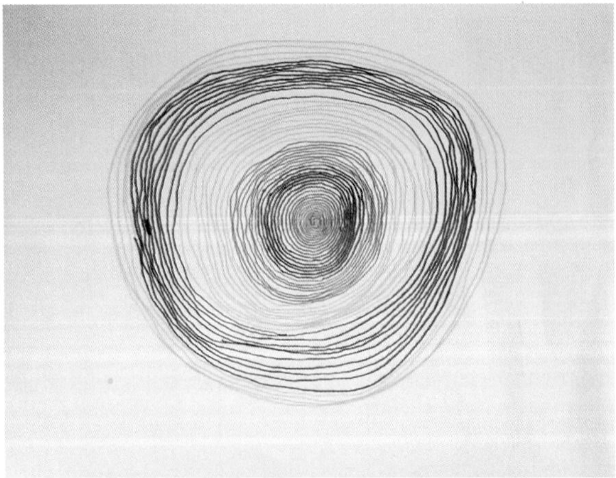

[그림 24-5] 동그라미 속 동그라미(왼손, 4절)

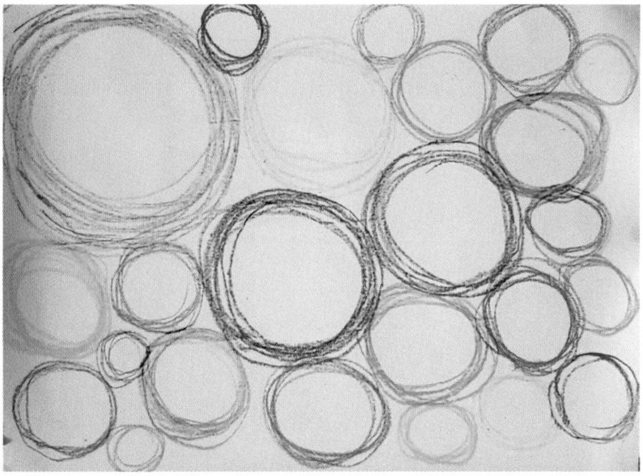

[그림 24-6] 동그라미들

안에서 밖으로, 밖에서 안으로 채워 나갈 수 있다. 주제를 그냥 동그라미로 면을 채워 보기라고 주면 생각보다 다양한 작업을 볼 수 있다. 작품 '동그라미 속 동그라미'(그림 24-4와 그림 24-5 참조)와 같이 하나의 큰 동그라미로 나올 수도 있고, '동그라미들'(그림 24-6 참조)과 같이 크기가 다양한 여러 개의 동그라미로 화지를 가득 채우는 작업이 나올 수도 있다.

4) 만다라 조각 선으로 채우기

만다라를 몇 조각(크기가 같은)으로 나눈 후 선으로 면을 채워 본다. 첫 조각을 완성하고 다음 조각을 전 조각 작업 그대로 따라 작업해 본다. 기본적으로 전에 했던 작업을 똑같이 해 보는 게 이 작업의 규칙이지만 환자의 증상 정도에 따라 작업 내용이 달라질 수도 있다(그림 24-7 참조). 날짜를 달리해서 조각 만다라로 작업할 수도 있고, 여러 명이 함께 앞사람의 작업을 그대로 따라 그리며 만다라를 완성해 볼 수도 있다.

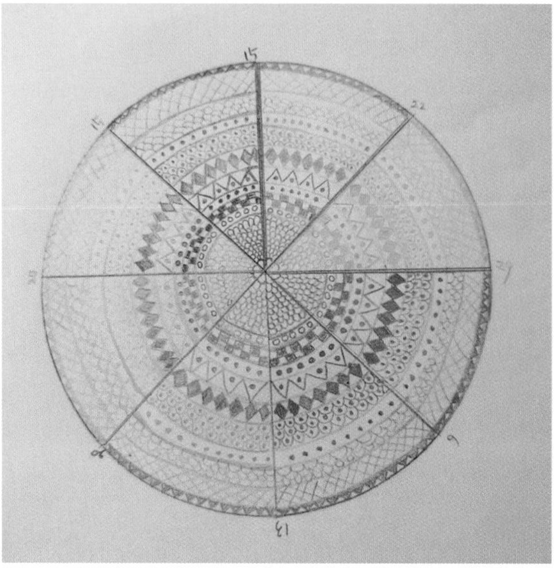

[그림 24-7] 조각 만다라

5) 미영선 그리기

화지에서 회화 재료를 한 번도 떼지 않고 될 수 있으면 선이 겹치지 않게 작업한다. 눈과 손의 협응력이 중요하고, 예시 작품을 보여 주거나 앞에서 시연해 볼 수도 있다. 예시 작품은 환자의 작업 능력 정도와 정서 상태 등을 고려하여 선택하는 것이 필요하다.

아름답고(美) 긴(永) 선(線) 그리기라는 의미에서 '미영선(美永線) 그리기'이다. 이 방법은 필자가 이름을 따서 작업명을 만들었다. 작업명을 굳이 만든 이유는 필자가 이 활동을 만들어서가 아니라 환자들이 미술치료사와 활동에 대해 좀 더 친밀함을 느끼게 하기 위해서였다. 활동에 대해 안내하고 작업명을 설명하며 우린 결국 세상에서 가장 아름답고 긴 선을 이용한 작품을 만들 수 있게 될 거라고 이야기한다. 필자는 미영선 작업을 하기 전에 앞에서 안내했던 선과 관련된 작업을 꽤 오래 한다. 모든 선 작업을 하는 동안 화지의 크기를 달리하거나 사용하는 손을 달리하거나 회화 재료를 달리할 수 있다. 엽서 크기에서 시작해서 전지 크기로 넘어 가며 작업하고 같은 작업을 오른손 작업, 왼손 작업 구분해서 작업하도록 안내하기도 한다. 한 가지 색을 사용할 수도 있고 다양하게 색을 사용할 수도 있다. 선 작업에 익숙해진 환자들은 미영선 작업을 할 때 훨씬 더 자유롭게 표현할 수 있다. 미술치료 시간에는 자유 의지를 주고 선택할 수 있도록 하는 것이 일반적인데, 필자는 치매 어르신들과 작업할 때 초 · 중기에는 대부분 구체적으로 과제를 주는 편이다. 현재 자신의 상태가 불안정하다고 느끼는 누군가에게는 선택할 수 있는 자유가 시작을 더 두렵게 만들기도 한다. 오히려 구체적으로 다양하게 제안함으로써 경험할 수 있는 기회를 제공해 줄 수 있다. 그 경험을 통해 숙련되는 것들이 생기고, 그 안에서 편안함과 자신감이 생겨 뭔가 주도적으로 할 수 있는 의지와 새로운 것을 시도할 힘이 생긴다.

집단 초기에 선 작업을 하고 오른손으로 작업하는 것과 왼손으로 작업하는 것의 차이가 있는지에 대해 서로 이야기하는 시간이 있었다. 편이 갈라져 오른손이 더 쉬웠다는 분들과 의외로 왼손이 쉬웠다는 분들이 서로가 자신이 경험한 것이 얼마나 정확하고 일리가 있는 것인지에 대해 열띤 논의가 이루어졌는데, 말수가 그리 많지 않았던 A씨는 혼자서 너무 힘들었다는 말 한마디가 전부였다. 그 힘든 시간을 너무 잘 버텨 주어 힘들어했는지도 눈치 못 챘다는 치료사의 말에 미소만 띠던 A씨였다. 우리는 선 작업을 끝내고 나면 벽에 붙이거나 책상에 둔 채로 돌아다니면서 서로 작업한 것을 보는 시간을 가졌는데, A씨는 한 번도 일어나서 다른 사람의 작업을 보지 않았다. 그런 A씨가 달라진 것은 8, 9회기 이후부터였다. 자신의 선이 건강해 보인

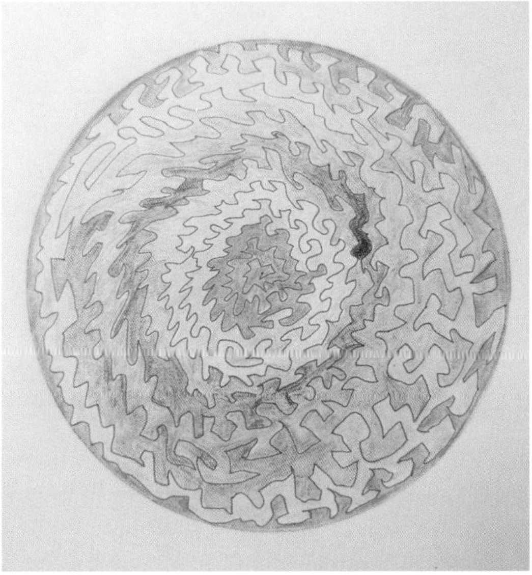

[그림 24-8] 미영선 만다라

다고 이야기했고 생기 있어 보인다고 했다. '미영선 만다라' 작업(그림 24-8 참조)을 하고 나서는 색을 칠하면 좋을 것 같다고 먼저 제안을 했다. [그림 24-9]의 경우 미영선의 제목을 생명선이라고 지으면서 살아 있는 것 같고 뭔가 꿈틀대고 있고 에너지 같다고 했다. 작업 동안 너무 집중하는 바람에 눈물이 얼마나 났는지(눈의 피로감 때문에)에 대해 이야기했다. 그래서 그 힘든 시간을 어떻게 버텼는지 물었더니 힘든 시간이 아니라 소중한 시간이었다고 했다. A씨는 자신의 그림에서 에너지가 느껴진다고 하며 만족했다. 몰입은 도전적인 과제를 성공적으로 수행할 때 오는 내적인 보상이라고 했다. 이후로 A씨는 늘 좋은 컨디션을 유지하진 못했지만 작품 '생명선'에 대한 자랑스러움은 늘 함께했다. 미영선 작업은 특히 눈과 손의 협응이 중요하고 집중도가 높아 작업 도중에 어르신들의 눈의 피로감이 높아질 수 있다. 중간에 쉬었다 하라고 권유할 만큼의 몰입이 가능한 작업이다.

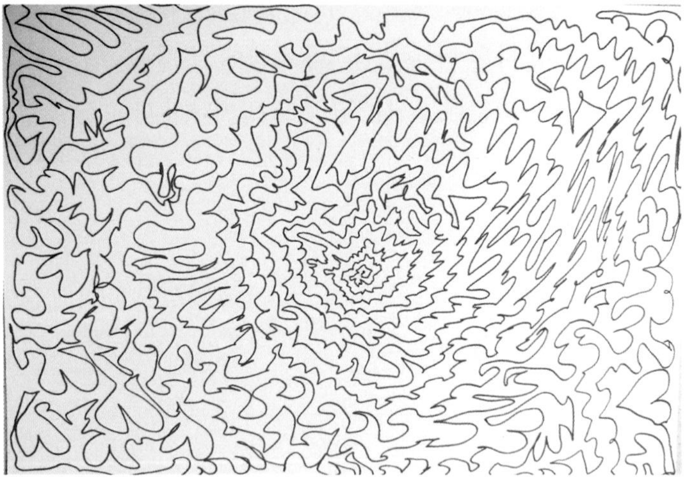

[그림 24-9] 생명선

참고문헌

이동영, 손보경, 이미경, 김형숙, 이희선, 이송자, 김선화, 이지영, 서소희, 이영은(2015). **천만시민 기억친구 교재**. 서울: 서울특별시광역치매센터.

Erikson, E. H., & Erikson, J. M. (2019). **인생의 아홉 단계: 나이 듦과 삶의 완성**(*Life Cycle Completed*). (송제훈 역). 서울: 교양인. (원저 1997년 출간).

Field, G. (2016). **연필의 힘**(*The Power of the Pencil*). (홍주연 역). 서울: 더숲. (원저 2016년 출간).

Friedland, R. P., Fritsch, T., Smyth, K. A., Koss, E., Lerner, A. J., Chen, C. H., Petot, G. J., & Debanne, S. M. (2001). Patients with Alzheimer's disease have reduced activities in midlife compared with healthy control-group members. *Proceedings of the National Academy of Sciences of the United States of America, 98*(6), 3440-3445. DOI: 10.1073/pnas.061002998

Kahn-Denis, K. B. (1997). Art therapy with geriatric dementia clients. *Art Therapy, 14*(3), 194-199. DOI: 10.1080/07421656.1987.10759281

Silver, R. A. (2003). The silver drawing test of cognition and emotion. In C. A. Malchiodi (Ed.), *Handbook of Art Therapy* (pp. 410-419). New York: The Guildford Press.

성격장애

Personality Disorders

Mental Disorders
and Art Therapy
Written by 11
Art Therapists

성격장애Personality Disorders

성격장애의 종류

A군 성격장애	기이하고 별난 괴짜와 같은 성격 특성을 보인다.	편집성 성격장애Paranoid Personality Disorder
		조현성 성격장애Schizoid Personality Disorder
		조현형 성격장애Schizotypal Personality Disorder
B군 성격장애	정서적이고 극적이고 변덕스러운 성격 특성을 보인다.	반사회성 성격장애Antisocial Personality Disorder
		경계선 성격장애Borderline Personality Disorder
		연극성 성격장애Histrionic Personality Disorder
		자기애성 성격장애Narcissistic Personality Disorder
C군 성격장애	불안하고 두려움을 많이 느끼는 성격 특성을 보인다.	회피성 성격장애Avoidant Personality Disorder
		의존성 성격장애Dependent Personality Disorder
		강박성 성격장애Obsessive-Compulsive Personality Disorder

참고: 정신의학 분야에서는 '성격장애'를 '인격장애'라고 불렀으나, DSM-5부터는 심리학 분야와 동일하게 '성격장애'라는 명칭을 사용한다.

성격장애의 정의

개인의 성격으로 굳어진 심리적 특성이 부적응적 양상을 나타내는 경우 성격장애라고 부르며, 기본적으로 다음 네 가지를 충족한다.

1. 성격(개인의 지속적인 내면 경험과 행동양식)이 그가 속한 문화의 기대로부터 심하게 벗어나 있다. 인지, 정동, 대인관계 기능, 충동조절의 네 가지 영역 중 두 가지 이상에서 그러한 문제가 드러난다.
2. 성격에 융통성이 없고 개인/사회 영역 전반에 퍼져 있다.
3. 성격 때문에 사회적·직업적 그리고 다른 중요한 영역에서 임상적으로 심각한 고통이나 손상이 초래된다.
4. 성격이 변하지 않고 오랜 기간 지속되어 왔으며, 적어도 청소년기나 성인기 초기부터 시작되었다.

편집성 성격장애의 진단기준(DSM-5)

다음 일곱 가지 특성 중 4개 이상을 보인다.

1. 충분한 근거 없이 다른 사람이 자신을 이용하고 해를 주거나 속인다고 의심한다.
2. 친구나 동료의 의리와 신뢰 가능성을 부당하게 의심하는 것에 집착한다.
3. 정보가 자신에게 악의적으로 사용될 것이라는 부당한 공포 때문에 솔직하게 말하기를 꺼린다.
4. 친절한 말이나 사건 속에서도 숨겨진 모욕적 의미나 위협을 찾는다.
5. 원한을 오랫동안 풀지 않는다(모욕, 상처, 냉대를 용서하지 않는다).
6. 다른 사람이 보기에는 그렇지 않은데, 자신의 인격이나 명성이 공격당했다고 인식하고 분노에 차서 반응하거나 반격한다.
7. 정당한 이유 없이 배우자/애인의 부정을 계속 의심한다.

조현성 성격장애의 진단기준(DSM-5)

다음 일곱 가지 특성 중 4개 이상을 충족시킨다.

1. 가족의 일원이 되는 것을 포함해서 친밀한 관계를 원하지도 즐기지도 않는다.
2. 거의 항상 혼자 하는 활동을 선택한다.
3. 다른 사람과 성관계를 하는 것에 흥미가 없다.
4. 즐거움을 느끼는 활동이 거의 없다.
5. 직계가족 외에 가까운 친구나 믿을 만한 사람이 없다.
6. 다른 사람의 칭찬이나 비판에 무관심하다.
7. 정서적인 냉담함, 무관심 또는 둔마된 감정을 보인다.

조현형 성격장애의 진단기준(DSM-5)

다음 아홉 가지 특성 중 5개 이상을 충족시킨다.

1. 관계사고[1]를 가지고 있다(관계망상은 제외한다).
2. 행동에 영향을 주는 기이한 믿음 또는 미술적 사고를 가지고 있다.
3. 신체적 착각과 같은 특이한 지각경험을 한다.
4. 기이한 사고와 언어를 보인다.

---

1) 관계사고는 ideas of reference를 의미하고 관계망상은 delusions of reference를 의미한다.

5. 의심 또는 편집증적인 사고를 한다.
6. 부적절하거나 메마른 정동을 보인다.
7. 기이하고 별나거나 특이한 행동 또는 외모를 보인다.
8. 직계가족 외에 가까운 친구나 믿을 만한 사람이 없다.
9. 과도한 사회적 불안을 가지고 있어, 이는 상대와 친숙해지더라도 없어지지 않으며, 자신에 대해 부정적으로 평가할 것이라는 불안보다는 편집증적인 공포에 더 가깝다.

반사회성 성격장애의 진단기준(DSM-5)

15세 이후에 시작되고 다음 일곱 가지 특성 중 3개 이상을 충족시킨다.

1. 법적 행동에 관련된 사회적 규범을 따르지 못하고 구속될 행동을 반복한다.
2. 이익 또는 쾌락을 위해 거짓말을 반복하거나 가명을 사용하고, 사기 행각을 벌이는 것으로 드러나는 사기성을 보인다.
3. 충동성 또는 사전계획을 세우지 못한다.
4. 반복되는 신체적 싸움이나 폭행으로 드러나는 과민함과 공격성을 보인다.
5. 자신이나 타인의 안전을 무시하는 무모성을 보인다.
6. 꾸준히 직장을 다니지 못하거나 재정적인 의무를 다하지 않는 등 지속적인 무책임성을 보인다.
7. 다른 사람을 해치거나 학대하거나 절도 행위를 하고도 무관심하거나 합리화하는 등 양심의 가책이 결여되어 있다.

경계선 성격장애의 진단기준(DSM-5)

다음 아홉 가지 특성 중 5개 이상을 충족시킨다.

1. 실제 혹은 상상의 버려짐을 피하기 위해 정신없이 노력한다.
2. 극단적인 이상화와 평가절하를 오가는 불안정하고 강렬한 대인관계 양상을 보인다.
3. 정체감 장애(지속적으로 불안정한 자아상 또는 자기감각)가 있다.
4. 자신에게 손상을 줄 수 있는 두 가지 이상의 영역(낭비, 성관계, 물질남용, 부주의한 운전, 폭식 등)에서 충동성을 보인다.
5. 반복적인 자살 행동, 자살 시늉, 자살 위협 또는 자해 행동을 한다.
6. 현저한 기분의 반응성에 기인한 정서적 불안정성을 보인다.
7. 만성적인 공허감을 느낀다.
8. 부적절하고 강렬한 분노 또는 분노 조절이 어렵다.
9. 일시적이고 스트레스와 관련된 편집증적 사고나 심각한 해리 증상을 갖는다.

연극성 성격장애의 진단기준(DSM-5)

다음 여덟 가지 특성 중 5개 이상을 충족시킨다.

1. 자신이 관심의 초점이 되지 못하는 상황을 불편해한다.
2. 대인관계에서 종종 부적절하게 성적으로 유혹적이거나 도발적인 행동을 보인다.
3. 감정이 빠르게 변하거나 피상적이다.
4. 관심을 끌기 위해서 지속적으로 외모를 사용한다.
5. 지나치게 인상적으로 말하지만 세부 내용이 없는 대화 양식을 가지고 있다.
6. 자기 연극화, 연극조, 과장된 감정 표현을 보인다.
7. 피암시성이 높다(다른 사람이나 환경에 쉽게 영향을 받는다).
8. 관계를 실제보다 더 친밀한 것으로 생각한다.

자기애성 성격장애의 진단기준(DSM-5)

다음 아홉 가지 특성 중 5개 이상을 충족시킨다.

1. 자신의 중요성을 과장되게 생각한다.
2. 무한한 성공, 권력, 탁월함, 아름다움 또는 이상적인 사랑에 대한 공상에 집착한다.
3. 자신이 특별하다고 믿으며, 다른 특별한 상류층 사람들(또는 기관)만이 자신을 이해할 수 있고 그들하고만 어울려야 한다고 믿는다.
4. 과도한 찬사를 요구한다.
5. 특권의식을 가진다(특별대우를 부당하게 기대하고 바란다).
6. 대인관계가 착취적이다(자신의 목적을 얻고자 다른 사람을 이용한다).
7. 공감 능력이 결여되었고, 다른 사람의 감정과 욕구를 알고자 하지 않는다.
8. 종종 다른 사람을 질투하거나 다른 사람들이 자신을 질투한다고 믿는다.
9. 거만하고 건방진 행동, 태도를 보인다.

회피성 성격장애의 진단기준(DSM-5)

다음 일곱 가지 특성 중 4개 이상을 충족시킨다.

1. 비판, 반대, 거절이 두려워서 상당한 대인접촉이 필요한 직업 활동을 회피한다.
2. 자신을 좋아한다는 확신이 없으면 사람들에게 관여하려 하지 않는다.
3. 부끄러워지거나 놀림당할까 봐 친밀한 관계 내에서도 참고 자제한다.
4. 사회적 상황에서 비판받거나 거절당하는 것에 대해 집착한다.

5. 부적절감 때문에 새로운 대인관계 상황에서 억제된다.
6. 자신을 사회적으로 서툴고 개인적인 매력이 없으며 다른 사람에 비해 열등하다고 생각한다.
7. 당황스러워질까 봐 새로운 활동을 시작하거나 개인적인 위험을 감수하기를 몹시 주저한다.

의존성 성격장애의 진단기준(DSM-5)

다음 여덟 가지 특성 중 5개 이상을 충족시킨다.

1. 다른 사람의 충고와 보장 없이는 일상적인 결정도 하기 어렵다.
2. 자기 삶의 가장 중요한 부분을 책임져 줄 수 있는 다른 사람을 필요로 한다.
3. 지지나 호감을 잃을까 두려워서 다른 사람에게 반대 의견을 표하기가 어렵다.
4. 자신이 스스로 알아서 일을 시작하거나 수행하기가 어렵다.
5. 다른 사람의 보살핌과 지지를 얻기 위해 심지어 불쾌한 일도 자원해서 한다.
6. 자신을 돌볼 수 없다는 과장된 두려움 때문에 혼자 있을 때 무기력하거나 불편하게 느낀다.
7. 친밀한 관계가 끝나면 자신을 지지해 주고 보호해 줄 또 다른 관계를 급하게 찾는다.
8. 스스로 자신을 돌보는 상황에 처하는 것에 대한 두려움에 비현실적으로 집착한다.

강박성 성격장애의 진단기준(DSM-5)

다음 여덟 가지 특성 중 4개 이상을 충족시킨다.

1. 세부사항, 규칙, 목록, 순서, 조직화, 시간 계획에 집착하여 일의 중요한 부분은 놓친다.
2. 완벽주의 때문에 일을 완성하지 못한다.
3. 여가 활동이나 친구 교제는 없이 일과 생산성에만 과도하게 몰두한다.
4. 지나치게 양심적이며, 도덕성, 윤리, 가치 문제에 있어서 융통성이 없다.
5. 정이 깃든 것도 아닌데 오래되고 무가치한 물건을 버리지 못한다.
6. 자신이 일하는 방식을 정확하게 따르지 않으면 다른 사람에게 일을 위임하거나 같이 일하려 하지 않는다.
7. 자신과 타인 모두에게 인색한 스타일이다. 돈은 미래의 재난에 대비해 모아 두어야 하는 것이라고 본다.
8. 경직되고 완고하다.

25장

성격장애의 미술치료

경계선 성격장애를 지닌 S씨 이야기

김현진

이 사례는 공허감과 우울, 자살사고, 불안정한 자기상, 자해 행동, 알코올 문제와 섭식장애 문제 등 여러 가지 문제를 해결하고자 3년 가까이 미술치료를 받은 여성 S씨의 사례이다. S씨는 20대 후반의 미혼 여성으로 매일 자신에게 찾아드는 '나 같지 않은 느낌'과 이유 없는 '막연한 불안감'을 다루기 위해 미술치료실을 찾아왔다. S씨는 직장 동료들과 있을 때면 마치 자신이 다른 사람처럼 연극하고 있는 기분이 들 때가 많아 심한 스트레스를 받고 있다고 했다. 그녀는 아침에 눈을 뜨는 순간부터 밀려오는 우울감과 공허감에 하루하루를 마지못해 살아가고 있음을 호소했다. 출퇴근길에는 차에 뛰어들고 싶은 충동이 잦고 이런 기분을 떨쳐 버리기 위해 운동을 하거나 외국어를 배우는 등의 노력도 했다. 하지만 번번이 실패했다. 게다가 그때마다 느껴지는 자책감과 무기력감을 달래기 위해 알코올에 의지했다. S씨는 이러한 반복된 상황을 더 이상 견디기 힘들다며 미술치료를 통해 자신의 역기능적인 행동의 근본적인 해결을 찾기를 원했다.

면담 결과 S씨에게는 만연한 공허감과 무기력감이 있었고, 이를 피하기 위해 폭식과 구토로 이어지는 섭식장애와 반복적인 자해 행동, 과도한 음주 후 무분별한 섹스, 허언증에 가까운 잦은 거짓말(본인 보고)을 경험하고 있었다. 즉, S씨는 자살사고, 불안정한 자기상, 감정 통제의 어려움 등의 경계선 성격장애의 특징을 가지고 있었으며, 두 번의 면담과 전반적인 심리 상태를 파악하고 감별 진단을 위한 종합심리검사를 한 후에 미술치료를 하기로 결정했다.

당시 S씨의 상황은 약물치료가 병행되어야 했지만 그녀의 완강한 거부로 주1회 미술치료만 시작했다. S씨의 경우 약물 복용에 대한 거부 이유가 오용에 대한 두려움과 장기 복용으로 인한 중독 가능성 및 약물에 대한 불신이었다. S씨처럼 심한 거부감을 가진 내담자의 경우는 무리한 설득이나 강요보다는 스스로가 필요성을 자각할 수 있도록 치료 내에서 약에 대한 오해나 효과성 등을 다루어 주는 것이 좋다. 내담자들은 미술치료가 진행되면서 필요한 경우에는 정신건강의학과와 연계하여 약물치료를 병행하는 것이 필요하다는 것을 수용한다.

1. S씨와의 미술치료

지지치료를 기반으로 진행이 시작된 S씨와의 미술치료 목표는 안정적인 치료관계를 형성하고 그 관계 위에서 꾸준히 치료를 받으며 자신의 행동을 조절해 나가는 것이었다. 이 환자군의 치료적 변화를 위해 미술치료사에게는 요구되는 것은 '표면부터 천천히 성급하지 않게' 치료를 진행해 나가는 강한 인내심이다. 미술치료사는 긴 호흡을 유지하면서 내담자와 일정한 경계를 잘 유지하는 것이 무엇보다 필요하다.

감정을 다루기 위한 미술치료적 접근을 보자면 S씨가 경험하고 있는 감정 통제의 어려움과 자아의 취약성을 고려하여 견고한 드로잉 재료를 종류별로 제공하며 감정을 자유롭게 표현할 수 있는 기회를 제공했다. S씨가 매 순간 느끼는 익숙한 감정을 이야기하도록 하고 이와 연관 지어 일상생활의 순간들을 섬세하게 다루면서 그러한 감정이 느껴지는 전후 맥락을 깨닫도록 했다. 혼란스럽고 세분화되지 않은 S씨의 감정을 구체화시키기 위해 상황에 적절한 매체를 이용하도록 유도하고 형상화하도록 했다. 표현된 감정에 이름 지어 스토리텔링을 유도하거나 일반적인 감정의 종류를 구별한 다음에 이미지로 표현하기, 감정을 표현한 자신의 작품에 대한 또 다른 반응 작업, 감정 이미지를 의인화하여 서로 대화하기 등을 주제로 미술치료 회기를 진행했다. 이러한 과정을 통해 S씨가 점차적으로 자연스러운 감정의 표현을 스스로가 허용하고 감정을 인식하며 변별할 수 있도록 유도했다.

안전하게 감정을 표현하는 기회가 거듭되면서 S씨는 감정을 표현하는 것에 대해 가지고 있던 부정적인 신념을 발견했다. '감정은 숨겨야 하는 것이다' '감정을 솔직하게 표현하면 타인이 싫어한다' '루저(loser)들은 감정적이다' 등이었다. 한편으로는 자기파괴적인 행동이 S씨에게 미치는 영향을 발견하도록 촉진하면서 구체적으로 상황을 탐색하고 자신의 미성숙한 대응 양식을 깨닫도록 했다.

S씨의 큰 장점은 치료 기간 동안의 규칙을 잘 지키기 위해 노력했다는 점이다. 주 1회 미술치료 약속을 어기거나 늦지 않고 규칙적으로 방문했고, 미술치료 장면에서는 적극적인 태도로 임했다. S씨에게 이러한 장점을 반영하고 지지하면서 지속되는 행동화에 대해 치료 원칙을 분명히 하고 치료 상황을 더욱 구조화시켜 나갔다.

하지만 6개월 뒤 S씨는 치료를 중단할 의사를 밝혔다. 자신의 증상이 많이 호전되었다는 것이다. 미술치료를 받으면서 술 문제가 없어졌고 술에 대한 생각도 급격히 감소했으니 이제부터는 자신의 의지로 상황을 극복할 수 있다며 종결을 원했다. 종결 여부를 논의하는 과정에서 S씨가 어머니의 간섭을 부담스러워한다는 것을 알 수 있었다. 즉, 어머니가 치료비를 지불하면서 치료의 경과에 대해서도 자주 묻고 계셨던 것이다. 필자는 치료 지속의 필요성과 S씨의 저항에 대해 다각도에서 다뤄 보았다. 그러나 S씨는 자신이 고소득의 직장에 취업하면 다시 내원하겠다고 하고 종결하였다.

그로부터 3개월 뒤 S씨는 미술치료실에 다시 찾아왔다. 회사를 더 이상 다니기가 힘들어졌으며 술에 대한 의존도가 다시 높아지는 등 여러 문제 증상이 더 악화되었음을 토로했다. 자해를 시도하는 일이 잦아졌고 거의 매일 술을 마셨을 뿐만 아니라 폭음이 빈번해지고 폭음 후 정신을 잃어 신상에 큰일이 생길 수 있을 정도로 위험한 일도 있었다고 했다. 먹고 토하는 습관 또한 더욱 극심해진 상태였다. 필자는 S씨의 위태로운 상태를 설명하면서 당시 입원을 권유했으나 S씨는 거부했다. S씨에게 현 상태의 심각성을 전한 뒤 치료 규칙을 다시 설명하고 치료 동의서와 함께 위급 상황 시 치료사에게 연락하기 등의 안전장치를 다시 마련하고 주 2회기 치료를 합의한 후에 미술치료를 재개하였다.

S씨는 약물 복용이 반드시 필요한 상태였으나 약물 복용에는 여전히 심한 거부반

응을 보였다. 회기 내에서 역기능적인 생활방식을 구체적으로 직면하도록 유도하고, 그로 인해 S씨에게 미치는 부정적 영향을 다루면서 약의 필요성을 일깨워 나갔다. 3개월 뒤 S씨는 마침내 약을 복용하기로 결정했고, 의사 선생님과 치료사와의 개입을 통해 치료에 안정적으로 적응해 나가기 시작했다. 필자는 S씨와의 신뢰관계를 공고히 다져 나가는 것을 소홀히 하지 않으며 최대한 S씨가 치료실을 스스로 안전한 공간으로 만들어 갈 수 있도록 유도했다. 또한 S씨가 자발적으로 자신의 현 상태에 대해 부모에게 솔직히 알리도록 권유하면서 그와 관련된 이슈를 회기 내에서 장기간 동안 다뤄 나갔다.

과거의 핵심 사건을 다뤄 나갈 때는 S씨가 자신의 감정에 압도당하지 않고 그 순간 느꼈던 감정을 표출할 수 있도록 지금-여기에서의 시각과 감정을 유도했다. S씨는 미술작업을 즐기는 편이었고 각 미술매체가 지닌 장점을 활용하여 자유롭게 표현했다. 이 과정은 S씨에게 성취감과 해소감을 가져다주었고, 이러한 경험의 축적은 안정감의 초석이 되어 가기 시작했다.

작품에 드러난 감정 이미지를 기반으로 현재 경험을 다루기도 하고 불명료한 자기 모습에 대한 인식을 확장하도록 여러 가지 표현을 돕는 다양한 미술치료적 개입을 시도하였다. 이러한 과정들은 S씨에게 위협적이지 않는 안전한 정서적 재경험의 장이 될 수 있었다. 이제 S씨와 진행한 미술치료의 구체적인 내용을 소개해 본다.

1) 나는 공공재(公共財)

S씨는 보수적인 집안 출신으로, 명문 대학에 입학하는 것과 멋진 직장을 가지고 명문 집안에 시집 가는 것이 삶의 목표였다. 엄밀히 말하면, 그것은 S씨 부모님의 목표였다. 하지만 S씨에 따르면 그녀는 결국 이류 대학에 진학했고 부모님이 끔찍이도 싫어하는 뚱뚱한 외모에 평범한 직장을 다니는 루저이자 패배자였다. S씨는 가족과 친척의 '자랑할 만한' 딸이자 조카가 되지 못했기 때문에 죄책감에 늘 시달리고 있는 상태였다. S씨는 어릴 때부터 친척들의 기대와 관심이 엄청났으며 자신도 이러한 관심을 끌고 유지하기 위해 노력했지만 매번 기대에 부응하기란 쉽지 않았다고 했다. 자신을 향한 관심이 마냥 좋은 줄 알았지만 나이가 들면서 이러한 관심이 부담스럽기 시작했다. S씨는 실상 가족의 관심은 피상적이며 진정한 관심이 아

니라고 하였다. S씨에 대한 그들의 남은 기대는 살을 빼고 성형을 하면 좋은 직장을 얻을 수 있고 부자를 만나 결혼할 수 있다는 것이라고 하였다. 가족은 자신의 포장지에만 관심이 있으며 진짜 자기 모습을 알지 못한다며 적개심을 드러내기도 하였다. 그리고 자신은 결코 '가족이 만족할 만한 자신'이 될 수 없음에 절망하고 하였다.

현재 자기상을 표현하는 미술작업 도중 S씨는 필자에게 영화 〈트루먼 쇼(The Truman Show)〉를 본 적이 있냐고 물었다. 마치 자신이 그 영화의 주인공과 같이 살고 있는 느낌이며, 단 한 번도 자기 자신과 일체감이란 것을 느껴 본 적이 없다고 하였다. 무슨 일이든 자신이 행동을 하는 데 있어서의 기준은 부모님과 타인에게 비춰질 자신의 모습이라며, 자신은 '척척 동자'라고 하였다. 성격 좋은 척, 착한 척 등, S씨는 이러한 가식적인 태도로 세상을 대하는 것이 고통스러우며 침대 위에 늘어져 홀로 있을 때가 비로소 '숨이 쉬어지는' 유일한 시간이라고 하였다.

필자는 S씨에게 혼자 있을 때 기분이 어떤지 등을 탐색하면서 혼자 있는 시간을 그려 보자고 했다. S씨는 4절 도화지와 오일 파스텔을 이용해서 자신을 포함한 주변의 느낌을 그렸다. S씨는 혼자 있을 때 다른 차원의 자신을 생각하게 되고 정말 편안하다고 말했다. [그림 25-1]을 보면, S씨는 주변 세계를 보라색과 연두색, 노란색, 분홍색으로 알록달록한 색채로 표현했다. 그림 속 중앙 하단에 위치한 형태가 바로

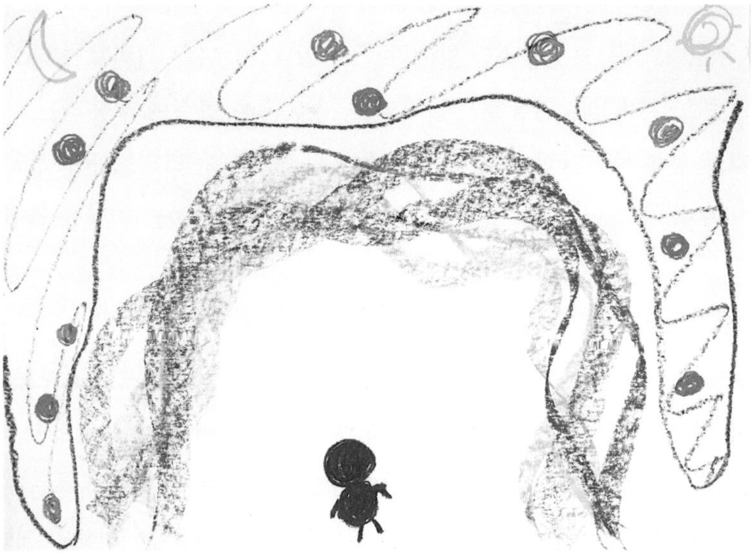

[그림 25-1] 혼자 있는 시간

S씨의 모습이다. 화려하고 어지럽게 표현된 주변 세계와는 대조적으로 자신의 모습은 청색의 작은 형태로 표현했는데, 실제 S씨와는 동떨어진 느낌이 든다. 그림 속에 빈 공간이 두드러져 보이고 밤을 상징하는 달과 낮을 상징하는 해가 함께 존재하고 있다. S씨의 작품에는 이와 같이 대조적이고 공간이 분리된 느낌, 텅 빈 분위기를 자아내는 유사한 이미지가 많다.

S씨는 그림 속의 자신의 모습이 '개미'나 '먼지' 같아 보이며 달이 너무 싫고 무섭게 느껴진다고 설명했다. 흐물흐물한 경계 속에 자신이 있으며 항상 붕 떠 있는 느낌이지만 그 느낌을 좋아한다고 덧붙였다. 또 핑크색은 타인들이 요구하는 맑고 밝은 모습이지만 실제 자신은 어둡고 부정적이며 그런 자신이 가증스럽고 '빈껍데기'처럼 느껴질 때가 많다고 한다. 그래도 혼자 있을 때는 자신이 희미하게 '느껴진다'고 이야기했다. 타인이 자신에게 어떤 의미인지 탐색하자 자신은 인정을 늘 갈구하는 것 같고 남이 불편한 것보다 자신이 견디고 감당하는 게 낫다며 중학교부터 자살에 대한 생각과 자해를 시작했다고 토로했다.

[그림 25-1]은 S씨가 세상 속에서 자신의 존재를 어떻게 인식하고 있는지 짐작하게 해 주었다. 자신이 미약하고 가치 없을 뿐만 아니라 온전한 사람의 형태로 표현하지 않은 것은 불명료한 신체상을 가지고 있으며 자아정체감의 결여를 의미한다고 볼 수 있다.

한편 S씨를 둘러싼 어지러운 선들은 세상에 대한 느낌을 상징적으로 표현했거나 세상으로부터 자신을 보호하려는 방어막일 수 있다. 또 다른 의미로는 타인과의 융합의 두려움으로 자기와 대상을 구별하려는 시도 혹은 현실에서 분리된 자신의 상태를 알리고 싶은 무의식적 시도일지도 모른다. 그리고 분리되고 불안정한 자아상을 오롯이 보여 주고 있는 이 이미지는 미래의 통합을 예고하는 희망을 암시할 수도 있다.

미술치료사가 내담자의 작품을 볼 때 경솔한 판단과 편견을 배제하고 작품의 이미지가 무엇을 말하고 있는지 순수하게 보고 또 보면서 진지하게 살펴보는 것은 중요하다. (내담자의 결과물을 시간성을 갖고 볼 수 있는 것은 미술치료의 고유한 장점이 아닌가?) 이때 비록 직접적이지는 않지만 내담자를 상징하는 작품을 대하는 미술치료사의 '있는 그대로' 작품을 보려는 태도는 내담자에게 고스란히 전해질 것이다. 내담자가 창조한 일련의 작품과의 진솔한 대화와 이미지를 비교해 보고 관찰하는 과정들은 내담자가 말하는 언어적 모순점과 내담자가 세상에 전하고자 하는 풍부한 메시지를 발견할 수 있다. 온전히 주의를 기울이면 메시지 가운데 내담자의 진정한 의미들을 이해하게 되고, 그것은 내담자의 회복과 성장을 위한 구체적 단서가 된다. 정신분석학적인 측면에서의 원시적 성격 방어기제(투사적 동일시, 이상화 등)를 흔히 사용하는 S씨와 이 환자군의 병리적 특성은 특히 언어적인 부분보다 비언어적인 측면을 통해 더 많은 자료를 얻을 수 있다. 따라서 작품뿐만 아니라 내담자가 자신이 창조한 작품과의 상호작용, 즉 자신의 작품을 어떤 태도로 대하며 어떤 방식으로 말하고 무엇을 말하고 또 어떻게 보이는지에 대한 날카로운 관찰이 필요하다.

2) 생애의 최초 기억

인간의 생애 최초 기억은 허구일 수도 있고 실제일 수도 있다. 그러나 기억 속에 남아 있는 이미지는 자아정체성을 이루는 정체감, 핵심 신념과 감정 등을 설명하는 데 근거가 될 수 있다. 이는 내담자를 이해하는 데도 매우 의미 있는 정보가 된다. S씨는 어머니와의 기억을 생애 최초의 기억(그림 25-2 참조)으로 떠올렸다.

> S씨: 그날 엄마가 테니스 치러 가시고…… 아파트에서 내려다보면 엄마가 보였던 것 같은데 그날은 보이지가 않는 거예요. 뽀글 머리를 한 나는 테라스 창살을 붙들고 울고 있었어요. 이게 제 첫 기억이에요. 난 세 살? 네, 그때 집에는 아무도 없었어요. 엄마는 늘 바쁘셨죠. 나는 엄마를 기다리며 자주 울었고요. 엄마는 참 예뻐요. 진짜 예뻐요. 샤방샤방. 사람들이 너무 좋아하고요. 외향적이고 그런 엄마를 닮고 싶어요.

S씨는 어머니에 대해 설명하면서 번갈아 울거나 웃는 모습을 보였다. 또 마치 찬양하는 듯한 태도로 어머니가 좋은 이유를 거침없이 말하면서도 얼굴은 일그러져 갔다. 마치 동전의 양면처럼 느껴지는 양가감정을 해소하려 애쓰는 모습처럼 보였다.

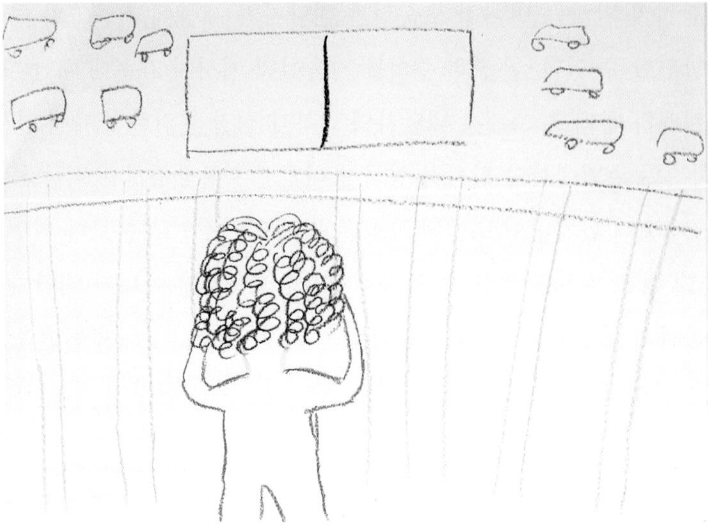

[그림 25-2] 생애 최초 기억

3) 자기멸절의 공포

미술치료 회기에 온 S씨는 대낮부터 폭음한 뒤 음식을 먹고 토하기를 수차례 반복했다고 한다. 눈이 더 이상 안 떠지기를 바라며 수면 유도제도 잔뜩 먹었다고 한다. S씨는 위축되고 두려운 상황을 회피하기 위해 극단적으로 스스로를 끊임없이 파괴하고 있었다. 필자는 S씨의 고통스러운 상황을 공감하면서 약물 오용과 남용의

[그림 25-3] 쓰나미를 기다리고 있는 나의 모습

심각성을 경고했다. S씨는 자기 자신을 감당할 수 없다고 하였다. [그림 25-3]은 당시 S씨 자신의 모습을 그린 것이다. S씨는 자신이 '쓰나미를 기다리고' 있으며 이렇게 살아가기보다는 지구의 종말이 기쁘다고 하였다. 자신이 어떤 의미를 갖고 있고 살 가치가 있는지 모르겠다며 그림을 멍하니 바라보았다.

4) 견딜 수 없는 공허한 감정

S씨와 의미 있는 대상들과의 관계를 다루는 가운데 S씨는 유독 친척들의 안부 전화를 받은 후에는 알 수 없는 불쾌한 감정들이 항상 남음을 발견했다. 자신에 대한 그들의 일방적인 걱정과 염려로 일관된 내용이지만 S씨의 살아가는 방식에 대한 비난이 안부의 결론이라고 한다. 그 순간 자신이 한심하게 느껴지다가 갑자기 견딜 수 없는 공허함에 빠진다고 했다. 그 감정을 씻어 내려 술을 마시게 되었고, 때로는 그것이 자해로 이어지기도 했다. 필자는 그때의 느낌을 이미지로 그려 보자고 권유했다. S씨는 검은 도화지를 선택했고 그림을 그리기 시작했다(그림 25-4 참조). S씨는 TV 방송이 끝나는 느낌이라고 말했다. 필자는 S씨에게 눈을 감도록 권유한 뒤 그린 이미지를 확장해 보도록 유도했다. 잠시 뒤 S씨는 무중력 상태의 끝없는 우주 속에

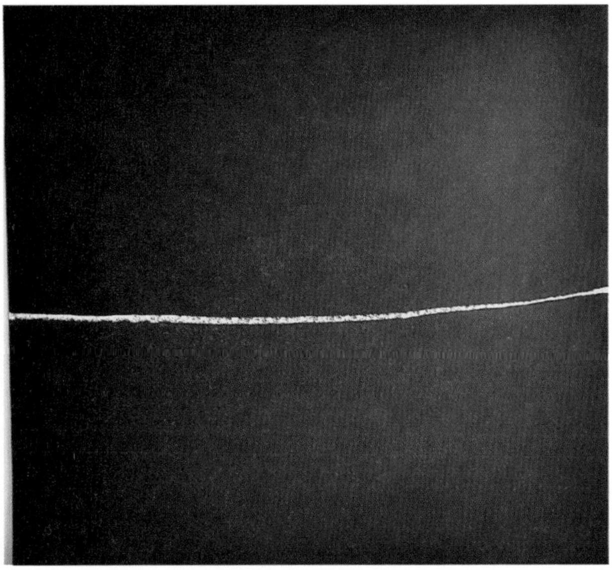

[그림 25-4] 공허함

갇힌 느낌과 '이글거리는 혼돈'의 이미지를 찾아냈다. S씨는 불쾌한 감정이 '분노'와 '우울감'과 관련 있음을 깨달았다. S씨는 그림을 보면서 왜 자신이 화가 나는 건지 알 수 없다는 반응을 보였다. 필자는 미술의 시각적 이미지의 강력함을 다시 확인했다. 특히 자신이 감당할 수 없는 감정을 거리를 두고 표현하면서 시각적으로 재구성할 수 있는 기회를 제공하는 것은 경계선 성격장애를 겪는 환자에게는 매우 특별한 것이라고 할 수 있다.

5) 계속되는 자해

어느 날 한밤중이었다. S씨가 폭음 도중 필자에게 문자를 했다. 다음 날 상담하면서 자신이 예의가 없었다고 사과했다. S씨의 팔목에는 손톱깎이로 자해를 한 상처가 보였다. 필자는 치료 규칙에 대해 다시 설명을 한 뒤 위험성을 스스로 상기할 수 있도록 자해를 시도한 전후 맥락을 다뤄 나갔다. S씨는 상처를 내면서 자책감은 있었지만 '뿌듯함'이 느껴졌다며 별일 아닌 듯 무심하게 이야기를 내뱉었다. 이윽고 S씨는 자신이 생각에서 '자유로워질 수 있기 때문'에 술을 먹는 것 같고, 자해를 하거나 술을 먹고 성관계를 가질 때만 텅 빈 느낌이 사라지고 자신이 '자기 자신'같이 느껴진다고 고백했다. S씨는 회사에서 학벌 좋은 직원들에게 위축감으로 스트레스를 몹시 받고 있음을 토로했다. 그러면서 언젠가 '검은 마음'이 자신을 지배할 것 같아 두렵다고도 했다. 자신 안에 무엇인가 나쁜 게 있어 결혼해서 아이를 낳는 것도 두렵다면서 아이러니하게 자신은 '고통 없는 삶'은 견디지 못하겠다고 말했다.

이후 회기가 연속되면서 필자는 지속적으로 S씨의 병리 양상을 스스로가 인식할 수 있도록 유도했고 주 2회 상담 진행과 약 복용을 하도록 권유했다. 저항을 보여오던 S씨는 어느 날 회기에 오자마자 약 복용이 시급하다며 자신은 DNA 자체가 문제가 있는 '구제불능의 알코올중독자'라고 말했다. 필자는 약 복용에 대한 S씨의 결정을 격려하며 자진해서 결정하게 된 배경을 다루어 나갔다.

6) 낯선 편안함

S씨는 약을 복용한 후부터 편안해졌고 감당하기 힘들었던 '출렁이는 감정'이 없

어진 것 같다고 했다. 이러한 반응이 신기하지만 어색하고 반갑지만은 않다고도 했다. 편안해하는 자신이 당황스럽지만 나쁜 생각(자살사고)은 조금 덜 하는 것 같다고 한다. 놀라운 점은 자신의 문제에 대해 회피로 일관해 오던 어머니가 약물 복용을 수용하신 점이라고 했다. 또한 동생과 친한 친구에게 자신의 상태에 대해 알리기 위해 이야기를 나누었는데 이것이 좋은 경험이 되었다고 한다. 예상 외로 동생이 자신을 비난하기보다는 공감하면서 혼자 고통을 감내하고 있음에 서운해했다고 한다. 필자는 그러한 긍정적 변화가 S씨의 노력과 의지로부터 나온 것이라며 자기 자신이 그렇게 만들어 간 것이라고 말해 주었다. S씨는 어쩌면 감정을 솔직하게 조금씩 표현하다 보면 흔히 남들이 말하는 조절력과 통제력을 기르면서 살아감이 필요한 것 같다고 살짝 웃음 지었다.

7) 의문

"생각들로 머리가 터질 것 같아요."

S씨는 '생각'이란 것을 아예 못하게 되었으면 좋겠다면서 생각들로 머리가 터질 것 같다고 했다. 멈춰지지 않는 생각의 범람과 혼돈 속에서 헤매게 되는 매일의 밤이 두렵고 지친다고 고백했다. 이윽고 미술치료를 하면 할수록 자신이 알지 못했던 생각들을 아는 게 무섭고 두렵다고 했다. 필자가 S씨를 공감하면서 어떤 생각을 할 때 가장 두려운지를 묻자, S씨는 '매일의 자살생각과 눈이 안 떠지길 간절히 바라면서도 하루하루를 살아 내고 있는 것'이라고 했다. 정작 자신이 얻으려는 게 무엇인지 모르겠다며 S씨는 말끝을 흐렸다. 사실 이런 미술치료가 효과가 있는지 모르겠고, 약도 더 이상 먹고 싶지 않으며, 약이 자신을 바보처럼 만들고 있는 것 같다고 했다. 더 이상 자신에 대해 알고 싶지도 않은 게 솔직한 심정이라고 하였다. 필자는 우선 S씨의 복잡한 감정을 다뤄 주며 지금까지의 S씨의 치료적 노력에 대해 격려했다. 현재까지의 치료 과정 정리를 함께 차근차근 다루며 치료적 상황에 대한 인식을 도왔다. 그리고 약물 복용에 대한 S씨의 두려움을 다시 다뤄 주고 약물 복용 시의 장점과 의사 선생님과 연계의 효과성에 대해 설명했다.

S씨는 치료사인 필자를 늘 검증하려 한다. 의존하고 싶지만 의존하는 것이 두렵고, 신뢰할 수 있는 사람인지, 자신을 버리지는 않는지 검증하려 한다. 이러한 징후

들은 잘 살펴봐야 하며 섬세하게 그것이 의미하는 바를 이해하기 위해 최선을 다해야 한다. 자신을 치료가 되지 않는 구제불능으로 만들어 치료사인 필자와 치료 자체를 무력화시키려는 S씨의 무의식적 시도를 이해할 필요도 있다. S씨는 이 세상에서 아무도 자신을 도울 수도 이해할 수도 없으며, 끝끝내 자신을 포기하게 하여 자기파괴적인 행동에 정당성을 부여하며 그 자리에 남아 있으려고 한다. 이러한 태도는 경계선 성격장애 환자들에게 흔히 볼 수 있는 모습이다. 그렇기에 치료사는 의미를 이해하고 공감과 최선의 지지를 하되 일관된 자세로 함께 끝까지 견뎌야 한다.

8) 검은 마음과 흰 마음 통합하기

회기가 중반으로 접어들면서 필자는 S씨의 퇴행을 유도할 수 있는 미술매체를 자주 제공했다. 한 회기에서 S씨는 자신이 자주 말하는 '검은 마음'을 점토로 표현했다(그림 25-5 참조).

S씨가 만든 자신의 '검은 마음'은 형체 없이 흘러내리는 모습이었다. S씨는 작품을 물끄러미 보며 '딱 이 모습'이라고 말하며 상처가 너무 많아 어쩌지도 못하는 자신의 모습 같다며 쓴웃음을 지었다. S씨는 한참을 바라보다 구멍을 하나 더 뚫은 뒤 작품을 응시하다가 검은색 점토를 더 떼어서 섞으면서 뭉개 버렸다. 잠시 뒤 S씨는 흰색

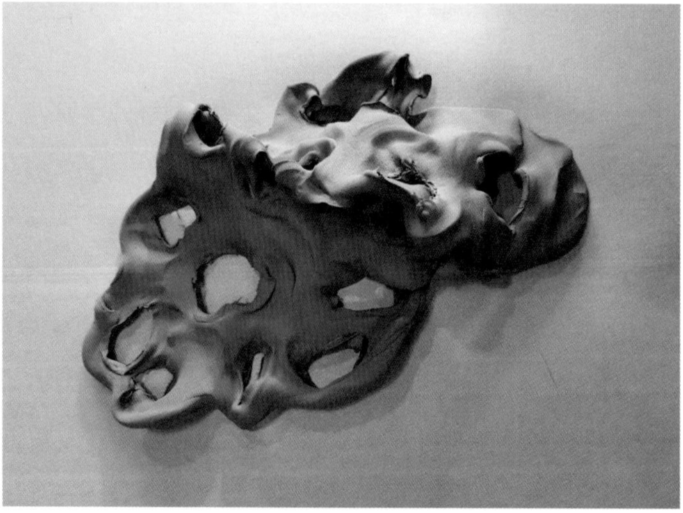

[그림 25-5] 검은 마음

과 노란색 점토를 주사위 형태처럼 이리저리 매만진 뒤 이것은 '하얀 마음'이며 '세상에 보여 주고 있는 자신의 모습'이라고 했다. 두 작품을 비교해 보면서 S씨는 원하는 모습은 이 흰색처럼 하얀 모습이지만 지금은 무너져 버리고 있는 것 같다고도 했다.

필자는 S씨에게 두 작품을 섞어 보면 어떻겠냐고 제안했다. 그렇게 섞인 작품(그림 25-6 참조)이 어떻게 보이는지 묻자 현재 자신의 모습처럼 보인다고 하였다. S씨

[그림 25-6] 흰 마음과 검은 마음

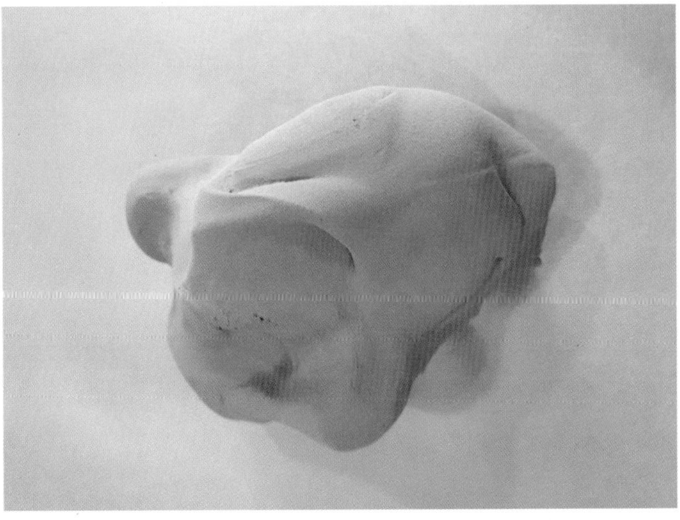

[그림 25-7] 통합

는 조심스럽게 두 작품을 오랫동안 섞은 뒤 완성된 작품(그림 25-7 참조)을 바라보면서 이 모습도 괜찮아 보이며 참 편안해 보인다고 말했다. S씨의 일련의 창작 과정은 필자에게 아름다워 보였다. S씨는 자신의 행위를 눈으로 보고 투사 과정을 통해 자신의 문제를 직접적으로 관여하며 상징적인 '통합'을 해 나간 것이다.

9) 행복 연기는 이제 그만

S씨는 회사 회의 시간에 직선 반복 패턴을 그린 사진을 필자에게 보여 주며 "간단한 미술작업이지만 저에게 도움이 돼요."라고 말한다. 시간이 생길 때마다 머리가 복잡해질 때마다 작은 수첩에 그림을 그린다고 한다. 이와 같은 행동은 S씨가 점차 미술치료에 의지를 하고 있다는 좋은 사인으로 볼 수 있다. S씨는 "선생님, 이제 나를 루저로 생각 안 하려고 해요. 남들은 모르겠는데 내 인생은 이제까지 우울 그 자체였어요. 그리고 저는 다른 사람들도 늘 죽고 싶은 생각이 내심 있는 줄 알았어요. 신기해요. 남들은 죽고 싶은 생각을 안 하는 게 말이에요." 이렇게 말하며 자신은 더 이상 연극을 하고 싶지 않다고 강조했다. S씨는 치료적 목표를 '자신을 제대로 사랑하는 것'으로 다시 세우고 싶다고 말한다. 자신의 그간 고통으로부터 벗어나기 위한 행위들이 얼마나 자신에게 치명적이었는지 어슴푸레하게나마 알 것 같다고 한다. 그러면서 자신에게 일어난 큰 변화는 퇴근 후 술이 먹고 싶은데 참고 견디는 것이 아니라 술 생각이 아예 없어진 것이라고 하였다. 매일 술 마시는 것이 당연했고 회사에서 회식을 해도 귀갓길에 의례적으로 술을 두어 병 사들고 와서 혼자 마시곤 했던 자신의 습관이 완전히 없어졌다며 기뻐했다. 과식한 뒤 손가락으로 먹은 음식을 반복적으로 토해 내는 습관 역시 사라졌다고 보고했다. 그리고 이 시기 S씨의 자해 습관의 변곡점은 S씨가 손톱깎이로 몸을 상해하는 대신 미용을 위해 얼굴 주사를 맞고 몸에 문신을 새기는 것으로 이행되었다. S씨는 주사 맞을 때와 문신을 새길 때의 '고통의 짜릿함'이 못 견디게 좋다며 자신의 몸에 하나둘씩 늘어나는 문신을 보며 즐기게 되었다. 하지만 자신의 행위를 자각하고 고통의 느낌을 스스로 미술작품으로 토해 내며 그 이유를 찾아가게 되었다.

2. 맺는 말

S씨는 자기 자신과 지금도 창조적이고 아름다운 전쟁을 계속하고 있다. S씨는 미술치료 공간을 자신이 자신으로 충분히 있어도 되는 허용된 공간으로서 자신의 새로운 탄생을 위한 인큐베이터로 충분히 사용하고 있다. 익히 알려진 미술치료의 장점대로, S씨는 이 안전한 공간에서 미술치료를 창조적인 미술 창작을 통한 내면 표출의 기회로 잘 활용하고 있다. 앞으로의 갈 길은 멀겠지만 적어도 빛이 보이는 전쟁을 하고 있다고 믿어 의심하지 않는다. S씨가 그토록 반복했던 '죽고 싶다'는 '살고 싶다'는 외침이었음을 다시 생각한다. 검은 장막을 거둬 내며 새로운 탄생을 위해 고군분투하고 있는 S씨. 그 누구도 대신해 줄 수 없기에 그 탄생의 여정은 아름답기만 하다.

임상적 관심이 필요한 중요 주제 및 문화특수적 정신장애

Mental Disorders and Art Therapy Written by 11 Art Therapists

임상적 관심이 필요한 중요 주제 및 문화특수적 정신장애

현재 DSM-5의 진단기준에 포함되지 않았지만, 향후의 DSM 개정판에 나올 수 있으며 추가 연구가 필요한 경우로 사별 후 애도를 들 수 있다. 사별 후 애도 반응은 정상적인 것이지만, 그 기간이 길어질 경우 지속성 복합애도장애를 고려해 볼 수 있다.

문화특수적 정신장애는 나라나 민족에 따라 특징적으로 나타나는 정신증상 및 신체증상이다. 우리나라의 화병도 이에 해당한다.

지속성 복합애도장애Persistent Complex Bereavement Disorder의 잠정적인 진단기준

A. 개인은 자신과 가까운 관계에 있던 사람의 죽음을 경험했다.

B. 사별 이후 다음 네 가지 중 1개 이상을 경험하는 날이 경험하지 않는 날보다 더 많고, 적어도 그 증상은 12개월 이상 지속된다(아동은 6개월 이상).

1. 사별한 사람에 대한 지속적 그리움
2. 사별에 대한 반응으로 강렬한 슬픔과 정서적 고통
3. 고인에 대한 집착
4. 사별 상황에 대한 집착

C. 사별 이후 다음 열두 가지 중 6개 이상을 경험하는 날이 경험하지 않는 날보다 더 많고, 적어도 그 증상은 12개월 이상 지속된다(아동은 6개월 이상).

죽음에 대한 반응적 고통

1. 사별을 받아들이기가 어렵다.
2. 상실을 믿을 수 없거나 정서적으로 마비된다.
3. 고인을 긍정적으로 추억하지 못한다.
4. 상실과 관련된 비통함 또는 분노를 느낀다.
5. 고인 또는 사별과 관련해서 자신에 대해 부적응적으로 평가한다(예: 자기비난).
6. 상실을 상기시키는 것을 과도하게 회피한다.

사회적/정체성 붕괴

7. 고인과 함께하기 위해 죽기를 소망한다.
8. 사별 이후 타인을 신뢰하기 어렵다.
9. 사별 이후 혼자라고 느끼거나 다른 사람들로부터 동떨어져 있다고 느낀다.

10. 고인이 없이는 인생이 무의미하거나 공허하다고 느끼거나 고인 없이는 살아갈 수 없다고 믿는다.
11. 인생에서 자신의 역할이 혼란스럽거나 자신의 정체감이 감소되었다.
12. 사별 이후 흥미를 추구하거나 미래를 계획하는 것이 꺼려지거나 어렵다.

화병에 대한 이해

화병은 한국인에게 나타나는 분노와 관련된 정신장애로 문화권 증후군에 해당된다. 신체적 증상과 정서적 증상, 행동 특성은 다음과 같다.

- 신체적 증상: 가슴 통증, 호흡 불편, 질식할 것 같은 기분, 위통, 거식증, 불면
- 정서적 증상: 분노, 미칠 것 같음, 죽을 것 같음, 공포, 실망, 절망감, 무기력감, 공허감, 무의미함, 배신감, 거절당한 느낌, 외로움, 원한 등
- 행동 특성: 눈물, 울음/통곡, 이혼, 가출 등

26장

사별과 애도의 미술치료

사랑했기 때문에 충분히 슬퍼할 자격이 있다

김태은

애도란 상실한 대상에 대해 슬픔을 느끼는 시간을 갖는 것으로 슬픔과 분노 등 고통스러운 감정을 충분히 느끼고 표현하고 새롭게 자아를 형성해 나가는 과정이라 할 수 있다. 이 과정이 잘 이루어지지 않았을 때 우리는 신체적 · 정신적 질병까지 가질 수 있다.

John Bowlby(1969)는 상실과 관련된 고통을 적극적으로 다루기 위한 애도작업(grief work)을 다음과 같이 설명한다. 사별 슬픔을 다루는 일은 하나의 긴 과정으로서 자신을 재정의하고 새로 만나게 된 현실을 재정의하는 것이다. 이는 상실의 영구성을 인식하고 인정하는 것을 통해서 이루어진다. 그리고 일어난 사건과 앞으로 일어나게 될 변화에 대해 자신을 맞추어 가려고 내면을 재구조해 갈 때 가능하다. 예를 들어, 외동딸을 키우던 부부가 질병이나 사고로 딸과 사별한 뒤 세상을 떠난 딸로 인해 고통을 겪는 중에도 서류에 자녀 수를 쓸 때 '자녀 없음'으로 표시하고는 '나는 부모인가 아닌가?' 하는 개인의 삶에서의 정체감 혼란을 겪을 수 있으며 이러한 변화에 적응해 나가는 과정이 필요하다는 것이다. 딸아이가 없는 삶에 적응하며 살아간다는 것은 가치관과 세계관의 새로운 점검이 요구되는데, 이때 삶에 대한 통제력을 회복하기 위해서 살아가는 이유(의미와 가치, 목표)를 적극적으로 찾아내야 한다.

애도는 긴 적응 과정(고인이 없는 삶에 적응해 나가는 과정)을 통해 치유되는데, 그 애도의 방법은 문화마다 무척 다르다는 것을 고려해야 한다. 보통 이 과정에서 자신이 겪은 사별의 아픔을 다른 사람은 온전히 이해하지 못한다는 생각을 하는데, 그 과정에서는 논쟁할 필요 없이 그 사람만의 독특한 애도 방식(grieving style)에 따라서 그리고 각자의 계획(road map)에 따라서 슬픔의 여정을 밟아 나갈 수 있도록 격려해야 한다. 애도의 과정은 다른 누구의 것과 비교될 수 없으며 그 과정에서 개인별 고유성이 인정되어야 한다.

그럼에도 공통적으로 사별의 슬픔에 영향을 미치는 요인들에는 애착의 강도와 성질, 자아 강도, 개인의 성격, 죽음의 방식이나 죽음의 질, 현재의 중복 상실, 현재의 공존 위기, 이차성 상실, 과거의 상실 경험과 대처방식, 신체적으로 건강한 정도, 경제력, 새로운 역할 적응력, 사회적 자원과 사회적 수용력, 종교의 유무가 있다.

사별 슬픔을 다루는 애도과정은 개인만의 독특한 과정과 시간을 갖게 되지만 특별히 이 과정에서 돌봄을 받아야 하는 대상은 바로 외상성 상실(traumatic loss)을 경험한 사람들이다. 예기치 못한 사별로 갑작스러운 사고나 폭력에 희생되는 것, 자연재해에 의한 사별 등이 그러한 상실의 예이다. 이 경우 죽음의 정황이 충격을 유발하여 죽음 자체의 상황을 인정하고 받아들이는 데 매우 어려운 시간을 갖게 되며, 이때 일시적으로 강력한 정신적 충격, 두려움, 불안, 무력감을 반복해서 경험하게 된다. 그리고 충격을 받게 된 특정 기억이 계속 재생되어 힘들어진다. 따라서 길고 강렬한 슬픔 여정 동안(특히 초기), 스스로를 돌보기 위해서 전문가를 포함한 주위 사람들에게 도움을 받는 것이 필요하다.

외상성 상실이 아니더라도 고인과의 관계의 질로 인해 남겨진 가족이 큰 고통을 느끼게 되는 경우도 있다. 집착의 한 형태인 융합된 관계, 동반의존 관계, 유아기적 의존성이 너무나 클 경우, 양가감정(고인에 대한 복합적인 감정, 특히 죄책감을 가진 경우)이 큰 경우로 나누어 볼 수 있겠다.

애도과정이 고통스럽기는 하지만 고인과의 추억을 공유하는 사람들과의 관계를 통해 치유되고 회복되는 면도 있다. 애도과정을 긍정적으로 이끌 수 있는 가족은 스트레스원을 규명해 내는 능력이 있고, 상황을 개인의 어려움으로 보기보다는 가족 전체의 어려움으로 이해하며, 해결중심 접근으로 어려움을 해결해 보려고 노력하는 모습을 보인다. 그리고 서로를 향해 수용하고 인내하는 능력, 서로를 존중하고 애정을 표현하는 능력, 가족 구성원들 사이의 개방적이고 명료한 의사소통 능력, 높은 가족 응집력과 유연성 등이 애도과정을 긍정적으로 이끄는 힘이 된다.

1. 사별, 애도와 미술치료

사별로 인한 슬픔과 고통을 견뎌 내며 애도하는 과정에서 미술치료는 어떤 도움을 줄 수 있는지 살펴보기로 한다. Malchiodi(2003)는 외상이나 상실을 경험한 후 생기는 감정은 논리적으로 설명하기 어렵고 불가능한데 이러한 감정들을 방치하면 우울, 혼란, 불안, 절망, 좌절 등을 초래할 수 있다고 했다. 미술치료는 이러한 억압되고 혼란스러운 감정을 건설적인 방법으로 표출하는 데 도움이 된다고 하였다. 또한 Worden(2008)은 사별을 겪은 아동에 대한 치료적 개입 중에 미술활동은 아동에게 상실을 창조적으로 전환할 수 있는 기회가 되며 자신의 슬픔과 내면의 혼란을 표현하며 삶과 죽음에 대한 통제력을 얻게 해 준다고 설명했다.

필자가 미술치료를 통해 애도작업을 도왔던 사례로는 일반 상담센터에서 만났던 부모와 외상성 상실을 경험한 아이들을 내담자로 만났던 경험, 그리고 호스피스 완화의료 현장에서 환자의 임종 전부터 미술치료를 하다가 남겨진 가족의 애도를 돕는 미술치료를 제공했던 경험이 있다. 사례를 간단히 정리하여 설명하면서 그들에게 '미술치료'가 어떠한 가치가 있었는지 말하려 한다.

2. 아버지의 자살사망 장면을 목격한 청소년의 개인 미술치료

민성(가명)이를 만나기 전에 사전 접수면접지를 받아들고 가장 걱정했던 것은 부와 사별했다는 것 자체보다는 부의 자살사망 장면을 아들이 목격했다는 것이었다. 필자가 중고등학교에 다닐 때 주변에서 자살시도를 하는 친구들이 있었고 그러한 소식들이 전해 올 때면 필자는 한동안 멍하고 일상생활로 돌아가기 힘들었던 기억이 있다. 자살사망은 주변 사람들에게 우울이나 불안 증상을 가져올 뿐 아니라 그들이 일상으로 복귀하는 데 많은 어려움을 준다. 자살자 1명은 가족을 넘어 주변 동료들에게까지 20명 이상에게 파급력을 끼친다고 한다(Cobain & Larch, 2010).

자살생존자(사회적 관계 안에서 자살자로 인해 영향을 받는 사람)를 내담자로 미술치료를 진행한 경험은 여러 번이었지만 이번 사례에서처럼 '부의 자살사망 최초 목격자'인 내담자가 사춘기 청소년인 경우는 처음이었다. 또한 자살 유가족이 느끼는 상실감은 전쟁, 범죄 등을 겪은 피해자들이 겪는 정신적 외상과 유사한 심리적 증상을 겪는다는 연구결과(Jordan & McIntosh, 2011)와 자살 유가족이 자살자를 애도하는 과정이 자살사고를 9.68% 상승시킨다는 연구결과(Mitchell et al., 2005)는 치료사로서 마음의 부담을 더욱 키웠다.

필자가 만나게 된 민성이는 중학교 2학년 남자아이로 늘 바쁜 부모님을 대신해 동생 둘을 잘 돌보며 지내 온 책임감이 강한 아이이다. 사고 당일 새벽에 화장실을 가기 위해 일어난 민성이는 거실에서 숨진 아버지를 발견하여 어머니에게 알린 뒤 동생 둘을 침착하게 챙겼다고 한다. 아버지 장례식장에서도 눈물을 흘리지 않았으며 오랜만에 만나는 친척들 앞에서 상주 노릇을 듬직하게 해냈다고 한다. 학교에서나 집에서 아버지 사망과 관련해 특별한 모습을 보이지 않아 아버지의 사망 장면을 목격한 것의 충격이 외부로 드러나지 않아 보였다.

아버지 사망 이후 두 달쯤 지났을 무렵 동네에 아버지 사망과 관련된 소문이 나기 시작했고, 그것 때문에 동생들이 친구들 사이에서 어려움을 겪는 것을 알게 되고는 동생의 친구를 찾아가 욕을 하고 가방을 던지는 등의 폭력적이고 충동적인 모습을 보여 미술치료에 의뢰되었다.

어머님은 여러 차례 민성이가 아버지 사망과 관련된 충격이 있는 것 같지 않고 사춘기 때문에 그런 것 같다고 강조하였지만 필자가 민성이에게 느낀 첫 번째 느낌은 자신이 겪은 충격을 외부로 나오지 못하게 '얼려' 꽉 틀어막아 버린 것 같았다는 것이다. 민성이와의 미술치료 과정은 쉽지 않았다. 감정을 탐색하려 하면 자신이 억압해 놓은 감정이 터져 나올까 봐 그러는지 늘 '괜찮아요' '상관없어요' '모르겠는데요'라고 대답했다. 이런 모습은 미술치료사를 향해 무슨 방어전을 펼치고 있는 모습 같아 보이기도 했다.

미술치료에서 민성이는 다양한 재료를 제공해도 최소한의 반응을 하거나 통제하고자 하는 욕구가 큰 것으로 보였다. 예를 들어, 다양한 무르기의 점토를 제공하면 양팔과 손바닥으로 반죽을 하는 것이 아니라 연필을 이용해 점토를 찌르는 것이 전부였다. 물감과 붓을 제공하면 물감을 뚜껑에 살짝 묻혀 도화지에 찍는 표현을 하곤 했다. 그래도 변화에 대한 희망을 느낄 수 있는 점이 있었는데, 감정을 통제하고 방어하면서도 4개월째 미술치료실에 오고 있다는 점 그리고 멀리 이사를 가서 지하철을 타고 1시간이 걸리는데도 미술치료실에 오고 있다는 점은 민성이도 무언가를 기대하는 것으로 느껴졌다.

그렇게 벽처럼 버티고 서 있던 민성이의 마음을 풀어지게 해 주었던 매체는 바로 펠트지였다. 손끝으로 펠트지를 살짝 만지던 민성이는 이내 오른손 바닥으로 펠트지의 감촉을 느끼며 비벼 보았고 조용히 눈물을 흘리기 시작하였다. 그렇게 시작된 아이의 울음은 쉽게 그치지 않았고 10분 넘게 엉엉 소리를 낼 정도로 오열하였다. 그렇게 눈물을 쏟아 낸 민성이는 지친 기색이 역력한 채로 "아빠가 그날 덮었던 담요……."라고 말하다가 말끝을 흐렸다. 아버지가 돌아가시고 흘리지 못했던 눈물을 이제야 흘리게 되었고, 이날 흘린 뜨거운 눈물은 얼어 있던 마음을 녹이기에 충분하였다. 펠트지의 감촉이 아버지가 마지막 날 소파에서 덮고 있던 담요의 감촉을 떠올리게 했던 것이다. 그날 밤 자신이 아버지에게 담요를 갖다 주었을 때 아버지가 자신의 손을 잡고 "이 담요는 네가 태어났을 때 아빠가 너한테 사다 준 거였는데."라고 말했다고 한다.

"그날 아빠를 마루에 혼자 계시게 하지 않았더라면…… 그날 아빠한테 내 방에서 같이 자자고 했더라면…… 그날 아빠랑 이야기를 좀 더 길게 했더라면…… 그날 아빠에게 사랑한다고 했더라면……."

민성이는 끝도 없이 죄책감을 담은 이야기를 쏟아 내었다. 이후 민성이는 펠트지를 이용하여 아버지에게 드리고 싶은 담요의 문양을 디자인하고 납골당에 가져다 놓았다. 또한 아버지가 그동안 자신에게 준 선물의 목록을 적고 아버지로부터 받은 사랑을 확인해 보는 시간을 가지면서 아버지에 대한 그리움의 감정을 표현하고 확인하는 시간을 보냈다.

이후 내담자는 '겨울에 우리 가족 필수 이불'이라는 주제로 종결 작업을 했다. 그 작업은 어린 시절 할머니댁에 놀러 갔을 때 가족 모두가 하나의 솜이불 아래에 다리를 넣고 옹기종기 앉아서 귤을 까먹던 기억이 떠올랐다면서 진행한 작업이었다. 이

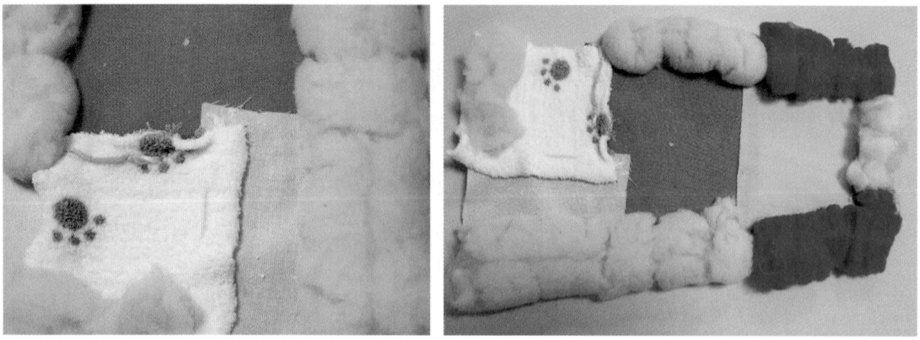

[그림 26–1] 겨울에 우리 가족 필수 이불

때 민성이가 바느질을 했는데 남자가 무슨 바느질이냐며 어색해하기도 했지만 멈추지 않고 조각과 조각을 연결해 내었다. 민성이가 선택한 천의 색상도 눈에 띄었는데, 그동안 민성이가 사용했던 색과는 전혀 다른 색이었기 때문이다. 필자가 "분홍과 노랑이네."라고 하자, 민성이는 조금 더 익숙해진 손놀림으로 바느질을 계속하면서 "저를 임신했을 때 저희 아빠는 제가 딸인 줄 알았대요. 그래서 미리 분홍이랑 노랑 내복을 많이 사 두셨대요. 그래서 저 애기 때 사진을 보면 정말 분홍 옷 입은 사진이 많아요, 부끄럽게."라고 말하며 입가에 미소를 보였다. 어느새 민성이는 아버지를 잃은 충격과 슬픔을 넘어서 아버지와의 소중한 추억을 필자에게 전달하고 있었다.

자살사망으로 가족을 잃게 되는 경우 우리는 슬픔이나 그리움을 느끼기 이전에 처리해야 하는 많은 감정이 있고 그 감정이 자발적으로 표현되기 어렵다는 것을 느낀다. 이때 미술치료라는 자극과 지지적인 미술치료사의 존재는 충분히 억압해 놓은 감정을 표현하고 담아내는 데 도움을 줄 수 있다.

이 사례의 경우는 아버지의 자살사망 시신을 직접 목격한 경우이지만 미술치료 임상장면에서 자살 혹은 사고(재해, 재난, 범죄)로 부모와 사별하게 된 아동 내담자들은 고인의 죽음에 대한 모호한 정보로 무척 혼란스러워한다. 슬퍼할 겨를도 없이 장례식장에서 만난 어른들의 '불쌍해서 어쩌냐'로 시작되는 한탄은 자녀들을 궁금하게 하고, 오열하는 남겨진 부모를 보며 그들은 당황스럽고 공포를 느낀다.

대부분의 자살 유가족은 고인의 자살을 막지 못했다는 자책감과 자신 때문에 벌어진 일이라고 생각하는 죄책감이 든다고 하는데, 아동이라고 해서 그런 감정을 모른다고 생각하면 큰 오산이다. 아이는 아이 나름대로 자신의 수준에서 자신이 좀 더 잘하지 못해서 부모가 사고당하거나 자살했다는 비합리적인 신념을 갖게 될 수 있기 때문에 더욱 건강한 애도의 시간을 가질 수 있도록 전문가의 도움이 필요하다. 이러한 돌봄이 안정적으로 제공되지 않았을 때 우리는 유족들이 복합외상을 겪거나 심각한 우울을 겪게 되는 것을 보게 된다.

3. 질병으로 가족을 잃은 이들을 위한 미술치료

질병으로 가족과 사별하는 경우 중요한 것은 환자의 투병 기간에서부터 먼저 애도과정이 시작되는 것이 좋다는 것이다. 사별으로 인한 애도과정은 사망선고가 내려진 뒤부터 일어나는 것이 아니라 아직 심장이 제 기능을 하고 있고 눈을 마주하고 눈빛으로 감사와 사랑을 전할 수 있으며 손을 잡아 그에게 아직 온기가 남아 있다는 것을 인식할 때부터 시작되는 것이 중요하다. 그래서 마지막 질병으로 투병을 하다가 임종하는 경우에 병원에서 죽음을 맞게 되는 경우가 많은데 이때 의료진과 돌봄 제공자들의 역할이 환자와 가족에게 큰 도움이 될 수 있다. 이때 병원 내 의료진과 돌봄 제공자들은 환자의 투병과 임종을 지켜본 증인이 되기에 이 과정에서 가족에게 지지를 제공할 수 있는 중요한 인적 자원이 된다는 점을 잊지 말아야 한다.

필자의 경험을 살펴보면, 환자가 임종을 맞이할 때 미술치료사가 그 순간을 함께 해 주기를 원하는 가족이 있으며 그때 가족은 치료사에게 정서적 지지를 원한다는 것을 알 수 있다. 가족이 종교가 있다면 그 종교적 신념에 맞춰 마지막 순간 인사를 나눌 수 있도록 돕고 시간이 허락된다면 환자가 투병 과정에서 어떤 용기를 보여 줬으며 환자의 투병 과정을 옆에서 지킨 가족은 어떤 모습이었는지에 대해 반영해 주는 것도 도움이 된다. 환자와 가족을 잊지 않겠다는 말도 함께 전한다. 환자에게 임종 선고가 내려지고 또 시간이 허락되는 때까지 가족이 환자의 귀에 대고 하지 못한 말을 전할 것을 권하기도 한다. 가족이 눈물을 흘린다면 그때는 어깨를 감싸고 등에 손을 얹고 정서적 지지를 표하는 것도 도움이 된다. 이후 시신이 옮겨질 때에는 엘리베이터 앞까지 동행하여 마지막까지 인사를 표한다. 이 과정은 환자의 죽음을 존엄하게 다루는 것이기도 하지만 또한 사별을 한 가족에게 안정감을 주고 안전하게 애도작업을 시작하는 데 큰 도움을 준다.

오래전 어린 환자의 임종을 지켰던 기억이 있다. 아이는 돌 때부터 아파서 어머니는 늘 아이의 건강 때문에 전전긍긍했다. 16개월 되었을 때 횡문근육종 진단을 받고 자가조혈모세포 이식을 두 차례 진행했고, 치료가 종료되어 건강한 생활을 꿈꾸던 중 재발하였고, 재발한 지 채 1년도 되지 않아 임종하게 되었다. 아이의 임종 일주일 전, 삶에 대한 냉소와 의료진을 향한 불신이 얼굴에 가득한 어머니는 미술치료사에게 아이를 기억할 수 있도록 아이의 손과 발을 석고로 떠 주길 요청하였다. 아이는 상태가 점점 나빠졌고 병원에서 오늘을 넘기기 어렵다는 연락을 받았다. 필자를 포함해서 미술치료사들이 모여 아이(모르핀을 투여받고 힘겹게 숨을 몰아쉬는)의 손과 발을 석고로 떠내는 작업을 정성스럽게 했다. 이때까지 부모는 울지도 못하고 그저 피곤함에 지쳐 있었으며 앞으로 일어날 일에 대해 두려움과 긴장감이 가득한 모습이었다. 아이의 손과 발의 형태가 고스란히 담긴 석고를 얼른 채색하고 아이가 그동안 그렸던 그림과 그림 그리던 아이의 모습을 찍은 사진을 잘 담아 병실을 찾아가 부모에게 전해 드렸다. 그것을 보는 순간 아이의 부모는 큰 소리로 울음을 터뜨렸다.

"아, 우리 아이, 이렇게 귀여웠지." "아, 우리 ○○이가 참 그림 잘 그렸지." "엄마랑 아빠가 우리 ○○이 너무 사랑해. 지켜 주지 못해서 너무 미안해. 아빠가 돈 벌어서 이 병을 낫게 하는 약 꼭 만들게. 우리 ○○이처럼 너무 아픈 아이가 더 이상 생기지 않게 아빠가 평생 노력할게."

피곤함과 긴장감과 두려움으로 가득 찼던 병실은 세상을 떠나는 아들을 향한 사랑과 이별의 시간이 되었다. 그리고 곧 아이는 숨을 거두었고 아이가 제일 믿고 의지했던 의사 선생님이 오셔서 사망선고를 내렸다. 어머니가 원하는 만큼 아이를 안고 있을 수 있도록 했으며 곧 아이의 시신이 떠나자 좀 전에 석고로 뜬 아이의 손과 발을 아이를 대신해서 끌어안았다.

이날이 필자가 병원에서 처음으로 아이의 임종을 지킨 날이다. 이때 필자는 미술치료 작품을 장례식장에서 전달해야 했는데 먼저 전달해서 엄마, 아빠가 너무 미리 울어 버린 건 아닐까 하는 후회와 걱정이 많았다. 하지만 이날 이후 임종 때 아이의 미술치료를 담당했던 미술치료사가 임종 의식에 함께 참여해야 한다고 인식한 것은 의료진이었다. 의료진은 아이가 품 안에 있을 때 울음을 터뜨릴 수 있었던 것은 바로

'미술'이라는 자극 때문이었으며 시신이 떠난 후에도 엄마의 품에 아이의 손과 발의 형태를 담은 '증거물'이 존재할 수 있다는 것이 무엇보다 중요한 점이라고 말했다.

때로 병원에서는 그 병원에서 투병하다 임종한 환자의 가족들 모임인 사별자들을 위한 지지 모임이 진행되기도 한다. 미술치료사가 사별 집단을 진행하는 경우 고려해야 할 것은 다음과 같다. 사별 가족의 슬픔의 여정을 자연스럽게 말할 수 있도록 충분히 들어 주어야 한다. 가족이 환자의 투병 과정에서 최선을 다한 부분에 대해 긍정적 강화를 하며 돌아가신 분에 대한 기억을 함께 나누는 것이 필요하다. 또한 심리전문가로서 미술치료사가 사별자들을 만날 때에는 그들이 병리적인 슬픔이나 고통을 느낄 위험성이 있는지 식별하는 것도 무척 중요하다. 필자는 질병으로 인해 자녀와 사별한 어머니들을 위한 집단 프로그램을 진행한 적이 있는데 이 어머니들은 아이가 세상을 떠난 날을 '제삿날'이라고 하지 않고 '천국에서의 생일'이라고 이름을 붙이고 모여서 천국에 있는 아이의 생일잔치를 진행하였다. 이때 미술치료사는 천국에 있는 아이에게 주는 선물을 가족들과 함께 만들거나 천국에 있는 아이에게 전하고 싶은 메시지를 담아 편지를 제작하기도 했다.

이러한 사별과 애도작업에서 특별히 미술치료가 장점이 될 수 있는 부분은 미술이 가지고 있는 치유적 속성과 그 맥락이 같다. 즉, 감각을 사용하며, 누군가와의 영원한 헤어짐을 통해 멍해지거나 무기력해질 때 미술치료의 다양한 매체는 지금-여기의 감각을 깨운다. 슬픔도 깨어날 수 있지만 더불어 고인에 대한 그리움과 잠시 잊었던 아름다운 추억들이 같이 떠오르게 할 수 있다. 또 압도하는 슬픔이나 그리움을 시각화할 수 있으며 그 작품과 거리를 두고 또 내면에 담아낼 수 있다.

그리고 사별로 슬픔을 극심하게 겪는 가족들과 작업할 때 미술치료사로서 필자가 잊지 않는 말은 『모리와 함께한 화요일(Tuesdays with Morrie)』에서 모리 교수가 이야기한 "죽음은 삶을 끝나게 하지만 관계는 끝나지 않는다."라는 것이다(Mitch, 2010). 이 말은 많은 사별 가족에게 위로와 안도를 준다. 떠난 고인이 그리워서 혹은 미안해서 남겨진 자신이 슬픔을 극복하기 위해 무언가를 한다는 것이 사치스럽다거나 아무 의미가 없다고 느끼고 무기력하게 되는 경우가 있다. 하지만 모리 교수의 말처럼 고인과 영원한 이별은 했지만 그와의 관계는 유지된다. 그러므로 지금 자신이 미술치료를 받으며 사별의 슬픔을 다루는 것이 그 관계를 위한 노력이라고 의미를 부여할 수 있을 것이다.

참고문헌

Bowlby, J. (1969). *Attachment and Loss, Vol. 1. Attachment*. New York: Basic Books.

Cobain, B., & Larch, J. (2010). **말할 수 없는 고통의 치유**(*Dying to be Free*). (이혜선, 육성필, 김신향 공역). 서울: 시그마프레스. (원저 2005년 출간).

Jordan, J. R., & Mclntosh, J. M. (2011). *Grief After Suicide: Understanding the Consequences and Caring for the Survivors*. New York: Routledge.

Malchiodi, C. A. (2003). **아동 임상미술치료**(*Medical Art Therapy with Children*). (김동연, 최은영 공역). 서울: 학지사. (원저 1999년 출간).

Mitch, A. (2010). **모리와 함께한 화요일**(*Tuesdays with Morrie*). (공경희 역). 서울: 살림. (원저 1997년 출간).

Mitchell, A. M., Kim, Y., Prigerson, H. G., & Mortimer, M. K. (2005). Complicated grief and suicidal ideation in adult survivors of suicide. *Suicide and Life-Threatening Behavior, 35*(5), 498-506. DOI: 10.1521/suli.2005.35.5.498

Worden, J. W. (2008). **가족을 잃은 아이의 슬픔**(*Children and Grief*). (전석균, 임승희 공역). 서울: 시그마프레스. (원저 1996년 출간).

27장

화병의 미술치료

새롭게 쓰는 나의 이야기

오미영

1. 화병의 이해

화병은 긴 세월 동안 외부로부터 발생된 스트레스 상황에서 감정을 억압하고 억눌린 감정을 처리하지 못하여 경험하는 억울하고 분한 감정의 결과로 발병하게 되는 정신장애이다. 화병의 유병률은 4.2~13.3%로 누구에게나 발병할 수 있지만 환자의 대다수는 중년기 여성이다. 생애주기로 살펴보면, 중년 여성은 환경의 변화를 수용할 준비가 얼마만큼 되어 있느냐에 따라 남은 생의 만족도와 심리적 안녕감, 신체의 건강이 달라진다. 우리나라에서는 이 시기의 여성이 전통적인 가족구조와 사회구조 안에서 경험했던 좌절이나 감정이 적절하게 해결되지 못하고 갈등 상황을 일으켜 환경의 변화를 수용하기 힘들게 하고 오히려 그동안 참았던 분노가 한꺼번에 터져 나와 화병을 갖게 한다. 화병은 폐경기에 겪는 정서적인 취약성과 가족관계에서 여성이 희생하고 인내해야 한다는 유교적 문화로 인해 강화된다. 화병의 증상에는 분노, 치밀어 오름, 우울, 불안, 강박증, 답답함, 억울함, 후회, 짜증, 과민 등의 정신증상과 두통, 답답함, 가슴 통증, 소화불량, 불면, 열기, 입 마름 등의 신체증상이 있다. 화병의 이러한 증상들은 중년 여성이 겪게 되는 갱년기 증상[1]과 매우 유사하여, 적절한 치료를 받지 못한 채 방치하게 되면 증상이 더 심해져서야 발견되는 경우가 많다.

DSM-IV에서는 화병을 한국 문화권에서 독특하게 발생하는 문화권 증후군(Korean culture-bound syndrome)이라 하였고, DSM-5에서도 각 문화권에서 독특하게 발생하는 심리장애로 문화권 증후군의 특성이 강조된다고 하였다(김은하, 장윤지, 2015).

2. 화병의 미술치료

미술치료는 화병 환자와의 미술활동을 통해 억눌렸던 감정을 안전하게 표출할 수 있도록 돕고 자신을 수용하고 새롭게 인식하는 데 효과적인 치료적 접근이다. 미술치료가 화병 환자에게 치료가 되는 특성은 다음과 같다.

첫째, 감정이 덩어리져서 내면에서 꺼내지지 못한다는 상상을 해 보자. 시간이 흐름과 더불어 뭉쳐서 한 번도 제대로 꺼내지지 않은 감정이, 더군다나 억지로 참아 눌러진 것이라면 그 힘은 대단할 것이다. 화병에서의 화는 에너지고 바꿔 말하면 살아갈 힘이 있다는 것이다. 분노나 화 같은 덩어리진 힘을 잘 다루어 좋은 에너지로 바꿔 준다면 아마 현재의 삶을 원하는 대로 계획하고 실행할 생산적인 에너지가 될 것이다. 미술치료를 통해 치료가 되는 이유도 바로 이 승화 작업에서 기인한다. 민성길(2009)은 예술활동을 통해 내면의 갈등과 울분을 표현하고 승화하여 해소함으로써 화병의 치료적 효과를 나타낼 수 있다고 하였다.

둘째, 미술은 언어보다 더 쉽게 내면을 표현할 수 있게 하기 때문에 감정을 억제하거나 쉽게 드러내기 힘든 환자들에게 도움이 된다. 오랜 세월 감정을 억압하고 가족이나 타인을 우선으로 생각하며 살아온 중년 여성은 자신의 내면을 알아차리는

1) 갱년기는 난소의 기능 쇠퇴로 생식능력이 끝나는 시기라는 생물학적인 개념과 사회문화적 개념을 내포하고 있으며, 폐경 전후 호르몬의 감소로 인해 나타나는 신체적 · 정신적 증상으로(송유림 외, 2016), 화병과는 그 원인과 치료가 다르다.

데 어려움이 있고, 억압된 감정을 언어로 표현하기에 한계가 있다. 미술치료 과정에서 만드는 이미지는 결국 자신을 드러내는 것이며 내면의 감정을 표현하는 것이다. 특히 미술치료에서 자유로운 미술작업은 환자의 내적 분노와 공격, 충동 등의 정서를 배출하면서 부정적인 감정을 해소시킨다. 감정을 표현하는 것은 통찰을 일으키고, 이러한 통찰은 자신을 제대로 들여다보게 하고 인식하게 함으로써 있는 그대로의 자신을 수용하도록 안내한다.

셋째, 자신의 갈등과 관련된 여러 가지 충돌되는 감정들에 대해 스스로 조절할 수 있는 경험을 하게 된다. 재료를 선택하고 작품을 해 나가는 과정에서 이러한 충돌되는 여러 감정과 직면해 나가고 그 에너지를 통합해 나가면서 작품을 완성하게 된다. 자신의 내면의 힘을 발휘하고 있는 에너지에 형태를 부여하고 재해석하는 과정을 반복함으로써 자아의 힘을 강화시키고 현실에 잘 적응할 수 있게 된다.

넷째, 다양한 창작 활동을 통해 즐거움을 줄 수 있다. 몰입을 통한 창조경험은 단순한 즐거움을 제공하는 것이 아니며, 자신이 스스로 뭔가 만들어 낼 수 있다는 만족감과 성취감을 동반함으로써 즐거움의 깊이가 다르다. 이러한 긍정적인 정서는 화병 환자의 오래된 부정 정서를 해소하는 데 도움을 줄 뿐 아니라 삶의 생기를 불러일으킬 수 있으며, 스트레스 상황에서도 쉽게 감정적으로 변하지 않는 힘을 발휘한다.

3. 화병의 미술치료 목표

1) 부정 정서 표현하기

화병은 자신의 억압된 감정을 자신도 인식하지 못한 채 부적절한 방법으로 처리하게 한다. 다른 사람에게 투사하며 감정을 해소하기도 하고 일상에서 왜곡되어 나와 부적절하고 역기능적으로 드러나기도 한다. 이미지를 만들어 나가는 과정은 쉬운 과정은 아니지만 내면을 드러내는 중요한 방법이고, 자기검열이나 통제로부터 자유롭다. 환자가 심리적으로 안전감을 느끼는 치료실에서 자유롭게 작업할 수 있다면 관련 이미지가 내면의 에너지를 동반하여 자연스럽게 표현될 것이다.

2) 자기수용과 함께 새롭게 자기인식하기

미술치료 과정을 통해 자신의 억압된 감정을 분출하고 확인하여 해소했다면 작품을 통해 자신과 직면하고 자기를 강화시키고 조절할 수 있다. 작품을 만들어 내는 과정이나 이미지를 통해 자신의 모습을 발견하고 진짜 자신의 모습을 인식하는 일은 쉽지 않다. 작품을 하는 과정에서 혹은 치료사와의 대화의 과정에서 이상화된 자기와 내면의 자기의 모습을 직면하고 수용하는 경험을 하게 된다면 작업 내용도 통합된 모습으로 그려지는 경험을 하게 된다. 다양한 자신의 모습을 인식하고 수용하는 과정을 반복하며 자신을 지속적으로 확인하면서 통찰이 일어나고 새로운 자기인식이 생긴다.

4. 이야기치료의 활용

이야기치료에서는 문제 경험을 중심으로 만들어진 환자의 이야기를 해체하고 독특한 결과를 중심으로 해서 대안적 이야기를 만들어 가는 과정을 통해 치료 효과를 얻는다(Madigan, 2017). 개인은 처음부터 자신이 속한 문화와 사회 안에서 어떠한 형태로든 영향을 받고 그 안에서 자신에 대한 이해를 구성해 가는 존재라고 보는 것이 이야기치료 접근의 기본 전제이다. 개인의 삶에 일어난 사건이나 경험은 살기 위해 적응적으로 기능하면서 생긴 것이다. 따라서 환자의 문제는 환자가 문제로 가지고 온 이야기이지 환자 자체가 아니라고 본다(White & Morgan, 2010). 이야기치료에서는 환자가 제시하는 문제에 대해 환자의 삶을 짓누르는 지배적 이야기라고 부르면서 문제 이야기의 경청, 문제 이야기의 해체, 대안 이야기의 구축으로 이어지는 치료 과정을 통해 문제 이야기를 대안 이야기로 다시 쓸 것을 제안한다. 또한 이야기치료는 정해진 규범에 따르기보다는 문화적·맥락적 다양성을 존중하며 절대적인 윤리기준을 두지 않는다. 치료사는 환자와의 평등한 관계를 지향하고 권위 있는 치료자가 아닌 자문가로서 환자와의 평등한 관계를 지향한다(White, 2010). 이야기치료사는 치료자의 전문적인 치료적 지식보다 환자의 삶의 이야기나 지식을 우위에 두며 질문을 통해 영향력을 발휘한다.

5. 화병과 미술치료 그리고 이야기치료

일반적으로 화병은 문화적 증후군으로 봐야 할 정도로 사회와 문화의 담론 안에서 생겨난 병이다. 지배적인 구조 안(예: 유교 문화권에서 생각하는 여성상)에서 발생한 이야기로 인해 화병을 진단받은 대다수의 중년 여성은 오랜 기간 자신의 가슴속에 응어리진 감정을 가지고 있다. 필자는 이야기치료에서 문제 이야기를 새롭게 쓰는 과정이 화병 환자들에게 도움이 되겠다고 생각했다. 이 과정이 문화와 사회의 영향을 받아 오랜 기간 자신의 정체성에 대해 제대로 생각해 보지 못한 환자와의 작업에 유용한 치료적 접근이라고 보았다. 이야기치료와 미술치료는 다음과 같은 공통적인 치료 요소를 가지고 있다.

첫째, 이야기치료에서의 중요한 치료 과정인 개인의 문제를 외재화하는 것은 미술치료에서의 자신을 투사한 이미지를 만들어 내는 과정과 흡사하다. 이를 통해 결과적으로 자신의 문제에 대해 정서적 거리가 확보되고 문제를 객관화시켜 볼 수 있게 되는 치료적 메커니즘이 생긴다.

둘째, 미술치료는 환자와 치료사 사이의 치료적 관계에서 미술이라는 하나의 매개가 있음으로써 치료사의 역할이 언어를 이용한 상담보다 덜 직접적이면서 치료사와 환자 사이가 보다 더 안전하게 유지된다. 이를 통해 환자는 치료사에게 영향을 받기도 하지만, 미술작업으로 얻어진 창조경험을 통해 자기 스스로의 힘을 느끼게 된다. 결과적으로 이와 같은 치료적 관계는 이야기치료에서 중요하게 여기는 치료사의 태도와 관련이 있다. 이야기치료에서는 환자가 전혀 다른 삶의 경험에서 가지고 오는 이야기를 치료사가 가지고 있는 기준으로 바꾸거나 판단할 수 없다고 본다. 따라서 치료사로서 직접적으로 영향을 주기보다 자문가로서 치료사와 환자의 관계를 평등하게 지향하고 있다. 환자 스스로 자신의 문제를 해결할 수 있는 힘이 있다고 보는 것이다.

셋째, 미술치료가 치료가 되는 과정에서는 치료사가 안내하고 동반하는 가운데 스스로 자신의 이미지를 만들어 나가고, 그 안에서 통찰을 얻고 자신의 정체성을 발견하며 성장이 일어난다. 이야기치료는 치료사가 하는 구체적인 질문에 답해 나가는 과정을 통해 환자 스스로 자신의 대안적인 이야기를 만들어 나가며, 자신의 새로운 정체성을 확립하게 된다.

필자가 생각하는 두 치료 접근의 공통적인 요소와 차이점은 이미지가 만들어지는 과정과 이미지를 대하는 태도, 이미지의 질이다. 미술치료는 환자의 자유연상을 통해 의식적이지 않은 상태에서 생성되는 이미지가 치료적으로 의미가 더 있다고 보고 이 과정이 치료적으로 매우 중요하다. 그러나 이야기치료에서의 이미지를 만들어 나가는 과정은 치료사의 구체적인 방향성 있는 질문을 통해 이루어지고 이 과정에서 의식화되어 이미지가 만들어지게 된다. 물론 미술치료 과정에서도 주제화 같은 기법을 활용하여 이미지를 만들어 내기도 하지만 치료사가 환자의 대안적 이야기를 만들어 내는 데 목적을 두진 않기 때문에 이미지를 대하는 태도와 과정이 다를 수밖에 없다. 또한 이야기치료에서도 자신의 문제를 대상화시키는 과정에서 이미지 작업이나 조형물을 만들어 내기도 하지만, 미술치료에서의 이미지를 만들어 내는 과정과는 사뭇 분위기가 다르다. 몰입을 통한 창조적 경험으로 치료가 되는 미술작업은 그 과정에 훨씬 더 정성이 들어가기 때문에 이미지의 질이 다를 수밖에 없다. 이러한 공통적인 요소와 차이점을 이해하고 적용한다면 화병의 미술치료를 위한 치료적 접근으로 이야기치료가 충분히 활용될 수 있을 것이다. 미술작업을 통한 감정 분출과 창조적으로 이미지를 만드는 과정, 더불어 방향성을 가진 구체적인 질문을 통해 자신의 문제를 다르게 해석하고 새로운 이야기를 만들어 나가는 과정은 화병 환자에게 치유적인 힘을 발휘할 것으로 생각된다. 이 과정이 치료적인 것은 물론이고 환자의 미래에 대한 삶도 더 풍성하게 만들 수 있는 기회를 제공하게 될 것이다.

6. 이야기치료를 적용한 화병 미술치료 사례

1) 주호소 문제와 관련된 배경

54세 여성인 B씨는 남편의 실직과 외도로 30대 후반에 이혼하고 딸아이와 살고 있다. 20대 중반에 직장생활을 하면서 만난 남편은 한 직장에 오래 머물지 못해 이직이 잦았고, 그런 남편 때문에 B씨는 결혼 후 한 번도 제대로 쉬지 못하고 실질적인 가장 역할을 해 왔다. 가장으로서의 역할도 충실하지 않았고 외박도 잦은 남편이었지만 더 참을 수 없이 화가 났던 건 시댁 식구들이 환자에게 며느리로서의 역할을 과도하게 요구한 것이었다. B씨는 여러 가지 이유로 이혼을 선택하고 혼자 아이를 키웠다. 아이가 잘 자라 주어서 감사한 마음이지만 가끔 허전한 생각이 들고, 불안정한 경제 사정으로 인해 걱정스럽고 불안하다. 혼자 있으면 어릴 적부터 현재까지의 지나온 삶이 자꾸 생각나고, 이럴 때 내가 왜 이러지 못했을까 하는 후회스러움에 화가 난다. 언제부턴가 가슴이 답답한 느낌이 자주 들고, 소화도 잘 안 되고, 온몸이 욱씬거리며 아프다. 밤에 잠도 안 와 자꾸 술을 마시게 된다.

2) 치료 동기

B씨는 잠이 안 와서 처방을 받기 위해 병원을 방문했다가 화병과 우울이라는 진단을 받았다. 병원에서 상담을 권유했고, 경제적으로 부담스럽기는 하지만 술을 자꾸 마시는 것이 마음에 걸려 상담을 받기로 결심했다.

3) 치료 과정

(1) 1단계

B씨에 따르면 현재 그녀가 가지고 있는 증상이나 문제는 술을 많이 마시는 것이다. 이 행동은 최근 들어 심해졌고, 잠을 이루지 못해 자꾸 찾게 되었다. 이런저런 생각들로 잠을 이루지 못하고, 대부분의 생각은 지난날에 대한 후회스러움인 것 같다고 했다. 필자는 자신의 문제라고 생각하는 그 후회스러움을 그림으로 그려볼 수 있겠냐고 물었는데, 그림으로 만들기는 힘들 것 같다고 해서 흙이나 철사 같은 것들을 이용해 만들어 보자고 했다. 사람과 문제를 분리하는 외재화[2] 단계이다. B씨는 [그림 27-1]의 제목을 '답답함'이라고 하였다. 답답함이 주는 느낌에 대해 이야기하

2) 이야기치료의 기법으로 문제에 의해 지배되는 이야기로부터 벗어나기 위해 문제를 의인화시킨다. 이 과정에서 환자는 자신으로부터 문제를 분리하고, 객관화시켜 자신과 문제 사이의 거리를 두어 스스로 자신의 문제를 해결하는 데 선택권이 있음을 깨닫도록 한다.

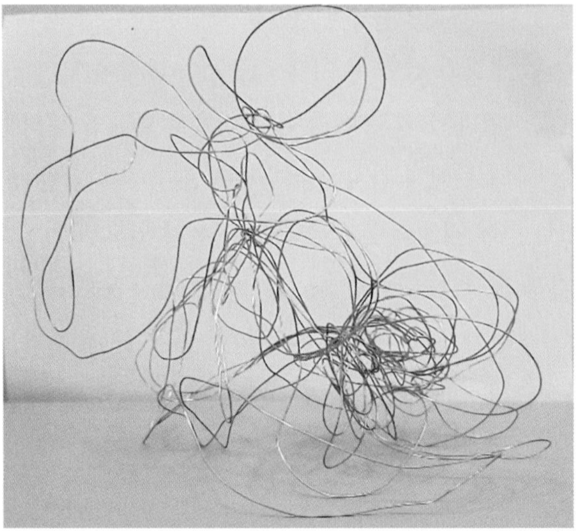

[그림 27-1] 답답함

[그림 27-2] 미로-출구 없는 미로

고, B씨를 힘들게 하는 답답함이 어떤 결과를 가져왔으며 어떻게 삶에 영향을 발휘하는지 질문을 통해 알아보았다. 답답함이 가지고 있는 특성들에 대해 다시 외재화하여 이미지를 만들었다(그림 27-2~그림 27-4 참조). 답답함은 마치 출구 없는 미로(그림 27-2 참조)와 같다고 하였고, 현재 경제적으로 힘든 자신(그림 27-3 참조)을 만들어 버렸다고 했다. 그러나 그 힘든 자신에 대해 제대로 아는 사람이 아무도 없다는 것에 대해 깨달았고, 자신도 누군가에게 솔직하게 드러내 본 적이 없다는 것을 알게 됐다. 그 드러내지 않았던 속내와 함께 깨진 항아리를 막아 줄 두꺼비를 언급함으로써 누군가에게 의지하고 싶은 마음도 드러냈다. 두꺼비가 있으면 삶이 달라질 수도 있겠느냐는 질문을 하였고, 그럴 수도 있을 것 같다고 했다. 두꺼비에게 도

[그림 27-3] 경제적 난관-두꺼비라도 있었으면

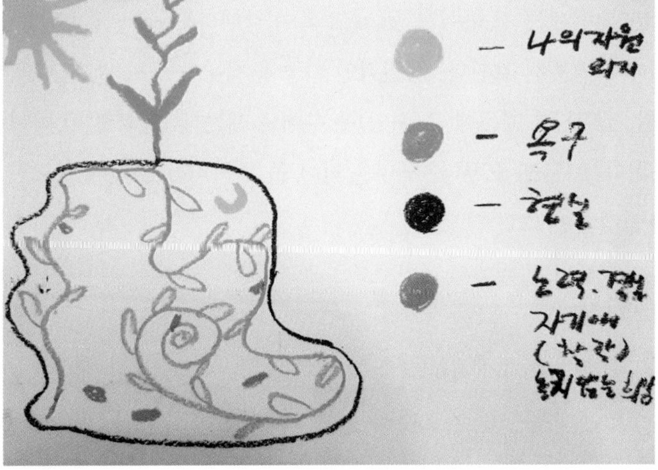

[그림 27-4] 꾸역꾸역 버티는 나무-묵은 땅을 뚫고

움을 청할 수 있겠냐는 질문에는 답을 하지 못했다. 답답함은 결국 꾸역꾸역 버티는 나무(그림 27-4 참조)를 자라게 만들었는데, 이 나무는 자라지 못하고 밑으로만 뿌리를 내리게 했다고 했다. B씨의 마음에 들지 않는 생존을 위해 밑으로만 뻗은 뿌리에 대해, 치료사는 그래서 매우 튼튼해 보이기도 한다고 말했다.

[그림 27-1]에 대한 B씨의 진술

답답하다. 뭔가 만들어 보고 싶었지만 만들어지지가 않는다. 뭘 만들지 잘 모르겠다. 잘 구부려져 뭔가 하면 나올 거 같기도 한데, 실제로 뭔가 만드는 일은 쉽지 않다. 답답하다.

[그림 27-2]에 대한 B씨의 진술

보이는 하늘은 맑고 저 너머 햇살은 따스한 온기가 비치고 손닿을 곳 가까이에 예쁜 꽃들이 보이는데, 분명히 한 공간에 있어도 출구를 찾아야 나갈 수 있는 미로 속에 갇혀 있어 누릴 수가 없다. 아예 보이지 않으면 두려워하든가 포기를 하든가 길 찾는 것에 집중하겠는데, 모든 것이 눈에 보이니까 더 안타깝고 조급한 마음이 앞서 헤매게 되고 심장마비 걸릴 것 같다. 답답한 현실 같다.

[그림 27-3]에 대한 B씨의 진술

남들 보기엔 예쁜 항아리로, 심지어 금이 간 것도 빈티지스럽게 멋으로 보이는 항아리라 깨져서 물이 새는 건 눈치도 못 채고 혹여 알더라도 스타일이 원래 그런 줄 안다. 겉보기에 그럴듯해 보인다. 실질적인 기능 문제는 누구도 알지 못해 다 혼자 해결해야 한다. 금 간 것 때문에 물(수입)을 부어도 새는데, 물의 양이 어찌 되든 오롯이 혼자 몫이다. 아무도 모른다. 구멍을 막아 줄 두꺼비라도 옆에 있으면 신나게 물을 부을 수 있겠지만 그런 건 없다.

[그림 27-4]에 대한 B씨의 진술

씨앗이 뿌리를 내려 줄기가 자라고 꽃을 피우는 힘이 강해 길이 막히고 틀어져도 잘 뻗어 간다 싶었는데 자꾸만 가로막히는 현실의 반복에 줄기가 엉키고 포화 상태를 이뤘다. 무작정 힘을 낸다고 다가 아니어서 빛을 보지 못하는 땅속의 치열함 같은 엉킴이 하늘을 향해 뻗어 가는 줄기인 줄 알았더니 뿌리만 가득 내렸다. 길을 똑바로 찾아 양지로 싹이 제대로 나야 뿌리 내린 보람이 있을 텐데…… 꾸역꾸역 버티는 나무가 지금까지 목적이 생존이었던 게 맘에 안 든다.

B씨 이야기

이미지를 만들고 치료사의 질문에 답을 하는 동안 실질적인 현재의 문제들을 솔직하게 바라볼 수 있었다. 무언가 이룬다고 생각하고 있었지만 사실은 경제적인 어려움으로 생존의 문제에서 헤매고 있는 나를 발견하고 좌절감을 느꼈다. 자존심이 상하기도 하고 그런 내 모습이 안쓰럽고 한편으로 경제적인 능력이나 현재 상태에 대한 문제를 직시하지 못하고 어리석은 고집이 있었다는 것을 알게 됐다.

(2) 2단계

1단계에서 만들어진 이미지들에 대해 이야기하며 이미지가 가지고 있는 다른 이면의 내용들에 대해서 생각하게 되었다. B씨는 '답답함'에 대해 이야기하다가 '미로'와 '경제적 난관' '꾸역꾸역 버티는 나무'에 대한 불편함과 힘든 상황에서 '두꺼비'와 '밑으로 뻗은 뿌리'를 발견하였다. 그것을 토대로 한 독특한 결과[3]에 대해 이야기를 나누었다. 이 과정에서 B씨는 자신의 문제에 대한 예외적이고 다른 해석들에 대해 생각해 보게 되었고, 다른 가능성에 대해 이야기하게 되었다. 누군가에게 도움을 바라고 청할 수 있는 마음이 있다는 것과 작품 '열매'(그림 27-5 참조)를 통해 깊게 내린 뿌리의 나무열매를 상상했다. 결국 문제라고 생각했던 답답함이 어쩌면 자신을 일으키는 데 도움이 될 수도 있을 것이라고 생각했고, '일어나라 불꽃'(그림 27-6 참조)을 작업하면서 이를 현재 사건들의 경험과 의미와 연결하며 자신의 정체성과 삶의 지향점에 대해 생각해 볼 기회를 가졌다.

3) 일상에서 드물게 일어나는 사건을 말한다. 환자와의 대화에서 문제의 지배에서 조금 벗어났던 경험(예외)에 대해 물어볼 수 있다. 문제를 통해 예상된 결과가 성취되지 못한 것도 독특한 결과가 될 수 있다. 이 과정에서 환자의 지배적 이야기를 해체시키는 새로운 이야기를 만드는 재료를 찾을 수 있다.

[그림 27-5] 열매

[그림 27-6] 일어나라 불꽃

[그림 27-5]에 대한 B의 진술

열매가 맺어졌다. 비록 열매가 하나지만 탐스러운 열매이다. 그동안의 수고가 있어 저렇게 빨간 열매가 맺어진 거 같아 수고했다고 하고 싶다.

[그림 27-6]에 대한 B씨의 진술

뿌리를 길고 깊게 내린 후 어렵게 싹이 올라오는 힘은 상당히 강한 힘이 있다. 얼었던 겨울을 지낸 땅처럼 불은 처음 불꽃이 생길 땐 잘 꺼지기도 하고 화력이 생기기까지는 시간이 걸리지만 화력이 생기면 오래 지속된다. 천천히 노란빛을 키워 가며 점점 붉고 강한 색으로 넓혀 가니 강한 불꽃이 되어 힘이 느껴졌다. 목적의식을 가지고 하나씩 해 온 중심에 집중해 보자.

B씨 이야기

스스로에 대한 자책감, 묘한 죄의식이 느껴졌다. 그러나 그럼에도 불구하고 잘 버티고 참 열심히 산 내 모습에 칭찬해 주고 싶다. 정기 수입을 위한 대책이나 하던 일의 우회 등 타협을 못하거나 변화를 주지 않는 나의 성향이나 고집스러운 면을 제대로 인정하면서 한편으로 이런 나의 모습이 장점이 될 수도 있다는 것을 알았다. 좀 더 용기를 가지고 힘을 내라 격려하며 조급함을 덜고 현명하게 대처해야겠다.

(3) 3단계

B씨는 새로운 정체성 구성에 영향을 줄 수 있는 것들을 탐색해 보고, 대안적 이야기[4]를 만들어 나갔다. 삶의 나무를 통해 과거의 경험, 현재 자신의 모습, 앞으로의 의미 있는 자신의 모습을 상상하였다(그림 27-7 참조). 뿌리(과거 가족, 나의 어린 시절 기억 등)와 땅(나의 일, 일상생활 등), 기둥(나의 장점, 가치, 나의 생각 등), 가지(희망, 꿈, 소망), 잎사귀(나의 삶에서 특별히 의미 있고 중요한 사람들 등) 등이 가진 의미에 대해 질문하며 스스로 새로운 이야기를 만들 수 있도록 하였다.

4) 문제해결을 위해 지배적 이야기에 맞서는 새로운 이야기를 만드는 것이다. 새로운 이야기는 기존의 지배적인 삶의 각본을 수정하는 작업으로, 환자들이 능력을 가진 사람으로 삶의 이야기를 발전시킬 수 있도록 하는 데 목표를 둔다. 치료사는 환자에게 상상력이 발휘되고 의미 부여 기술을 활용하는 데 도움이 되는 다양한 질문을 던짐으로서 대안적 줄거리를 만들 수 있도록 한다.

[그림 27-7] 삶의 나무

[그림 27-7]에 대한 B씨의 진술

삶의 나무가 갖는 의미에 대해 생각하며 작업했다. 앞으로 잎사귀가 더 풍성해진 나무가 되기를 바란다.

B씨 이야기

나무를 그리면서 나의 과거 시간들로 인해 얻어진 나의 자원, 경험들이 나무가 영글고 잎이 풍성해지고 단단해지는 밑거름으로 깊이 작용했다는 것을 알았고, 앞으로도 그럴 것이라는 생각이 들었다. 나무가 자리 잡은 위치가 위태로워 보인다고 뿌리를 들어 옮기기보다 버티기를 해 왔던 시간을 인정해 주고, 현재 문제가 지금 나무의 성장을 어렵게 만들지 않을 거라 생각하며 있는 그대로 나무를 바라봐 주기로 했다. 이미 어린 나무가 아니기에 주어진 환경을 탓하기보다 더 이상 썩어 들어가지 않도록 자기 돌보기에 집중하는 것이 성숙한 나무가 되는 데 더 중요할 것이다. 소망을

> 이루기에 수동적이었던 내 모습과 적극적이었다 할지라도 비효율적인 성실함이 있었던 점을 개선해서 그동안 다져 온 나의 역량으로 진짜 원하는 방향을 구체적이고 실질적인 목표와 방법을 세워 이뤄야겠다. 설득력 있는 말로 조언을 구하고 나를 올바르게 선보이며 재미있게 살아가길 원한다. 나는 '무엇을 하고 싶다' '같이 하자' '부탁한다'는 말을 해 보지 않았다. 오히려 늘 그런 소리를 들었던 입장임을 깨달았다. 나무를 통해 이제 그 입장을 바꿔 봐도 좋을 거 같다. 나를 중심으로 곁에 있는 사람들과 가까이 관계를 이루며 의논하고, 하려는 일들을 잘 해내고 싶다.

필자는 B씨의 문제에 대해 진단이나 설명을 하지 않았으며, 다양한 질문을 통해 B씨 스스로 자신의 이야기를 만들어 나갈 수 있도록 도왔다. B씨와 함께하며 이 이야기가 그녀의 삶과 경험을 적절한 형태나 혹은 그녀가 원하는 방향으로 형성되어 가도록 지지하고 이야기의 중심이 되어 주인공이 될 수 있도록 했다. 이 작업의 과정을 기록함에 있어서도 치료사의 입장을 최대한 배제하고, B씨의 목소리로 이야기를 담아내고자 했음을 밝힌다. 이야기치료 접근이 과거 탐색보다 문제에 집중하고 새로운 이야기를 만들어 내는 과정에 초점을 두긴 하지만, B씨의 과거의 경험과 감정에 대해 충분히 살펴보지 못한 건 아쉬움으로 남는다. 앞으로 펼쳐질 그녀의 흥미진진한 이야기를 진심으로 응원한다.

참고문헌

김은하, 장윤지(2015). 아들러의 개인 심리학 이론을 적용한 화병 사례 연구: 화병, 우울, 심리적 안녕감의 변화. **한국심리학회지: 여성**, 20(4), 469-495.

민성길(2009). 화병의 이해와 미술치료. **임상미술치료학회**, 4(2), 61-67.

송유림, 박경미, 양승정, 이은규, 김혜화, 조성희(2016). 화병을 동반한 갱년기 환자 치험 5례. **대한한방부인과학회**, 29(4), 80-90.

Madigan, S. (2017). **이야기치료 입문**(*Narrative Therapy*). (정석환, 김선영, 박경은, 현채승 공역). 서울: 시그마프레스. (원저 2011년 출간).

White, M. (2010). **이야기치료의 지도**(*Maps of narrative practice*). (이선혜, 정슬기, 허남순 공역). 서울: 학지사. (원저 2007년 출간).

White, M., & Morgan, A. (2010). **어린이와 가족을 위한 이야기치료**(*Narrative Therapy with Children and Their Families*). (최민수 역). 서울: 시그마프레스. (원저 2006년 출간).

부록

미술치료사를 위한 힐링 아이디어 나눔

첫 번째 나눔. 산에서 자연물로 조형하기

주리애

마음이 복잡하거나 머리가 무겁다고 느껴질 때 몸과 마음의 불균형을 바로잡기 위해서 걷기 시작했다. 30분씩 걷던 산책이 한 시간을 넘기고 걷는 것이 일상으로 될 무렵, 작은 산의 임도를 걷기 시작했다. 그리고 얼마 지나지 않아서 낮은 산의 정상까지 올라가기 시작했다. 그때의 상쾌함이란!

산마다 느낌이 조금씩 달라서 한동안 자주 가게 되는 산이 있다. 산이 익숙해지고 정들게 되면 내려오기 전에 주변에서 보이는 자연물로 간단한 조형 작업을 해 본다. 바닥에 떨어진 나뭇가지 몇 개 줍고 낙엽도 그 옆에 올려둬서 날개가 되게 해 준다. 때로는 작은 돌멩이를 일렬로 배열하고 애벌레를 만들어 보기도 한다. 추상적인 도형으로 동그라미 작업만 해도 재미있다. 완성했다 싶으면 핸드폰으로 사진을 찍어서 남기고, 만들었던 작품은 다시 흩어 버린다. 계절별로 자연물 조형은 각기 색다르고 재미있다. 꽃잎이 엄청나게 떨어진 봄에는 꽃잎만 주워도 한가득 멋진 작품이 된다. 눈이 왔을 때는 바탕이 온통 흰 도화지 같아서 돌멩이 하나를 배치할 때도 설렌다. 하늘이 유난히 파란 날에 나뭇가지 하나만 들고 사진을 찍어도 좋았고, 흐린 날은 또 다른 매력이 있다.

산에서 내려올 때는 눈에 보이는 쓰레기를 주워서 내려온다. 동네 산이든 국립공원 산이든 그곳을 아끼는 사람들이 쓰레기를 줍는 모습을 만나곤 하는데 그 모습을 보면서 나도 저렇게 멋진 걸 해야겠다 싶었다. 상징적으로 우리 미술치료사가 하는 일과 닮았다고 느껴지기도 한다. 원래의 모습으로 복구시키고 다시 건강하게 만들고, 분리해야 할 것들은 분리시킨다는 의미에서 그렇다.

두 번째 나눔. 숨 고르기 습관

김소연

가끔 '벽'에 부딪히는 기분을 느낄 때가 있다. 일상의 문제에서도, 내담자를 만날 때도 마찬가지이다. 걱정을 많이 해서 걱정이 없어지면 좋으련만 오히려 생각만 복잡해지고, 해야 할 일들과 문제들로 뒤죽박죽 통제가 안 되는 것 같다. 사방이 답답한 벽에 둘러싸여 숨을 쉬기 어려운 것 같아 나도 모르게 한숨이 나오는 바로 그때, 잠깐 숨을 고르고 스트레스가 지금 나를 지배하지 않도록 일명 '벽 밀치기'를 한다.

활동은 간단하다. 먼저 척추를 곧게 펴고 눈을 감는다. 그다음 얼굴의 미간에서부터 어깨를 걸쳐 몸에 들어간 힘을 빼며 복식호흡을 한다. 숨은 깊게 들이마시는 것이 좋다. 호흡이 익숙해지면 천천히 양손을 들어 마치 내 앞에 벽이 있다고 상상하고 그 벽을 천천히 밀친다. 나를 중심으로 앞, 뒤, 양옆 그리고 아래의 공간을 호흡과 함께 천천히 밀어낸다. 산소가 소비되고 심장박동이 서서히 감소되는 것을 느껴 보자. 답답했던 마음이 안정되고 시원한 느낌을 받으면서 집중력이 전보다 높아질 수 있다. 마무리로 엽서 크기의 종이에 생명력 있는 나무를 그려 본다.

잠깐의 숨 고르기 습관은 바쁜 시간을 관성적으로 보내는 일상의 환기가 된다. 마음을 가라앉히고 부정적인 생각이나 감정에 사로잡히지 않도록 마음의 힘을 키워주는 훈련을 해 보는 것이다. 다음 회기가 시작되기 전 쉬는 시간을 활용할 수도 있다. 이전 시간에 들었던 내담자들의 여러 가지 감정과 불필요한 생각의 찌꺼기를 밀어내면서 다음 시간에 만날 내담자들을 위한 공간을 넓혀 두는 셈이다. 실천하기가 어렵지 일단 시도해 본다면 순간이라도 나를 인식할 수 있는 물꼬를 틀 수 있다.

서 번째 나눔. 역할 구분과 그림일기

김재훈

나는 심리건강을 지키기 위해서 자기관리(self-care)를 매우 중요하게 생각한다. 그 가운데 예방적 차원에서 꼭 지키는 것이 있다. 바로 자연인 김재훈과 미술치료사 김재훈의 역할을 명확히 구분하는 것이다. 미술치료사로서 일과를 마치면 항상 손을 씻고, 핸드로션을 바르는 나만의 의식(ritual)적인 행위를 통해 미술치료사의 역할이 끝났음을 자신에게 알려 준다. 이것은 단순히 역할을 구분하는 것뿐만 아니라 내담자들의 어려움, 호소점들이 나의 개인적인 삶에 영향을 받지 않게 하기 위함이다. 아무래도 이러한 방식은 심리건강을 관리하기 위한 예방적인 차원의 행동으로 볼 수 있을 것이다.

또한 미술치료 전문가로서 심리적인 어려움을 경험할 때 그림일기를 통해 극복하려고 한다. 매일매일 그림일기를 쓰지 않지만 개인적으로 정리가 되지 않는 일들이나 생각에 사로잡힐 때 이 방법을 통해서 정리를 하곤 한다. 구체적으로 나는 주로 B5 사이즈 크로키북에 간단한 필기도구나 색연필, 오일파스텔 등을 사용하여 떠오르는 이미지나 색을 중심으로 그림을 그려 나간다. 구체적으로 사물을 그리거나 고민을 하게 만드는 구체적인 상황을 표현하거나 상징적인 이미지를 그리기도 한다. 하지만 대부분의 경우 눈에 들어오는 한두 가지의 색을 선택하여 구체적인 형태를 생각하지 않고 색을 칠해 나간다. 아무런 고민이 없고 평온함을 느끼고 싶은 마음(하얀 크로키북)에 나를 생각하고 고민하며 불편한 감정을 느끼게 하는 것들로 채우다 보면, 뚜렷한 해결책이 떠오르는 '아하!' 하는 순간은 경험하지 못하지만 최소한 나의 불편함들을 덜어 낸 것 같아 조금은 가벼움을 느낀다.

Jackson Pollock의 작품에서 느껴지는 움직임, 리듬보다는 다소 정적이고 Mark Rothko의 색면 추상화가 전해 주는 깊은 울림은 없지만, 내가 다스리기 힘들거나 바라보기 힘든 감정들을 조그마한 크로키북에 담아 두는 의식적인 과정은 분명 나를 자유롭게 해 준다. 나에게 있어 그림일기 작업은 매주 목요일 쓰레기 분리수거를 하는 것과 같이 나의 감정의 쓰레기를 분리하여 버리는 사소하지만 나를 개운하게 해 주는 일이다.

네 번째 나눔. 일필휘지의 자유와 프라이팬의 따뜻함

김지연

미술치료를 하다 보면 때로는 나와 같은 아픔을 가진 환자를 만날 때가 있다. 그들의 이야기를 듣는 동안 치유되지 못한 채 무의식 저편에 꼭꼭 숨어 있던 놈들이 올라오면 엄청난 피로와 함께 긴 수면에 빠진다. 이렇게 수면을 한다고 해서 나의 신체적 · 정신적 피로가 사라지지 않는다는 것을 미술치료사로 일하는 동안 충분히 경험했기에 나는 나만의 힐링 방법을 찾아야 했다. 처음에는 동료 치료사와 함께 노래방도 가고 여행도 가 보았지만, 내향적 성격의 소유자이기에 집으로 돌아오면 더욱더 큰 피로감을 느꼈다. 결국 나의 성격에 맞는 자기치유의 방법을 찾던 중 나는 그림을 그리는 것과 요리를 하는 과정에서 편안함을 느낀다는 사실을 발견했다.

그림을 그리기 위해서 다양한 재료를 사용해 보았는데 그중 유화 그림을 그릴 때가 가장 좋았다. 실패해도 덧칠해서 수정할 수 있다는 유화의 장점이 내 마음을 편안하게 해 주었을 뿐만 아니라 쫀쫀한 크림 같은 유화 물감의 느낌이 손에 감겨 오면 아이처럼 좋아했다. 일정한 틀을 벗어나는 일을 강박적으로 두려워했던 나는 유화 그림을 그리면서 자유가 주는 느낌을 만끽할 수 있었고, 간혹 경직된 나의 성격 때문에 발생하는 답답함을 과감한 붓터치로 한순간에 깨부수면서 후련한 기분을 느꼈다. 그림을 그리면서 그림을 통해 무엇을 말하고 싶었는지에 대한 '자신과의 이야기 나눔 시간'도 나를 알아 가는 데 많은 도움이 되었다. 그러나 장기간 유화를 그리다 보면 매체가 주는 특정 효과에 지속적으로 노출될 수 있다는 점이 걱정되었다. 이를 보완하기 위해서 그림을 그리는 일 말고 다른 방법이 필요했다. 그래서 선택한 방법이 요리, 그것도 특별한 요리를 만드는 것이다.

요리를 만드는 일은 그림을 그리는 일과 일맥상통하면서도 나만을 위한 것이 아닌 가족과 함께 하기 위한 것이라는 점에서 나의 마음을 훈훈하게 한다. 물론 요리사도 아니고 요리에 특별한 재능이 있는 사람도 아니다 보니 가족에게 항상 성공적인 요리를 내놓지는 못한다. 때로는 모양이 허물어지기도 하고 때로는 정말 멋진 레스토랑에서나 나올 법한 요리가 완성되기도 한다. 그러나 결과보다는 과정이 즐겁다. 그리고 무엇보다도 내가 만든 음식을 함께 먹을 사람들이 있는 시간이 좋다. 어쩌다 멋진 요리가 만들어진 날은 특별히 초도 피우고 조명도 조절하고 술을 마시지 못하는 남편과 아이들을 위해서 '홍초'로 와인 빛깔의 주스를 만들어 예쁜 유리잔에 내어 놓으며 고급 레스토랑의 분위기를 연출한다. 요리의 성공 여부를 떠나서 가족과 함께 음식을 나누고 서로의 일상을 나누면서 사람 사는 냄새를 맡는다. 개인주의가 팽배하고 경쟁 지향적인 세상에서 음식을 함께 나누고 마지막 남은 한 조각을 서로를 위해 양보하는 가족과 함께 시간을 보내다 보면 어느새 마음이 훈훈하게 달아오른다. 나만의 힐링 방법을 소개하다 보니 오늘 저녁도 멋진 요리를 만들어 따뜻한 시간을 가져가겠다는 생각이 든다.

다섯 번째 나눔. 내가 좋아하는 걷기

김태은

미술치료사이지만 나를 위해 '힐링'하지 못할 때가 많은 것 같다. 그래서 이 글을 쓰는 데 시간이 조금 걸렸다. 그래서 그냥 내가 좋아하는 것을 써 보기로 했다.

나는 걷는 것을 좋아한다. 걷는 과정은 내 몸을 인식하는 데 도움이 되고 불필요한 불안과 무거운 우울감으로부터 저절로 벗어나게 해 준다. 어디를 걸을까 고민될 때도 있지만 그냥 동네 상가부터 시작해서 청계산 약수터까지 걷는다. 걷기의 시작은 언제나 오래된 세탁소가 있는 집 앞 상가를 한 바퀴 도는 것이다. 세탁소가 있는 상가 입구로 들어가면 특유의 세탁소 냄새와 쉼 없이 돌아가는 기계 소리가 들린다. 그 옆을 지나면 아주 맛있는 빵을 파는 빵집 냄새가 나고 조금 더 걸어 내려오면 자신이 파는 커피에 큰 자신감을 보이는 바리스타가 사장인 작은 커피숍이 있다. 상가의 출구 쪽에서는 초등학생들이 다니는 음악학원과 태권도 학원이 있는데 아이들의 함성과 이야기하는 소리 그리고 피아노 소리가 어우러져 일상의 소리를 가득 느끼곤 한다. 공원이나 산길을 걸으며 느끼는 휴식과는 또 다른 나른하고 편안한 이완이다. 이렇게 상가를 벗어나 아이들의 분수대를 지나고 언제나 시끌시끌한 초등학교를 지나게 되고 그 옆을 걷다 보면 고속도로 밑 고가를 지나 산길에 도착하게 된다. 그냥 오른발 왼발 반복적으로 그냥 한 발씩 움직였을 뿐인데 어느새 이만큼 멀리 와 있다는 것이 참 신기한 일이다. 음악을 따로 듣지는 않는다. 사람 소리가 들리면 그냥 사람 소리를 듣고, 차 소리가 들리면 그냥 차 소리를 듣는다. 그러다 보면 어느새 풀냄새가 나고 새 소리가 들리는 산길에 도착한다.

참 특별한 것 없지만 시간이 날 때마다 자신에게 주는 힐링 아이디어! 내 경우에는 바로 걷기이다. 이와 더불어 걸으면서 만나게 되는 풍경과 걸으면서 듣게 되는 소리, 걸으며 만나게 되는 사람까지 모두 포함해서 나의 힐링 아이디어이다.

여섯 번째 나눔. 수제 커피 만들기와 걷기

김현진

누군가 미술치료사에게 일상의 피로감과 소진 상태를 다뤄 주는 힐링 아이디어를 물을 때 흔히 그것이 미술작업 방법일 것이라는 상상을 하기 쉽다. 이런저런 미술작업은 미술치료사로서 당연한 힐링 습관이 될 수 있고 사실 게을리해서도 안 될 것이다. 따라서 그에게 추천을 하자면 일상의 에피소드부터 경험하는 일련의 감정과 생각, 꿈의 이미지 등을 담아낼 수 있는 '셀프 저널링'을 꾸준히 만드는 과정이 도움이 될 수 있다고 말하고 싶다.

그 외 그저 평범한 나만의 두 가지의 힐링 방법이 있다. 첫째는 매일 아침 일과를 시작하기 전에 하는 '수제 커피 만들기'이다. 이 과정은 언젠가부터 나의 삶의 일환이자 하나의 '의식(ritual)'이 되었다. 커피콩을 갈고, 주전자에 끓인 물을 최적의 커피 맛을 낼 수 있는 적당한 온도가 될 때까지 식히고, 솔솔 풍겨 오는 향을 맡으려 커피를 내리는 동안의 기다림은 글자 그대로 '소확행'이 된다. 나를 여유롭고 침착하게 하는 이 일련의 과정은 마치 '목마른 순간에 불어 내며 천천히 마실 수밖에 없는 물잔의 버들잎'과 같은 역할을 하며 나에게 그날도 주어진 하루를 순적하게 만들도록 도와준다. 그리고 오직 나 자신을 위한 정성스런 한 잔의 커피 만들기의 기쁨은 그 크기가 결코 줄어들지 않는다.

아주 평범하지만 나에겐 특별한 두 번째 힐링 방법은 '무념무상 상태로 걷기'이다. 사실 특별할 것도 그다지 없는 걷기 습관은 나에게 하루의 '식사 끼니'를 챙기는 것만큼 중요하다. 심지어 '삶을 지탱하는 공신'이라고 말할 수 있다. 하루의 일과를 마치고 어떻게든 틈새를 만들어 공원을 걷노라면 그날의 고단함이 어느새 풀려 나가고 이런저런 생각들은 단순해지기 시작한다. 더욱이 그날그날의 하늘, 구름의 움직임, 바람결과 공기의 습도, 나무들의 흔들림을 느끼다 보면 마치 몸의 세포 하나

하나가 열리며 숨을 내쉬는 것 같다. 게다가 이따금 찾게 되는 우거진 숲속과 자연 속에서의 '걷기'는 나를 값 없이 품어 주는 자연의 무한한 너그러움으로 인해 자연스레 감사함을 얻게 되고 힐링은 최절정의 순간이 된다.

일곱 번째 나눔. 진짜 자기와 만나기

박윤미

미술치료사는 미술작업을 통하여 내면에 있는 자신의 창조성에 다가갈 필요성이 있다. 이를 통해 치료적 역량을 기를 수 있을 뿐만이 아니라 내면적 평안과 힘을 얻을 수 있다. 만약 미술치료사가 자신의 미술작업으로부터 멀어진다면, 치료의 과정에서 자신이 상처를 입거나 테크닉으로서만 미술을 인식하게 될 수 있어 소진(消盡)의 한 원인이 될 수 있다.

조용한 아침이나 하루의 일과가 끝난 시간에 서정적이고 마음을 감싸 안는 음악을 듣거나 마음에 드는 글귀를 읽으며 오롯이 자기에게 집중하는 시간을 가져 볼 필요가 있겠다. 이때 치료의 과정이나 일상에서 고민했던 감정이나 생각을 떠올려 보도록 하자.

이어서 마음속에 떠오른 심상들을 화지에 담아내 본다. 화지에 담긴 나의 감정과 기억들 안에 머무르며 나를 바라보자. 그리고 내 안의 '진짜 자기(real self)'에게 말을 걸어 보자. "이것은 무엇이고 과연 어떤 의미일까?"

이처럼 미술작업의 과정이 진실된 자신과 맞닿게 되면 내면의 자원과 연결되어 삶에 에너지를 부여하게 된다. 또한 작업의 과정에서 얻은 새로운 영감은 미술치료사로 하여금 한 걸음 더 앞으로 나아갈 수 있도록 도와줄 것이다.

여덟 번째 나눔. 일상에서 혼자 보내는 시간 지키기

오미영

내가 나를 보살피는 방법은 온전히 혼자만의 시간을 보내는 것이다. 그게 무슨 힐링이냐고 할 수도 있겠는데, 나는 대부분의 시간을 사람들과 함께 보낸다. 그 안에서 에너지를 얻기도 하지만, 쓰는 에너지 또한 만만치 않아 충전의 시간에는 혼자 보내고 싶은 마음이 간절해진다.

일상에서 혼자만의 시간을 확보하고 그 시간에 내가 하는 일은 스트리밍 서비스를 통해 나오는 최애 드라마를 귀로 들으며 걷는 것이다. 이미 아는 그 내용의 드라마를 들으면서 늦은 밤 강변을 걷다 보면 걷기도 수월하고, 서울의 야경 속에 내가 묻히는 기분이라 마냥 편해진다. 생각 없이 걷다 근사한 강변 모습에 걸음을 멈추기도 하고, 문득 좋아하는 대사가 나올 때 드라마에 집중하고 이리저리 그냥 왔다 갔다 하다 보면 내가 느슨해진다. 만약 낮에 3시간 정도가 허락되는 날이 있으면 차를 몰고 서울을 빠져나간다. 막히지 않는 시간에 시내를 빠져나가 공기 좋고 근사한 풍경의 테라스가 있는 카페에서 버터향 가득한 빵과 커피를 한 잔 한다. 그러고 있는 나는 별 생각이 없다. 그 시간 나는 날 위해 엄청나게 사치하고 있다는 생각이 든다. 자주는 못하지만 기회가 오면 사치를 부리는데, 날씨가 좋은 날은 세상이 선명하고 깨끗하게 보여 좋고, 날씨가 흐리거나 비가 오는 날에는 빗소리와 냄새가 좋다. 둘 다 나무랄 데 없이 좋다. 휴대폰은 묵음으로 설정하고, 될 수 있으면 안 들여다본다. 전원을 끄고 싶지만 내가 허락한 내 시간이 모두 허락된 시간은 아니기 때문에 차마 그럴 수는 없다. 나이가 들어 가고 책임이 늘면서 내 시간은 온전히 나만의 것은 아니라는 생각이 든다. 그래서 그런지 온전하게 혼자 시간을 보내는 게 나에겐 큰 힐링이 되는 것 같다.

아홉 번째 나눔. 내가 나와 함께하는 솔리튜드의 시간

이윤희

'누가 돌보는 사람을 돌볼 것인가?'

미술치료사의 소진과 자기돌봄에 대한 이슈는 치료사 누구나 공감하는 부분이다. 소진된 공간을 채우기 위해 혼자만의 시간을 간절히 원하지만, 혼자라는 외로움과 고독은 오히려 불안과 공허라는 공간을 만들어 낸다. 결국 이 공간을 다시 채워야 한다는 강박 속에 헤매며 끊임없이 어떤 대상을 갈구하게 된다.

이런 악순환의 고리를 끊을 수 있는 외로움의 또 다른 갈랫길이 있다. 불안과 공허라는 고통으로 연결된 길이 아닌 즐거움으로 연결된 길이다. 불안과 공허로 연결된 외로움은 'loneliness'이고, 기쁨과 연결된 외로움은 'solitude'이다. Paul Tillich는 전자를 '혼자 있는 고통'으로, 후자는 '혼자 있는 즐거움'으로 표현했고, Sullivan은 전자를 '관계로부터 격리된 부정적 혼자됨'으로, 후자는 '스스로 선택해 나다움을 찾는 긍정적 혼자됨'으로 표현했다.

나의 힐링 방법은 솔리튜드(solitude)와 연결된 길을 걷는 것이다. 갈구의 대상을 외부에서 찾지 않고 혼자 있는 나만의 공간에 나를 초대하면, 내가 나와 함께하는 솔리튜드의 시간은 나의 힐링 시간이 된다. 요즘 함께하는 힐링 매체는 '스마트폰 그리기 노트'이다. 그 매체는 걷다가 멈춘 어느 벤치에서도, 하루의 일과를 마치고 쉬는 잠자리에서도 쉽게 사용할 수 있다. 언제든 마음의 쉼이 필요할 때 나는 나와 함께하며 '지금-여기'의 공간에 머무는 시간을 갖는다. 내가 나의 친구, 멘토, 치료사, 최고의 파트너가 되어 함께 이미지를 만들고 그려 가며 함께 대화한다. 겹겹의 판단을 뒤집어쓴 채 견고한 상처의 갑옷으로 무장한 나에게, 시간을 초월하는 무전기가 굳이 있지 않아도 시간이라는 문법을 뛰어넘어 과거, 현재, 미래를 '지금-여기'의 경험으로 마주할 수 있도록 도와주는 내가 나의 파트너 역할을 한다. 그림을 그리며 나와 함께하는 시간은 상징에 대한 판단 너머의 '지금-여기'에 있는 존재를 통해 살아 있음을 경험하게 하고, 치유와 변화를 경험하게 한다.

열 번째 나눔. **오랜 친구 같은 미술**

임정혁

때로는 미술치료사로서 나 스스로에게 미술을 '잘 해야 한다'라는 굴레를 씌우는 것은 아닐까라는 생각을 해 본다. 학부 때 미술을 전공했기 때문에 미술이라는 분야와 더 친하기도 했다. 그런 내게 미술작업이란 아주 오래된 친구와도 같은 역할이라는 생각이 든다. 내가 생각하는 오랜 친구의 가장 큰 장점이라면 아주 오랜만에 만나도 어색하지 않고, 특별한 주제가 없더라도 이야기가 끊어지지 않는다는 것이다. 가끔 이야기를 나누다가 추억여행이라도 떠나기 시작하면 정말 쏜살같이 흐르는 시간을 경험하게 된다. 서로의 과거에서부터 현재까지의 삶, 미래에 대한 계획까지도 알고 있지만, 그렇다고 해서 서로를 구속하거나 소유하려 들지 않는다. 가끔 오래된 친구보다 새로 알게 된 친구나 처음 시작하게 된 일에 관심이 쏠려 오래된 친구를 소홀하게 대하는 상황이 발생하기도 한다. 하지만 그런 상황에서 서로를 너무나도 잘 아는 오랜 친구는 자기를 바라봐 주지 않는 친구로 인해서 조급해하거나 그 소홀함에 서운해하지 않고 친구의 관심이 안정적인 패턴을 찾을 때까지 묵묵히 기다려 준다.

생각이 많거나 일이 잘 풀리지 않을 때 혹은 반대로 일이 너무 많고 머리가 복잡해서 도무지 갈피가 잘 잡히지 않을 때, 나는 거의 항상 같은 작업을 하면서 마음의 안정감을 찾는다. 그것은 다름 아닌 한동안 유행했던 컬러링 작업이다.

내가 생각하는 컬러링의 장점 세 가지를 꼽자면, 첫째는 뚜렷한 목적의식 안에서 생각보다 다양한 형태로 접근할 수 있다는 점이다. 컬러링을 시작하면 선택의 고민은 거의 없다. '모두 채우는 것'이 명확한 목표가 된다. 그 안에서 같은 도안의 그림이더라도 같은 계열의 색을 사용하는 경우와 다양한 색을 사용하는 경우, 명암과 양감을 살려 작업하는 경우와 극히 평면적인 형태로 색을 칠하는 경우 등 매우 다양한 형식으로 얼마든지 여러 가지 작업이 가능하다.

둘째는 '무엇을 그릴까' 고민하지 않아도 된다는 점이다. 엄청나게 다양한 컬러링 도안이 인터넷과 서적으로 제시되어 있다. 많은 도안 중 눈에 띄는 도안을 선택하면 된다. 가끔은 그림은 그리고 싶은데 무슨 주제로 그림을 그릴까 고민하다가 그림을 그리고 싶었던 욕구를 잃어버리는 때가 있다. 이렇게 아이러니한 오류를 경험하지 않아도 된다.

셋째는 단순함에서 오는 희열을 경험할 수 있다는 점이다. 정신없이 한 장을 채우다 보면 복잡하던 생각들은 자연스럽게 잠시나마 접어진다. 또한 그렇게 하나의 그림을 완성하고 난 후에 가만히 완성된 그림을 바라보고 있자면 묘한 희열감을 느끼게 된다. 나 스스로가 기특하고 웃음이 나온다. 심지어 작업 이전에 생각했던 복잡한 고민들이 신기하게도 이미 머릿속에서 단순해져서 고민거리가 해결되지 않았음에도 사라지는 놀라운 경험을 하는 경우도 있다.

열한 번째 나눔. 나의 돌봄 구급상자

정경림

Scott Peck은 자신의 책『아직도 가야 할 길(The Road Less Traveled)』의 첫 문장에서 "삶은 고해(苦海)이다."라고 말한다. 누구나 알고 있는 진리인 듯하지만 활자로 찍혀 있는 문장을 읽을 때의 충격은 상당하다. 자신의 삶이라는 서사의 주인공인 우리는 상대적이면서도 절대적인 자신만의 고해를 겪어 내고 있다. 치료사라는 이름으로 살고 있는 우리도 별반 다르지 않다. 내담자를 만나는 상황에서는 나의 '고해'들이 치료사의 윤리에 위배되는 것은 아닌지 점검하며 거리를 두기 위해 애를 쓴다. 삶의 고해들이 치료사라고 피해서 가지는 않는다. 다만 치료사인 우리는 좀 더 빨리 통제감을 가질 수 있는 영역과 그렇지 않은 영역을 구분해 낼 수 있다. 내상을 입었으니 회복을 위한 돌봄이 필요한 차례이다. 각자 자신에게 맞는 방법을 찾아 언제든 꺼내어 쓸 수 있는 '돌봄 구급상자'가 치료사에게도 필요하다.

나의 돌봄 구급상자를 열어 이 책을 읽는 동료 미술치료사들과도 함께 나누고 싶다.

첫 번째 연고, 혼자이고 싶은지 함께이고 싶은지에 따라 완벽하게 혼자만의 시간과 공간을 가지거나 가까운 지인들과 만나 한껏 수다테라피를 체험한다.

두 번째 반창고, 미술은 내적 심상을 시각적으로 드러내는 표현방법이다. 두말할 필요도 없다. 자신만의 작업이 필요하다. 나는 특별한 재료가 없이 볼펜 한 자루로 가능한 젠탱글에 빠져 있다. 반복적인 패턴을 그리다 보면 끊임없이 들어오는 그다지 필요 없는 생각들을 잠시 멈출 수 있다.

세 번째 파스, 몸에 직접적인 자극을 주는 방법으로는 가볍게 걷기가 있다. 발바닥이 지면이 닿는 느낌, 양말이 제공하는 뽀송함과 적당하게 조이는 운동화가 주는 긴장감, 바람에 머리카락이 슬며시 날리는 느낌, 목덜미로 느껴지는 열감과 땀, 시원하고 쾌청한 가로수의 색감, 지나가는 학생들의 깔깔거리는 웃음소리, 모든 감각을 사용해 보자. 생각지 못한 지점에서 새로운 통찰이 올지도 모른다.

네 번째 물약, 자신을 확인하는 방법으로 목소리 듣기가 있다. 소리 내어 책을 읽으며 내 목소리를 들어 보자. 소리의 강도를 조절할 수도 있고 힘을 주어 좀 더 또박또박 말끔한 소리를 내어 볼 수도 있다. 스스로 통제감을 가지는 나만의 방법이다. 혹은 한쪽에 이어폰을 꽂고 좋아하는 노래를 따라 부르며 자신의 노랫소리를 들어 보아도 좋다. 다만 이때는 창문을 닫고 부르는 센스가 필요하다.

누구나 내상과 회복을 반복하며 살아간다. 기왕이면 우리의 회복 시간이 즐거웠으면 한다.

○○○ 저자 소개 ○○○

주리애(Jue, Juliet) juliet@hycu.ac.kr

서울대학교 심리학과에서 학사, 석사, 박사(임상심리학) 학위를 받았고, 미국 조지워싱턴 대학교에서 미술치료 전공으로 석사학위를 받았다. 미국 미술치료전문가(ATR-BC)이며, 임상심리전문가(한국임상심리학회), 상담심리사 1급(한국상담심리학회) 자격을 취득했다. SSCI 단독논문을 비롯하여 국제학술지에 10여 편의 논문을 저술했고, 대표 저서로는 『미술치료학』(2011 대한민국학술원 선정 우수학술도서, 학지사, 2010)과 『청소년을 위한 미술치료』(2015 한국출판문화산업진흥원 선정 세종도서 교양부문, 공저, 아트북스, 2014), 『미술심리진단 및 평가』(학지사, 2015), 『색즉소울』(학지사, 2017) 등이 있다. 현재 한양사이버대학교 미술치료학과 교수로 재직 중이며, 2015년부터 2021년까지 Marquis Who's Who 인명사전에 등재되었고, 2018년 교육부장관 표창(학술부문)을 받았다.

저술 주제: 1장 정신장애에 대한 미술치료 개관
2장 미술치료 접근과 구체적 방법
각 정신장애의 진단범주와 진단기준
7장 조현병의 미술치료
11장 불안장애의 미술치료
17장 신체증상장애의 미술치료
18장 급식 및 섭식장애의 미술치료

김소연(Kim, Soyeon) atsoy@hanmail.net

서울여자대학교 특수치료전문대학원 표현예술치료학과에서 미술치료 전공으로 석사학위와 박사학위를 받았다. 석사 졸업 후부터 다양한 현장에서 미술치료사로 일한 경험을 바탕으로 현재 한양사이버대학교에서 학생들을 가르치고 있다. 정서장애를 위한 특수학교에서 근무하며 장애 아동과 청소년들을 즐겁게 치료하고 있으며, 김소연 미술치료센터의 원장이다.

저술 주제: 3장 지적장애의 미술치료
5장 자폐스펙트럼장애의 미술치료

김재훈(Kim, Jae Hoon) jaekim82@gmail.com

연세대학교 일반대학원 교육학과에서 상담교육 전공으로 박사학위를 받았고, 미국 시카고 아트인스티튜트에서 미술치료 전공으로 석사학위를 받았다. 미국 공인 미술치료사(ATR)이며, 시카고 쿡카운티 구치소, 알렉시안브라더스 정신건강병원 등에서 인턴을 하였다. 국내 사설상담센터에서 미술치료사로 근무하였으며, 현재 한양사이버대학교 미술치료학과에서 겸임교수를 맡고 있다.

저술 주제: 21장 품행장애의 미술치료

김지연(Kim, Jiyeon) goacro05@naver.com

울산대학교 의과대학(서울아산병원 교육협력기관) 의학과에서 인문사회의학 전공으로 박사학위를 받았다. 학위 중 국군수도병원에서 CRPS(복합부위통증증후군) 환자를 대상으로 미술치료를 하였고 해군 관심병사를 대상으로 하는 블루캠프를 진행하였다. 현재는 서울아산병원과 삼성서울병원 정신건강의학과에서 미술치료사로 일하며 정신건강의학과 의료진과 함께 정신건강과 관련한 다양한 미술치료 연구를 시행하고, 이를 의학 학술지에 발표하고 있다. 또한 한양사이버대학교 미술치료학과에서 겸임교수를 맡고 있고, 김지연 스트레스상담센터 대표로 재직 중이다.

저술 주제: 8장 양극성장애의 미술치료
9장 우울장애의 미술치료(병원편)
22장 알코올 사용장애의 미술치료

김태은(Kim, Taeeun) blessing75@cha.ac.kr

서울여자대학교 특수치료전문대학원 표현예술치료학과에서 석사학위와 박사학위를 받았다. 다양한 임상경험을 바탕으로 미국 공인 미술치료사(ATR) 자격을 취득하였고, '문화예술 치유사업'과 '중앙 자살 예방센터' 미술치유 사업을 진행하였다. 현재 차의과학대학교 미술치료대학원 교수로 재직하고 있으며, 소아 · 청소년을 포함한 호스피스 완화의료에 대한 관심으로 연세암병원 완화의료센터 미술치료 슈퍼바이저를 맡고 있다. 미술치료를 통한 성장과 변화를 믿음으로써 자신의 일을 즐겁게 하고 있다.

저술 주제: 14장 외상후 스트레스장애의 미술치료
15장 반응성 애착장애의 미술치료
26장 사별과 애도의 미술치료

김현진(Kim, Hyunjin) caco88@artandmind.co.kr

이탈리아에서 귀금속 디자이너로 활동하다가 서울여자대학교 특수치료전문대학원 표현예술치료학과에서 석사학위와 박사학위를 받았다. 미국 공인 미술치료사(ATR)이며, 현재 한양사이버대학교 미술치료학과 및 숭실대학교 교육대학원 겸임교수로 재직 중이다. 아트앤마인드 예술치료센터를 운영하면서 사회공헌 활동에 관심을 가지고 (사)예술과 인간개발을 설립하였다. 다양한 공공예술 및 예술치료 프로젝트를 수행하였으며, 최근에는 보호관찰 소년들을 대상으로 테크놀로지를 활용한 통합 예술치료프로젝트 '힐링아트테크'를 삼성전자로부터 3년간 지원받아 활발하게 진행하고 있다.

저술 주제: 20장 성기능장애의 미술치료
25장 성격장애의 미술치료

박윤미(Park, Yunmi) pym@cha.ac.kr

차의과학대학교 융합과학대학 미술치료학과와 일반대학원 의학과(임상미술치료 전공)에서 교수로 재직하고 있으며, 정담심리클리닉 소장을 역임하였다. 미술치료에 관한 다양한 논문을 발표하였고, '미술치료교육 및 언어 융합형 아동 발달지원 프레임워크 개발' '특수초등 미술과 국정도서 개발' '치매예방 문화예술치유 프로그램 지원사업' '미술치료 직무역량 모델 개발' '과학 · 예술 융합형 STEAM 프로그램 개발' 등의 프로젝트를 수행해 왔다. 현재 한국미술치료교수협의회 이사, 한국표현예술심리치료학회 편집위원으로 활동하고 있다.

저술 주제: 6장 주의력결핍 과잉행동장애의 미술치료

12장 분리불안장애의 미술치료

오미영(Oh, Miyoung) lelotte@gmail.com

연세대학교에서 아동가족상담 전공으로 석사학위를, 원광대학교에서 예술치료 전공으로 석사학위와 박사학위를 받았다. 미국 플로리다 주립대학교와 캘리포니아 대학교 데이비스 캠퍼스에서 초빙연구원으로 있었다. 삼성 노블카운티와 탈라하시 알츠하이머 프로젝트에서 치매 노인을 대상으로 미술치료를 하며 노인미술치료에 관심을 갖기 시작했다. 현재 미술치료수련감독전문가(한국예술치료학회) 자격을 가지고 있고, 해담원의 대표이며, 한양사이버대학교 겸임교수이다. 또한 한국예술치료학회와 한국노년교육학회 이사로 활동 중이며, 연세휴 정신건강의학과에서 내담자를 만나고 있다.

저술 주제: 24장 치매의 미술치료

27장 화병의 미술치료

이윤희(Lee, Yoonhee) leemaria@hanmail.net

건국대학교에서 석사학위를 받았고 박사를 수료하였으며, 전공 분야는 미술교육, 교육과정 및 교육철학, 미술치료이다. 현재 한국미술치료연구센터/마인드앤 심리상담센터 대표, 가천대학교 특수치료대학원 미술치료학과 겸임교수, 성신여자대학교 간호대학원과 추계예술대학교 강사를 맡고 있다. 그리고 한국예술치료학회에서 법인이사, 자격관리위원장, 서울1지부장이며, 한국문화예술진흥원 예술치유사업의 슈퍼바이저로 활동하고 있다. 저서 및 역서로는『마음을 열어주는 통합영어미술 PLUS!+』(공저, 좋은땅, 2008),『상처 입은 마음의 성형: 스물 여섯 가지 미술치료의 길』(공역, KATC, 2003),『미술치료 윤리와 실제』(공역, 학지사, 2011) 등이 있다.

저술 주제: 13장 사회불안장애의 미술치료
23장 도박장애의 미술치료

임정혁(Lim, Joung Hyok) ijhyok1023@hanmail.net

서울여자대학교 특수치료전문대학원 표현예술치료학과에서 미술치료 전공으로 석사학위를 받았다. 졸업 후 아동 및 청소년에서 성인에 이르기까지 여러 대상과의 미술치료 현장 임상경험을 쌓으며, 그 경험을 바탕으로 미국 공인 미술치료사(ATR) 자격을 취득하였고, 현재 한양사이버대학교에서 겸임교수로 학생들을 가르치고 있다. 학사학위가 회화 전공인 특징을 살려 회화 강의 또한 병행하고 있으며, 장애 아동과 청소년, 기업연수, 미술치료사를 위한 강의 등 다양한 분야에서 활발하게 미술치료사로 활동하고 있다.

저술 주제: 4장 경계선 지적기능의 미술치료
10장 우울장애의 미술치료(상담소편)

정경림(Jung, Kyungrim) ding1010@hanmail.net

서울여자대학교 특수치료전문대학원 표현예술치료학과에서 미술치료 전공으로 석사학위를 받았고, 충북대학교 일반대학원 아동복지학과에서 아동가족상담 전공 박사과정을 수료했다. 특수학급과 특수학교, 지역 청소년상담복지센터와 아동발달센터 등에서 미술치료사로 활동하였다. 2010년 아이디딤소아청소년클리닉 부설 연구소에서 미술치료사로 일하기 시작해서 현재 삼성마음그린정신건강의학과 부설 센터에서 미술치료사로 일하며 정신건강의학과를 찾은 사람들과 10년 넘게 미술치료를 진행하고 있다.

저술 주제: 16장 적응장애의 미술치료

19장 수면장애의 미술치료

미술치료사 11인의 정신장애별 미술치료
Mental Disorders and Art Therapy Written by 11 Art Therapists

2021년 1월 15일 1판 1쇄 발행
2021년 9월 15일 1판 2쇄 발행

지은이 • 주리애 · 김소연 · 김재훈 · 김지연 · 김태은 · 김현진
박윤미 · 오미영 · 이윤희 · 임정혁 · 정경림

펴낸이 • 김 진 환

펴낸곳 • (주) 학지사
04031 서울특별시 마포구 양화로 15길 20 마인드월드빌딩 5층

대표전화 • 02) 330-5114 팩스 • 02) 324-2345

등록번호 • 제313-2006-000265호

홈페이지 • http://www.hakjisa.co.kr
페이스북 • https://www.facebook.com/hakjisabook

ISBN 978-89-997-2262-2 93180

정가 27,000원

저자와의 협약으로 인지는 생략합니다.

파본은 구입처에서 교환하여 드립니다.